黄土隧道的施工方法与工程实践

程选生　著

科学出版社
北京

内 容 简 介

本书系统地介绍了不同断面黄土隧道的施工方法，基于有限元强度折减法，根据静力稳定安全系数，研究中断面、大断面和特大断面黄土隧道的施工方法，并将施工方法应用于牛头山黄土隧道和方家湾黄土隧道。全书共6章，主要内容包括绪论、黄土隧道的施工方法、中断面黄土隧道的施工方法、大断面黄土隧道的施工方法、特大断面黄土隧道的施工方法和黄土隧道动态施工实例。

本书可作为土木工程、水利水电工程等领域的工程设计、科学研究、施工技术人员和研究生等的参考书，也可供相关专业学者参考。

图书在版编目（CIP）数据

黄土隧道的施工方法与工程实践/程选生著. —北京：科学出版社，2019.6
ISBN 978-7-03-060018-9

Ⅰ. ①黄… Ⅱ. ①程… Ⅲ. ①土质隧道-隧道工程-工程施工 Ⅳ.①U459.9

中国版本图书馆 CIP 数据核字（2018）第 294293 号

责任编辑：亢列梅 张瑞涛／责任校对：郭瑞芝
责任印制：张 伟／封面设计：陈 敬

科学出版社 出版
北京东黄城根北街 16 号
邮政编码：100717
http://www.sciencep.com

北京中石油彩色印刷有限责任公司 印刷
科学出版社发行 各地新华书店经销
*
2019 年 6 月第 一 版 开本：720×1000 B5
2019 年 6 月第一次印刷 印张：18 1/4
字数：368 000

定价：128.00 元

（如有印装质量问题，我社负责调换）

作者简介

程选生　兰州理工大学教授，工学博士，博士研究生导师，国家一级注册结构工程师。1995年获郑州工学院工业与民用建筑专业工学学士学位，2001年获兰州大学固体力学专业工学硕士学位，2007年获兰州理工大学结构工程专业工学博士学位，2009年和2011年分别进入中国人民解放军后勤工程学院和北京工业大学土木工程博士后流动站从事博士后研究工作，2012年国家公派赴美国西北大学访学一年。主要研究方向：①隧道结构的地震响应、动力稳定及其施工技术；②特种结构的液-固耦合振动及减隔震性能；③混凝土结构的热力学性能；④结构设计理论和方法。

国际隔震与消能减震控制学会（ASSISi）理事、国际土力学协会委员、中国力学学会计算力学委员会特邀委员、中国地震工程学会岩土防震减灾委员会委员、中国土木工程学会土力学及岩土工程分会青年工作委员会委员、中国土木工程学会防震减灾工程技术推广委员会青年分委会委员。《Ocean Engineering》、《Engineering Geology》、《Structure and Infrastructure Engineering》、《建筑结构学报》等国内外20余种期刊审稿人。教育部学位中心通讯评议专家、科技部国家科技库专家、国家自然科学基金项目和中国博士后基金项目通讯评议专家、甘肃省震后房屋建筑应急评估专家，甘肃省装配式建筑专家委员会专家。

主持国家自然科学基金2项、教育部博士点基金（博导类）1项、甘肃省科技支撑计划项目1项、甘肃省建设科技攻关项目3项；参与国家“973计划”项目和教育部创新团队发展计划项目各1项。发表论文130余篇（SCI检索30余篇，EI检索46篇，ISTP检索10篇），出版专著3部、教材9部，授权发明专利13项，获甘肃省科技进步一等奖1项、三等奖3项，获甘肃省建设科技进步一等奖和二等奖各1项，获第16届甘肃省高等学校青年教师成才奖。

前　言

黄土的分布非常普遍，它广泛分布于中国、美国的中西部和俄罗斯的南部等许多地区，总面积约 1300 万 km^2。在我国，黄土地区总面积达 63.1 万 km^2，主要分布在陕西、山西、河南、甘肃、宁夏等 12 个省和自治区。近年来，随着西部大开发和国家“一带一路”倡议的实施，大量的黄土隧道正在建设或有待建设，因此，研究黄土隧道围岩结构的施工方法具有重要的理论意义和现实意义。

2009 年 5 月以来，作者有幸参与中铁二十一局集团有限公司天平铁路项目，当时该项目中黄土隧道正在施工，于是作者所在团队针对该项目中的黄土隧道，系统研究了各类断面形式下黄土隧道的施工方法。

全书共 6 章，第 1 章为绪论，介绍国内外研究现状及隧道断面的分类；第 2 章为黄土隧道的施工方法，介绍目前各类断面下黄土隧道常用的施工方法；第 3 章为中断面黄土隧道的施工方法，主要对中断面黄土隧道全断面开挖法、上下台阶法、台阶分部开挖法、CD 法等施工方法下的地表变形和拱顶下沉、控制点位移、安全系数及施工特点进行分析；第 4 章为大断面黄土隧道的施工方法，主要对大断面黄土隧道中台阶分部开挖法、单侧壁导坑开挖法、CD 开挖法、CRD 开挖法、双侧壁导坑开挖法的地表变形和拱顶下沉、控制点位移等进行分析；第 5 章为特大断面黄土隧道的施工方法，主要对 CD 法、CRD 法、单侧壁导坑法、双侧壁导坑法、三台阶七步开挖法等施工方法的围岩位移及安全系数进行分析；第 6 章为黄土隧道动态施工实例，主要分析了天平铁路隧道施工中的黄土隧道，包括牛头山黄土隧道和方家湾黄土隧道。

编写本书过程中得到了博士研究生周欣海、硕士研究生王建华、岳才权、刘超、付雪东等的支持，在此向他们表示衷心的感谢；另外，参考了很多国内外专家和同行学者的论文及专著，在此同样对他们表示感谢！

本书的出版得到了国家自然科学基金项目(51478212)、教育部博士点基金项目(博导类) (20136201110003)和中铁二十一局集团有限公司的支持，在此表示衷心的感谢。

限于作者水平，本书难免有不足之处，欢迎广大读者批评指正。

程选生

2019 年 6 月于兰州

目　　录

第1章 绪　论

1.1 引　言

进入 21 世纪，地下工程建设任重道远，在我国公路建设中，越岭长隧道成为不可或缺的组成部分。由于其具有缩短线路、改善线形、保护环境等多种优点，越岭长隧道在各类运输方式中有着不可替代的作用。

隧道工程广泛应用于铁路、公路、矿井和水利等工程建设的诸多领域。根据用途，可以将隧道分为铁路隧道、公路隧道、煤炭和金属等矿山运输的巷道和洞室、水工隧道、军工工程和人民防空用地下通道和洞库、市政隧道和窑洞等。隧道工程结构由人工衬砌和天然围岩共同构成，围岩是主要承载体。由于在地质作用下形成的历史时期不同，可以将天然围岩分为岩体围岩和土体围岩。在工程建设高速发展的时代，隧道结构工程面临着重大的机遇和挑战，岩体围岩隧道和土体围岩隧道建设均取得迅猛发展。

气候环境的变化促使黄土的形成。黄土广泛分布于中国、美国的中西部和俄罗斯的南部等世界许多地区，总面积约 1300 万 km^2，占陆地面积的 9.3%。我国黄土地区总面积达 63.1 万 km^2，主要分布在陕西、山西、河南、河北、山东、内蒙古、辽宁、吉林、新疆、青海、甘肃、宁夏等 12 个省和自治区，占我国国土面积的 6.6%左右，其中黄土最厚的区域在黄河支流——泾河与洛河流域的中游甘陕地区[1]。黄土可分为老黄土和新黄土。老黄土由早更新世的午城黄土(Q_1)和中更新世的离石黄土(Q_2)组成，一般不具有湿陷性。新黄土由晚更新世马兰黄土(Q_3)和全新世的新近堆积黄土(Q_4)组成，都具有湿陷性。随着我国交通建设的迅速发展和西部大开发的不断深入，黄土围岩隧道已经成为土体围岩隧道的重要组成部分，并广泛应用于铁路、公路、城市地下工程、水利、矿山建设、军事和人防等工程建设之中。

改革开放 40 年来，公路建设迅猛发展，高等级公路的快速发展，更使得公路中隧道的数量与规模迅速增加，施工技术也日益成熟。随着西部大开发战略的实施，我国西部地区的公路网路建设初具规模，但与东南地区的交通网络相比仍有较大差距。由于黄土分布的广泛性和典型的工程特性，想要弥补这一差距，就不得不考虑提高黄土隧道的施工技术。黄土结构较为松散，且遇水迅速失去强度，因而受到学术界及工程界的广泛重视。我国黄土隧道的修建起步较晚，基本借鉴了铁路隧道在此方面已有的科研成果，《铁路工程设计手册》规定，对黄土区浅埋隧道围岩压力采用谢家烋公式进行计算，而深埋隧道采用修正卡柯公式进行计算，并指出对黄土区隧道不宜按计算摩擦角或围岩类别确定隧道围岩压力，应根据实测的黄土物理力学指标进行设计[2,3]。黄土隧道，特别是大跨径、大断面隧道，其防水等级较高，面对黄土强度较低的情况时是否应该在施工时考虑开挖扰动变形大的特点？黄土隧道广泛采用的两层衬砌中每个组成部分的荷载特性如何？黄土隧道施工与其结构形式及参数选取有何关联？现有的设计施工方法合理性及经济性如何？一系列的问题都值得工程界及学术界研究探讨。本书将针对以上亟待解决的问题，介绍作者多年来的相关研究成果及研究思路。

1.2　黄土隧道施工方法

隧道施工方法包括开挖与支护(即支撑)等工序。隧道施工过程通常包括：在地层内挖出土石，形成符合设计断面的坑道，进行必要的支护和衬砌，控制坑道围岩变形，保证隧道的施工安全和长期使用[4]。

现行国内外规范已经给出了一些关于大断面黄土隧道施工方法的建议。《公路隧道施工技术规范》(JTJ 042—94)[5]、《客运专线铁路隧道工程施工技术指南》(TZ 214—2005)的建议为：对于围岩情况较好的大断面隧道，不宜采用全断面开挖；根据隧道断面的大小与埋深，黄土隧道的施工应采用双侧壁导坑法、环形开挖预留核心土法(弧形导坑法)、中隔壁法等分部开挖；黄土隧道施工中应遵循“管超前、短进尺、强支护、早封闭、勤量测”原则。1996 年制定的《日本公路隧道安全施工技术指南》的建议为：大断面开挖场合，可采用台阶环形开挖；比较大的断面中抑制地表下沉时可采用侧壁超前导坑；浅埋大断面必须抑制地表下沉时可以采用 CD 工法。

应当注意的是，黄土隧道工程的施工是在应力土体中开拓地下空间。地质条件的复杂多变以及地质勘探及施工技术的局限，使得黄土隧道施工中往往会遇到突然变化的地质条件，如意外塌方及涌水等问题。一方面，应综合考虑黄土隧道工程的各方面条件，考虑多种方法和多种技术的综合利用，通过反复对比并选出合理的施工方案；另一方面，应在施工中严格控制各种因素的变化，尤其是湿陷沉降的变化，及时调整施工方案、施工技术、施工方法等。

科学技术的不断改进和世界经济水平的进一步发展，对隧道的施工质量和技术难度提出了更高的要求，尤其是我国近年来大规模的地下工程、公路(铁路)隧道的修建，极大地促进了施工技术的进步。由于工程实践经验的不断提升，岩石力学不断发展，从而建立了现代支护理论，也因此产生了新奥法、挪威法及浅埋暗挖法等施工方法。机械工业水平的提升，盾构机和掘进机的进一步发展，适应了从坚硬地层到软土含水层的各类地形条件。随着军民融合发展上升为中国国家战略，一些新型爆破器材及爆破技术应用于隧道施工，使得隧道施工环境和施工掘进速度得到了改善。另外，沉管隧道施工技术的发展，为穿越江河、海湾提供了新的有效手段。

1.3　黄土隧道国内外研究现状

地下工程涉及多门交叉学科，具有学科的复杂性、边缘性和系统性等特点。围岩结构是否破坏或产生过大的变形决定了这类结构的稳定性。对于地下工程结构的断面开挖方法的研究以及围岩稳定性研究至今已有近百年的历史。随着工程建设的飞速发展和西部大开发的顺利推进，各种形式的地下工程在黄土地区已经建成或正在建设。为了比较全面地研究黄土隧道结构的稳定性，定量估计黄土地段的隧道稳定性，一方面要全面了解目前国内外学者关于黄土隧道开挖方法的研究现状；另一方面要全面了解目前国内外学者关于黄土隧道地震作用下稳定性的研究现状。

1.3.1　黄土隧道开挖方法的研究现状

目前，邵生俊等[6]结合湿陷性黄土隧道的工程特点，针对隧道施工过程中围岩稳定性和湿陷变形对衬砌结构影响的两个重要问题，相应地提出了隧道地基湿陷性变形的评价方法和围岩压力的确定方法，利用太沙基公式计算隧道围岩压力，得到了围岩压力随黄土构度的变化关系。石磊等[7]通过量测数据分析，比较了双侧壁导坑、单侧壁导坑和三台阶开挖施工工法在大断面黄土隧道中的适用性及优缺点。张英才等[8]针对大断面黄土隧道探索分析了交叉中隔壁法、短台阶七步法和双侧壁导坑法的优缺点。宋冶等[9]结合郑西客运专线及大断面黄土隧道施工监测，通过对10座大断面黄土隧道测试资料的统计分析和现场试验研究，给出了客运专线大断面黄土隧道施工监测项目、监测手段和方法以及控制基准值。苏杰等[10]通过分析现场监控量测数据，总结大断面湿陷性黄土隧道施工中CRD法、环形开挖预留核心土法、双侧壁导坑法等的适用范围，并指出各自的具体施工工艺、质量控制要点和围岩的变形规律及隧洞内基底湿陷性处理措施。刘赪[11]结合郑西客运专线大断面黄土隧道设计、施工及科研情况，从沉降变形控制、施工进度、机械配套等方面对双侧壁导坑法、CRD法、CD法、环形开挖预留核心土法等4种工法进行了比选分析，提出了与不同工况相适应的工法以及施工要点。李波等[12]针对大断面黄土隧道的工法适用性问题，依托郑西客运专线陕西境内秦东、潼洛川和高桥等隧道，开展大断面黄土隧道中的CRD法、双侧壁导坑法、CD法、留核心土台阶法及双层支护台阶法5种试验工法的试验，通过现场试验测试及数据分析，研究不同试验工法下的力学特性和变形特征。总结其变形特征为垂直位移显著，变形受封闭距离与支护刚度影响明显；分析对地表沉降的控制效果，受力特征分析显示型钢受压明显而锚杆受力较小；得到不同埋深下的围岩压力特征曲线；接触压力测试显示刚度大的双层支护较单层支护小。最后对不同试验工法的适用性进行综合评价。杨建民[13]依托郑州至西安高速铁路大断面黄土隧道工程实例，通过对三种常用工法的理论分析，并结合现场初期支护下沉收敛、地表沉降的监测，对比分析各种工法的优缺点，提出适用于高速铁路大断面黄土隧道安全快速的开挖方法。胡晋川等[14]结合离军高速公路黄土连拱隧道，通过现场监测并采用有限元方法分析，研究了黄土连拱隧道三导洞法施工的围岩变形规律和影响因素；证明了三导洞施工法开挖中、左右导洞和断面开挖时，围岩应力一直处于重新调整中，围岩变形也在不断变化，且施工中开挖顺序对围岩变形有很大影响，在洞室开挖施工中，要密切注意拱腰及拱顶的变形情况，加强 V 类周岩监测，及时进行临时支护，尽早完成右洞初期支护以防变形过大而围岩失稳，并指出影响黄土隧道围岩变形的主要因素是黄土的工程特性和地质工程环境。扈世民等[15]以兰渝铁路胡麻岭隧道为工程背景，通过三维数值模拟结合典型断面现场监测，对铁路大断面黄土隧道初期支护的受力与变形特性进行综合研究，结果表明：数值计算与现场实测结果基本吻合，黄土地区隧道施工应坚持“及时支护、及早封闭”原则，确保开挖后围岩变形的稳定。倪玉山等[16]进行黄土隧道围岩不同开挖与支护施工方案的数值分析，对黄土隧道围岩采用中壁法和双侧壁导坑法开挖各 3 种不同支护顺序分别进行了模拟计算，考察了各个施工工序地表最大沉降量、隧洞拱顶最大下沉量、围岩塑性区分布、衬砌单元弯矩以及岩体总应变能变化。李骏等[17]在已建黄土隧道场地开展大面积试坑浸水试验，研究表明隧道开挖扰动了黄土围岩原有结构，改变了深层黄土的湿陷变形特性，遭浸水作用后产生较原位土层湿陷变形更大的沉降变形。仰拱中部地基的弹性抗力抑制中部沉降变形发展，显著的不均匀沉降差导致仰拱中部开裂，形成纵向裂缝。王维富等[18]提出三台阶临时仰拱+竖向支撑的开挖工法，对施工各阶段隧道-围岩体系的应变-应力进行模拟分析，对台阶法施工过程中出现的拱顶沉降大、初期支护出现裂缝、爆破对软硬不均地段的影响和地表土体开裂等问题进行分析并提出相应的对策。刘元雪等[19]结合该工程实际，进行黄土连拱隧道的关键施工力学问题研究：正洞上下台阶法与侧壁导洞法施工方案比较研究，先左洞(靠山一侧)施工方案和先右洞施工方案的对比，计算结果表明对于偏压黄土连拱隧道应采用先开挖靠山一侧的侧壁导洞法进行施工。钟祖良等[20]为研究合理的黄土连拱隧道仰拱一次性开挖长度，减少工程灾害和加快施工进度，先后通过力学机理分析、有限元模拟和模型试验，分析了不同的仰拱一次性开挖长度对地表沉降、洞周附加水平位移和中隔墙的受力影响，提出了最佳黄土仰拱一次性开挖长度，并将其应用于黄土连拱隧道的施工。张亚果等[21]根据太中银铁路大断面黄土隧道地质特点，采用环形开挖预留核心土法和三台阶法进行隧道开挖，分别介绍了施工工序、隧道初期支护、二衬、施工防排水和沉降变形控制等技术。

1.3.2　黄土隧道地震作用下稳定性的研究现状

国内外学者关于黄土隧道地震作用下的稳定性做了如下研究：高峰等[22]对某隧道洞口段进行了地震模拟分析，研究了边界约束条件、地震激振方向、隧道周围介质的阻尼常数、横向边界计算范围、抗震缝等因素对隧道地震反应的影响，为今后相关的研究工作提供了借鉴。朱镜清等[23]研究了海底隧道体系在地震动作用下的反应分析方法，研究了海水的影响，给出了考虑海水作用的阻尼矩阵。张小玲等[24,25]以ADINA 软件为平台，对地震作用下海底管线的动力响应以及管线周围土体的孔隙水压力变化规律进行分析，讨论不同的管线半径、管线壁厚和上行参数对计算结果的影响，同时分析了海底管线周围海床土体中的超孔隙水压力及其变化规律，并在此基础上进行了瞬时液化分析。考虑非线性波浪的作用，栾茂田等[26]研究了埋置于海底的管线和透水海床的相互作用，研究显示非线性波浪的作用不容忽视。陈向红等[27]利用 ANSYS 软件分析了不同地震激励方向和埋深条件下动水压力的变化规律与隧道衬砌的振动响应规律：当地震激励中含有竖向分量时，动水压力对浅埋海底隧道的内力影响较大，分析时不容忽略；当隧道埋深超过一定值后，可以忽略结构的地震反应变化。彭海阔等[28]对沉管隧道的地震响应进行了数值模拟，结果表明只有水平地震时，动水压力对沉管隧道的影响不大；当含有竖向地震分量时，动水压力影响较大，同时水深对动水压力和结构内力的影响较大。Anastasopoulos 等[29]对希腊某埋深 70m 的沉管隧道进行了强地震作用下的非线性动力响应分析，研究表明管段之间的净拉力和过大变形可以通过施加恰当的垫片和较短的管段长度避免。Hasheminejad 等[30]对带阻尼的圆形隧道进行了隔震研究，结果表明：具有较低剪切模量的隔震材料可以显著地降低地震响应。

台阶分部开挖法(又称环形开挖预留核心土法)是目前黄土隧道施工较完整的方法。此方法用超前管棚支护、钢拱支撑、挂网、打锚杆等来加强土体强度及限制围岩应力重新分布，并结合喷射混凝土及时封闭开挖面，实施短开挖、快循环来减少对土体的扰动。此方法可以有效地解决黄土中开挖隧道的大变形和坍塌问题。

1.4 隧道断面的分类

如何区分大断面隧道与小断面隧道存在着不同的标准。日本的划分标准和国际隧道协会的标准都是以净空断面积划分的[31]，分别见表 1-1 和表 1-2。

表 1-1 日本的隧道断面划分标准

断面	净空断面积/m^2	说明
标准断面	70～80	双车道
大断面	100～140	有行人的双车道隧道
超大断面	＞140	与路面宽相同的三车道

表 1-2 国际隧道协会隧道断面划分标准

断面	净空断面积/m^2
超小断面	< 3
小断面	3～10
中等断面	10～15
大断面	50～100
超大断面	> 100

1.5 本书的主要内容

根据国内外技术现状，黄土隧道的动态施工方法研究关系到隧道的稳定问题，而不同的隧道断面对应不同的施工方法。目前的对应研究主要以两种方法为主，一种是开展原位大型试验，另一种是通过数值模拟进行分析。原位大型试验可以得到较为精确的实验数据，但其耗时长、费用高，通过数值模拟可以很好地弥补这些缺点。本书主要介绍数值模拟的基本理论和目前广泛采用的施工方法，并通过数值分析对比中断面、大断面和特大断面施工方法，研究不同断面黄土隧道的最优断面开挖施工方法。对于中断面隧道，主要针对全断面开挖法、上下台阶法、台阶分部开挖法和 CD 法进行数值分析对比；对于大断面隧道，主要针对模拟台阶分部法、单侧壁导坑法、CD 法、CRD 法和双侧壁导坑法进行数值分析对比；对于特大断面隧道，主要针对 CD 法、CRD 法、单侧壁导坑法、双侧壁导坑法、三台阶七步开挖(预留核心土)法和三台阶七步开挖(预挖核心土)法这六种开挖方法进行数值分析。同时，利用强度折减法给出了各个施工开挖方法围岩的稳定安全系数，进一步进行了校核。通过比较隧道在各种开挖方法下控制性节点位移大小对开挖方法进行优化选择，以期达到选取最优方法进行开挖使隧道周边位移达到最小，从而为施工方法的选择提供参考的目的。最后，对天平铁路 TJ-1 标段的中断面隧道(牛头山黄土隧道)和特大断面隧道(方家湾黄土隧道)进行动态施工方法的数值仿真，并且分析稳定安全系数。

参 考 文 献

[1] 李智佩. 中国北方荒漠化形成发展的地质环境研究[D]. 西安：西北大学, 2006.
[2] 康军. 黄土公路隧道设计与施工技术研究[D]. 西安：长安大学, 2006.
[3] 赵占厂，谢永利. 黄土工路隧道结构设计与施工中的若干问题[J]. 现代隧道技术，2008，45(6): 56-60.
[4] 王道远. 隧道施工技术[M]. 北京：水利水电出版社, 2014.
[5] 中交第一公路工程局有限公司. 公路隧道施工技术规范(JTJ 042—94) [S]. 北京：人民交通出版社，2009.
[6] 邵生俊，杨春鸣，焦阳阳,等. 湿陷性黄土隧道的工程性质分析[J]. 岩土工程学报，2013，35(9):

1580-1590.
[7] 石磊，侯小军，武进广. 大断面黄土隧道施工工法研究[J]. 隧道建设, 2013, 33(3): 173-178.
[8] 张英才，胡国伟，辛振省. 大断面黄土隧道开挖工法对比分析与选择[J]. 铁道工程学报，2010, 27(3): 87-92.
[9] 宋冶，王新东，王刚. 客运专线大断面黄土隧道施工监控技术[J]. 铁道工程学报, 2010, 1: 52-58.
[10] 苏杰，张教才，姚永波. 浅谈大断面湿陷性黄土隧道施工技术[J]. 铁道建筑技术，2010, 9: 104-109.
[11] 刘赪. 郑西客运专线大断面黄土隧道施工方法研究[J]. 现代隧道技术, 2007, 44(6): 10-17.
[12] 李波，宋冶，师亚龙，等. 大断面黄土隧道不同试验工法下的力学特性及变形特征研究[J]. 隧道建设(中英文), 2015, 35(6): 508-513.
[13] 杨建民. 大断面黄土隧道施工方法分析[J]. 铁道工程学报, 2015, 32(10): 86-92.
[14] 胡晋川，谢永利，杨晓华，等. 黄土连拱公路隧道围岩变形监测和数值分析[J]. 武汉理工大学学报, 2010, 34: 101-105.
[15] 扈世民，张顶立，王梦恕. 铁路大断面黄土隧道初期支护作用效果[J]. 北京交通大学学报，2012, 36(1): 19-23.
[16] 倪玉山，张华兵. 黄土隧道施工方案的数值分析[J]. 岩土力学, 2006(S1): 22-26.
[17] 李骏，邵生俊，李国良，等. 黄土隧道的湿陷变形规律及其对衬砌结构的作用[J]. 岩石力学与工程学报, 2018, (1): 251-260.
[18] 王维富，梅竹. 台阶法在超大断面浅埋偏压隧道中的应用研究[J]. 隧道建设(中英文)，2017, 37(12): 1578-1584.
[19] 刘元雪，蒋树屏，赵尚毅. 浅埋黄土连拱隧道施工方案优化研究[J]. 地下空间与工程学报，2005, 1(6): 944-947.
[20] 钟祖良，刘新荣，袁飞，等. 仰拱一次性开挖长度对黄土连拱隧道稳定性影响研究[J]. 岩土工程学报, 2008, 30(3): 462-466.
[21] 张亚果，姚占虎. 太中银铁路大断面黄土隧道施工技术[J]. 国防交通工程与技术，2010, 8(5): 44-50.
[22] 高峰，李德武. 隧道三维地震反应分析若干问题的研究[J]. 岩土工程学报, 1998, 4: 51-56.
[23] 朱镜清，周建. 海底隧道体系地震反应分析方法[J]. 地震工程与工程振动, 1992, 2: 90-98.
[24] 张小玲，栾茂田，郭莹，等. 地震荷载作用下海底管线的动力反应分析[J]. 岩石力学与工程学报，2008, S2: 3798-3806.
[25] 张小玲，栾茂田，郭莹. 海底管线周围海床瞬时液化的数值分析[J]. 防灾减灾工程学报，2009, 2: 165-171.
[26] 栾茂田，曲鹏，杨庆，等. 非线性波浪作用下海底管线-海床动力响应分析[J]. 岩土力学, 2007, S1: 709-714.
[27] 陈向红，张鸿儒. 暗挖海底隧道地震动水压力响应分析[J]. 北京交通大学学报, 2012, 1: 36-40.
[28] 彭海阔，孟光，丁麒，等. 在地震激励下动水压力对沉管隧道的影响[J]. 上海交通大学学报, 2008, 6: 1027-1031.
[29] ANASTASOPOULOS I, GEROLYMOS N, DROSOS V, et al. Nonlinear response of deep immersed tunnel to strong seismic shaking[J]. American Society of Civil Engineers, 2007, 133(9): 1067-1090.
[30] HASHEMINEJAD S M, MIRI A K. Seismic isolation effect of lined circular tunnels with damping treatments[J]. Earthquake Engineering and Engineering Vibration, 2008, 7(3): 305-319.
[31] 欧阳院平. 高速铁路大断面黄土隧道施工数值模拟[D]. 成都：西南交通大学, 2006.

第 2 章　黄土隧道的施工方法

2.1　概　　述

围岩工程地质条件，即隧道所处的地下建筑环境条件，主要包括围岩的自稳能力、抗扰动能力、抗破坏能力、地应力大小、地温、地下水文条件等。隧道工程结构条件主要包括隧道形状、长度、洞室组合形式、断面大小以及支护结构的类型等。隧道施工条件主要包括施工对围岩的扰动、支护对围岩的限制有效性、施工队伍对空间要求、施工人员的技术素质、施工队伍的管理水平等。

隧道施工方法主要根据围岩工程地质条件、隧道工程结构条件、隧道施工条件三个方面来选择，从工程技术角度来看，隧道围岩的工程地质条件和水文地质条件是影响施工方法选择的关键因素。针对具体的隧道工程，不但要考虑围岩工程地质条件和水文地质条件，而且应考虑隧道的结构条件和施工条件。所选的施工方法，不但要与围岩的自稳能力及被挖土体的坚硬程度相适应，而且要尽量减少对围岩的扰动，利用围岩的自稳能力保持围岩稳定[1]。另外也要适应隧道长度、断面大小和形状，并满足施工安全、作业空间、施工速度、施工成本、环境保护和工程质量方面的要求。

目前，针对黄土隧道的施工方法主要有矿山法、新奥法、盾构法、TBM 掘进机法等，其中新奥法是近十几年发展起来的一种新方法，在黄土区隧道施工中得到了广泛运用，多用于第四纪软土地层，开挖方法有正台阶法、单侧壁导坑法、中隔壁 (center diaphragm, CD)法、交叉中隔壁(cross diaphragm, CRD)法、双侧壁导坑法(眼镜工法)等[2]。新奥法具有灵活多变，对地面建筑、道路和地下管网影响不大，拆迁占地少、不扰民、不污染城市环境的特点，是目前较为先进的施工方法。当采用新奥法施工时，常依据工程规模、工程地质、覆土埋深、施工条件及水文情况等影响因素，采用全断面开挖法、台阶法、中隔壁法、交叉中隔壁法、单侧壁导坑法、双侧壁导坑法(眼镜工法)等施工方法。本书将在后面通过数值模拟详细分析适用于中断面、大断面、特大断面的各类施工方法。中洞法作为矿山法的一种，具有安全性高、灵活性好、出土效率高、可操作性强、机械化程度低、工序间干扰较少、造价低和经济性强等特点，适用于地质条件较好且施工受地下水影响较小的黄土隧道[3]。黄土隧道常用施工方法的适用范围及施工要求如表 2-1 所示[4]。

表 2-1　黄土隧道常用施工方法及施工要求

施工方法		适用范围	施工要求及技术措施
全断面开挖法		Ⅰ～Ⅲ级围岩；Ⅳ级围岩在采用有效措施后	配备钻孔台车或台架及高效率装运机械设备
正台阶法		Ⅲ～Ⅴ级围岩；Ⅵ级围岩单线隧道在采用有效措施后	1. 台阶长度宜为隧道开挖宽度的 1～2 倍； 2. 上台阶的底部位置可在起拱线及以下； 3. 上台阶使用钢架时，可采用扩大拱脚和施作锁脚锚杆等措施，防止拱部下沉变形
分部开挖法	环形开挖预留核心土法	Ⅴ～Ⅵ级围岩的双线隧道	1. 环形开挖每循环开挖长度宜为 0.5～1m； 2. 开挖后应及时施作喷锚支护，安设钢架支撑，每两榀钢架之间宜采用钢筋连接，并加锁脚锚杆； 3. 核心土面积不应小于整个断面的 50%； 4. 当围岩地质条件差、自稳时间较短时，开挖前除应在拱部设计开挖轮廓线以外，还应进行超前支护
	单、双侧壁导坑法	Ⅳ～Ⅴ级围岩的双线或多线隧道	1. 侧壁导坑形状应近于椭圆形断面，导坑断面宜为整个断面的 1/3； 2. 侧壁导坑领先长度根据现场具体情况确定，一般情况下为 30～50m； 3. 导坑开挖后应及时进行初期支护，并尽早封闭成环
	中洞法	双连拱的隧道	1. 中洞开挖高度应大于中墙高度 1m，开挖宽度应大于 5m； 2. 短隧道可先贯通中洞，后开挖两侧； 3. 中洞开挖后，应及时施作初期支护，再分段灌注中墙混凝土，每一纵向段长度宜为 4～6m；在中墙混凝土达到设计强度后方可拆模，并应进行临时横向支撑； 4. 施工中应注意力的转换，两侧应均衡开挖，并设置临时横向支撑； 5. 中墙顶部应做好防排水工作
	中隔壁(CD)法	Ⅳ～Ⅴ级围岩的浅埋双线隧道	1. 中隔墙开挖时，应沿一侧自上而下分为二或三部进行，每开挖一步均应及时施作锚喷支护、安设钢架、施作中隔壁，底部设临时仰拱，中隔壁墙依次分步连接而成，之后再开挖中隔墙的另一侧，其分步次数及支护形式与先开挖的一侧相同； 2. 各部开挖时，周边轮廓应尽量圆顺，减小应力集中； 3. 各部的底部高程应与钢架接头处一致； 4. 每一部的开挖高度宜为 3.5m； 5. 后一侧开挖应全断面及时封闭； 6. 左、右两侧纵向间距，应拉开一定距离，一般情况为 30～50m； 7. 中隔壁应设置为弧形或圆弧形； 8. 中隔壁在灌注二次衬砌时，应逐段拆除
	交叉中隔壁(CRD)法	Ⅳ～Ⅵ级围岩的浅埋双线或多线隧道	除应满足中隔壁法施工的要求外，还应满足下列要求： 1. 设置临时仰拱，步步成环； 2. 自上而下，交叉进行； 3. 中隔壁及交叉临时支护，在灌注二次衬砌时，应逐段拆除

2.2　全断面开挖法

全断面开挖法(即全断面法)是在隧道开挖时，将整个隧道开挖断面一次钻孔、一次爆破成型、一次初期支护。该方法操作简单，可使用移动式钻孔台车或多功能台架对全断面进行一次钻孔，并装药连线，然后将钻孔台车退后至安全地点再起爆，一次爆破成型，出碴后对整个开挖轮廓进行初喷，钻孔台车或多功能台架再推移到开挖面就位，开始下一个钻爆作业循环，同时，利用支护台架对剩余初期支护工作进行全断面施作。

采用全断面一次开挖成形的施工方法，施工步骤参见图 2-1。该方法主要应用于两车道Ⅱ、Ⅲ及Ⅳ级较好围岩和三车道Ⅰ、Ⅱ、Ⅲ级围岩段的施工。

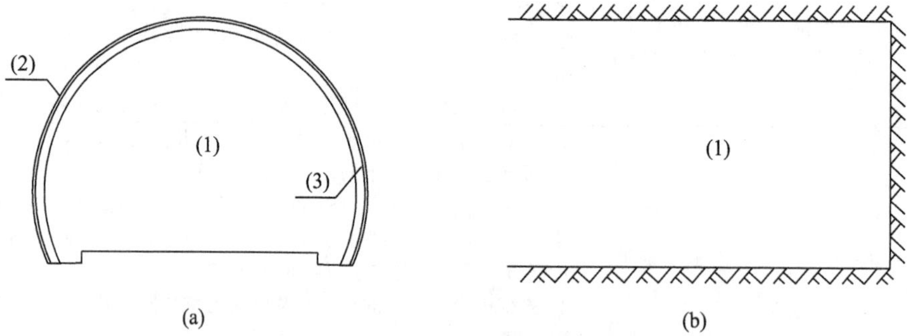

图 2-1　全断面开挖法施工横断面(a)及纵断面(b)示意图

施工顺序说明：(1)全断面开挖；(2)初期支护；(3)全断面二次衬砌

全断面开挖法是一次开挖成形，其开挖跨度大、高度高，隧道周边围岩会出现更大范围的塑性化和更大的变形，隧道拱脚和墙脚处出现应力集中，隧道拱顶不稳定。对于硬岩隧道，自身强度比较高，因此围岩自身强度并不是影响隧道稳定与安全的决定因素。但对于软岩隧道，自身强度偏低，往往是影响隧道稳定与安全的控制因素。对于按照《铁路隧道围岩分级判定标准》判定的围岩等级，在确定隧道开挖方法时应充分考虑围岩自身强度[5]。硬岩隧道可通过采取超前铺杆、超前小管棚、超前预注浆等辅助施工措施进行超前预加固，从而提高围岩的整体性，而对于软岩隧道，各种超前预加固措施对围岩自身强度提高幅度有限。

综合上述各种因素考虑，结合以往类似工程施工经验，对于高速铁路大断面隧道，全断面开挖法主要适用于非浅埋Ⅰ～Ⅲ级硬岩地层和Ⅳ～Ⅵ级软弱地层[6]。当隧道处于非浅埋Ⅳ级硬岩地层时，可先采取超前小管棚、超前预注浆、超前锚杆等辅助施工措施加固，再采用全断面开挖法施工，但开挖进尺应根据具体围岩情况适当缩短。偏压段、洞口段和浅埋段不适宜采用全断面法开挖。全断面开挖法施工现场如图 2-2 所示。

(a) 施工实例一(http://blog.sina.com.cn/s/blog 77dcb9b00100sqyx.html)　　(b) 施工实例二(http://wiki.zhulong.com/lq7/type88/detail512996 6.html)

图 2-2　全断面开挖法施工实例图

全断面开挖法的优缺点如下。优点：作业空间大，可利用大型机械化作业提高施工速度，且工序少，便于施工组织管理。缺点：①因其开挖面较大，造成围岩稳定性降低，使每个循环工作量大；②由于每次深孔爆破引起的震动很大，要求对钻爆进行精心设计，严格控制爆破作业[7]。

2.3　台　阶　法

台阶法施工是指在隧道施工时将结构断面分成两个或多个部分，即分成上下两个工作面或多个工作面分步开挖。依据机械配备和地层条件情况，可将台阶法分为中隔断台阶法、正台阶法等。

综合考虑围岩等级划分中的岩性指标、岩体完整状态等，根据高速铁路大断面隧道自身的力学特征，结合以往类似工程施工经验，台阶法适用于Ⅰ～Ⅳ级硬岩地层和Ⅱ～Ⅲ级软岩地层洞口段、偏压段、浅埋段，Ⅲ～Ⅳ级硬岩地层和Ⅲ、Ⅳ级软岩地层，但应视具体情况采取超前大管棚、超前锚杆、超前小管棚、超前预注浆等辅助施工措施进行超前加固[8]。根据工程地层条件及机械条件，选择合适的台阶分部方式。

台阶法开挖时首先开挖上半断面，待开挖至一定长度后同时开挖下半断面，采用上下半断面同时并进的施工方法[9]。其施工步骤参见图 2-3。

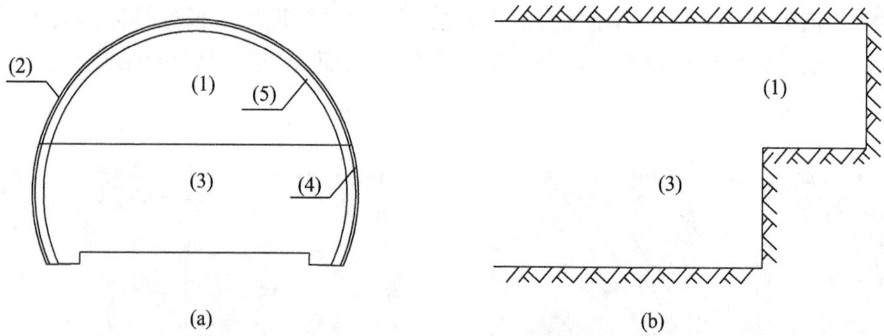

图 2-3　台阶法施工横断面(a)和纵断面(b)示意图

施工顺序说明：(1)上台阶开挖；(2)上台阶初期支护；(3)下台阶开挖；(4)下台阶初期支护；(5)全断面二次衬砌

台阶法施工技术要点：

(1) 台阶分层不宜过多，台阶工作面大小需满足施工机具正常作业，并减少翻碴；当顶部围岩破碎，需要支护紧跟时，可适当延长台阶长度。

(2) 施工应先护后挖，宜采用超前小钢管或超前锚杆辅助施工措施。开挖应尽量采用微震光面爆破技术。

(3) 初期支护应紧跟开挖面，在上台阶施工时，钢架底脚宜设锁脚锚杆和纵向槽钢托梁以利下台阶开挖安全。下台阶施工需在上台阶喷射混凝土强度达到设计强度值的 70%后开挖。

(4) 隧道两侧的沟槽及铺底部分应和下台阶一次开挖成型。

(5) 台阶的分界线不得超过起拱线，上台阶长度不得大于 30m，下台阶马口落底长度不得大于 2 榀钢拱架长度，应一次落底，并尽快封闭成环。

(6) 台阶长度不宜过长，并应尽快安排仰拱封闭间，以改善初期支护受力条件。

正台阶法开挖优点很多，能较早地使支护闭合，有利于控制其结构变形及由此引起的地面沉降，而在黄土地区修建的隧道，其关键性的因素便是沉降。上台阶长度(L)一般控制在 1～1.5 倍洞径(D)，根据地层情况，可选择两步开挖法或多步开挖法。

(1) 上下两部分步开挖法。采用此施工方法，若地层较好(Ⅲ～Ⅳ类)时，可将断面分成上下两个台阶开挖，上台阶长度一般控制在 1～1.5 倍洞径(D)以内，但必须在地层失去自稳能力前尽快开挖下台阶，支护后形成封闭结构[10]。若地层较差，为了稳定工作面，也可以辅以小导管超前支护等措施。

(2) 分步开挖预留核心土法。该施工方法适于围岩级别Ⅰ、Ⅱ类的地层，上台阶取 1 倍洞径左右环形开挖，留核心土。用预注浆、系统小导管超前支护稳定工作面；用网构钢拱架进行初期支护；墙脚及拱脚应设置锁脚锚杆。从断面开挖到初期支护，仰拱封闭不能超过十天，以确保地面沉降控制在 50mm 以内[11]。台阶法施工现场如图 2-4 所示。

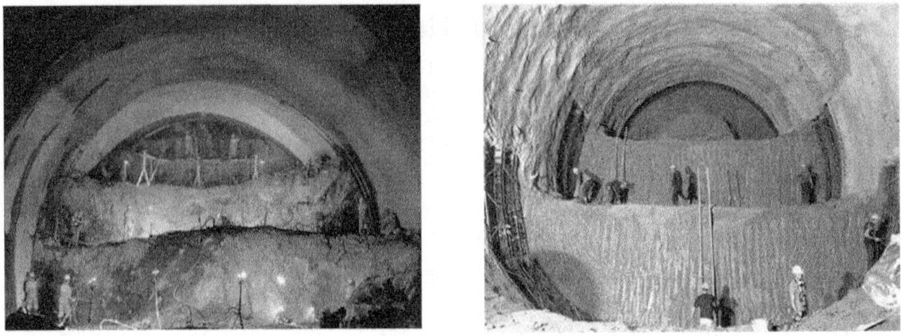

(a) 施工实例一(http://blog.zhulong.com/u1049387/blogdetail4866538.html)　(b) 施工实例二(http://blog.sina.com.cn/s/blog_16d55f2e60102wzhh.html)

图 2-4　台阶法施工实例图

台阶法施工的优缺点如下：

(1) 灵活多变，适用性强。凡是第四纪沉降地层、软弱围岩，必须采用正台阶法，这是各种不同方法中的基本方法。而且，当遇到地层变化(变好或变坏)时，能及时更改、变换成其他方法，因此被称为浅埋暗挖法之母。

(2) 作业空间大，施工速度快。该方法的开挖面稳定性较好，在上部开挖支护后，下部作业较为安全。当地层无水、洞跨小于 10m 时，均可采用该方法。

(3) 其缺点是上下作业面作业互相干扰，应注意下作业面作业时对上作业面稳定性的影响，还应注意台阶开挖会增加围岩扰动次数等。

2.4　单侧壁导坑法

单侧壁导坑法是指在隧道断面一侧先开挖一导坑，并始终超前一定距离，再开挖隧道断面剩余部分的隧道开挖方法。采用该法开挖时，单侧壁导坑超前的距离一般在 2 倍洞径以上。为了稳定工作面，须采取措施进行超前加固，如超前小管棚、超前预注浆、超前大管棚、超前锚杆等辅助施工措施。一般采用人工开挖出碴、人工和机械配合开挖出碴等方式。开挖断面剩余部分时，可适当采用控制爆破以免破坏已完成导坑的临时支护。

单侧壁导坑法适用于断面较大、地层较差、采用台阶法开挖有困难的Ⅳ、Ⅴ级围岩地层。采用方法可变大跨断面为小跨断面。将导坑跨度定为 4～6m，则断面剩余跨度为 8～10m[12]，这样将使隧道开挖更为安全、可靠。

2.5　中 隔 壁 法

中隔壁(CD)法是指将隧道断面左右一分为二，先开挖一侧，并在隧道断面中部架设一临时支撑隔墙，先开挖一侧，开挖超前一定距离后，再开挖另一侧，施工顺序如图 2-5 所示。通过隧道断面中部的临时支撑隔墙，将断面跨度一分为二，减小开挖断面跨度，使断面受力更合理，从而使隧道开挖更安全、可靠。

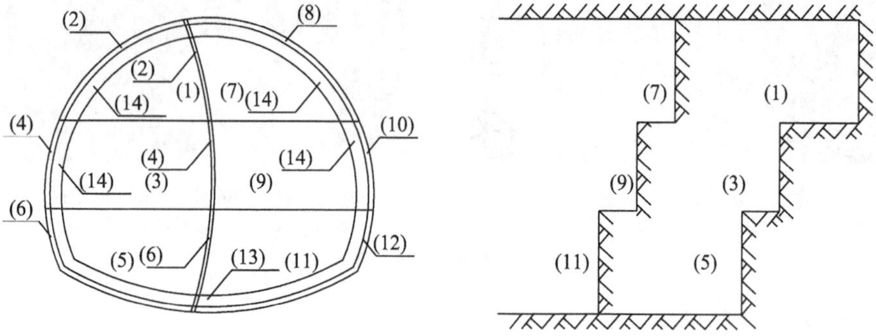

(a)　　(b)

图 2-5　CD 法施工工序横断面(a)及纵断面(b)示意图

施工顺序说明：(1) 先行导坑上部开挖；(2) 先行导坑上部初期支护；(3) 先行导坑中部开挖；(4) 先行导坑中部初期支护；(5) 先行导坑下部开挖；(6) 先行导坑下部初期支护；(7) 后行导坑上部开挖；(8) 后行导坑上部初期支护；(9) 后行导坑中部开挖；(10) 后行导坑中部初期支护；(11) 后行导坑下部开挖；(12) 后行导坑下部初期支护；(13) 仰拱超前预注浆；(14) 全断面二次衬砌

CD 法主要适用于地层较差、可采用人工或人工配合机械开挖的Ⅳ、Ⅴ级围岩地层、不稳定岩体和浅埋段、偏压段、洞口段[13]。CD 法施工实例图如图 2-6 所示。

(a) 施工实例一(http://www.xue63.com/wendangku/z6s/f6ag/j059c58804dv/k2b160b4ec0311.html)

(b) 施工实例二(http://bbs.zhulong.com/102020_group_200601/detail21026949)

图 2-6　CD 法施工实例图

采用 CD 法进行隧道开挖时，可依据工程情况，将左、右断面再在竖向分成两部或三部，从上往下分阶施工。台阶长度一般可取为 1～1.5 倍洞径(此处洞径取分部高度和跨度的较大值)。先开挖一侧断面的最后一步与后开挖断面的第一步间应拉开 1～1.5 倍洞径的距离[14]。为了稳定工作面，须采取超前小管棚、超前大管棚、超前预注浆、超前锚杆等辅助施工措施进行超前加固。一般采用人工开挖、人工和机械配合开挖出碴。可适当采用控制爆破，以免破坏已完成的临时支撑隔墙。

2.6　交叉中隔壁法

当 CD 法不能保证围岩稳定性和隧道施工安全要求时，可在 CD 法的基础上对各分部加设临时仰拱，即交叉中隔壁(CRD)法，将原 CD 法先开挖中壁一侧改为两侧交叉开挖、步步封闭成环、改进发展的一种工法，见图 2-7。该施工方法的最大特点是将大断面施工化成小断面施工，各个局部封闭成环的时间短，以控制早期围岩变形，每个步序受力体系完整。CRD 法各分部间应拉开一定的距离，距离大小以保证掌子面稳定为准,一般为 1～1.5 倍洞径(此处洞径取分部高度和跨度的大值)，但在能保证支撑面围岩稳定的情况下，可适当缩短距离，以保证操作空间要求[15]。

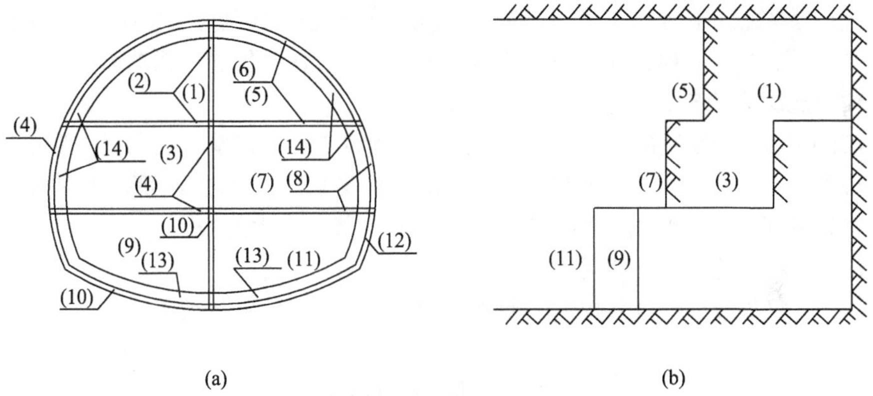

图 2-7　CRD 法施工横断面(a)及纵断面(b)示意图

施工顺序说明：(1) 左侧上部开挖；(2) 左侧上部初期支护；(3) 左侧中部开挖；(4) 左侧中部初期支护；(5) 右侧上部开挖；(6) 右侧上部初期支护；(7) 右侧中部开挖；(8) 右侧中部初期支护；(9) 左侧下部开挖；(10) 左侧下部初期支护；(11) 右侧下部开挖；(12) 右侧下部初期支护；(13) 仰拱超前预注浆；(14) 全断面二次衬砌

由于高速铁路大断面隧道自身的力学特征，结合以往类似工程施工经验，CRD 法适用于特别破碎的卵石土、岩石、圆砾土、角砾土、碎石土及潮湿的粉细砂组成的Ⅵ级围岩、黄土组成的Ⅴ级围岩和软塑状黏性土及较差围岩中的浅埋段、偏压段、洞口段等。

为了保持工作面的稳定性，采用 CRD 法施工时，须采取超前锚杆、超前大管棚、掌子面封闭、超前预注浆、超前小管棚等辅助施工措施进行超前加固。一般采用人工开挖或者人工和机械配合出碴，也可适当采用控制爆破，以免破坏已完成的临时仰拱和临时支撑隔墙，该施工方法施工图如图 2-8 所示。

(a) 超前小导管和钢架联合支护实例图(http://wiki.zhulong.com/lq7/type88/topic742365_e.html)

(b) CRD 法施工实例图(http://t.zhulong.com/u9860659/detail7008075.html)

图 2-8　CRD 法施工实例图

CRD 法施工技术要点[16]：

(1) 为保证施工时的安全，上部导坑的开挖循环进尺控制为 1 榀钢架间距(0.6～0.75m)，下部开挖可根据地质情况适当加大，仰拱一次开挖长度依据监控量测结果和地质情况综合确定，一般不宜大于 6m。

(2) 中间支护系统的拆除时间应考虑其对后续工序的影响，当围岩变形达到设计允许的范围之内，需在严格考证拆除对隧道的安全性之后进行拆除。中隔壁的混凝土在拆除时，要避免对初期支护系统形成较大扰动和大的振动。

(3) 中隔壁的拆除应滞后于仰拱。

(4) 应配备适合导坑开挖的小型机械设备，提高导坑开挖效率。

2.7　双侧壁导坑法

双侧壁导坑法也称眼镜工法，是变大跨度为小跨度的施工方法，其实质是将大跨度分成三个小跨度进行作业，见图 2-9。该方法主要适用于地层较差、单侧壁导坑法无法满足要求的隧道工程。该工法工序较复杂，导坑的支护拆除困难，钢架连接困难，而且成本较高，进度较慢。

该工法主要适用于地层较差、可采用人工或人工配合机械开挖的Ⅳ、Ⅴ级围岩地层、不稳定岩体和浅埋段、偏压段、洞口段[17]。双侧壁导坑法示例见图 2-10。

双侧壁导坑法施工要点：

(1) 围岩的开挖应尽可能地采用人工和机械配合无爆破施工，局部需爆破时，宜进行弱爆破施工，尽量减少对结构地层的扰动。

(2) 开挖应按规定做好监控量测工作，及时掌握支护及围岩的变形情况，以便及时修正支护参数，改变施工方法；同时，还应有准确的超前地质预报。

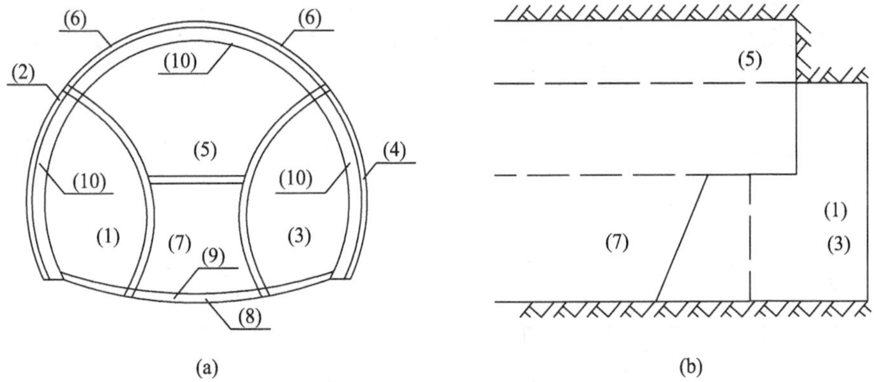

图 2-9　双侧壁导坑法施工横断面(a)及纵断面(b)示意图

施工顺序说明：(1) 左(右)导坑开挖；(2) 左(右)导坑初期支护；(3) 右(左)导坑开挖；(4) 右(左)导坑初期支护；(5) 上台阶开挖；(6) 上台阶初期支护、导坑隔壁拆除；(7) 下台阶开挖；(8) 仰拱初期支护；(9) 仰拱超前预注浆；(10) 全断面二次衬砌

(a) 施工实例一(http://checxm.no56.cuttle.com.cn/gcxm_show.asp?ID=567&ClassName=)　(b) 施工实例二(http://bbs.3c3t.com/showtopic.aspx?forumid=39&topicid=61873&go=next)

图 2-10　双侧壁导坑法施工实例图

(3) 开挖时认真做好排水工作，保证排水畅通，同时重点对两侧临时排水沟铺砌抹面，以防止钢支撑的基底软化。

(4) 侧壁导坑开挖后，对初期支护应及时施工并尽早形成封闭环；侧壁导坑形状应近于椭圆形断面，导坑跨度宜为整个隧道跨度的 1/3；左右导坑施工时，前后施工距离不宜小于 15m；同时施工中间土体时，导坑应超前 30～50m。

2.8　环形开挖预留核心土法

该法适用于较差的地层，围岩级别为软岩Ⅲ、Ⅳ级，洞口段、偏压段、浅埋段软岩Ⅲ、Ⅳ级和硬岩Ⅱ、Ⅲ级。上台阶取 1 倍洞径左右环形开挖，留核心土，用系统小导管超前支护、预注浆稳定工作面；用网构钢拱做初期支护；拱脚、墙脚设置锁脚锚杆。先开挖上部导坑成环形，并进行初期支护，再分部开挖剩余部分。开挖顺序见图 2-11，施工实例见图 2-12。

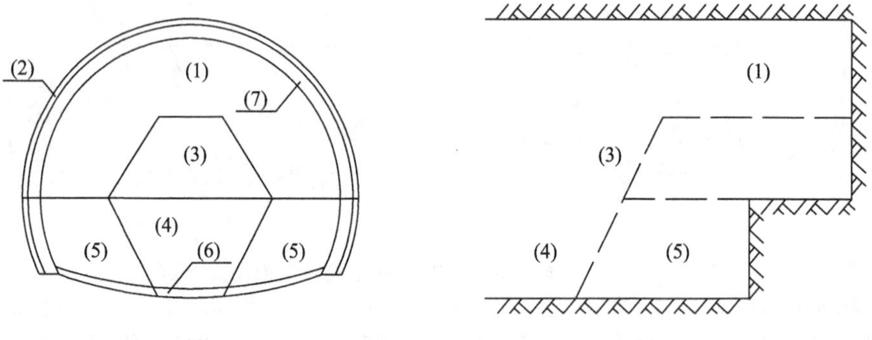

图 2-11　环形开挖预留核心土法施工横断面(a)及纵断面(b)示意图

施工顺序说明：(1) 上弧形导坑开挖；(2) 拱部初期支护；(3) 预留核心土开挖；(4) 下台阶中部开挖；(5)下台阶侧壁部开挖；(6) 仰拱超前预注浆；(7) 全断面二次衬砌

(a) 施工实例一(http://down6.zhulong.com/tech/detailprof1026201DQ.htm)　(b) 施工实例二(http://chujunkuan.blog.163.com/blog/static/4190792520111111093722620/)

图 2-12　环形开挖预留核心土法施工实例图

环形开挖预留核心土法施工要点[18]：

(1) 环形开挖预留核心土法，将开挖断面分为上、中、下及底部四个部分逐级掘进施工，核心土面积应不小于整个断面面积的 50%。上部宜超前中部 3～5m，中部超前下部 3～5m，下部超前底部 10m 左右。为方便机械作业，上部开挖高度控制在 4.5m 左右，中部台阶高度也控制在 4.5m 左右，下部台阶控制在 3.5m 左右。

(2) 核心土与下台阶开挖应在上台阶支护完成后，喷射混凝土强度达到设计强度的 70%后进行。为防止上台阶初期支护下沉、变形，其底部宜加设槽钢托梁，托梁与钢架连为一体，钢架底部应按设计要求设置锁脚锚杆，并与纵向槽钢焊接，锚杆布设俯角宜为 45°。

(3) 每一台阶开挖完成后，及时喷射 4cm 厚混凝土对围岩进行封闭，设立型钢架及锁脚锚杆，分层复喷混凝土到设计厚度，必要时各台阶设临时仰拱加强支护，完成一个开挖循环。

(4) 对土质隧道，以核心土为基础设立 3 根临时钢架竖撑以支撑拱顶和拱腰，核心土应根据围岩量测结果适当滞后开挖。

2.9 本 章 小 结

“开挖与支护”的关系是黄土隧道施工的关键性问题，围岩承载理论在“新奥法”成功运用的基础上，运用岩体力学分析方法，充分考虑了施工中围岩的动态变化。本章详细介绍黄土隧道中使用较多的“新奥法”施工，对其中各类开挖方法进行了介绍，详细分析了各类开挖方法的适用范围、选择原则、优缺点及施工要点等。在隧道开挖过程时，周围围岩的稳定性虽然主要取决于围岩本身的工程地质条件，但不同的开挖方法无疑对围岩稳定状态有直接而重要的影响。本书将在以下章节，针对不同断面尺寸的黄土隧道以及各类开挖方法进行进一步分析。

参 考 文 献

[1] 关宝树，赵勇. 软弱围岩隧道施工技术[M]. 北京：人民交通出版社，2011.
[2] 王勇，贾飞宇. 公路隧道施工技术[M]. 北京：中国物资出版社，2011.
[3] 李国良. 大跨黄土隧道设计与安全施工对策[J]. 现代隧道技术，2008，45(1): 53-62.
[4] 王东杰. 公路隧道施工[M]. 北京：中国电力出版社，2010.
[5] 何发亮，王石春. 铁路隧道围岩分级方法研究及发展[J]. 铁道工程学报，2005，(s1): 392-397.
[6] 王伟锋，毕俊丽. 软岩浅埋隧道施工工法比选[J]. 岩土力学，2007，(s1): 430-436.
[7] 王道远. 隧道施工技术[M]. 北京：水利水电出版社，2014.
[8] 陈建勋，姜久纯，罗彦斌，等. 黄土隧道洞口段支护结构的力学特性分析[J]. 中国公路学报，2008，21(5): 75-80.
[9] 韩桂武，刘斌，范鹤. 浅埋黄土隧道衬砌结构受力分析[J]. 岩石力学与工程学报，2007,26（增1): 3250-3256.
[10] 轩俊杰. 黄土隧道变形规律研究[D]. 西安：长安大学，2008
[11] 王清标，蒋金泉，路林海,等. 不同开挖方式对近距离交叠隧道影响模拟研究[J]. 岩石力学与工程学报，2013，32(10): 2079-2087.
[12] 杨斐毅. 浅埋大断面公路隧道单侧壁导坑法施工力学行为研究[D]. 重庆：重庆交通大学，2014.
[13] 齐占国. 老黄土隧道施工技术研究[D]. 上海：同济大学，2007.
[14] 朱汉华，孙红月，杨建辉. 公路隧道围岩稳定与支护技术[M]. 北京：科学出版社，2007.
[15] 黄成光. 公路隧道施工[M]. 北京：人民交通出版社，2001.

[16] 孔祥兴，夏才初，仇玉良，等. 平行小净距盾构与 CRD 法黄土地铁隧道施工力学研究[J]. 岩土力学, 2011, 32(2): 516-524.
[17] 邹翀，金星亮，高笑娟，等. 超大断面隧道双侧壁导坑法开挖步序优化[J]. 河南科技大学学报:自然科学版, 2017, 38(4): 66-71.
[18] 王梦恕. 中国隧道及地下工程修建技术[M]. 北京：人民交通出版社, 2010.

第 3 章　中断面黄土隧道的施工方法

3.1　概　　述

由于围岩强度低，抗扰动能力差，加之黄土的湿陷性特征，黄土隧道容易出现较大变形。在施工时，想保证围岩的稳定性和隧道安全，则有必要对施工过程的结构受力状况进行相应分析，以助于选取合理高效的施工方法，最大限度地减少隧道施工过程中黄土的变形，避免因此造成的经济损失和安全事故。目前国内外隧道开挖常用的方法有：上下台阶法、全断面开挖法、CD 法、台阶分部开挖法、三台阶七步开挖法、CRD 法、双侧壁导坑法、单侧壁导坑法等。CRD 法、三台阶七步开挖法、单侧壁导坑法和双侧壁导坑法不仅施工工序复杂，分块太多，而且成本较高。由于中断面黄土隧道断面面积介于 10～50m^2，断面面积较小，如果采用这些方法，会导致施工进度缓慢，甚至施工难以开展，因此考虑到施工的可操作性和经济合理性，主要研究全断面开挖法、上下台阶法、台阶分部开挖法和 CD 法。施工方法开挖顺序如图 3-1 所示，图中数字 1、2、3、4 表示开挖顺序。

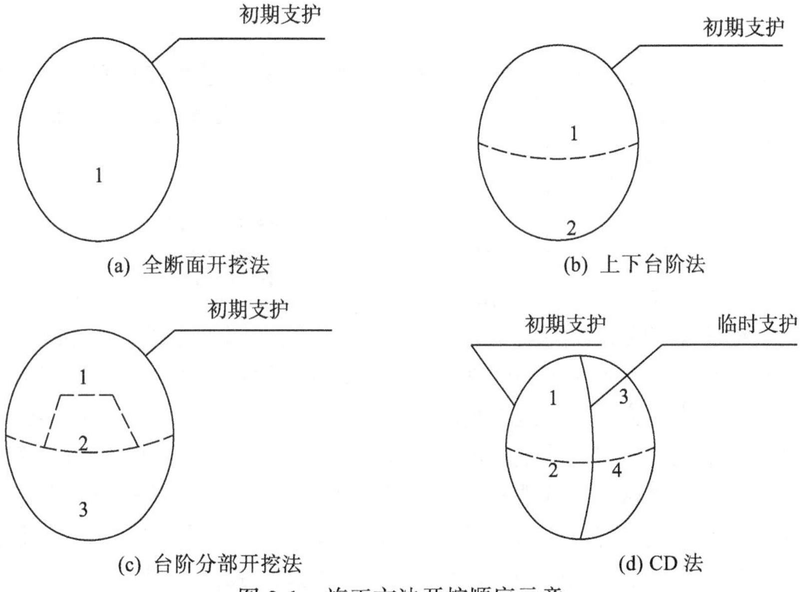

图 3-1　施工方法开挖顺序示意

3.2 基本理论

3.2.1 中断面黄土隧道概述

根据国内外研究现状[1-9]，对于中断面隧道，主要针对全断面开挖法、上下台阶法、台阶分部开挖法和 CD 法进行数值分析。对于大断面隧道，主要针对台阶分部开挖法、单侧壁导坑法、CD 法、CRD 法和双侧壁导坑法进行数值分析对比。对于特大断面隧道，主要针对 CD 法、CRD 法、单侧壁导坑法、双侧壁导坑法、三台阶七步开挖(预留核心土)法和三台阶七步开挖(预挖核心土)法等进行数值分析。

3.2.2 抗剪强度折减法及收敛准则

1. 安全系数的概念

实际工程实践中，黄土隧洞常采用拱形，且黄土抗拉强度相比一般土体高，因此其主要破坏状态为剪切破坏。黄土隧道破坏情况与边(滑)坡类似，只是黄土隧道的破坏向着洞内临空面。因此，黄土隧道的安全系数可借鉴边坡工程。所谓安全系数，指的是剪切破坏面上实际土体的强度与破坏时的强度的比值。传统的极限平衡方法计算剪切破坏安全系数用公式表示为

$$\omega = \frac{s}{\tau} = \frac{\int_0^l (c + \sigma \tan\varphi)\mathrm{d}l}{\int_0^l \tau \mathrm{d}l} \tag{3-1}$$

式中，s、ω、τ 分别为滑面上的抗剪强度、强度储备安全系数和滑面上的实际剪应力；c 为黏聚力；σ 为任一斜面上的正应力；φ 为内摩擦角；l 为滑面面积。将式(3-1)两边同时除以 ω，则式(3-1)变为[10]

$$1 = \frac{\int_0^l \left(\frac{c}{\omega} + \sigma\frac{\tan\varphi}{\omega}\right)\mathrm{d}l}{\int_0^l \tau \mathrm{d}l} = \frac{\int_0^l (c' + \sigma \tan\varphi')\mathrm{d}l}{\int_0^l \tau \mathrm{d}l} \tag{3-2}$$

强度折减弹塑性有限元数值分析方法结合极限平衡原理、弹塑性有限元计算原理与强度折减技术，首先给定一强度折减系数，通过逐级加载的弹塑性有限元数值计算来确定边坡内的应力场、应变场或位移场，并且对应力、应变或位移的某些分布特征以及有限元计算过程中的某些数学特征进行分析，不断增大折减系数，直至根据对这些特征的分析结果表明边坡已经发生失稳破坏，此时的折减系数即为边坡的稳定安全系数。抗剪强度折减系数的概念是 Zienkiewicz 等[11]1975 年在土工弹塑性有限元分析中提出的。随着计算机技术的日益发展，强度折减有限元方法在边坡稳定性分析中得到了广泛的应用和发展。

抗剪强度折减法，就是让土体的重力加速度为一常数，同时将黄土围岩土体的抗剪强度 s 的两个指标即 c 和 $\tan\varphi$ 分别除以折减系数 η，然后进行相应有限元分析，反复计算直至达到临界破坏状态，程序根据弹塑性有限元计算结果自动得到破坏面，此时围岩土体的折减系数即为安全系数。即令

$$c' = \frac{c}{\eta}, \quad \varphi' = \arctan\left(\frac{\tan\varphi}{\eta}\right) \tag{3-3}$$

即有

$$\tau = \frac{c}{\eta} + \sigma\frac{\tan\varphi}{\eta} = c' + \sigma\tan\varphi' \tag{3-4}$$

由此可见，传统的极限平衡方法的强度储备安全系数也就是强度折减系数。20 世纪 80 年代以前，黄土隧道多采用木支撑做临时支护，模筑混凝土衬砌做永久支护。

2. 计算收敛准则

计算不收敛准则的思路是以数值本身的计算过程是否收敛作为标准，在指定的收敛准则下(在 ANSYS 中，采用 L2 模收敛标准，设施加位移和自重载荷时的力为 VALUE，程序自动求解控制力 L2 模的容限 TOLER，则当不平衡力 SRSS 不大于 VALUE×TOLER 时，认为子步是收敛的)，如果计算收敛则结构处于稳定状态；如果计算不收敛(即表示应力分布不能满足土体的破坏准则和总体平衡要求)，则表示结构破坏，此时的折减系数即为安全系数。

根据相关的研究成果[12-15]，围岩塑性区准则、衬砌塑性区和锚杆屈服准则所得结果较计算不收敛准则和特征点位移准则所得结果偏小，塑性区贯通是隧道结构失稳的必要而非充分条件，计算不收敛可能先于特征点位移突变的发生，且此时特征点位移突变不明显，因此，本书以计算不收敛准则作为判别依据。

如果不收敛，可以考虑以下方法改进：①放松非线性收敛准则；②增加荷载步数；③增加每次计算的迭代次数；④重新划分单元，后续会得到不同的答案。经过实践，前两种方法效果好一些，方法④不一定奏效。放大收敛准则其实是在降低计算精度的条件下得到近似解，并且放大的收敛准则是否与实际相符或有实际意义应仔细考虑。ANSYS 中，非线性收敛准则主要有力的收敛、位移的收敛、弯矩的收敛和转角的收敛。一般用力的控制加载时，可以使用残余力的范数控制收敛；用位移控制加载时，最好用位移的范数控制收敛。收敛精度一般可放宽至 5%，以提高收敛速度。

加快收敛的方法有以下几种：①增大荷载子步数；②修改收敛准则；③打开优化的非线性默认求解设置和某些强化的内部求解算法；④重新划分网格，网格的单元不宜太大或太小；⑤检查模型的正确性。

非线性计算是一个迭代计算的过程。ANSYS 中收敛准则，程序默认力与位移共同控制，并且收敛的控制系数应根据需要逐步放大直至收敛，也可以最后用能量来控制收敛。

3.2.3　一致边界条件

一致边界是根据弹性波动场在刚性基底成层弹性介质中的传播规律导出的[16]。Waas 于 1972 年基于水平成层场地模型和每层土中的位移线性变化假设，提出成层场地特征值问题的频域表达式。特征值问题被分解为两类解耦的代数特征值问题：Rayleigh 波特征值问题和 Love 波特征值问题。二维问题的一致边界条件可由 Rayleigh 波特征值问题的解确定出来；三维轴对称问题的一致边界条件需要由 Rayleigh 波特征值问题和 Love 波特征值问题的解联合确定。下面对 Rayleigh 波特征值问题和二维问题的一致边界条件进行相应介绍[17]。

1. Rayleigh 波特征值问题

如图 3-2 所示，对第 j 层土有

$$\begin{cases} u_{x,j}=\left[\left(1-\dfrac{z}{h_j}\right)u_j+\dfrac{z}{u_j}u_{j+1}\right]f(x,t) \\ u_{z,j}=\left[\left(1-\dfrac{z}{h_j}\right)w_j+\dfrac{z}{u_j}w_{j+1}\right]f(x,t) \end{cases} \tag{3-5}$$

式中，z 为局部坐标系下土层的深度；h_j 为第 j 层土厚度；$u_{x,j}$、$u_{z,j}$ 分别为第 j 层土在深度 z 处的水平向位移和竖向位移；u_j、w_j 分别为第 j 层土顶面的水平向位移和竖向位移；u_{j+1}、w_{j+1} 分别为第 $j+1$ 层土顶面的水平向位移和竖向位移。

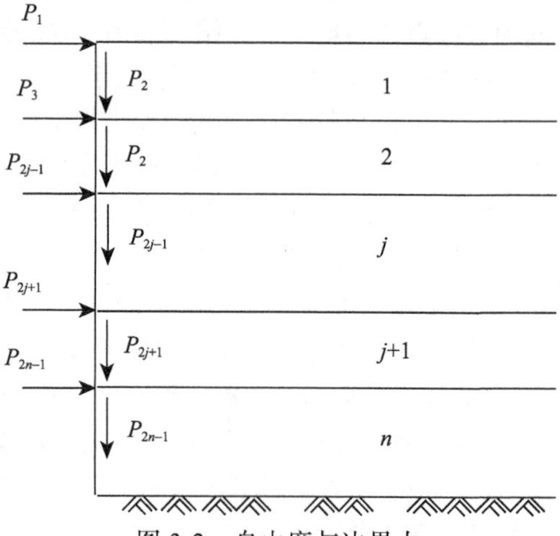

图 3-2　自由度与边界力

土层中频率为 ω 的 Rayleigh 波沿水平 x 方向的位移可由函数 $f(x,t)$确定，即有

$$f(x,t)=\mathrm{e}^{\mathrm{i}(\omega t-\chi x)} \tag{3-6}$$

式中，x 为水平方向的距离；t 为时间；χ 为波数。则有

$$\varepsilon_{x,j}=\frac{\partial u_{x,j}}{\partial x}=-ik\left[\left(1-\frac{z}{h_j}\right)u_j+\frac{z}{h_j}u_{j+1}\right]f(x,t) \tag{3-7}$$

$$\varepsilon_{z,j}=\frac{\partial u_{z,j}}{\partial z}=\frac{1}{h_j}\left(-w_j+w_{j+1}\right)f(x,t) \tag{3-8}$$

$$\gamma_{xz,j}=\frac{\partial u_{x,j}}{\partial z}-\frac{\partial u_{z,j}}{\partial x}=\left\{\frac{1}{h_j}(-u_j+u_{j+1})-i\chi\left[\left(1-\frac{z}{h_j}\right)w_j+\frac{z}{h_j}w_{j+1}\right]\right\}f(x,t) \tag{3-9}$$

式中，ε和γ 分别表示正应变和剪应变。

因此，Rayleigh 波在成层土介质中传播时的特征值方程为

$$(\boldsymbol{A}\chi^2+i\boldsymbol{B}\chi+\boldsymbol{G}-\omega^2\boldsymbol{M})\boldsymbol{V}=\boldsymbol{0} \tag{3-10}$$

式中，$\boldsymbol{V}$表示特征向量。

由于每层土的交界面具有两个自由度，故对于具有 n 层土的场地，模型具有 $2n$ 个自由度，特征向量 $\boldsymbol{V}$ 具有 $2n$ 个分量；$\boldsymbol{A}$、$\boldsymbol{B}$、$\boldsymbol{G}$ 和 $\boldsymbol{M}$ 为 $2n$ 阶矩阵，可由各层土的子矩阵集合而成。这样，式(3-10)是一个广义特征值问题，可用 Rayleigh 商迭代法求得 $2n$ 对特征值(波数)和特征向量。

对第 j 层土，子矩阵 $\boldsymbol{A}_j$、$\boldsymbol{B}_j$、$\boldsymbol{G}_j$ 和 $\boldsymbol{M}_j$ 可分别表示为

$$\left\{\begin{aligned}
\boldsymbol{A}_j&=\frac{h_j}{6}\begin{bmatrix}2(\chi_j+2G_j) & 0 & (\chi_j+2G_j) & 0\\ 0 & 2G_j & 0 & G_j\\ (\chi_j+2G_j) & 0 & 2(\chi_j+2G_j) & 0\\ 0 & G_j & 0 & 2G_j\end{bmatrix}\\
\boldsymbol{B}_j&=\frac{1}{2}\begin{bmatrix}0 & -(\chi_j-G_j) & 0 & (\chi_j+G_j)\\ (\chi_j-G_j) & 0 & (\chi_j+G_j) & 0\\ 0 & -(\chi_j+G_j) & 0 & (\chi_j-G_j)\\ -(\chi_j+G_j) & 0 & -(\chi_j-G_j) & 0\end{bmatrix}\\
\boldsymbol{G}_j&=\frac{1}{h_j}\begin{bmatrix}G_j & 0 & -G_j & 0\\ 0 & \left(\chi_j+2G_j\right) & 0 & -\left(\chi_j+2G_j\right)\\ -G_j & 0 & G_j & 0\\ 0 & -\left(\chi_j+2G_j\right) & 0 & \left(\chi_j+2G_j\right)\end{bmatrix}\\
\boldsymbol{M}_j^{\mathrm{c}}&=\frac{\rho_j h_j}{6}\begin{bmatrix}2&0&1&0\\0&2&0&1\\1&0&2&0\\0&1&0&2\end{bmatrix}\qquad \boldsymbol{M}_j^{\mathrm{l}}=\frac{\rho_j h_j}{2}\begin{bmatrix}1&0&0&0\\0&1&0&0\\0&0&1&0\\0&0&0&1\end{bmatrix}
\end{aligned}\right. \tag{3-11}$$

式中，$\boldsymbol{M}_j^{\mathrm{c}}$ 和 $\boldsymbol{M}_j^{\mathrm{l}}$ 分别为一致质量矩阵和集中质量矩阵。式(3-10)中采用混合质量矩

阵，即取 $\boldsymbol{M}_j^{\mathrm{c}}$ 和 $\boldsymbol{M}_j^{1}$ 之和的一半：$\boldsymbol{M}_j=\frac{1}{2}\left(\boldsymbol{M}_j^{\mathrm{c}}+\boldsymbol{M}_j^{1}\right)$。

2. 二维问题的一致边界条件

利用 Rayleigh 波动方程可得到 $2n$ 对特征值(波数)和特征向量，以及每层土的应力-应变关系，Waas 于 1972 年提出了成层土的一致边界频域力-位移关系，即

$$\boldsymbol{P}=\boldsymbol{R}\boldsymbol{U} \tag{3-12}$$

式中，$\boldsymbol{U}$ 表示 $2n$ 阶位移矢量，为相对应的力矢量；$\boldsymbol{P}$ 表示与位移矢量；$\boldsymbol{R}$ 代表半无限区域土体影响的动力阻抗矩阵，可表示为

$$\boldsymbol{R}=\mathrm{i}\boldsymbol{A}\boldsymbol{V}\boldsymbol{K}\boldsymbol{V}^{-1}+\boldsymbol{D}$$

式中，$\boldsymbol{V}$ 表示 $2n$ 阶特征向量；$\boldsymbol{K}$ 表示由特征值(波数)构成的 $2n$ 阶对角矩阵；$\boldsymbol{D}$ 为反映土的动力特性的矩阵。对第 j 层土，子矩阵 $\boldsymbol{D}$ 可表示为

$$\boldsymbol{D}_j=\frac{1}{2}\begin{bmatrix} 0 & \chi_j & 0 & -\chi_j \\ G_j & 0 & -G_j & 0 \\ 0 & \chi_j & 0 & -\chi_j \\ G_j & 0 & -G_j & 0 \end{bmatrix} \tag{3-13}$$

结合以上边界条件，同时考虑到将时程分析法应用于地下工程安全系数计算、结构偏于安全和计算机的计算速度等，本书将采用简单的人工边界条件。

3.2.4　屈服条件和破坏准则

库仑理论也称内摩擦角理论，剪应力和垂直应力之间存在下列关系：

$$|\tau|=s-\mu_0\sigma \tag{3-14}$$

式中，s 为岩(土)体的抗剪强度，或称黏结力常数；μ_0 为内摩擦系数，$\mu_0=\tan\varphi$，其中 φ 为内摩擦角，它取决于岩(土)体的固有性质；σ 为剪切面上的垂直压应力；τ 为剪切面上的剪应力。

根据郑颖人等[18]研究可知，当原状黄土的起始含水量大于缩限小于液限时，动强度由抗剪强度控制，相反情况则由抗拉强度控制。考虑到最为不利的情况时起始含水量大于缩限，应采用库仑理论进行抗剪强度计算。

在有限元强度折减法中，岩土材料的本构模型采用理想弹塑性模型，因此选用合理的岩土屈服准则十分重要，所求安全系数大小与采用的岩土屈服准则密切相关。前面指出，对于黄土隧道工程，采用平面应变关联流动法则的莫尔-库仑匹配准则较为适合。因此，有

$$\tau=c+\sigma\tan\varphi \tag{3-15}$$

其中

$$\sigma=\frac{1}{2}(\sigma_x+\sigma_y)-R^{\mathrm{MC}}\sin\varphi=\frac{1}{2}(\sigma_1+\sigma_3)-R^{\mathrm{MC}}\sin\varphi$$

$$R^{\mathrm{MC}}=c\cos\varphi+\rho\sin\varphi=\sqrt{\frac{\sigma_x-\sigma_y}{4}+\tau_{xy}^2}=\frac{1}{2}(\sigma_1-\sigma_3)$$

$$\rho=\frac{\sigma_x+\sigma_y}{2}$$

由于 $\tau=R^{\mathrm{MC}}\cos\varphi$ ，则有

$$\sigma_1(1+\sin\varphi)-\sigma_3(1-\sin\varphi)=2c\cos\varphi$$

若将主应力换成应力张量的第一不变量 I_1 和应力偏张量的第二不变量 J_2 及罗德角 θ_σ，则

$$F=\frac{1}{3}I_1\sin\varphi+\left(\cos\theta_\sigma-\frac{1}{\sqrt{3}}\sin\theta_\sigma\sin\varphi\right)\sqrt{J_2}-c\cos\varphi=0 \tag{3-16}$$

将式(3-16)对 θ_σ 微分，并使之等于零，这时 F 取极小值，则

$$\tan\theta_\sigma=-\frac{\sin\varphi}{\sqrt{3}} \tag{3-17}$$

将式(3-16)写成广义米赛斯(Mises)准则，有

$$F=\alpha I_1+\sqrt{J_2}=\kappa \tag{3-18}$$

考虑式(3-17)，通过对比式(3-16)和式(3-18)，得

$$\begin{cases}\alpha=\dfrac{\sin\varphi}{\sqrt{3}(3+\sin\varphi)}\\[2ex]\kappa=\dfrac{3c\cos\varphi}{\sqrt{3}(3+\sin\varphi)}\end{cases} \tag{3-19}$$

式(3-19)是 1952 年由 Drucker-Prager 导出的，也称为平面应变关联流动法则下的莫尔-库仑匹配准则。

由于隧道是纵向比较长，而横断面比较小的地下结构物，本书在计算分析中，按照平面应变问题考虑。计算范围底部以及左右两侧各取 5 倍洞室跨度，向上取到地表，边界条件左右两侧为水平约束，下部为固定约束，上部为自由边界。

3.2.5 弹性常数对地震动安全系数的影响

在利用强度折减法计算黄土隧道的安全系数时，要用到两个弹性常数，即弹性模量 E 和泊松比 μ，因此，本小节讨论弹性模量 E 和泊松比 μ 对安全系数的影响。

1. 弹性模量对安全系数的影响

隧道周围的位移受土体的弹性模量影响很大，即同一点处围岩结构的弹性

模量不同时，位移存在很大的差异。在实践过程中发现，某些隧道虽发生了大于极限位移的变形也不产生破坏，而有些隧道的变形虽小于极限位移却产生了破坏。文献[19]通过对土体隧洞围岩结构稳定性的分析，研究了弹性模量对安全系数的影响，见表 3-1。

表 3-1　弹性模量对位移和安全系数的影响

项目	不同弹性模量对应值				
	20MPa	30MPa	40MPa	50MPa	60MPa
拱顶最大垂直位移/mm	94	73	47	44	36
侧墙最大水平位移/mm	76	51	38	30	25
安全系数	1.62	1.62	1.62	1.62	1.62

从表 3-1 可以看出，隧洞不同部位产生的位移值不同，总体上拱顶的位移大于侧墙的位移，在隧洞受力状态及土体强度相同的情况下，隧洞拱顶及侧墙最大位移会随着弹性模量的增大而减小。当弹性模量为 20MPa 时，拱顶最大垂直位移与侧墙最大水平位移分别为弹性模量 60MPa 时的 2.6 倍与 3 倍，由此可见，弹性模量对于隧洞洞周位移影响很大。同时可以看出，安全系数不受弹性模量的影响，即使弹性模量测量不很精确，也不会影响隧洞围岩的稳定性分析。因此，本书中弹性模量参考现有文献给出。

2. 泊松比对安全系数的影响

根据弹塑性力学知识，泊松比 μ 会对塑性区分布范围造成影响。在土体强度及受力状态相同时，泊松比取值不同，围岩塑性区有很大差别，按照经验法判定就会得到不同的结果。郑颖人等[19]通过对土体隧洞围岩结构稳定性的分析，研究了泊松比 μ 对安全系数的影响，结果见表 3-2。

表 3-2　泊松比对围岩塑性区面积和最大深度及安全系数的影响

项目	不同泊松比对应值					
	0.20	0.25	0.30	0.35	0.40	0.45
围岩塑性区面积/m^2	294.56	38.39	12.85	8.96	8.71	8.68
围岩塑性区最大深度/m	14.00	6.26	2.76	1.57	1.28	1.20
安全系数	1.624	1.626	1.625	1.625	1.626	1.627

由表 3-2 可以看出，对于不同的泊松比 μ，有不同的围岩塑性区面积、塑性区最大深度和安全系数。当 μ 取值较大时，塑性区主要分布在隧洞的周围并与隧洞的形状类似，塑性区的面积较小，塑性区扩展深度较小。当泊松比取 0.20 时，围岩塑

性区面积与最大深度分别为泊松比为 0.45 时的 33.9 倍与 11.7 倍。由此可见，泊松比取值对隧洞围岩塑性区范围影响很大。同时可以看出，安全系数值受泊松比的影响很小，甚至不受影响。因此，本书中泊松比 μ 参考已有文献给出。

3.3　计算模型及参数

3.3.1　计算模型

采用 ANSYS 二维平面应变弹塑性非线性方法进行计算，隧道开挖洞径 B=6m，洞高 H=8m。根据已有文献[20-22]，在尽量减少所谓的“边界效应”的前提下，计算范围底部取 5 倍洞室高度，左右两侧取 5 倍洞室跨度，隧道埋深 20m，该模型的计算未考虑二衬的施作，即只考虑在原始地层条件下，开挖之后施作初期支护的情况。初期支护采用 C25 混凝土，厚 300mm。侧面边界为水平位移约束，底面边界为竖向位移约束。模型上部边界为自由边界，不受任何约束。初期支护和临时支护采用 BEAM3 单元，其他采用 PLANE42 单元。分析模型如图 3-3 所示，开挖模拟分析过程中设置了 5 个控制点，这 5 个控制点如图 3-4 所示。

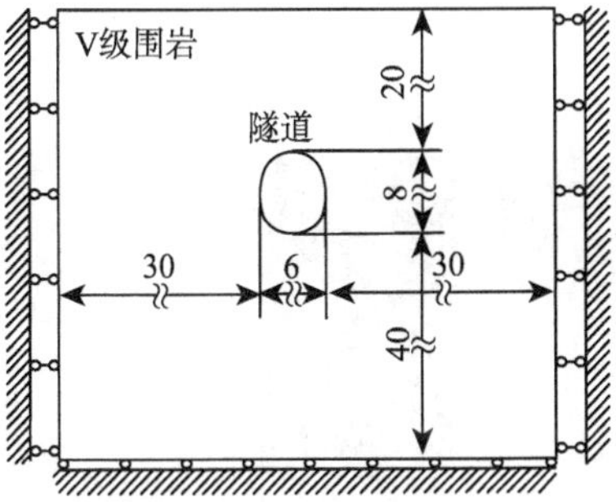

图 3-3　中断面黄土隧道分析模型(单位：m)

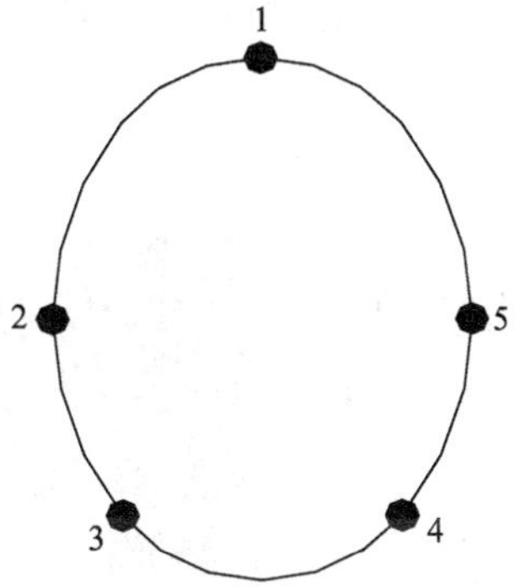

图 3-4　中断面黄土隧道控制点布置图

3.3.2　计算参数

黄土围岩材料参数如表 3-3 所示，初期支护采用 C25 混凝土，厚 30cm，密度为 25.0kN/m^3。C25 混凝土材料参数如表 3-4 所示[22]。

表 3-3　中断面黄土隧道黄土围岩材料参数

弹性模量 E/MPa	泊松比 μ	容重 γ/(kN/m^3)	黏聚力 c/kPa	内摩擦角 φ/(°)
80.0	0.35	18.00	96.24	29.25

表 3-4　中断面黄土隧道 C25 混凝土材料参数

弹性模量 E/GPa	泊松比 μ	容重 γ/(kN/m³)	黏聚力 c/MPa	内摩擦角 φ/(°)
21	0.167	25.00	2.42	54

3.4　模拟过程及结果分析

3.4.1　全断面开挖法

全断面开挖结束后总应变图、塑性应变图、X 方向位移等值线图和 Y 方向位移等值线图分别如图 3-5～图 3-8 所示。由图 3-5～图 3-8 可以看出，全断面开挖后最大塑性区出现在曲墙两侧，同样总应变图中显示出曲墙两侧总应变最大。在隧洞上方几乎没有塑性区，这说明在开挖的过程中应该加强拱腰处的支护。从图 3-7 可以看出，隧洞周围围岩位移云图呈现蝴蝶状分布，与应变图得出的结果一致，其最大位移均出现在曲墙两侧。从图 3-8 可以看出，围岩 Y 方向位移从上至下依次递减，呈现分层分布；Y 方向最大位移出现在拱顶。从 Y 方向位移等值线图中还可看出整个模拟范围内的围岩最大位移和 Y 方向最大位移相吻合，也就说明在隧洞开挖结束后隧洞四周围岩出现的最大位移出现在隧洞上方的整个土层。

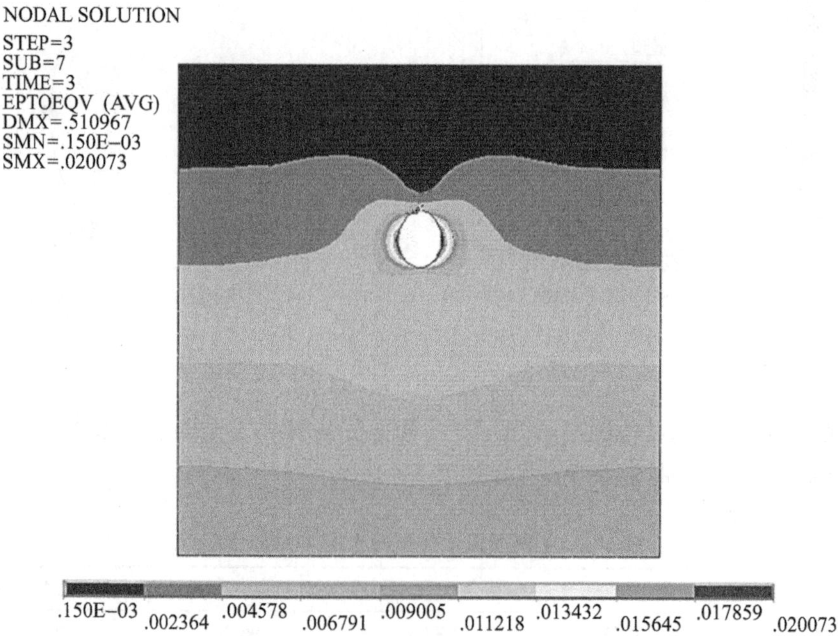
NODAL SOLUTION
STEP=3
SUB=7
TIME=3
EPTOEQV (AVG)
DMX=.510967
SMN=.150E−03
SMX=.020073
.150E−03
.002364
.004578
.006791
.009005
.011218
.013432
.015645
.017859
.020073

图 3-5　中断面黄土隧道全断面开挖结束后总应变图

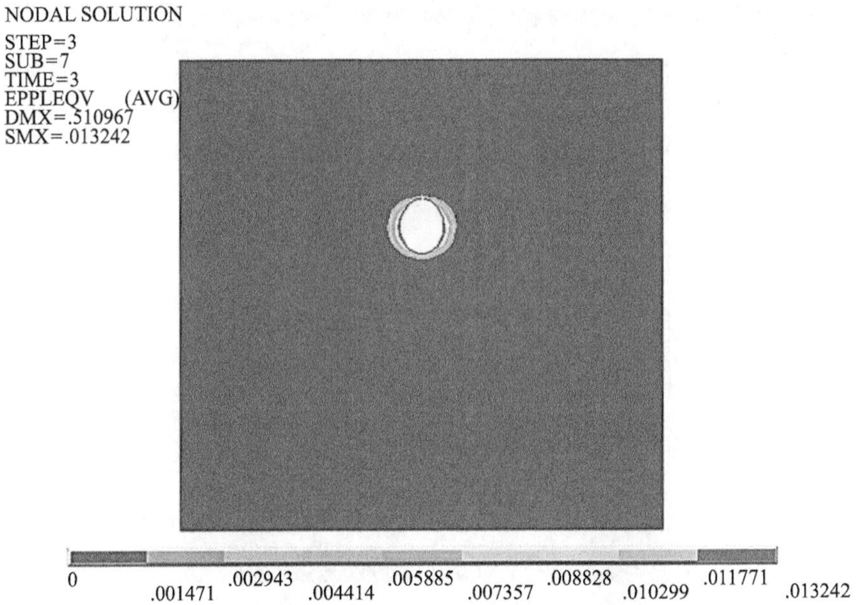
NODAL SOLUTION
STEP=3
SUB=7
TIME=3
EPPLEQV (AVG)
DMX=.510967
SMX=.013242
0
.001471
.002943
.004414
.005885
.007357
.008828
.010299
.011771
.013242

图 3-6　中断面黄土隧道全断面开挖结束后塑性应变图

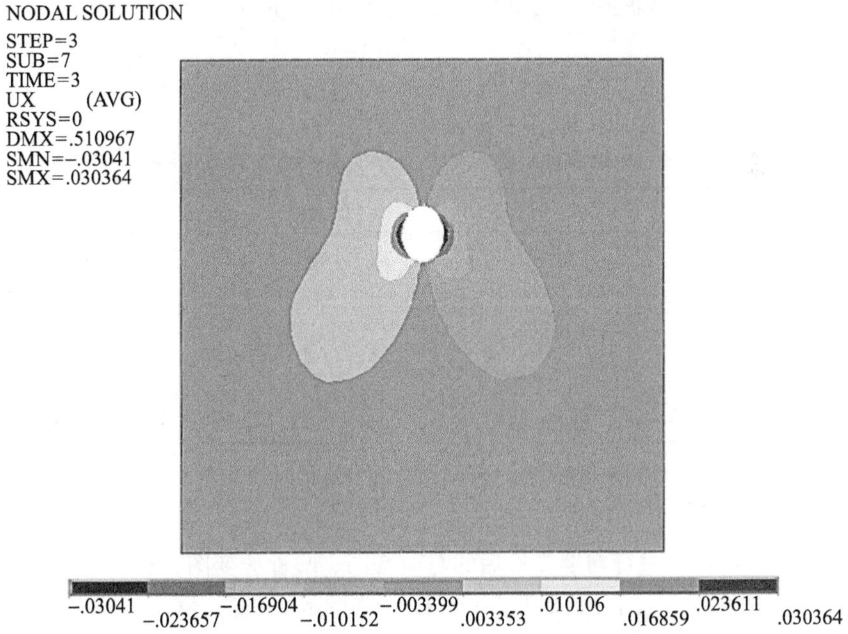
NODAL SOLUTION
STEP=3
SUB=7
TIME=3
UX (AVG)
RSYS=0
DMX=.510967
SMN=-.03041
SMX=.030364
-.03041
-.023657
-.016904
-.010152
-.003399
.003353
.010106
.016859
.023611
.030364

图 3-7　中断面黄土隧道全断面开挖结束后 X 方向位移等值线图

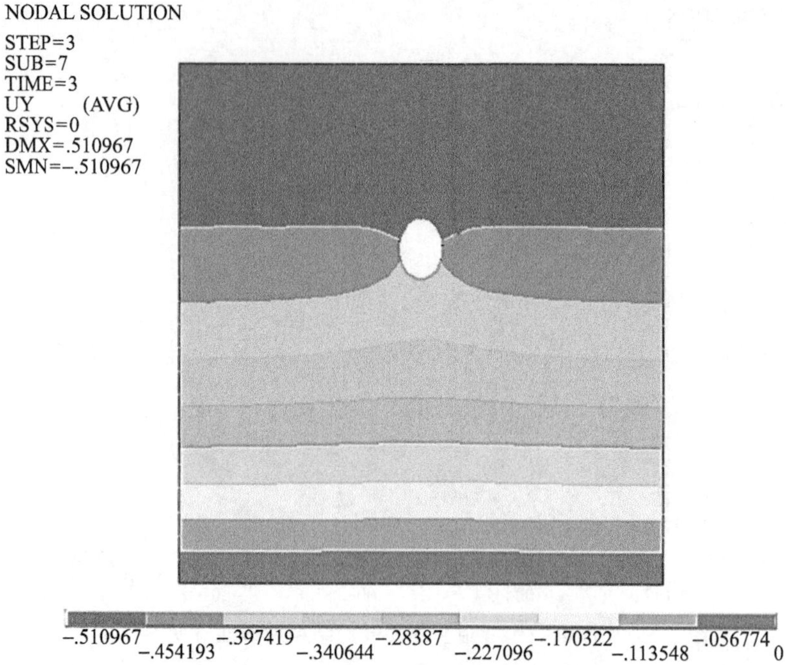
NODAL SOLUTION
STEP=3
SUB=7
TIME=3
UY (AVG)
RSYS=0
DMX=.510967
SMN=−.510967
−.510967
−.454193
−.397419
−.340644
−.28387
−.227096
−.170322
−.113548
−.056774
0

图 3-8　中断面黄土隧道全断面开挖结束后 Y 方向位移等值线图

中断面黄土隧道全断面开挖结束后控制点位移如表 3-5 所示。

表 3-5　中断面黄土隧道全断面开挖结束后控制点位移　(单位：m)

控制点	水平位移	竖向位移	总位移
1	0.16×10^{-4}	−0.50	0.50
2	0.30×10^{-1}	−0.43	0.43
3	0.19×10^{-1}	−0.37	0.37
4	-0.19×10^{-1}	−0.37	0.37
5	-0.30×10^{-1}	−0.43	0.43

3.4.2　上下台阶法

上台阶开挖以及进行初期支护后的总应变图、塑性应变图、X 方向位移等值线图、Y 方向位移等值线图分别如图 3-9～图 3-12 所示。

从图 3-9～图 3-12 可以看出，上台阶开挖后其应变主要集中在下部台阶，而隧洞外围的围岩应变较小，其最大塑性变形出现在下台阶接近土体表面位置，呈对称状分布左右。这是由于在上部台阶开挖后，相当于对下部土体应力释放，下部土体在

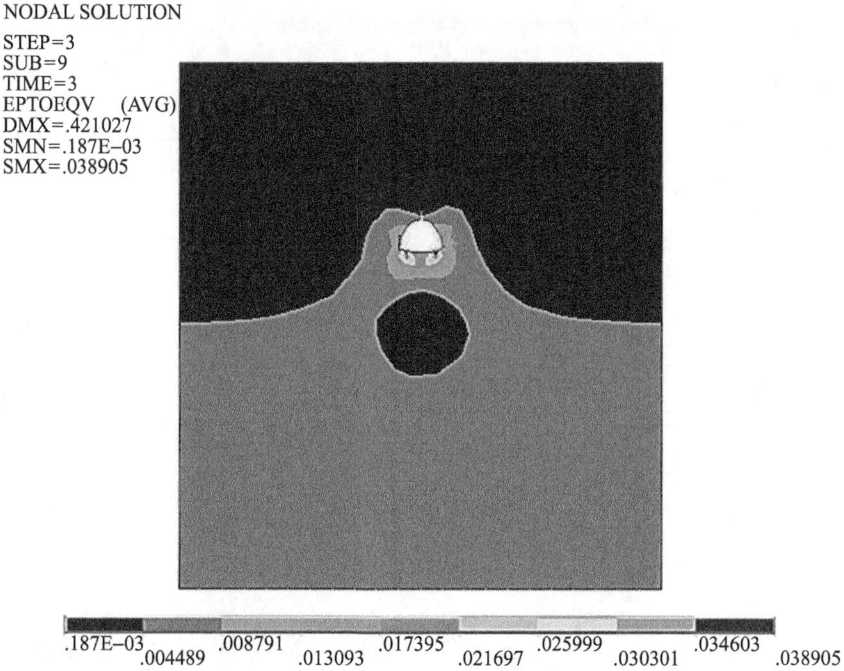
NODAL SOLUTION
STEP=3
SUB=9
TIME=3
EPTOEQV (AVG)
DMX=.421027
SMN=.187E-03
SMX=.038905
.187E-03
.004489
.008791
.013093
.017395
.021697
.025999
.030301
.034603
.038905

图 3-9　中断面黄土隧道上台阶开挖及初期支护后总应变图

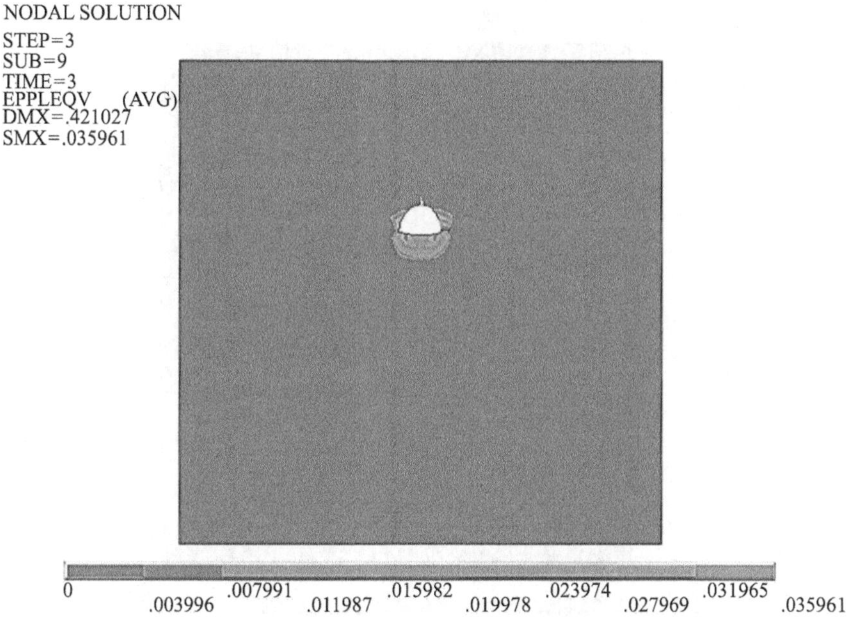
NODAL SOLUTION
STEP=3
SUB=9
TIME=3
EPPLEQV (AVG)
DMX=.421027
SMX=.035961
0
.003996
.007991
.011987
.015982
.019978
.023974
.027969
.031965
.035961

图 3-10　中断面黄土隧道上台阶开挖及初期支护后塑性应变图

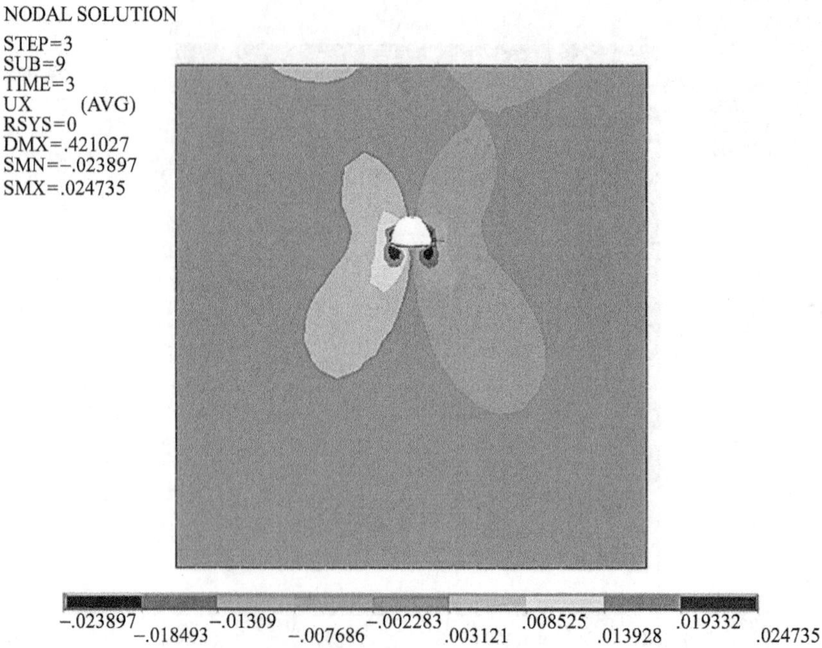
NODAL SOLUTION
STEP=3
SUB=9
TIME=3
UX (AVG)
RSYS=0
DMX=.421027
SMN=-.023897
SMX=.024735
-.023897
-.018493
-.01309
-.007686
-.002283
.003121
.008525
.013928
.019332
.024735

图 3-11　中断面黄土隧道上台阶开挖及初期支护后 *X* 方向位移等值线图

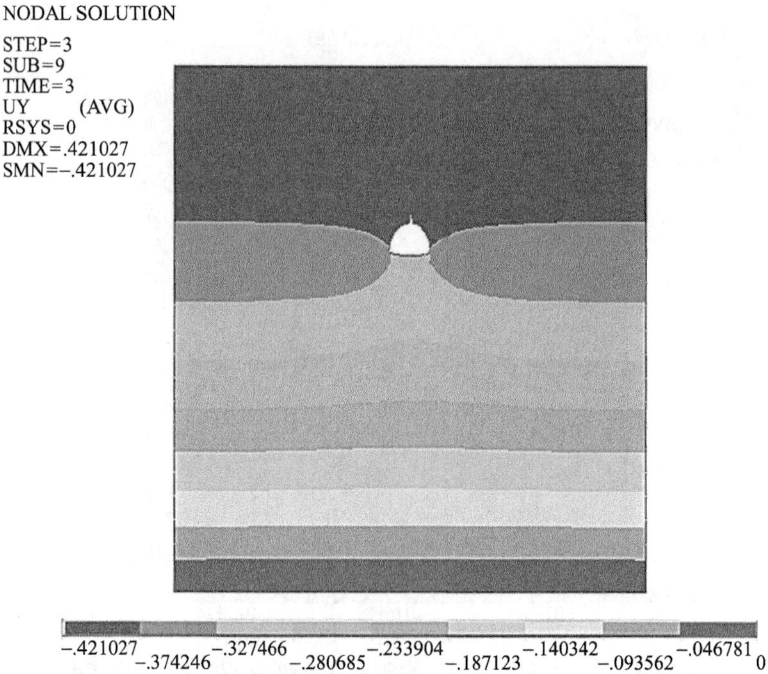
NODAL SOLUTION
STEP=3
SUB=9
TIME=3
UY (AVG)
RSYS=0
DMX=.421027
SMN=-.421027
-.421027
-.374246
-.327466
-.280685
-.233904
-.187123
-.140342
-.093562
-.046781
0

图 3-12　中断面黄土隧道上台阶开挖及初期支护后 *Y* 方向位移等值线图

没有上部荷载的作用时产生应变。从图 3-11 可以看出，隧洞周围围岩位移云图呈现蝴蝶状分布，在靠近拱腰两侧的下部台阶土体出现最大位移，这与应变图得出的结果相符。从图 3-12 可以看出，围岩 *Y* 方向位移从上至下依次递减，呈现分层分布，其最大位移出现在隧洞上部土体。上部土体开挖支护结束后，最大位移和 *Y* 方向位移最大值一致。

下台阶开挖及进行初期支护后的总应变图、塑性应变图、*X* 方向和 *Y* 方向位移等值线图分别见图 3-13～图 3-16。

由图 3-13～图 3-16 可以看出，下台阶开挖支护后，最大塑性区和最大应变区均转移到拱腰两侧且靠近拱顶部位，鉴于这一点，在进行初期支护的时候应该加强这两个部位。从图 3-15 可以看出，*X* 方向最大位移出现在曲墙靠上的位置，这一点和应变图中的最大应变位置相同。从图 3-16 可以看出，围岩 Y 方向位移云图同样呈现分层分布，从上至下依次递减，*Y* 方向最大位移出现在拱顶上部土体，最大值约为 0.43m。整个隧道开挖支护结束后围岩最大位移和 *Y* 方向最大位移相同，即为沉降值。

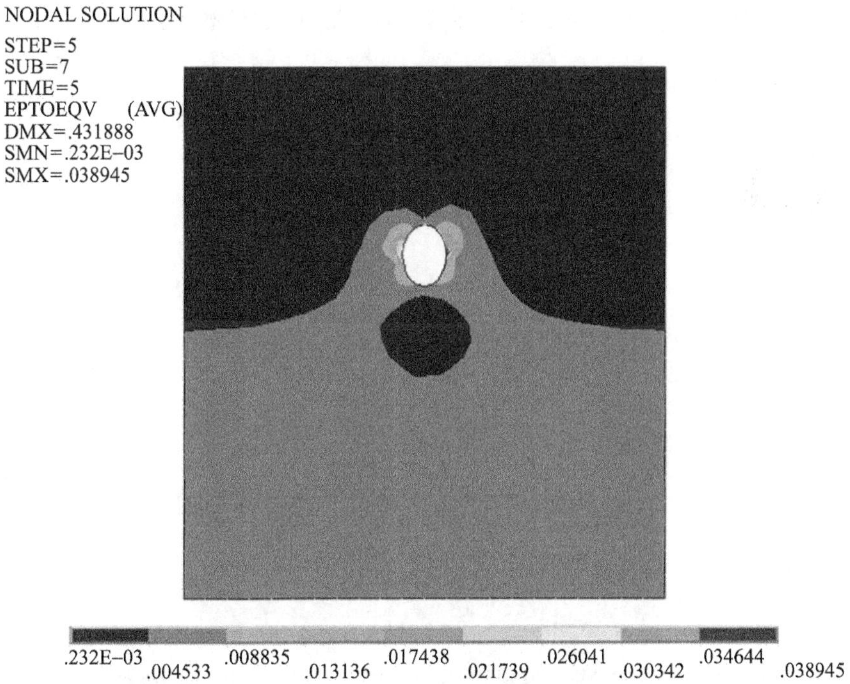

图 3-13　中断面黄土隧道下台阶开挖及初期支护后总应变图

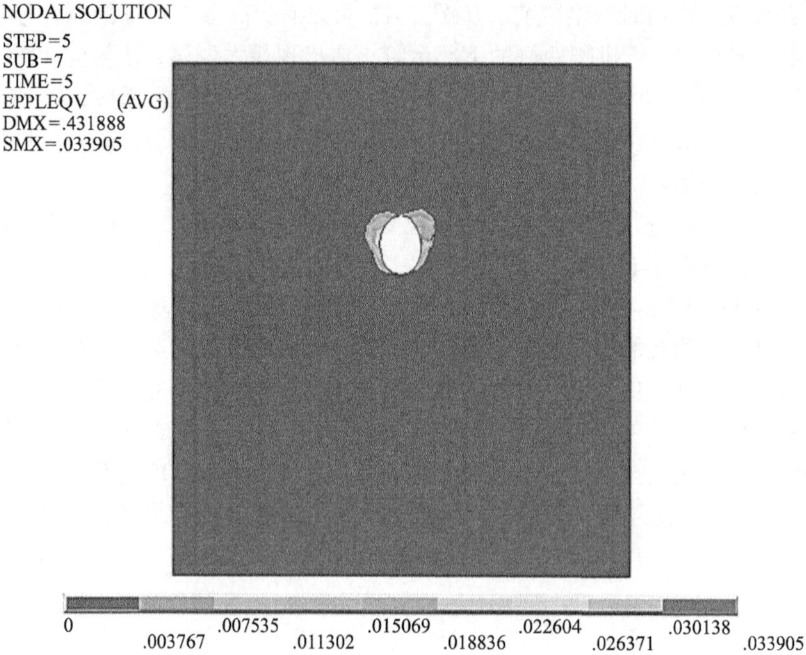
NODAL SOLUTION
STEP=5
SUB=7
TIME=5
EPPLEQV (AVG)
DMX=.431888
SMX=.033905
0
.003767
.007535
.011302
.015069
.018836
.022604
.026371
.030138
.033905

图 3-14　中断面黄土隧道下台阶开挖及初期支护后塑性应变图

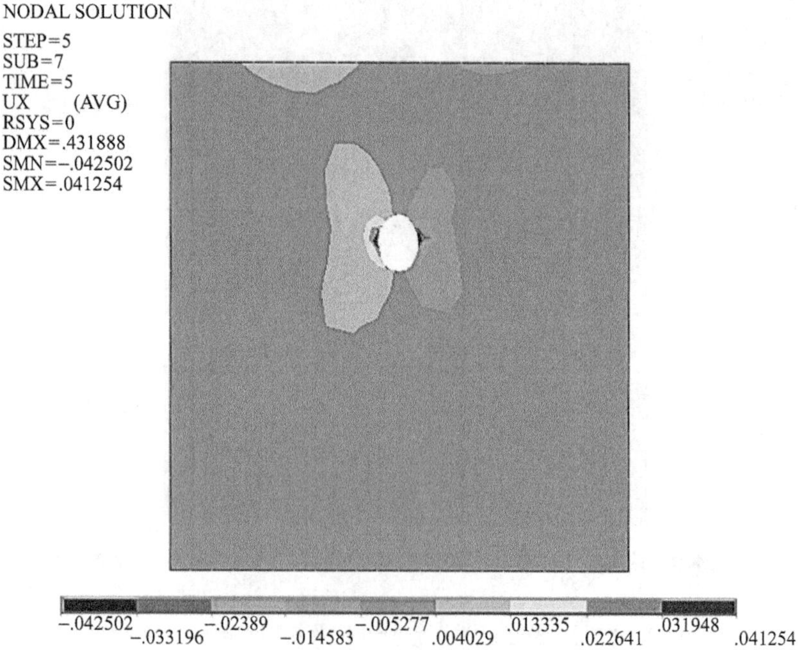
NODAL SOLUTION
STEP=5
SUB=7
TIME=5
UX (AVG)
RSYS=0
DMX=.431888
SMN=–.042502
SMX=.041254
–.042502
–.033196
–.02389
–.014583
–.005277
.004029
.013335
.022641
.031948
.041254

图 3-15　中断面黄土隧道下台阶开挖及初期支护后 *X* 方向位移等值线图

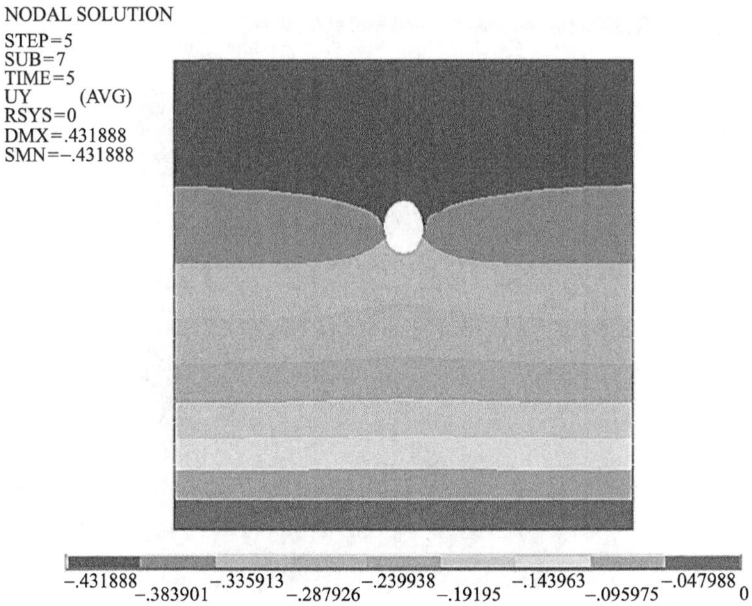

图 3-16　中断面黄土隧道下台阶开挖及初期支护后 Y 方向位移等值线图

中断面黄土隧道台阶法开挖结束后控制点位移见表 3-6。

表 3-6　中断面黄土隧道台阶法开挖结束后控制点位移　(单位：m)

控制点	水平位移	竖向位移	总位移
1	0.98×10^{-4}	−0.43	0.43
2	0.41×10^{-1}	−0.39	0.39
3	0.15×10^{-1}	−0.31	0.31
4	-0.15×10^{-1}	−0.31	0.31
5	-0.43×10^{-1}	−0.39	0.39

3.4.3　台阶分部开挖法

台阶分部开挖及初期支护后的总应变图、塑性应变图、X 方向和 Y 方向位移等值线图分别见图 3-17～图 3-20。

上部导坑开挖支护后最大塑性应变和最大总应变均出现在下部台阶土体，并且靠近土体表面，呈现对称分布。出现这个问题的原因同上下台阶开挖法一样，上部土体开挖相当于对下部土体的应力释放，导致塑性区出现在下部土体靠上位置。从图 3-19 可以看出，隧洞周围围岩位移云图呈现对称分布，且类似蝴蝶状，最大位移出现在最大应变处。从图 3-20 可以看出，围岩 Y 方向位移云图同样呈现分层分布，围岩 Y 方向最大位移出现在隧道上面土体。

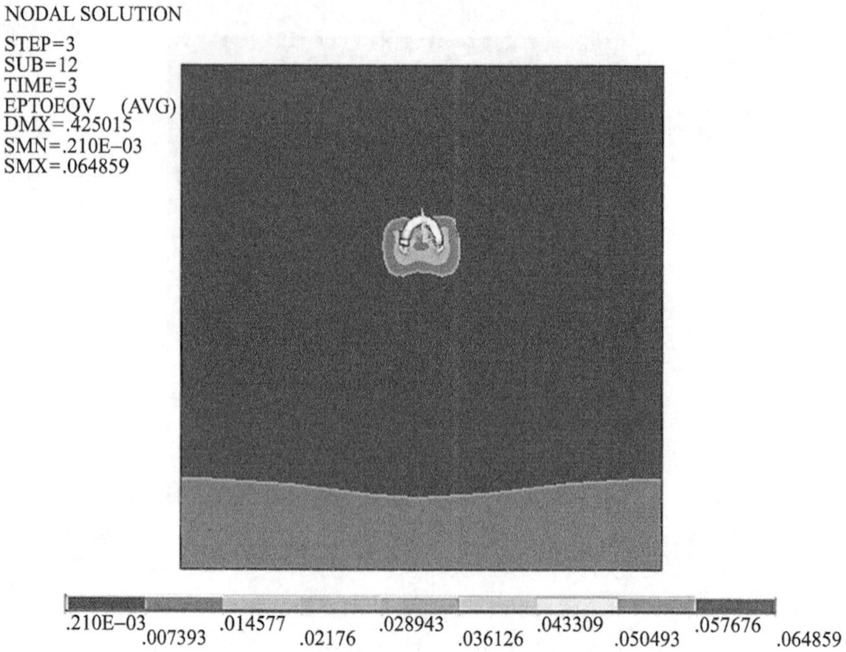
NODAL SOLUTION
STEP=3
SUB=12
TIME=3
EPTOEQV (AVG)
DMX=.425015
SMN=.210E-03
SMX=.064859
.210E-03
.007393
.014577
.02176
.028943
.036126
.043309
.050493
.057676
.064859

图 3-17　中断面黄土隧道弧形导坑开挖及初期支护后总应变图

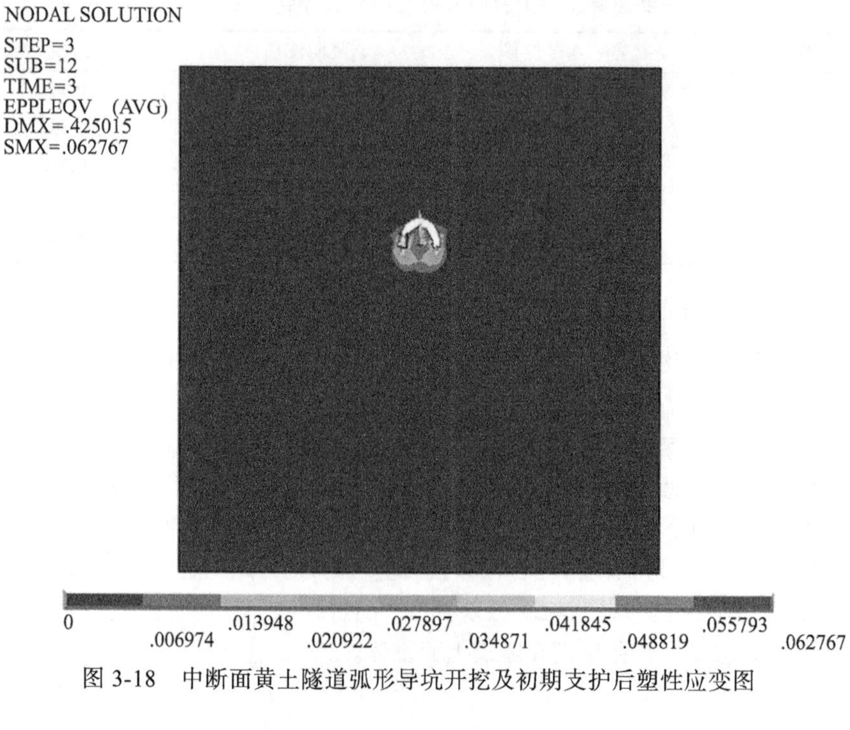
NODAL SOLUTION
STEP=3
SUB=12
TIME=3
EPPLEQV (AVG)
DMX=.425015
SMX=.062767
0
.006974
.013948
.020922
.027897
.034871
.041845
.048819
.055793
.062767

图 3-18　中断面黄土隧道弧形导坑开挖及初期支护后塑性应变图

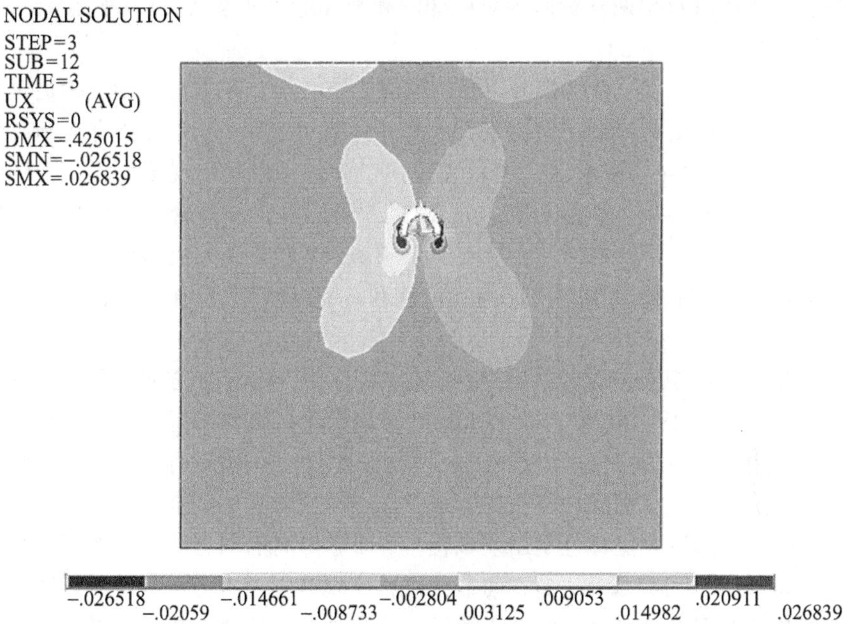
NODAL SOLUTION
STEP=3
SUB=12
TIME=3
UX (AVG)
RSYS=0
DMX=.425015
SMN=-.026518
SMX=.026839
-.026518
-.02059
-.014661
-.008733
-.002804
.003125
.009053
.014982
.020911
.026839

图 3-19　中断面黄土隧道弧形导坑开挖及初期支护后 X 方向位移等值线图

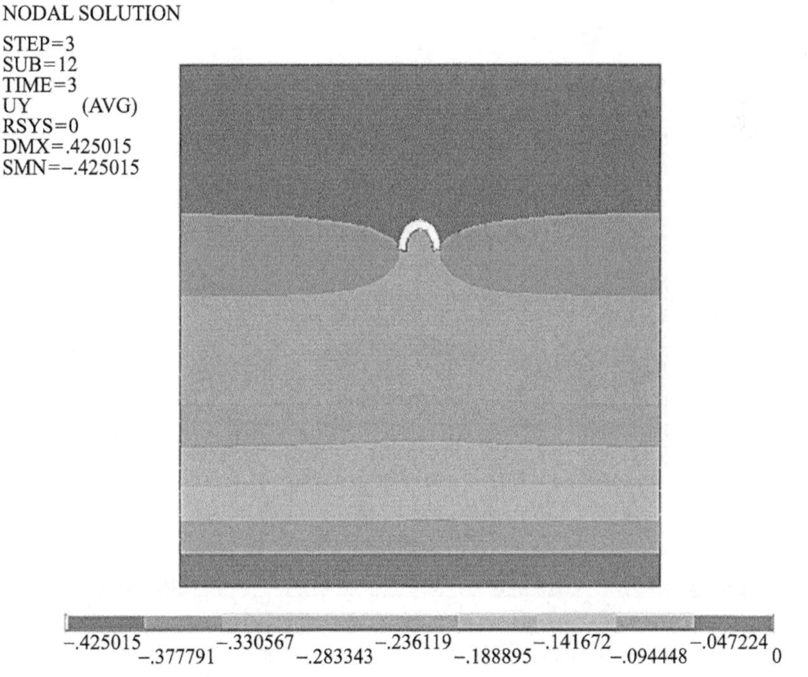
NODAL SOLUTION
STEP=3
SUB=12
TIME=3
UY (AVG)
RSYS=0
DMX=.425015
SMN=-.425015
-.425015
-.377791
-.330567
-.283343
-.236119
-.188895
-.141672
-.094448
-.047224
0

图 3-20　中断面黄土隧道弧形导坑开挖及初期支护后 Y 方向位移等值线图

核心土开挖以及初期支护后的总应变图和塑性应变图及 *X*、*Y* 方向位移等值线图分别见图 3-21～图 3-24。

由图 3-21～图 3-24 可以看出，开挖预留的核心土，在进行初期支护后最大塑性应变和最大总应变转移到洞室内底部土体左边靠近起拱部分，原因和先行导坑的开挖类似。从图 3-24 可以看出，围岩 *X* 方向最大位移也是出现该位置，而隧洞周围围岩位移云图不再呈现对称分布。从图 3-25 可以看出，围岩 *Y* 方向位移云图同样呈现分层分布，并且左右对称，从上至下递减。*Y* 方向最大位移出现在拱顶上部土体。核心土开挖后整个围岩土体最大位移和 *Y* 方向最大位移相同，即为围岩沉降值。

底部开挖及初期支护后的总应变图，塑性应变图及 *X*、*Y* 方向位移等值线图分别见图 3-25～图 3-28。由图 3-25～图 3-28 可以看出，在整个隧道开挖及初期支护后，最大塑性应变和总应变均出现在拱腰靠上的位置，呈现对称分布，这一特征同上下台阶开挖法相似，因此在支护的时候这个部位需要重点支护。从图 3-27 可以看出，围岩 *X* 方向最大位移也是出现该位置，而隧洞周围围岩位移云图不再呈现对称分布。从图 3-28 可以看出，*Y* 方向最大位移出现在隧道上方，但是不是整个上层土体。在隧道下方可以看出，位移云图呈现分层分布，位移值依次递减。在整个隧道开挖及支护后，隧道围岩最大位移值即为隧道的沉降值。

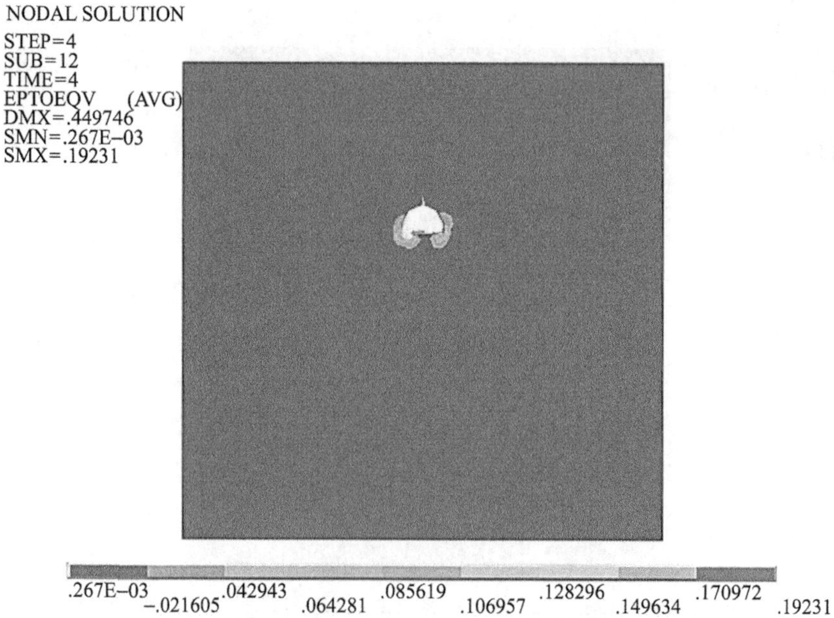
NODAL SOLUTION
STEP=4
SUB=12
TIME=4
EPTOEQV (AVG)
DMX=.449746
SMN=.267E−03
SMX=.19231
.267E−03
−.021605
.042943
.064281
.085619
.106957
.128296
.149634
.170972
.19231

图 3-21　中断面黄土隧道核心土开挖及初期支护后总应变图

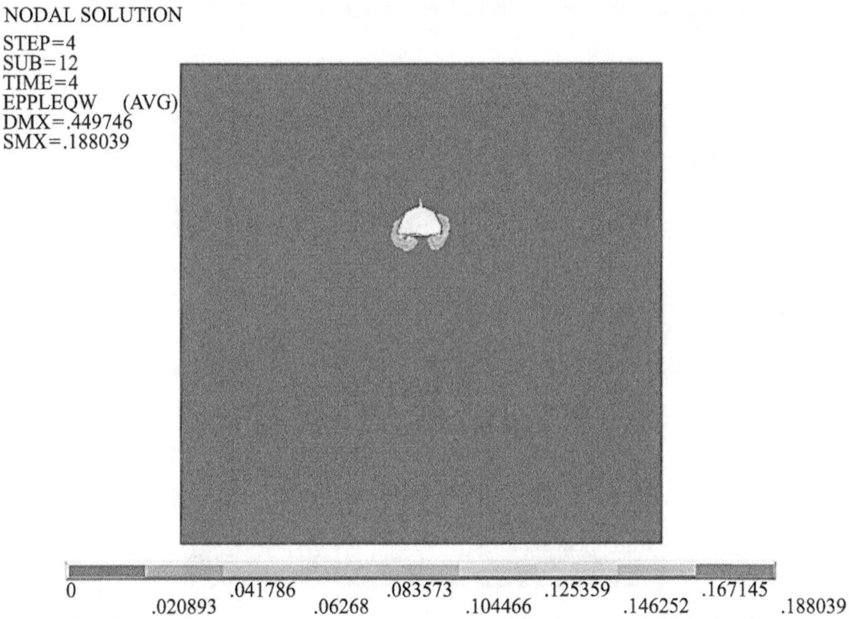
NODAL SOLUTION
STEP=4
SUB=12
TIME=4
EPPLEQW (AVG)
DMX=.449746
SMX=.188039
0
.020893
.041786
.06268
.083573
.104466
.125359
.146252
.167145
.188039

图 3-22 中断面黄土隧道核心土开挖及初期支护后塑性应变图

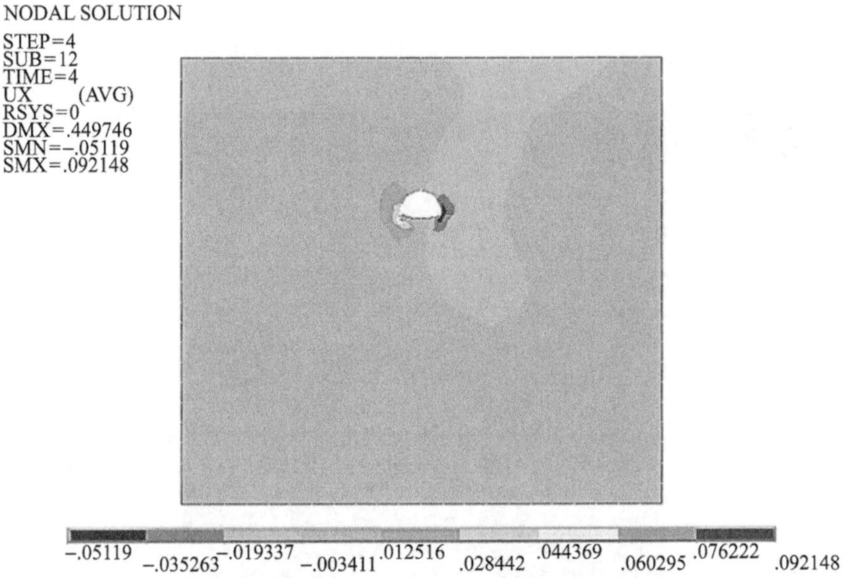
NODAL SOLUTION
STEP=4
SUB=12
TIME=4
UX (AVG)
RSYS=0
DMX=.449746
SMN=-.05119
SMX=.092148
-.05119
-.035263
-.019337
-.003411
.012516
.028442
.044369
.060295
.076222
.092148

图 3-23 中断面黄土隧道核心土开挖及初期支护后 X 方向位移等值线图

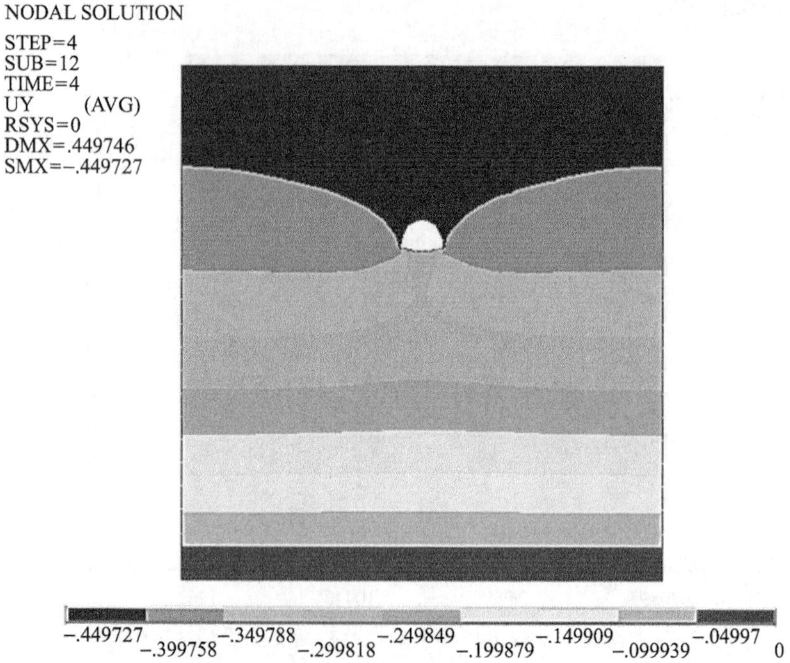
NODAL SOLUTION
STEP=4
SUB=12
TIME=4
UY (AVG)
RSYS=0
DMX=.449746
SMX=-.449727
-.449727
-.399758
-.349788
-.299818
-.249849
-.199879
-.149909
-.099939
-.04997
0

图 3-24　中断面黄土隧道核心土开挖及初期支护后 *Y* 方向位移等值线图

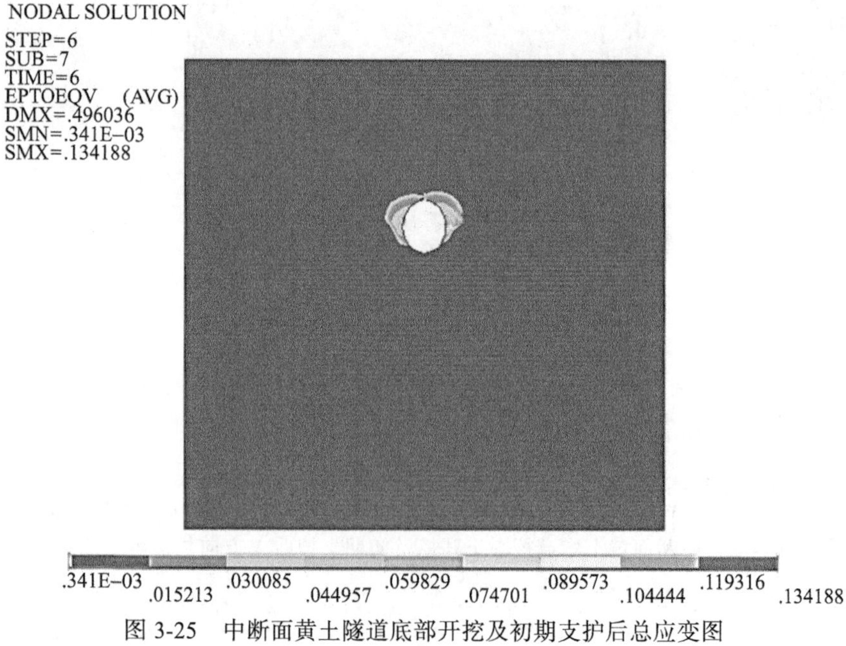
NODAL SOLUTION
STEP=6
SUB=7
TIME=6
EPTOEQV (AVG)
DMX=.496036
SMN=.341E-03
SMX=.134188
.341E-03
.015213
.030085
.044957
.059829
.074701
.089573
.104444
.119316
.134188

图 3-25　中断面黄土隧道底部开挖及初期支护后总应变图

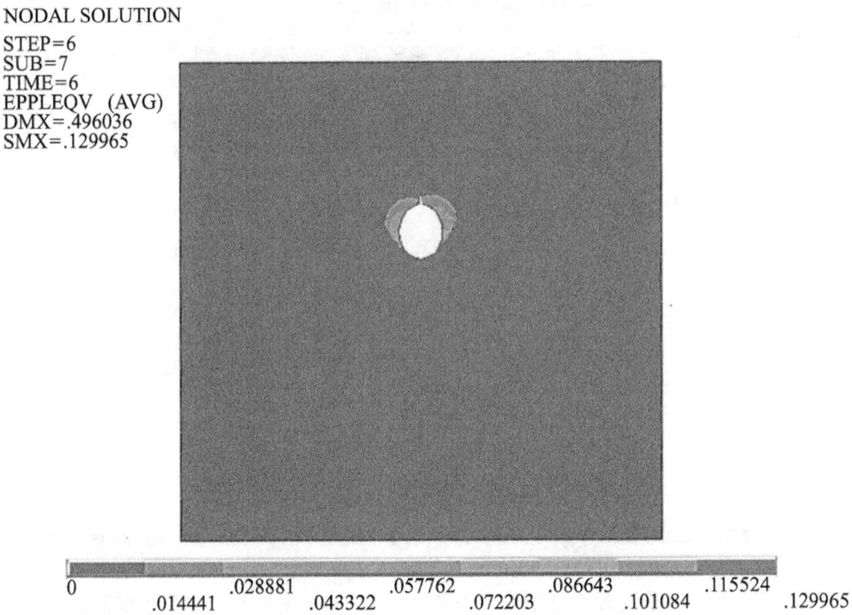
NODAL SOLUTION
STEP=6
SUB=7
TIME=6
EPPLEQV (AVG)
DMX=.496036
SMX=.129965
0
.014441
.028881
.043322
.057762
.072203
.086643
.101084
.115524
.129965

图 3-26　中断面黄土隧道底部开挖及初期支护后塑性应变图

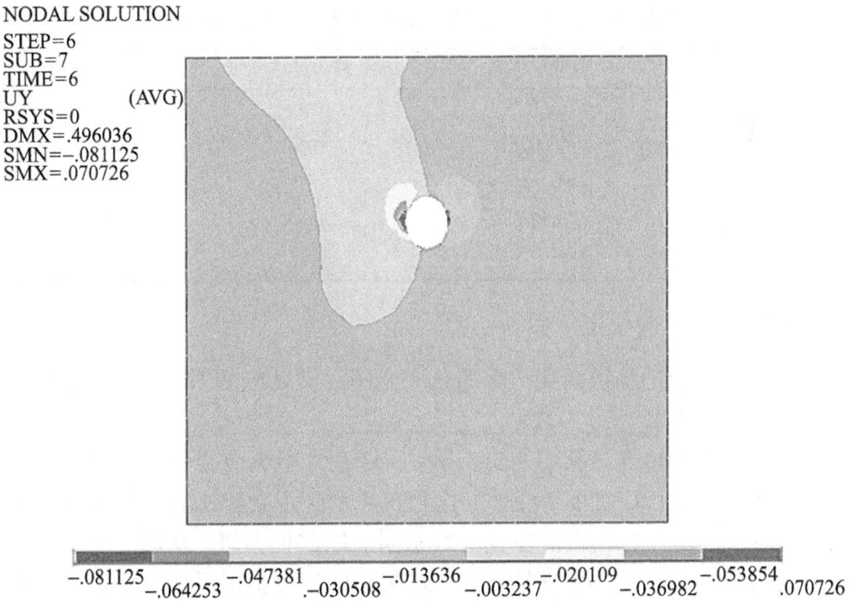
NODAL SOLUTION
STEP=6
SUB=7
TIME=6
UY (AVG)
RSYS=0
DMX=.496036
SMN=-.081125
SMX=.070726
-.081125
-.064253
-.047381
-.030508
-.013636
-.003237
-.020109
-.036982
-.053854
.070726

图 3-27　中断面黄土隧道底部开挖及初期支护后 X 方向等值线图

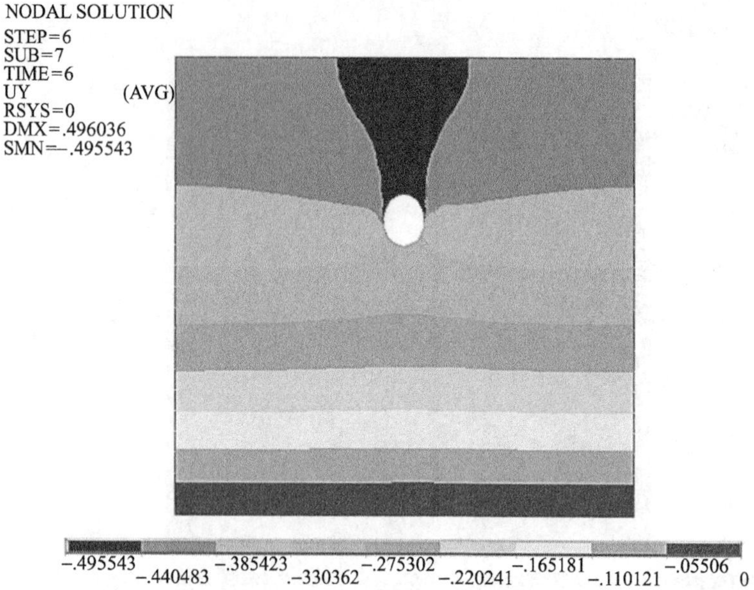
NODAL SOLUTION
STEP=6
SUB=7
TIME=6
UY (AVG)
RSYS=0
DMX=.496036
SMN=-.495543
-.495543
-.440483
-.385423
-.330362
-.275302
-.220241
-.165181
-.110121
-.05506
0

图 3-28　中断面黄土隧道底部开挖及初期支护后 *Y* 方向位移等值线图

中断面黄土隧道台阶分部开挖结束后控制点位移见表 3-7。

表 3-7　中断面黄土隧道台阶分部开挖结束后控制点位移　　(单位：m)

控制点	水平位移	竖向位移	总位移
1	0.14×10^{-2}	−0.49	0.49
2	0.69×10^{-1}	−0.46	0.47
3	0.15×10^{-1}	−0.31	0.31
4	-0.16×10^{-1}	−0.32	0.32
5	-0.70×10^{-1}	−0.46	0.47

3.4.4　CD 法

先行导坑上部开挖及初期支护后的总应变图、塑性应变图和 *X*、*Y* 方向的位移等值线图分别见图 3-29～图 3-32。

先行导坑上部土体开挖及初期支护后，围岩最大塑性应变和总应变出现在先行导坑未开挖部分即先行导坑下部土体，这种现象和上下台阶法、台阶分部开挖法上部土体开挖后最大塑性区出现的位置大致相同，原因也类似。从图 3-31 可以看出，围岩 *X* 方向最大位移出现在中壁墙一侧，这是中壁墙支护滞后所致。因此在进行先行导坑上部土体开挖后要及时进行有效支护，防止围岩发生大变形，甚至坍塌。从图 3-32 可以看出，*Y* 方向位移最大值没有出现在拱顶位置而是出现在开挖洞室跨中，原因是拱顶受到中壁墙的约束较大。

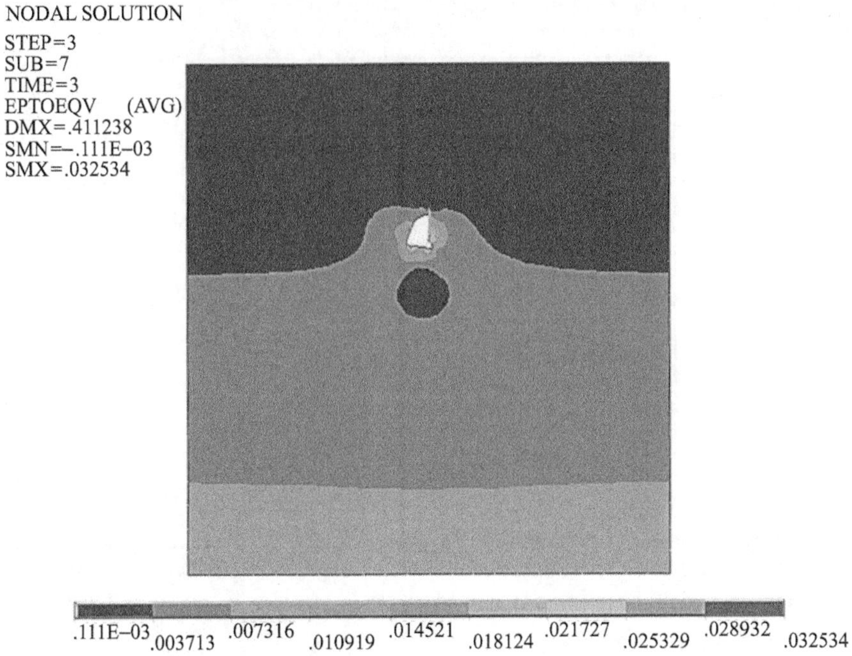
NODAL SOLUTION
STEP=3
SUB=7
TIME=3
EPTOEQV (AVG)
DMX=.411238
SMN=-.111E-03
SMX=.032534
.111E-03
.003713
.007316
.010919
.014521
.018124
.021727
.025329
.028932
.032534

图 3-29　中断面黄土隧道先行导坑上部开挖及初期支护后总应变图

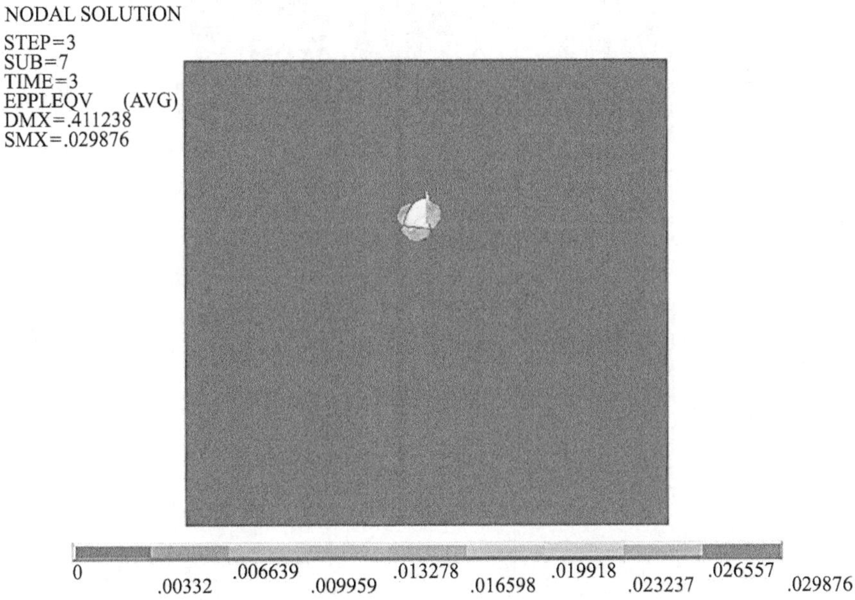
NODAL SOLUTION
STEP=3
SUB=7
TIME=3
EPPLEQV (AVG)
DMX=.411238
SMX=.029876
0
.00332
.006639
.009959
.013278
.016598
.019918
.023237
.026557
.029876

图 3-30　中断面黄土隧道先行导坑上部开挖及初期支护后塑性应变图

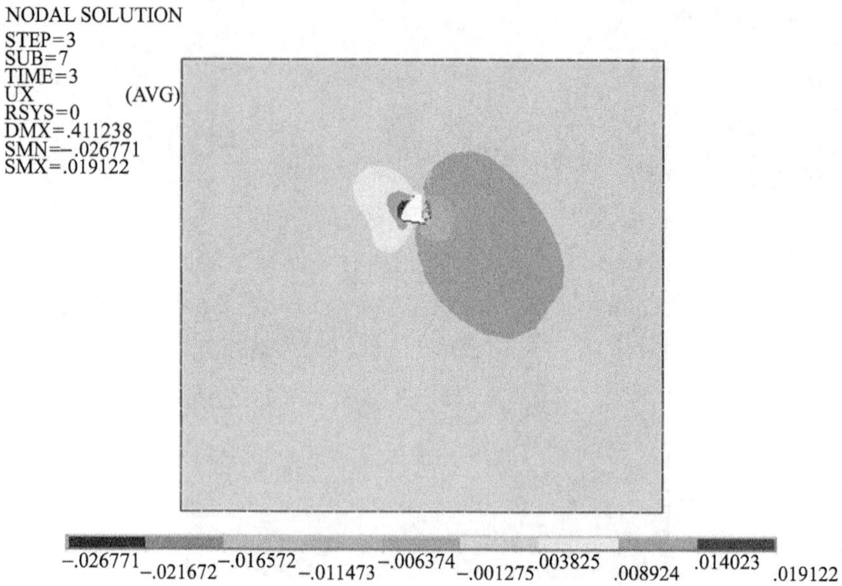

图 3-31　中断面黄土隧道先行导坑上部开挖及初期支护后 X 方向位移等值线图

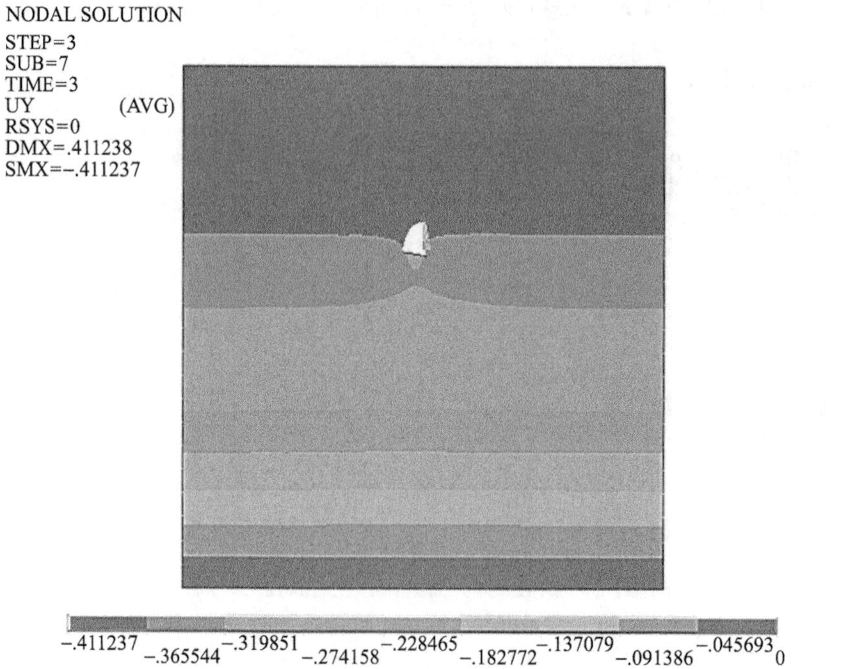

图 3-32　中断面黄土隧道先行导坑上部开挖及初期支护后 Y 方向位移等值线图

先行导坑下部开挖及初期支护后的总应变图、塑性应变图和 *X*、*Y* 方向的位移等值线图分别见图 3-33～图 3-36。

先行导坑下部土体开挖及初期支护后，最大塑性应变和总应变出现在后行导坑中壁墙一侧，围岩 *X* 方向位移最大值也在该位置，同上部土体开挖一样，是中壁墙支护滞后所致。从图 3-36 可以看出，围岩 *Y* 方向位移云图呈现分层分布，从上至下依次递减，左右对称，*Y* 方向位移最大值出现在隧洞上方整个土体，最大值与上部土体开挖后的位移最大值没有明显变化。截止到先行导坑开挖结束后，同 *Y* 方向位移最大值相同。

后行导坑上部开挖及初期支护后的总应变图、塑性应变图和 *X*、*Y* 方向的位移等值线图分别见图 3-37～图 3-40。

后行导坑上部土体开挖及初期支护后，最大塑性应变和总应变出现在后行导坑未开挖部分，接近底边位置。这个现象与先行导坑上部土体开挖类似，原因也一样。从图 3-39 可以看出，围岩 *X* 方向位移继续发展，最大值出现在未开挖部分中壁墙一侧。从图 3-40 可以看出，位移云图呈现分层分布，并且左右对称，围岩 *Y* 方向位移没有明显变化，同样出现在隧洞上部土体。截止到这一步开挖结束，隧道围岩最大位移值仍旧同隧洞上部土体沉降值。

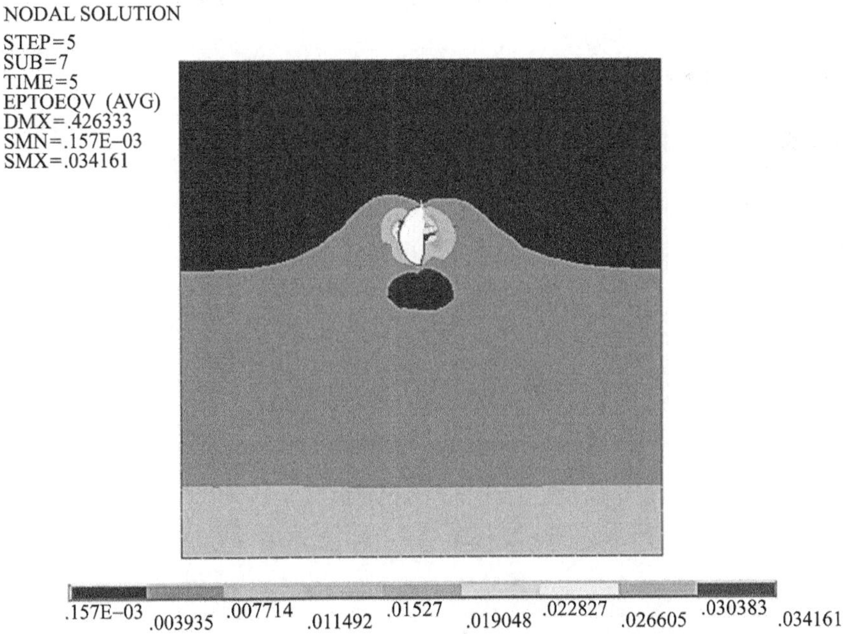

图 3-33　中断面黄土隧道先行导坑下部开挖及初期支护后总应变图

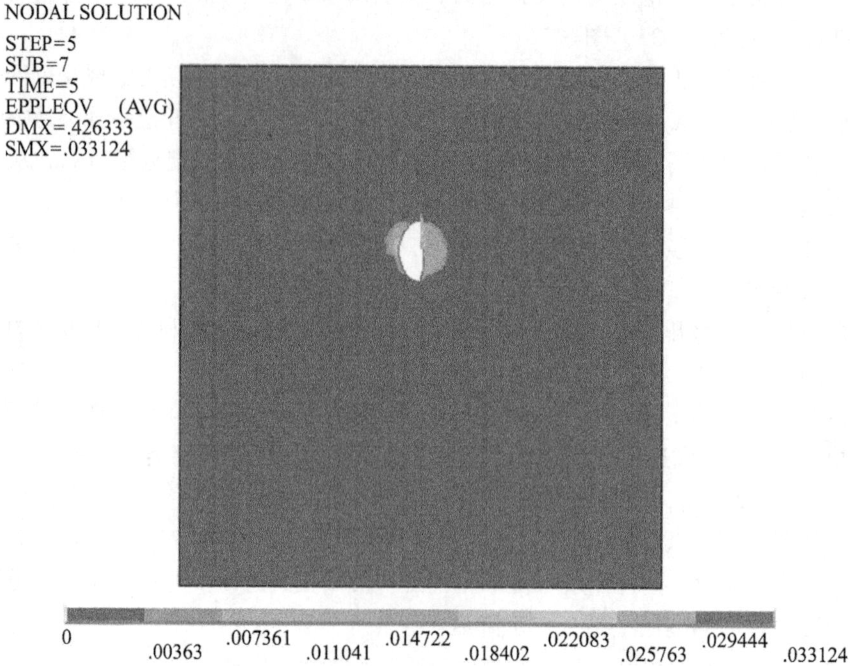
NODAL SOLUTION
STEP=5
SUB=7
TIME=5
EPPLEQV (AVG)
DMX=.426333
SMX=.033124
0
.00363
.007361
.011041
.014722
.018402
.022083
.025763
.029444
.033124

图 3-34　中断面黄土隧道先行导坑下部开挖及初期支护后塑性应变图

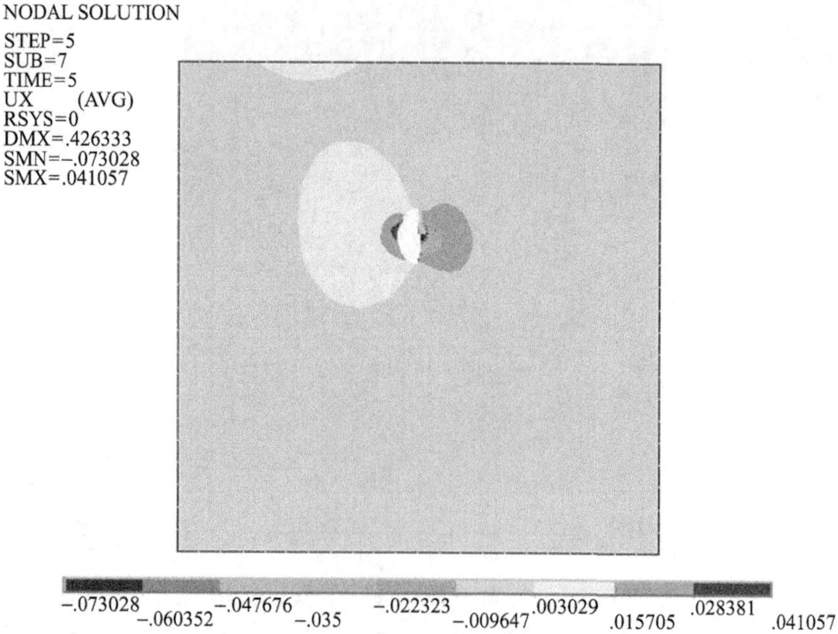
NODAL SOLUTION
STEP=5
SUB=7
TIME=5
UX (AVG)
RSYS=0
DMX=.426333
SMN=−.073028
SMX=.041057
−.073028
−.060352
−.047676
−.035
−.022323
−.009647
.003029
.015705
.028381
.041057

图 3-35　中断面黄土隧道先行导坑下部开挖及初期支护后 X 方向位移等值线图

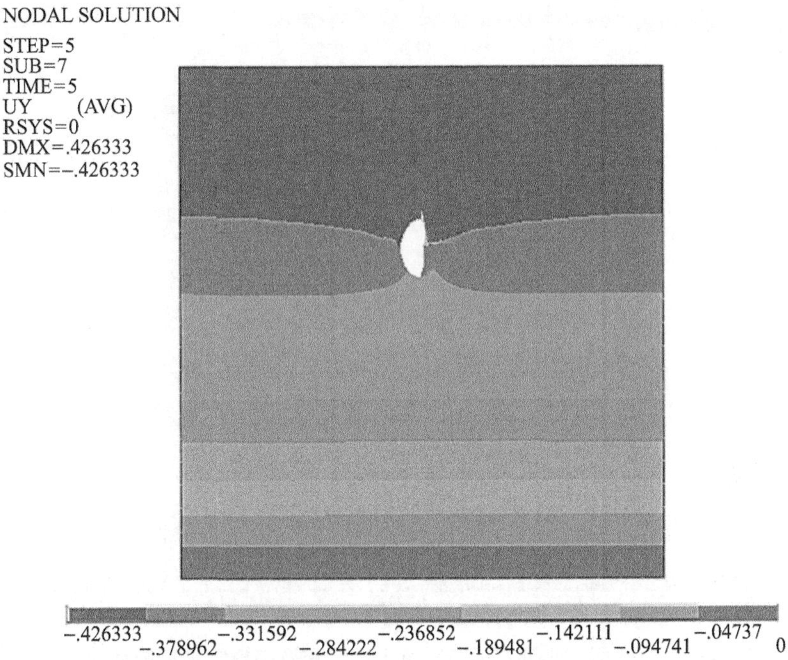

NODAL SOLUTION
STEP=5
SUB=7
TIME=5
UY (AVG)
RSYS=0
DMX=.426333
SMN=-.426333
-.426333
-.378962
-.331592
-.284222
-.236852
-.189481
-.142111
-.094741
-.04737
0

图 3-36　中断面黄土隧道先行导坑下部开挖及初期支护后 Y 方向位移等值线图

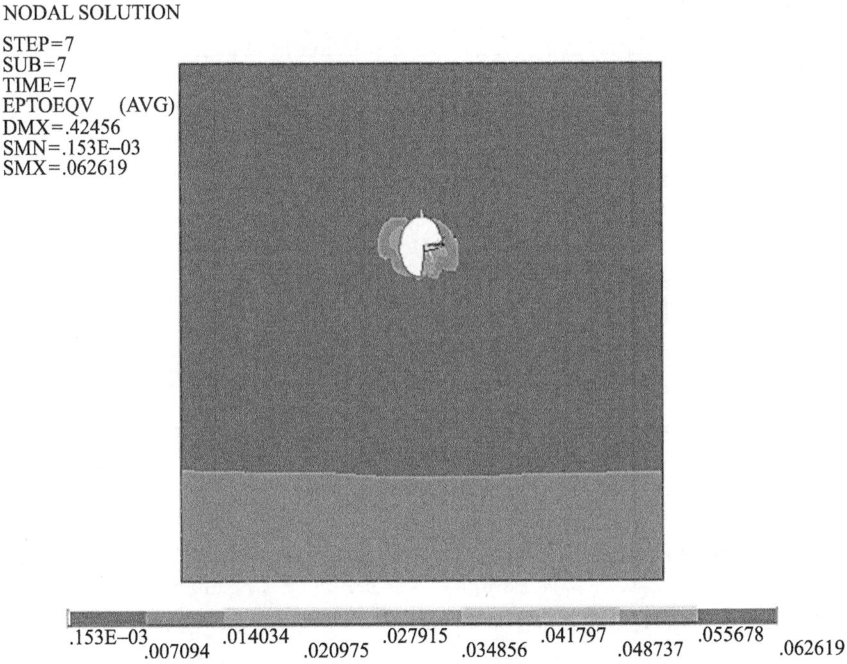

NODAL SOLUTION
STEP=7
SUB=7
TIME=7
EPTOEQV (AVG)
DMX=.42456
SMN=.153E-03
SMX=.062619
.153E-03
.007094
.014034
.020975
.027915
.034856
.041797
.048737
.055678
.062619

图 3-37　中断面黄土隧道后行导坑上部开挖及初期支护后总应变图

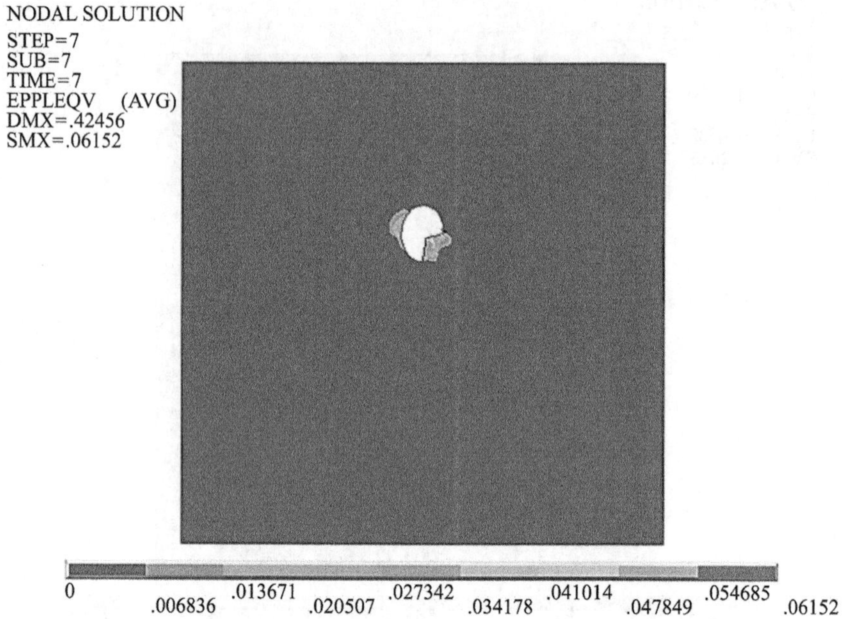
NODAL SOLUTION
STEP=7
SUB=7
TIME=7
EPPLEQV (AVG)
DMX=.42456
SMX=.06152
0
.006836
.013671
.020507
.027342
.034178
.041014
.047849
.054685
.06152

图 3-38　中断面黄土隧道后行导坑上部开挖及初期支护后塑性应变图

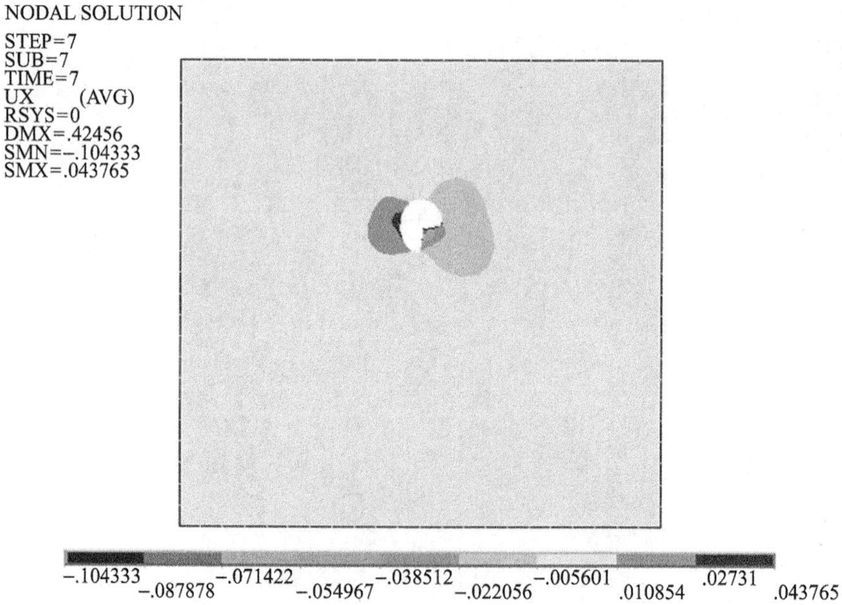
NODAL SOLUTION
STEP=7
SUB=7
TIME=7
UX (AVG)
RSYS=0
DMX=.42456
SMN=-.104333
SMX=.043765
-.104333
-.087878
-.071422
-.054967
-.038512
-.022056
-.005601
.010854
.02731
.043765

图 3-39　中断面黄土隧道后行导坑上部开挖及初期支护后 X 方向位移等值线

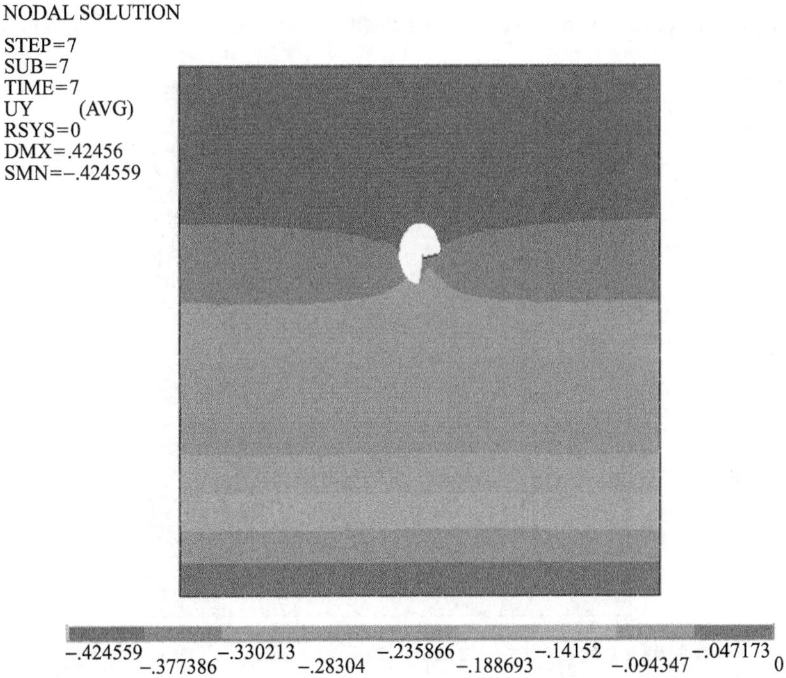
NODAL SOLUTION
STEP=7
SUB=7
TIME=7
UY (AVG)
RSYS=0
DMX=.42456
SMN=-.424559
-.424559
-.377386
-.330213
-.28304
-.235866
-.188693
-.14152
-.094347
-.047173
0

图 3-40　中断面黄土隧道后行导坑上部开挖及初期支护后 *Y* 方向位移等值线

后行导坑下部开挖及初期支护后的总应变图、塑性应变图和 *X*、*Y* 方向的位移等值线图分别见图 3-41～图 3-44。后行导坑下部开挖支护后，围岩塑性应变和总应变最大值出现在拱腰一侧靠上位置。从图 3-43 可以看出，*X* 方向位移最大值出现在中壁墙中间位置，此时中壁墙对隧道起着竖向支撑作用，在上部围岩的压力作用下发生了横向弯曲。从图 3-44 可以看出，*Y* 方向位移最大值仍旧没有大变化，位移云图呈现分层分布，并且左右对称。上部土体沉降值几乎没有发生变化。

拆除中壁墙后的总应变图、塑性应变图以及 *X*、*Y* 方向的位移等值线图分别见图 3-45～图 3-48。

拆除中壁墙后，塑性应变和总应变最大值位置基本没有发生变化。从图 3-47 可以看出，*X* 方向最大位移出现在左侧靠近拱顶部位。从图 3-48 中可以看出，位移云图呈现分层分布，从上至下依次递减。*Y* 方向最大位移出现在隧道上部整个土体。截止到整个隧洞开挖及支护后发现上部土体沉降值基本固定，可以看出这完全是中壁墙的作用，这一点是台阶法和全断面开挖法所不能体现的。

中断面黄土隧道 CD 法开挖结束后，控制点位移见表 3-8。

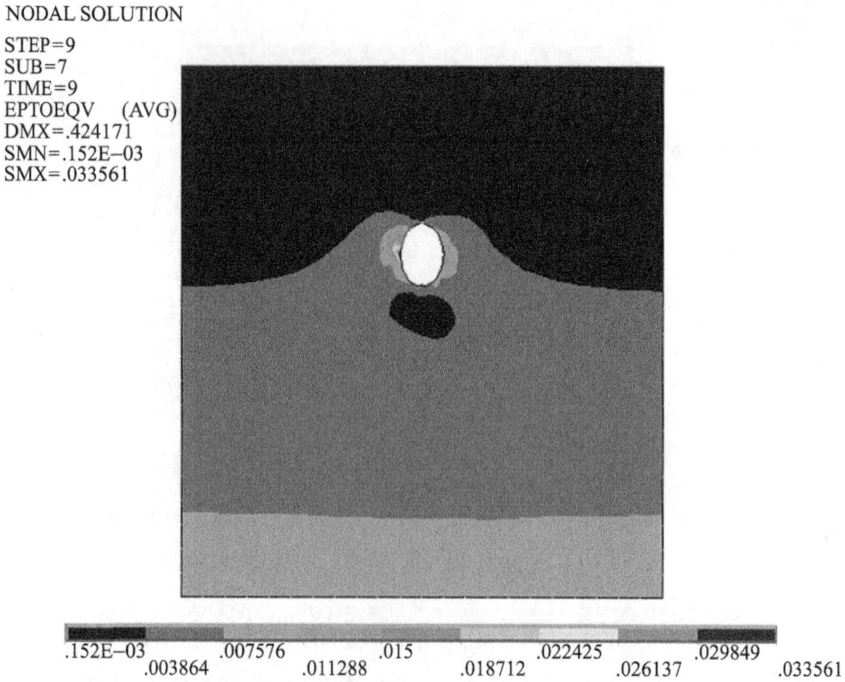
NODAL SOLUTION
STEP=9
SUB=7
TIME=9
EPTOEQV (AVG)
DMX=.424171
SMN=.152E–03
SMX=.033561
.152E–03
.003864
.007576
.011288
.015
.018712
.022425
.026137
.029849
.033561

图 3-41　中断面黄土隧道后行导坑下部开挖及初期支护后总应变图

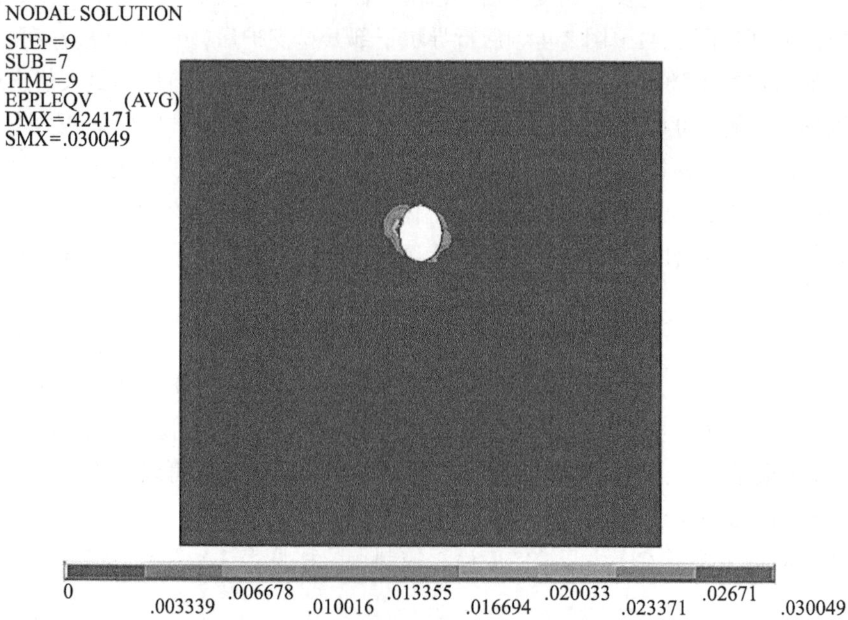
NODAL SOLUTION
STEP=9
SUB=7
TIME=9
EPPLEQV (AVG)
DMX=.424171
SMX=.030049
0
.003339
.006678
.010016
.013355
.016694
.020033
.023371
.02671
.030049

图 3-42　中断面黄土隧道后行导坑下部开挖及初期支护后塑性应变图

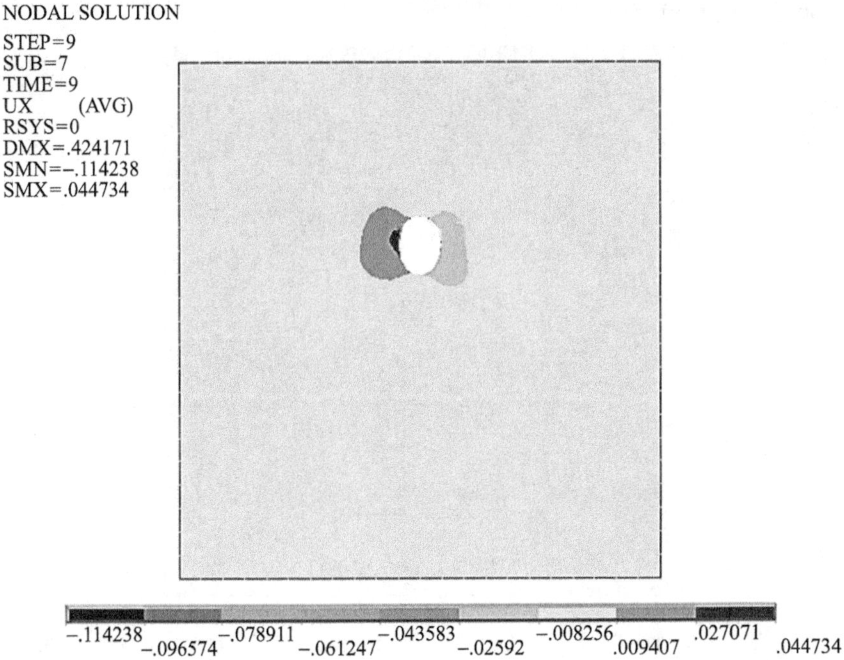
NODAL SOLUTION
STEP=9
SUB=7
TIME=9
UX (AVG)
RSYS=0
DMX=.424171
SMN=-.114238
SMX=.044734
-.114238
-.096574
-.078911
-.061247
-.043583
-.02592
-.008256
.009407
.027071
.044734

图 3-43　中断面黄土隧道后行导坑下部开挖及初期支护后 X 方向位移等值线图

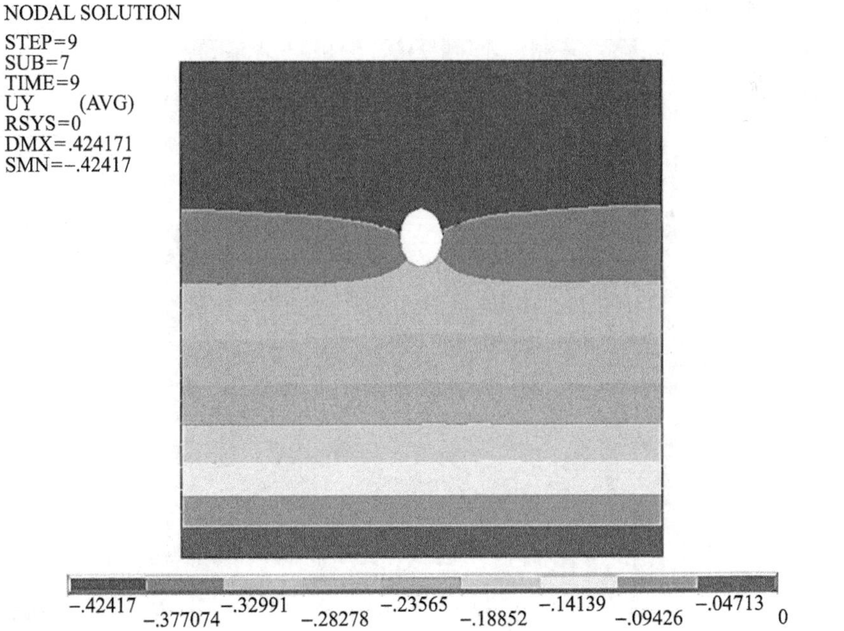
NODAL SOLUTION
STEP=9
SUB=7
TIME=9
UY (AVG)
RSYS=0
DMX=.424171
SMN=-.42417
-.42417
-.377074
-.32991
-.28278
-.23565
-.18852
-.14139
-.09426
-.04713
0

图 3-44　中断面黄土隧道后行导坑下部开挖及初期支护后 Y 方向位移等值线图

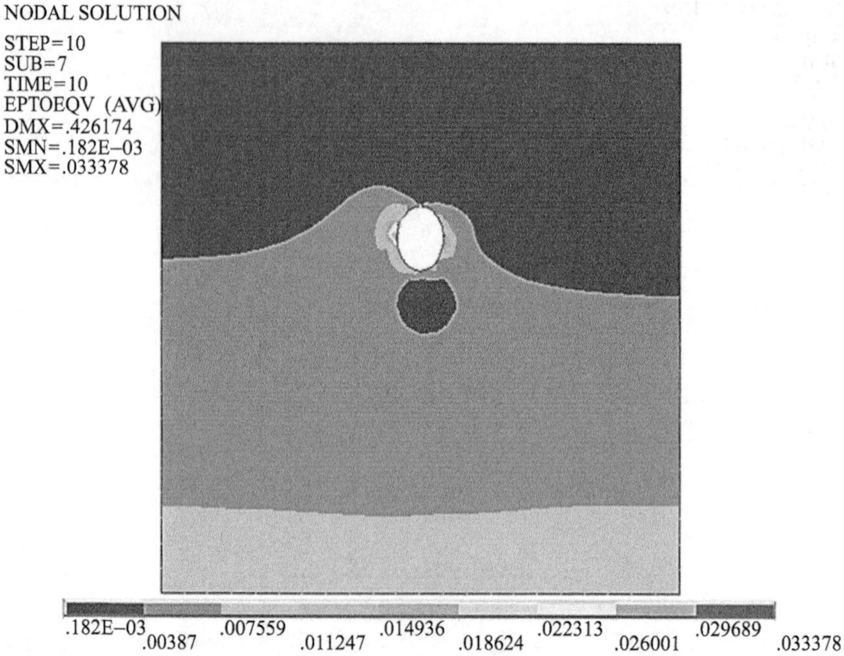
NODAL SOLUTION
STEP=10
SUB=7
TIME=10
EPTOEQV (AVG)
DMX=.426174
SMN=.182E-03
SMX=.033378
.182E-03
.00387
.007559
.011247
.014936
.018624
.022313
.026001
.029689
.033378

图 3-45　中断面黄土隧道拆除中壁墙后总应变图

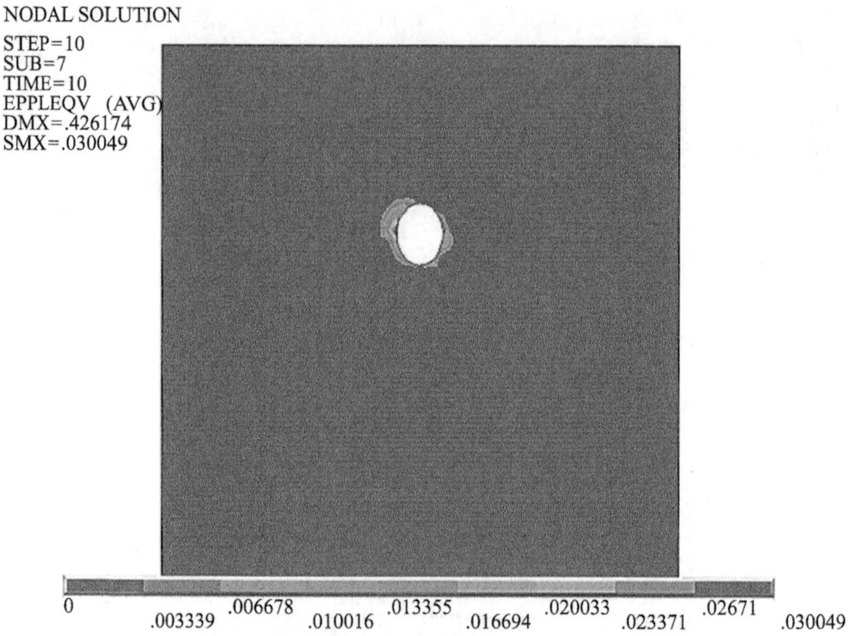
NODAL SOLUTION
STEP=10
SUB=7
TIME=10
EPPLEQV (AVG)
DMX=.426174
SMX=.030049
0
.003339
.006678
.010016
.013355
.016694
.020033
.023371
.02671
.030049

图 3-46　中断面黄土隧道拆除中壁墙后塑性应变图

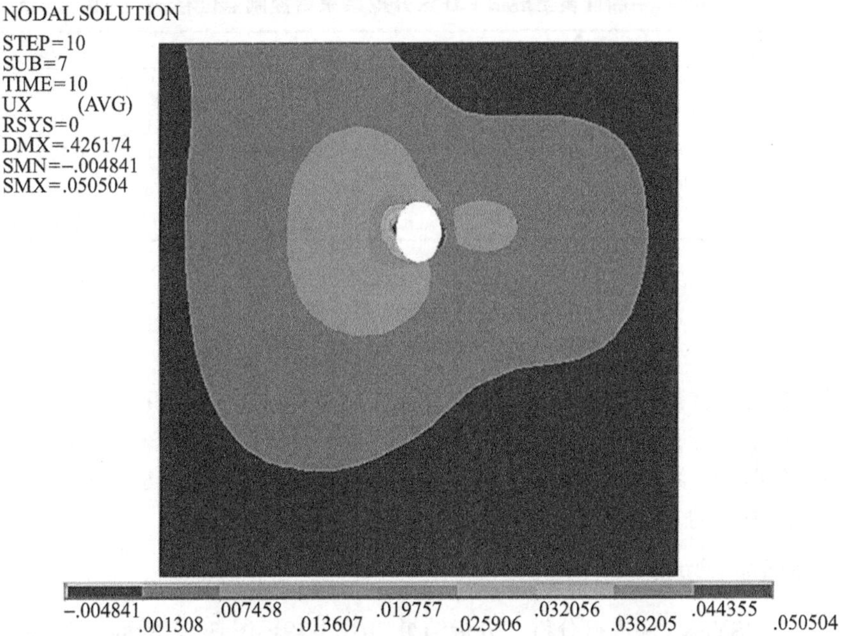
NODAL SOLUTION
STEP=10
SUB=7
TIME=10
UX (AVG)
RSYS=0
DMX=.426174
SMN=-.004841
SMX=.050504
-.004841
.001308
.007458
.013607
.019757
.025906
.032056
.038205
.044355
.050504

图 3-47　中断面黄土隧道拆除中壁墙后 X 方向位移等值线图

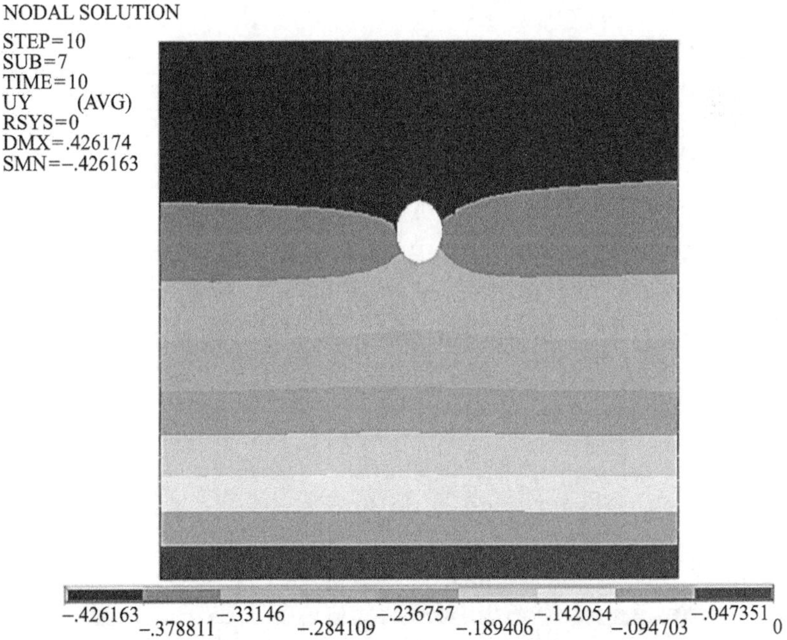
NODAL SOLUTION
STEP=10
SUB=7
TIME=10
UY (AVG)
RSYS=0
DMX=.426174
SMN=-.426163
-.426163
-.378811
-.33146
-.284109
-.236757
-.189406
-.142054
-.094703
-.047351
0

图 3-48　中断面黄土隧道拆除中壁墙后 Y 方向位移等值线图

表 3-8　中断面黄土隧道 CD 法开挖结束后控制点位移　　(单位：m)

控制点	水平位移	竖向位移	总位移
1	0.75×10^{-2}	−0.41	0.41
2	0.42×10^{-1}	−0.38	0.38
3	0.25×10^{-1}	−0.31	0.31
4	-0.53×10^{-1}	−0.30	0.30
5	-0.12×10^{-1}	−0.36	0.36

3.5　安 全 系 数

利用抗剪强度折减法，将黄土围岩土体的抗剪强度指标 c 和 $\tan\varphi$ 分别折减，直至达到极限破坏状态为止，程序自动根据弹塑性有限元计算结果，此时围岩土体的折减系数即安全系数。将最后一步隧道开挖时黄土围岩的参数进行折减，从而得到相应施工方法的安全系数。

3.5.1　全断面开挖法

利用 ANSYS 软件进行分析，分析结果如图 3-49～图 3-52 所示。通过图 3-49 和图 3-50 可知，经过折减后最大塑性区位置没有发生改变，仍旧在拱腰两侧，但是塑性区的范围向左右两侧扩展了 1m 左右。

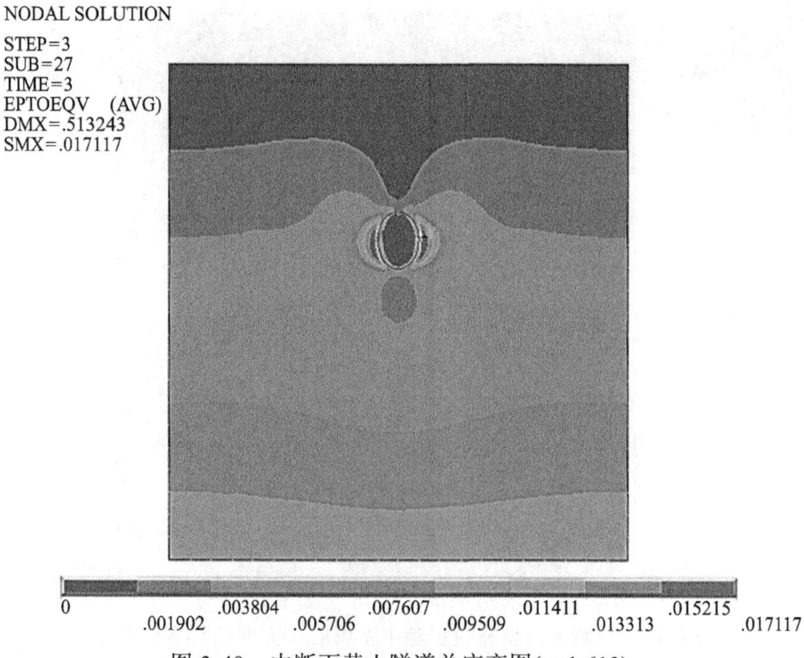

图 3-49　中断面黄土隧道总应变图(η=1.613)

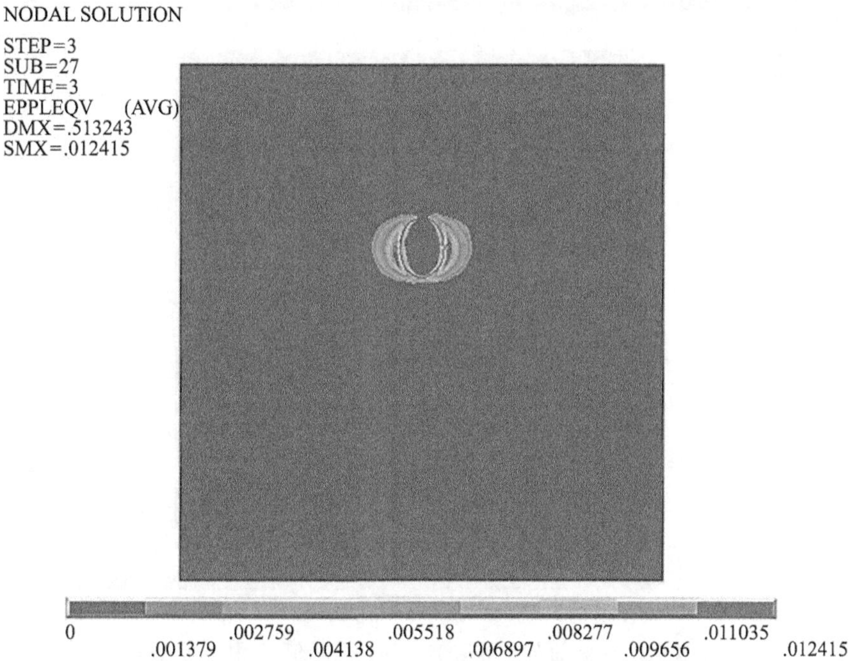
NODAL SOLUTION
STEP=3
SUB=27
TIME=3
EPPLEQV (AVG)
DMX=.513243
SMX=.012415
0
.001379
.002759
.004138
.005518
.006897
.008277
.009656
.011035
.012415

图 3-50　中断面黄土隧道塑性应变图(η=1.613)

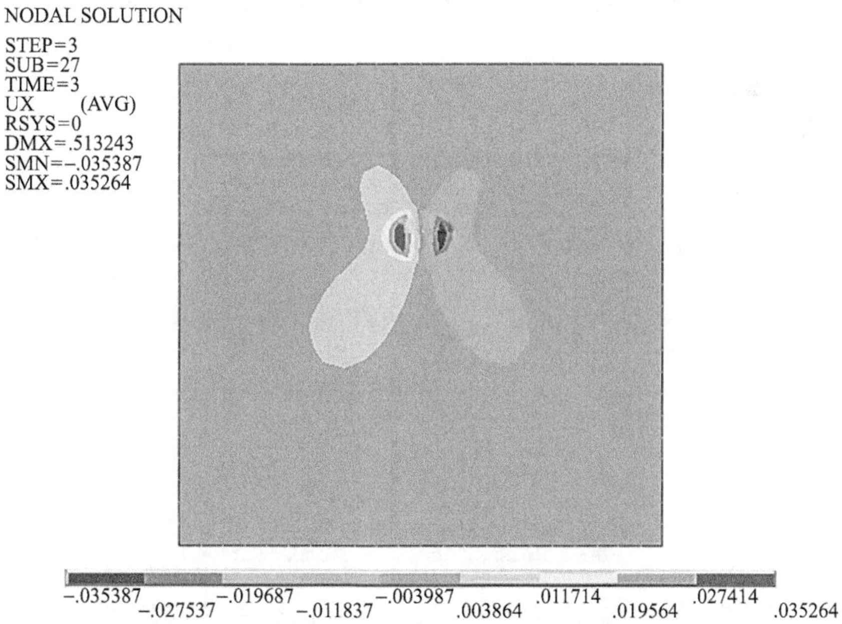
NODAL SOLUTION
STEP=3
SUB=27
TIME=3
UX (AVG)
RSYS=0
DMX=.513243
SMN=-.035387
SMX=.035264
-.035387
-.027537
-.019687
-.011837
-.003987
.003864
.011714
.019564
.027414
.035264

图 3-51　中断面黄土隧道 X 方向位移等值线图(η=1.613)

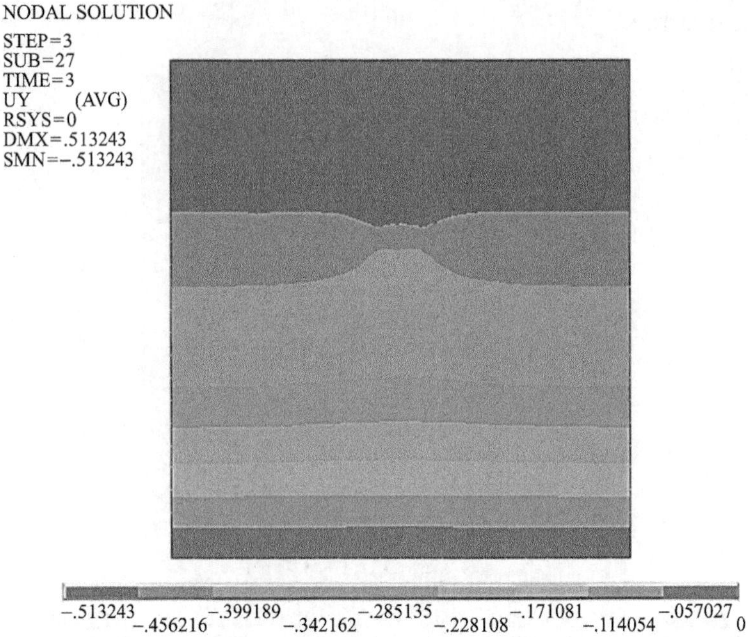
NODAL SOLUTION
STEP=3
SUB=27
TIME=3
UY (AVG)
RSYS=0
DMX=.513243
SMN=-.513243
-.513243
-.456216
-.399189
-.342162
-.285135
-.228108
-.171081
-.114054
-.057027
0

图 3-52　中断面黄土隧道 Y 方向位移等值线图(η=1.613)

3.5.2　上下台阶法

利用 ANSYS 软件进行分析，分析结果如图 3-53～图 3-56 所示。

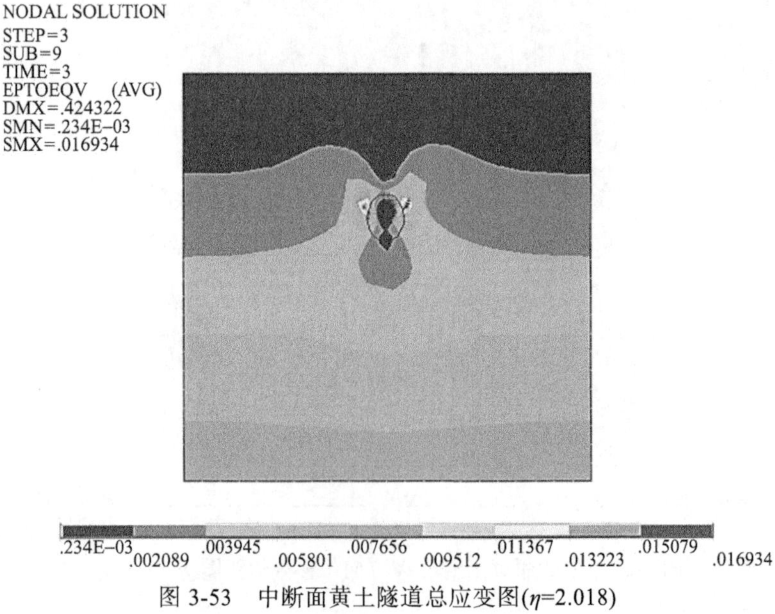
NODAL SOLUTION
STEP=3
SUB=9
TIME=3
EPTOEQV (AVG)
DMX=.424322
SMN=.234E-03
SMX=.016934
.234E-03
.002089
.003945
.005801
.007656
.009512
.011367
.013223
.015079
.016934

图 3-53　中断面黄土隧道总应变图(η=2.018)

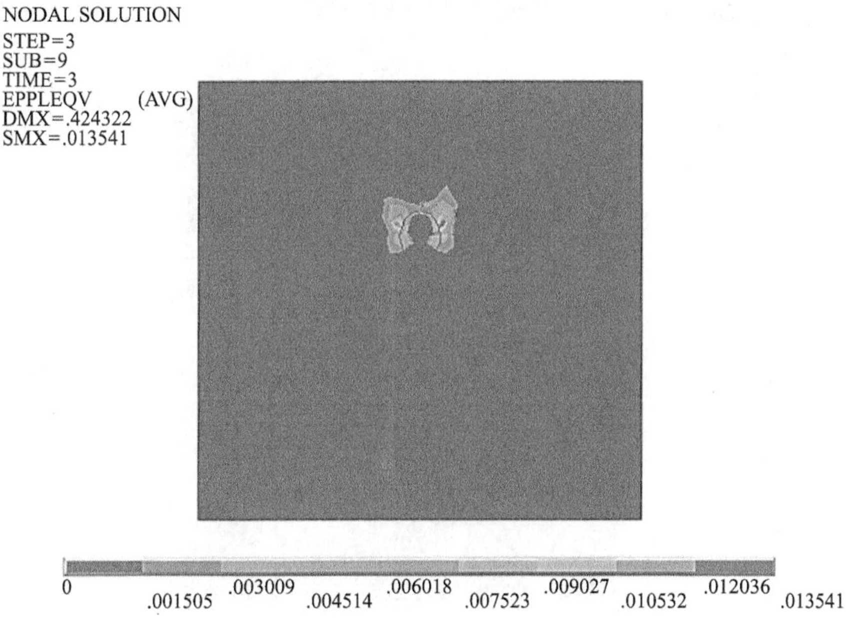
NODAL SOLUTION
STEP=3
SUB=9
TIME=3
EPPLEQV (AVG)
DMX=.424322
SMX=.013541
0
.001505
.003009
.004514
.006018
.007523
.009027
.010532
.012036
.013541

图 3-54　中断面黄土隧道塑性应变图(η=2.018)

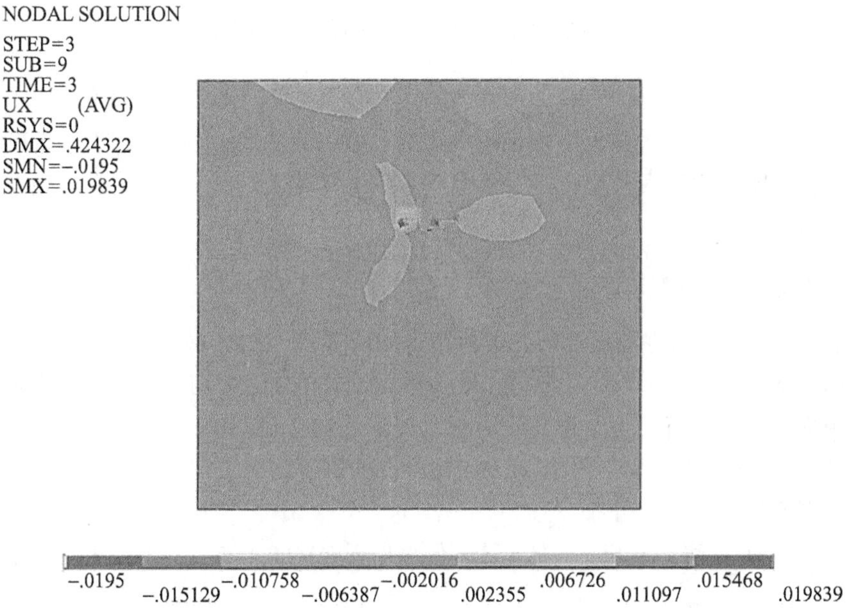
NODAL SOLUTION
STEP=3
SUB=9
TIME=3
UX (AVG)
RSYS=0
DMX=.424322
SMN=-.0195
SMX=.019839
-.0195
-.015129
-.010758
-.006387
-.002016
.002355
.006726
.011097
.015468
.019839

图 3-55　中断面黄土隧道 X 方向位移等值线图(η=2.018)

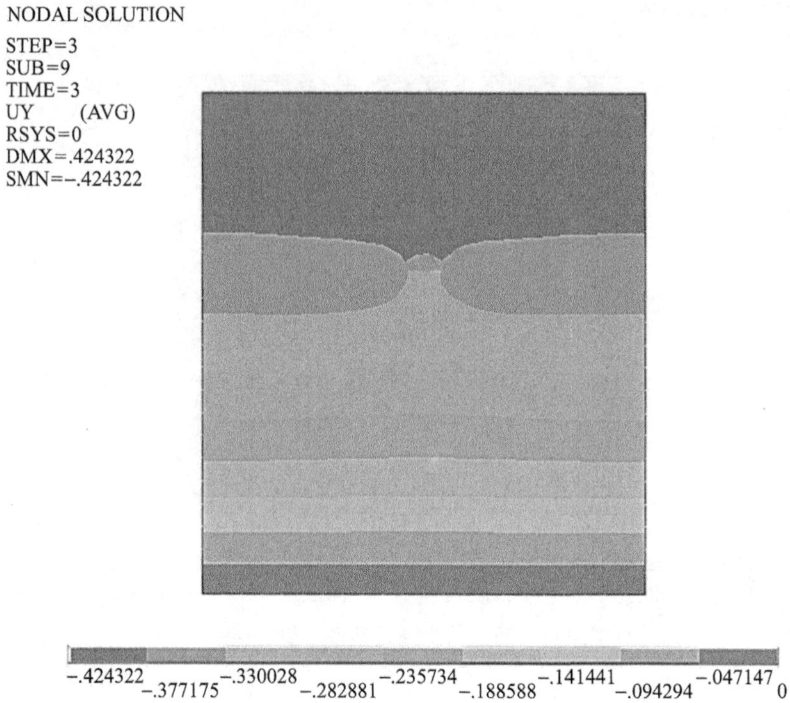
NODAL SOLUTION
STEP=3
SUB=9
TIME=3
UY (AVG)
RSYS=0
DMX=.424322
SMN=-.424322
-.424322
-.377175
-.330028
-.282881
-.235734
-.188588
-.141441
-.094294
-.047147
0

图 3-56　中断面黄土隧道 Y 方向位移等值线图(η=2.018)

从图 3-54 中可以看出，最大塑性区出现在右侧拱腰且靠近拱顶部位。从图 3-55 可以看出，X 方向最大位移出现在曲墙靠上的位置。从图 3-56 可以看出，围岩 Y 方向位移云图同样呈现分层分布，从上至下依次递减，Y 方向最大位移出现在拱顶上部土体。

3.5.3　台阶分部开挖法

利用 ANSYS 软件进行分析，分析结果如图 3-57～图 3-60 所示。

由图 3-57 和图 3-58 可以看出，最大塑性应变和总应变均出现在右侧拱腰且靠近拱顶部位，这一特征与上下台阶法相似。

从图 3-59 可以看出，围岩 X 方向最大位移也是出现该位置，而隧洞周围围岩位移云图不再呈现对称分布。

从图 3-60 中可以看出，Y 方向最大位移出现在隧道上方，而不是出现在整个上层土体。

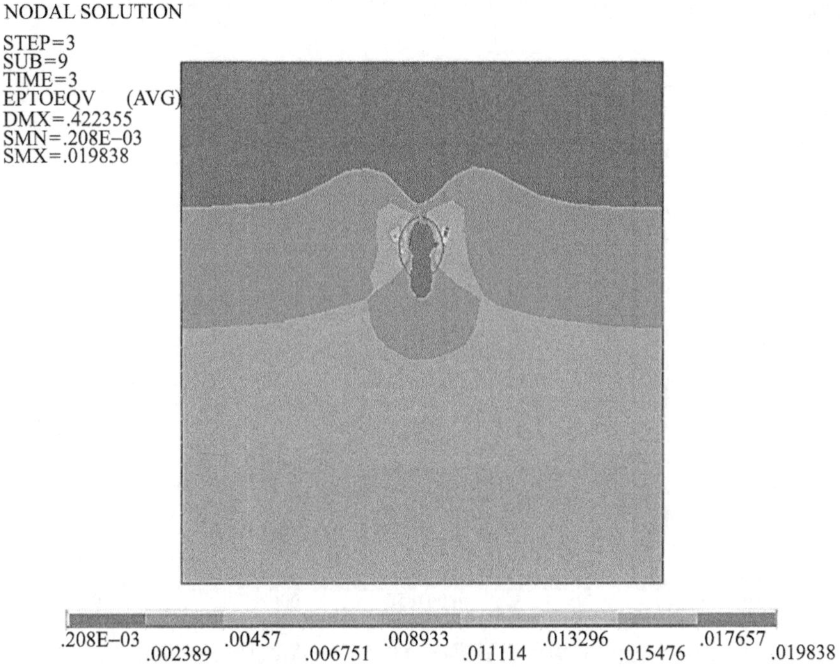
NODAL SOLUTION
STEP=3
SUB=9
TIME=3
EPTOEQV (AVG)
DMX=.422355
SMN=.208E-03
SMX=.019838
.208E-03
.002389
.00457
.006751
.008933
.011114
.013296
.015476
.017657
.019838

图 3-57　中断面黄土隧道总应变图(η=1.748)

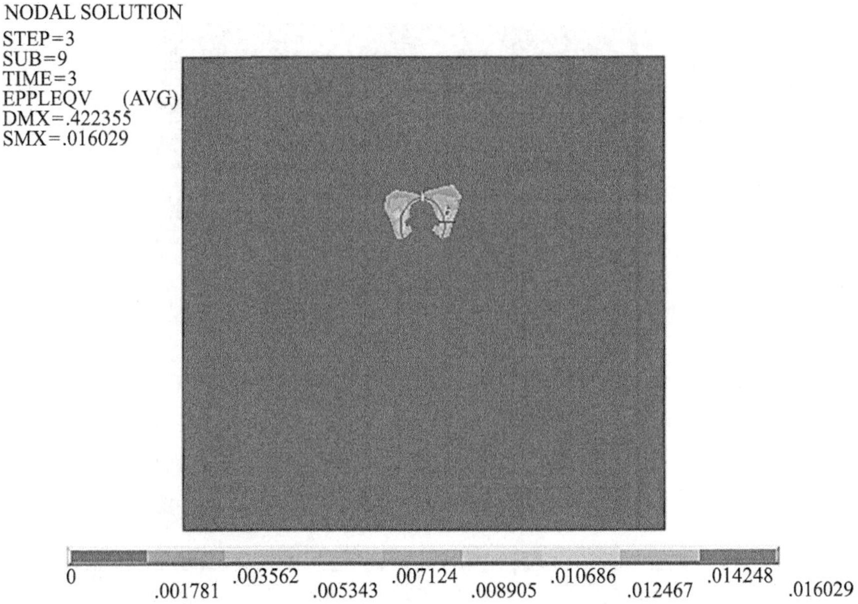
NODAL SOLUTION
STEP=3
SUB=9
TIME=3
EPPLEQV (AVG)
DMX=.422355
SMX=.016029
0
.001781
.003562
.005343
.007124
.008905
.010686
.012467
.014248
.016029

图 3-58　中断面黄土隧道塑性应变图(η=1.748)

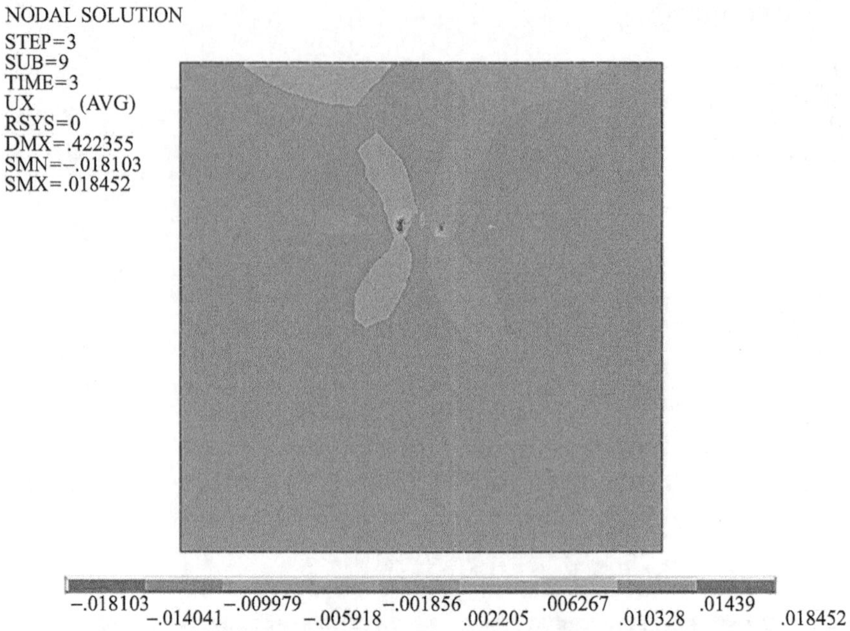
NODAL SOLUTION
STEP=3
SUB=9
TIME=3
UX (AVG)
RSYS=0
DMX=.422355
SMN=-.018103
SMX=.018452
-.018103
-.014041
-.009979
-.005918
-.001856
.002205
.006267
.010328
.01439
.018452

图 3-59　中断面黄土隧道 X 方向位移等值线图(η=1.748)

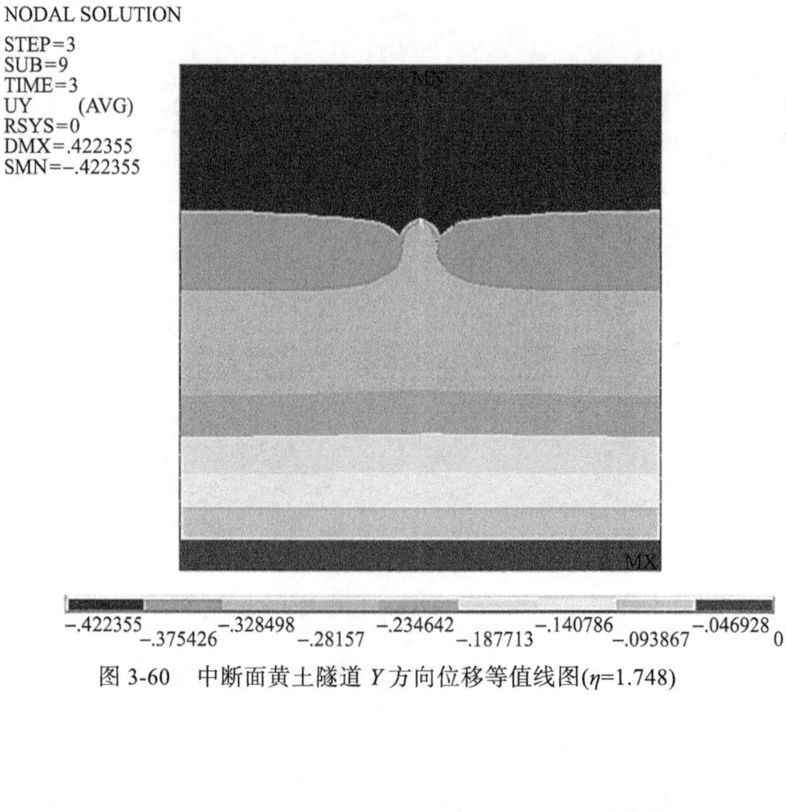
NODAL SOLUTION
STEP=3
SUB=9
TIME=3
UY (AVG)
RSYS=0
DMX=.422355
SMN=-.422355
MN
MX
-.422355
-.375426
-.328498
-.28157
-.234642
-.187713
-.140786
-.093867
-.046928
0

图 3-60　中断面黄土隧道 Y 方向位移等值线图(η=1.748)

3.5.4 CD 法

利用 ANSYS 软件进行分析，分析结果如图 3-61～图 3-64 所示。

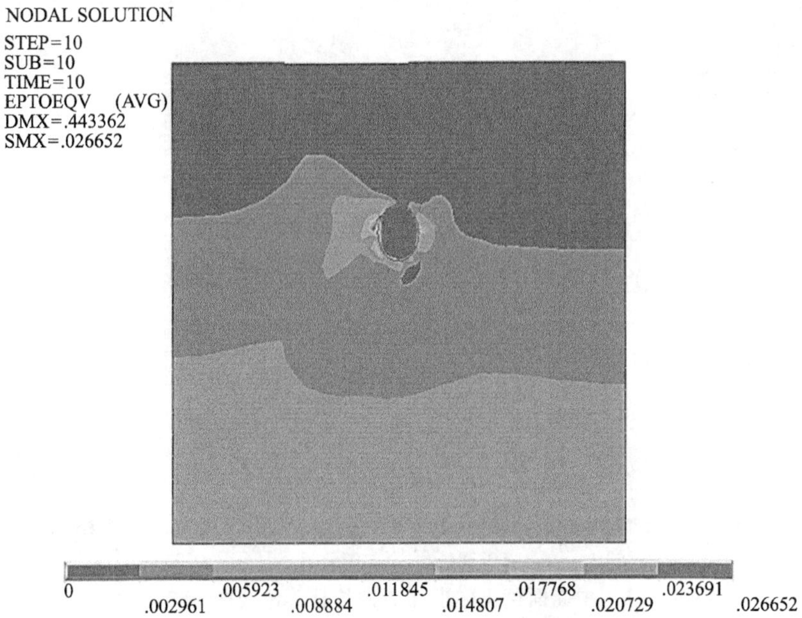
NODAL SOLUTION
STEP=10
SUB=10
TIME=10
EPTOEQV (AVG)
DMX=.443362
SMX=.026652
0
.002961
.005923
.008884
.011845
.014807
.017768
.020729
.023691
.026652

图 3-61　中断面黄土隧道总应变图(η=2.275)

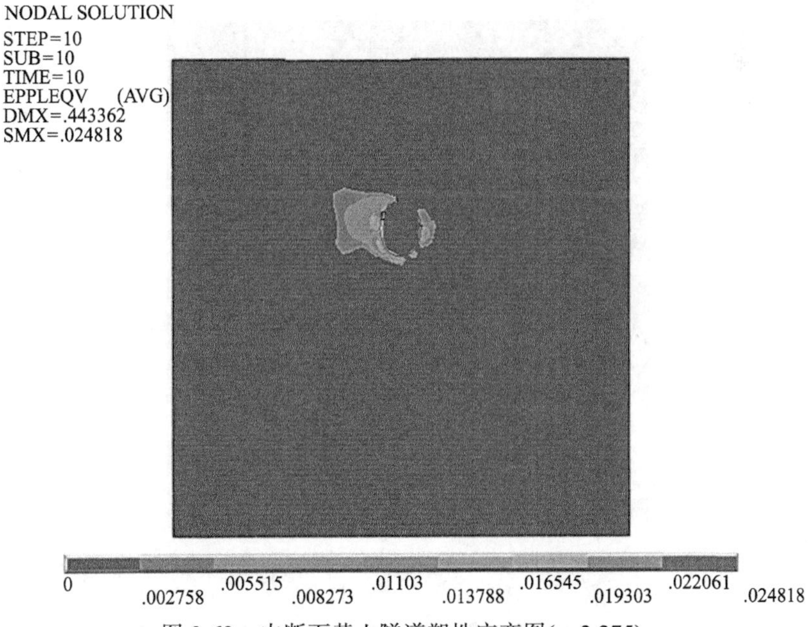
NODAL SOLUTION
STEP=10
SUB=10
TIME=10
EPPLEQV (AVG)
DMX=.443362
SMX=.024818
0
.002758
.005515
.008273
.01103
.013788
.016545
.019303
.022061
.024818

图 3-62　中断面黄土隧道塑性应变图(η=2.275)

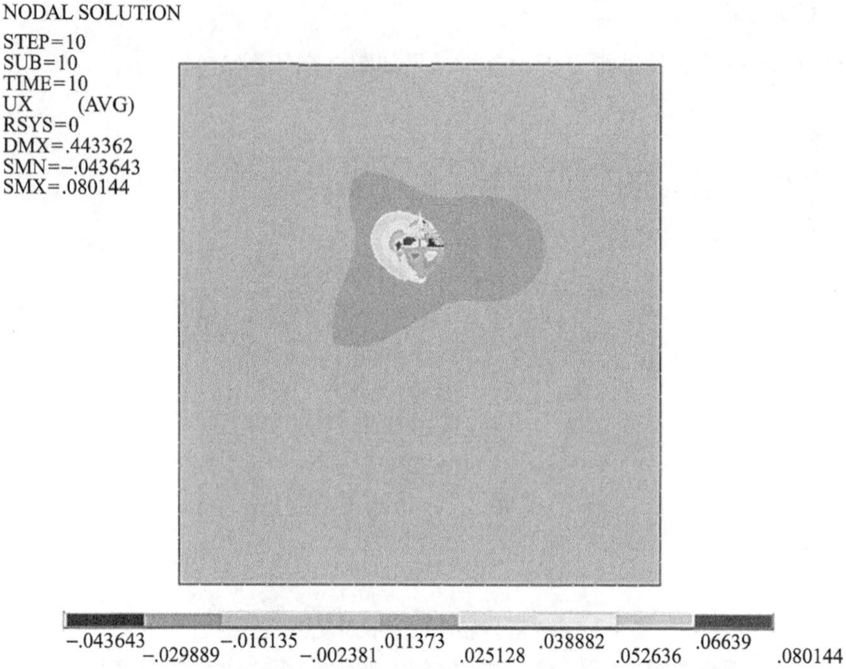
NODAL SOLUTION
STEP=10
SUB=10
TIME=10
UX (AVG)
RSYS=0
DMX=.443362
SMN=-.043643
SMX=.080144
-.043643
-.029889
-.016135
-.002381
.011373
.025128
.038882
.052636
.06639
.080144

图 3-63　中断面黄土隧道 *X* 方向位移等值线图(η=2.275)

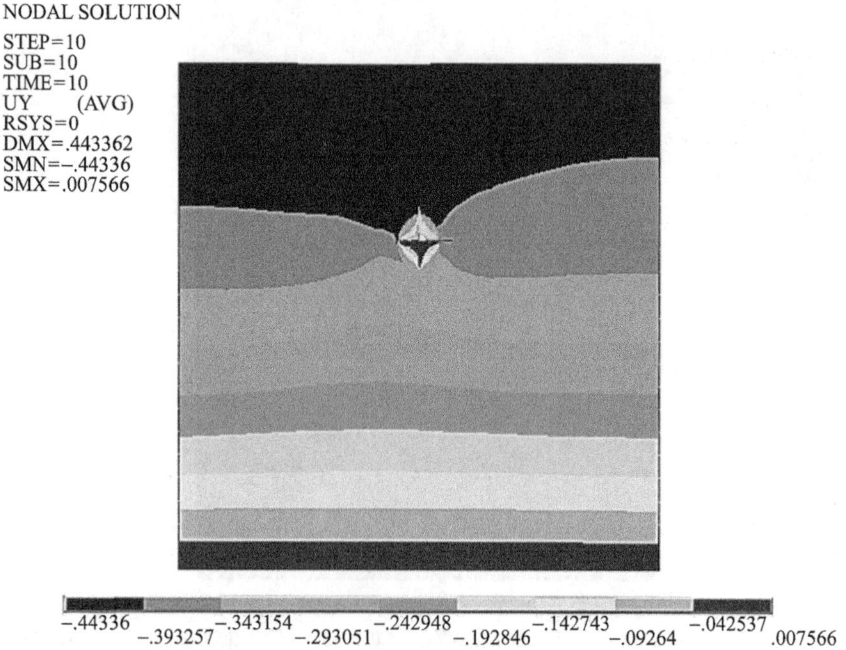
NODAL SOLUTION
STEP=10
SUB=10
TIME=10
UY (AVG)
RSYS=0
DMX=.443362
SMN=-.44336
SMX=.007566
-.44336
-.393257
-.343154
-.293051
-.242948
-.192846
-.142743
-.09264
-.042537
.007566

图 3-64　中断面黄土隧道 *Y* 方向位移等值线图(η=2.275)

通过图 3-62 可知，经过折减后最大塑性区位置没有发生改变，但是塑性区范围有所扩大。从图 3-63 可以看出，*X* 方向最大位移位置也没有发生改变。从图 3-64 可以看出，*Y* 方向最大位移出现在隧道上部整个土体，最大值和折减之前相差不大。

3.6 结 果 比 较

通过对全断面开挖法、上下台阶法、台阶分部开挖法、CD 法四种施工方法的模拟，主要从隧道上部土体沉降值、控制点位移值和安全系数几个方面进行比较，比较结果分别见表 3-9～表 3-11。

表 3-9　中断面黄土隧道四种开挖方法上部土体沉降值比较

项目	全断面开挖法	上下台阶法	台阶分部开挖法	CD 法
最大沉降值/m	0.51	0.43	0.50	0.42

由表 3-9 可知，中断面的四种开挖法中，全断面开挖法沉降值最大，与台阶分部开挖法相差不大；CD 法沉降值最小，与上下台阶法相差不大；因此，施工中宜采用 CD 法和上下台阶法。

表 3-10　中断面黄土隧道四种开挖方法控制点位移值比较　(单位：m)

施工方法	控制点				
	1	2	3	4	5
全断面开挖法	0.50	0.43	0.37	0.37	0.43
上下台阶法	0.43	0.39	0.31	0.31	0.39
台阶分部开挖法	0.49	0.47	0.31	0.32	0.47
CD 法	0.41	0.38	0.31	0.30	0.36

由表 3-10 可知，全断面开挖法各控制点位移均较大，CD 法各控制点位移均较小，上下台阶法和 CD 法控制点上的位移相差不大。

表 3-11　中断面黄土隧道四种开挖方法安全系数比较

施工方法	安全系数
全断面开挖法	1.613
上下台阶法	2.018
台阶分部开挖法	1.748
CD 法	2.275

由表 3-11 可知，CD 法安全系数最大，上下台阶法次之，全断面开挖法最小，因此，从安全系数角度讲，宜采用 CD 法或上下台阶法。

3.7　本 章 小 结

综上所述，对于中断面黄土隧道，分别从以下各方面进行分析：

(1) 地表变形和拱顶下沉。拆除临时支护之后，全断面开挖法施工的地表最大沉降值为 0.51m，上下台阶法施工时地表最大沉降值为 0.43m，台阶分部开挖法施工的地表最大沉降值为 0.50m，CD 法施工时地表最大沉降值为 0.42m。从变形值来看，CD 法优于上下台阶法和台阶分部开挖法，全断面开挖法最差。

(2) 控制点位移。从控制点位移对比图和控制点位移列表可看出，全断面开挖法的控制点位移最大，之后是台阶分部开挖法，然后是上下台阶法，最后是 CD 法。从控制点位移对比看，CD 法优于上下台阶法优于台阶分部开挖法优于全断面开挖法。

(3) 安全系数。通过安全系数对比可以看出，CD 法的安全系数最大为 2.275，其次是上下台阶法为 2.018，台阶分部开挖法为 1.748，最小的是全断面开挖法为 1.613。从安全系数来看，CD 法优于上下台阶法优于台阶分部开挖法优于全断面开挖法。

(4) 施工特点。从四种开挖方开挖法的特点来看，全断面开挖法的作业空间较大，利于通过大型机械化操作提高施工速度，且工序少，便于施工组织和管理。但是开挖面较大，围岩相对稳定性较低，对于黄土围岩来说稍有不慎会引起整体坍塌。CD 法的优点在于结构受力均匀，变形小，支护刚度大，施工时隧道整体下沉微弱，地层沉降量不大，而且容易控制。因地层软弱，断面较小，只能采取人工或小型机械开挖及运输作业，当分块太多时，造成工序繁多、复杂，进度较慢，而且临时支撑的施作和拆除困难，成本较高。上下台阶法灵活多变，适用性强，无论地层变好还是变坏，都能及时更改、变换成其他方法。其缺点在于上下部作业有干扰，应该注意下部作业是对上部稳定性的影响。台阶分部法的主要优点是上部留有核心土支挡着开挖面，而且能迅速及时地施作拱部初期支护，因此开挖工作面具有良好的稳定性，且由于核心土和下部开挖都是在拱部初期支护保护下进行，施工安全性好。台阶分部法和上下台阶法相比较两者开挖方式很相似，但是台阶分部法对土体扰动次数较多，同时考虑到中断面隧道断面面积较小，因此在操作上比较麻烦。

从数值模拟结果来看，CD 法优于上下台阶法优于台阶分部开挖法和全断面开挖法，但 CD 法和上下台阶法各项比较结果相差不大。从施工进度和工程造价等多方面的因素考虑，对于中断面隧道的开挖，建议采用上下台阶法比较合适。

参 考 文 献

[1] 来弘鹏. 黄土公路隧道合理衬砌断面型式试验研究[D]. 西安：长安大学, 2004.

[2] 杨新安，吴德康. 铁路隧道[M]. 上海: 同济大学出版社, 2003.

[3] 中华人民共和国住房和城乡建设部. 建筑抗震设计规范(GB 50011—2010)[M]. 北京: 中国建筑工业出版社, 2008.

[4] 干昆蓉. 地下工程围岩稳定分析方法存在的问题与思考[J]. 铁道工程学报, 2003, 1: 48-52.

[5] 李世辉. 隧道围岩稳定系统分析[M]. 北京: 中国铁道出版社, 1991.

[6] 于学馥. 地下工程围岩稳定分析[M]. 北京: 煤炭工业出版社, 1983.

[7] 刘小文, 张功. 强度折减应用于隧道群整体稳定性分析的判据比较[J]. 南昌大学学报(工科版), 2010, 32(2): 154-157.

[8] 乔金丽, 张义同, 高健, 等. 强度折减法在盾构隧道开挖面稳定分析中的应用[J]. 天津大学学报(自然科学与工程技术版), 2010, 43(1): 14-20.

[9] 贾蓬, 唐春安, 杨天鸿, 等. 强度折减法在岩石隧道稳定性研究中的应用[J]. 力学与实践, 2007, 29(3): 50-55.

[10] 赵尚毅, 郑颖人, 时卫民, 等. 用有限元强度折减法求边坡稳定安全系数[J]. 岩土工程学报, 2002, 24(3): 343-346.

[11] ZIENKIEWICZ O C, HUMPHESON C, LEWIS R W. Associated and non-associated visco—plasticity and plasticity in soil mechanics[J]. Geo Technique, 1975, 25(4): 671-689.

[12] 刘伟. 大断面黄土隧道开挖过程的地层响应及施工方法研究[D]. 武汉: 武汉理工大学, 2007.

[13] 来弘鹏, 谢永利, 杨晓华. 黄土公路隧道衬砌断面型式的仿真分析[J]. 公路, 2007, 4: 200-203.

[14] 李鹏飞, 张顶立, 赵勇. 大断面黄土隧道二次衬砌受力特性研究[J]. 岩石力学与工程学报, 2010, 29(8): 1690-1696.

[15] 牛泽林, 李德武. 黄土地区单洞双层公路隧道有限元分析与研究[J]. 公路, 2007, 11: 221-223.

[16] 李鹏. 饱和地基中隧道纵向地震反应的数值分析[D]. 北京: 清华大学, 2013.

[17] 刘晶波, 谷音, 李彬. 结构-地基开放系统动力相互作用问题的高效解法[J]. 土木工程学报, 2006, 5: 112-116, 121.

[18] 郑颖人, 陈祖煜, 王恭先, 等. 边坡与滑坡工程治理[M]. 北京: 人民交通出版社, 2007.

[19] 郑颖人, 邱陈瑜, 张红, 等. 关于土体隧洞围岩稳定性分析方法的探索[J]. 岩石力学与工程学报, 2008, 27(10): 254-260.

[20] 郝文化, 肖新标, 沈火明, 等. ANSYS7.0 实例分析与应用[M]. 北京: 清华大学出版社, 2004.

[21] 邱陈瑜, 郑颖人, 宋雅坤. 采用 ANSYS 软件讨论无衬砌黄土隧洞安全系数[J]. 地下空间与工程学报, 2009, 5(2): 291-296.

[22] 陈星, 李建林. 基于 ADINA、ANSYS、FLAC 的强度折减法[J]. 水文地质工程地质, 2010, 37(3): 69-73.

第 4 章　大断面黄土隧道的施工方法

4.1　概　　述

大断面黄土隧道断面面积介于 50～100m^2，断面面积较大，考虑到施工的可操作性和经济合理性，本章主要模拟台阶分部法、单侧壁导坑法、双侧壁导坑法、CD 法和 CRD 法。

4.1.1　分析模型

根据现有文献[1,2]，从半无限空间体中切取厚度为单位 1(沿黄土隧洞纵向)的隔离体(图 4-1)，计算范围底部取 5 倍洞室高度，左右两侧各取 5 倍洞室跨度，向上取到地表。边界条件下部为固定铰约束，上部为自由边界，左右两侧边界为水平弹性约束。隧洞纵向长度远大于其断面尺寸，故按平面应变问题来考虑。

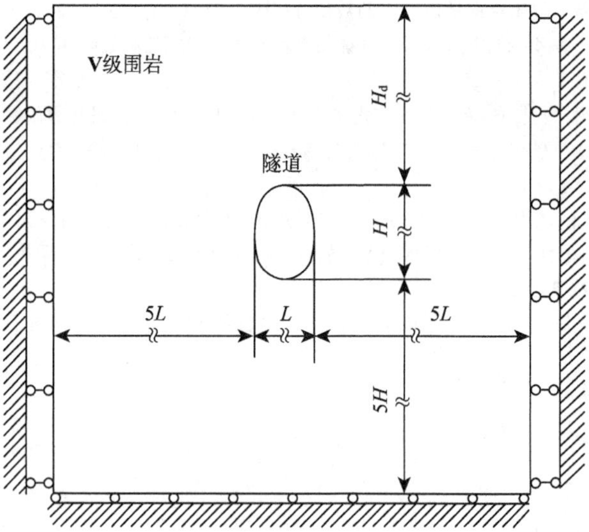

图 4-1　大断面黄土隧道分析模型示意图

计算范围底部取 52.5m，左右两侧取 40m。向上取到地表，覆土厚度 10m，按平面应变问题来考虑，计算时仅考虑自重应力场(图 4-2)。

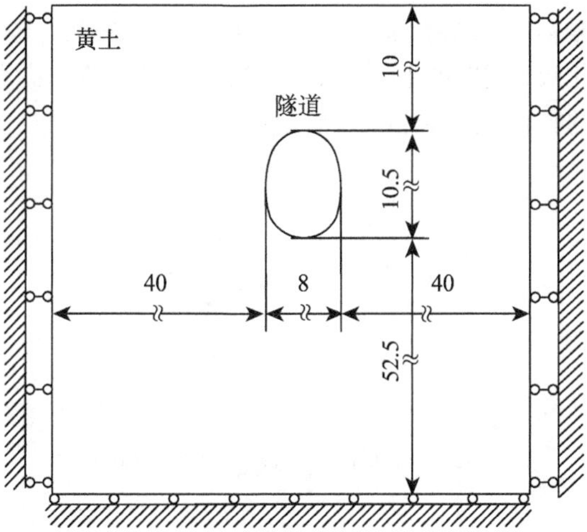

图 4-2　大断面黄土隧道分析模型示意图(单位：m)

4.1.2　计算采用的准则

计算采用弹塑性平面应变模型。隧道围岩材料特性均按均质弹塑性体考虑，采用 Druck-Prager 屈服准则，当材料进入塑性状态后，其应力应变关系由塑性理论中的增量法求解，其基本理论及边界条件与第 3 章相同，这里不再赘述。

4.1.3　计算参数

参考有关黄土物理力学参数选取的文献[3,4]，黄土围岩材料参数如表 4-1 所示。

表 4-1　大断面黄土隧道黄土围岩材料参数

弹性模量 E/MPa	泊松比 μ	容重 γ/(kN/m^3)	黏聚力 c/kPa	内摩擦角 φ/(°)
60	0.3	17.00	50.0	30

衬砌厚度为 20cm，采用 C25 喷射混凝土，材料参数选取如表 4-2 所示[5]。

表 4-2　大断面黄土隧道 C25 混凝土材料参数

弹性模量 E/MPa	泊松比 μ	容重 γ/(kN/m^3)
2.3×10^4	0.2	22.00

4.1.4　计算步骤和控制点

具体计算步骤如下：①形成计算模型初始应力场；②按各种方法进行隧道开挖支护模拟，分别计算各种开挖方法引起的围岩扰动后的应力场和位移场，喷射混凝土初期支护结构的轴力和弯矩，拱顶位移下沉和地表沉降，从而比较各种开挖方法的优劣。

为便于分析与比较，开挖模拟分析过程中，在拱顶、墙腰、墙脚设置 5 个控制点，这 5 个控制点的具体位置如图 4-3 所示。

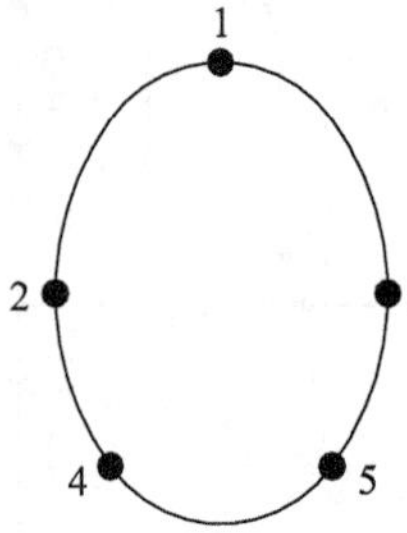

图 4-3　大断面黄土隧道节点控制图

4.2　台阶分部开挖法的动态数值模拟

台阶分部开挖法的主要施工步骤如下：①上部弧形导坑开挖，应力释放 30%；②拱部及边墙支护，应力释放 100%；③中部核心土开挖，应力释放 100%；④下部导坑开挖，应力释放 30%；⑤边墙支护，应力释放 100%。

网格划分如下：考虑到围岩和支护材料结构的支护特性，数值模拟采用两种单元：实体 Plane42 单元，用来模拟围岩与加固；Beam3 梁单元，用来模拟初期支护喷层。划分单网格后生成 Plane42 单元 1365 个，Beam3 单元 23 个(图 4-4)。

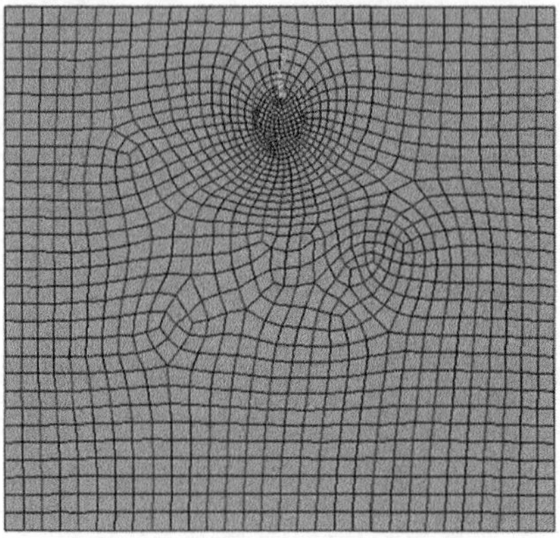

图 4-4　大断面黄土隧道台阶分部开挖法有限元网格划分

4.2.1　上部弧形导坑开挖计算结果及分析

按照施工步骤，一步步进行计算分析，得出上部弧形导坑开挖引起的围岩总应变、塑性应变、X 方向位移等值线和 Y 方向位移等值线图(图 4-5～图 4-8)。

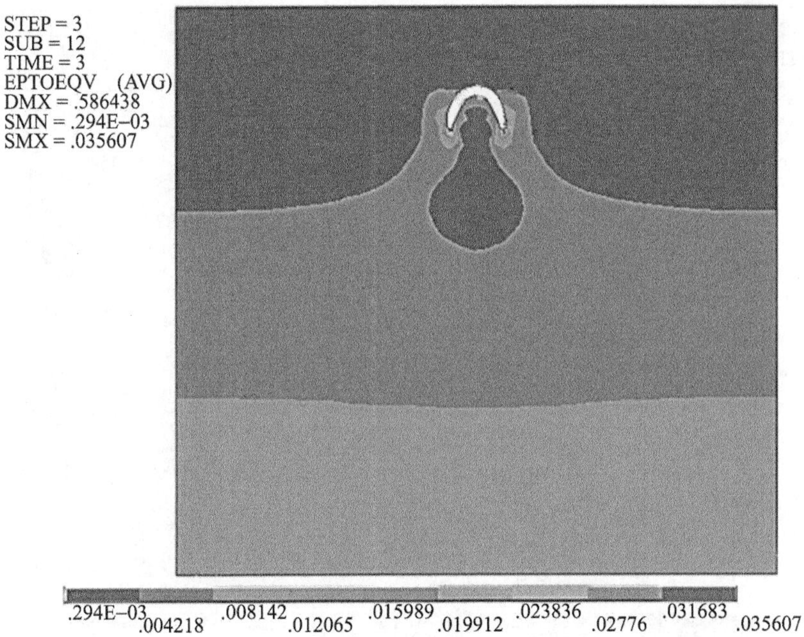
STEP = 3
SUB = 12
TIME = 3
EPTOEQV (AVG)
DMX = .586438
SMN = .294E−03
SMX = .035607
.294E−03
.004218
.008142
.012065
.015989
.019912
.023836
.02776
.031683
.035607

图 4-5　大断面黄土隧道上部弧形导坑开挖总应变图

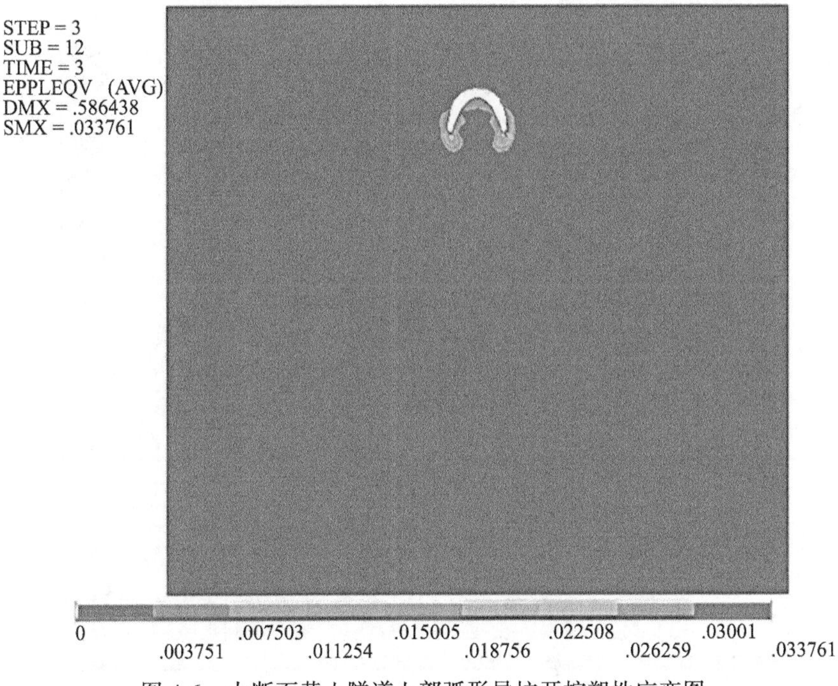
STEP = 3
SUB = 12
TIME = 3
EPPLEQV (AVG)
DMX = .586438
SMX = .033761
0
.003751
.007503
.011254
.015005
.018756
.022508
.026259
.03001
.033761

图 4-6　大断面黄土隧道上部弧形导坑开挖塑性应变图

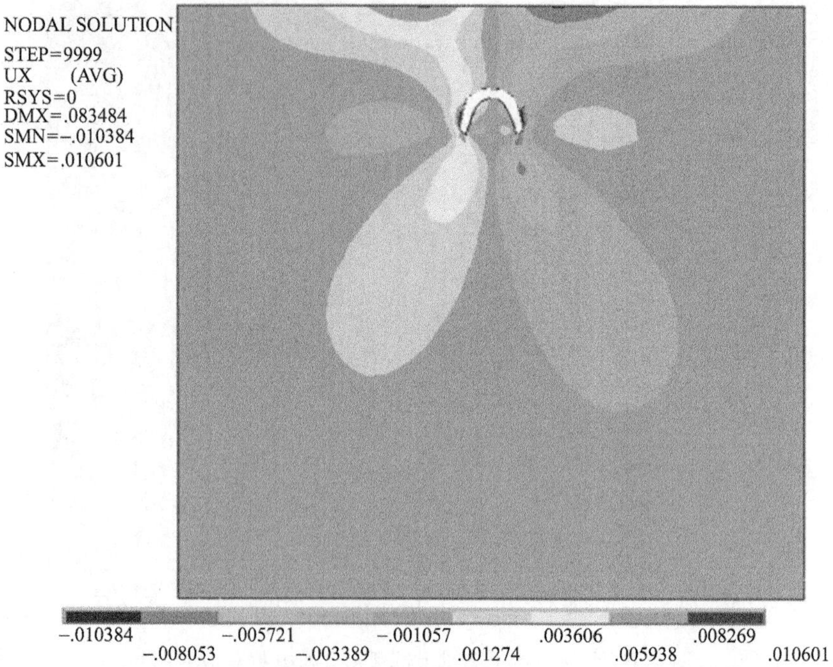
NODAL SOLUTION
STEP=9999
UX (AVG)
RSYS=0
DMX=.083484
SMN=-.010384
SMX=.010601
-.010384
-.008053
-.005721
-.003389
-.001057
.001274
.003606
.005938
.008269
.010601

图 4-7　大断面黄土隧道上部弧形导坑开挖 *X* 方向位移等值线图

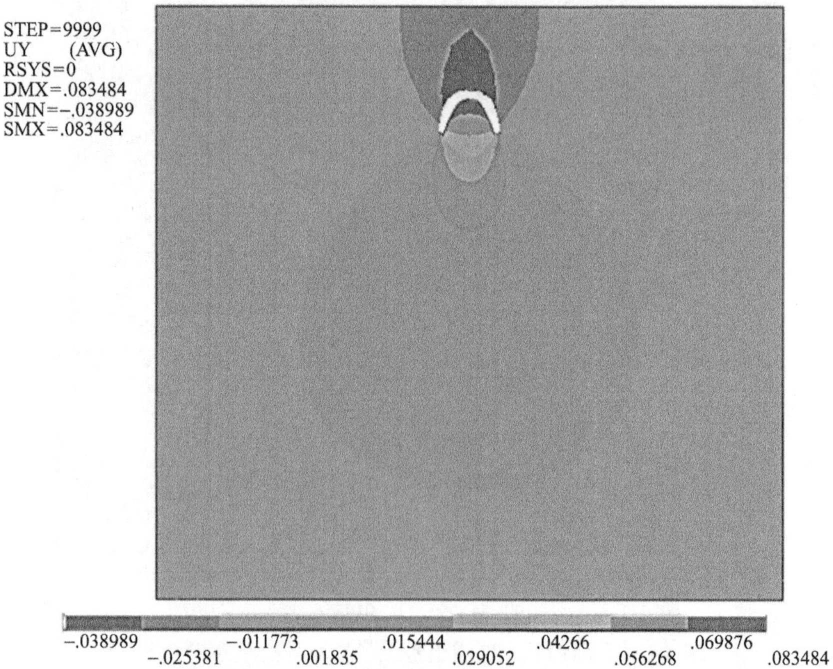
STEP=9999
UY (AVG)
RSYS=0
DMX=.083484
SMN=-.038989
SMX=.083484
-.038989
-.025381
-.011773
.001835
.015444
.029052
.04266
.056268
.069876
.083484

图 4-8　大断面黄土隧道上部弧形导坑开挖 *Y* 方向位移等值线图

由图 4-5～图 4-8 可知，位移场成对称分布，弧形导坑开挖后最大总应变与最大塑性应变均出现在导坑与下部台阶交接处。

开挖后，围岩朝洞内方向移动。上半断面开挖支护后，围岩 *X* 方向的最大位移出现导坑与下部台阶交接处附近，*Y* 方向的位移在拱顶处比较明显，导坑底部有向上隆起的现象。

4.2.2　核心土开挖后计算结果及分析

核心土开挖后总应变、塑性应变、*X* 方向位移等值线和 *Y* 方向位移等值线图如图 4-9～图 4-12 所示。

由图 4-9～图 4-12 可知，位移场成对称分布，核心土开挖后最大总应变与最大塑性应变均出现在上下台阶交接处，围岩继续朝洞内方向移动。核心土开挖后，围岩 *X* 方向的最大位移出现在上下台阶交接处附近，围岩继续下沉，核心土底部有向上隆起的现象。

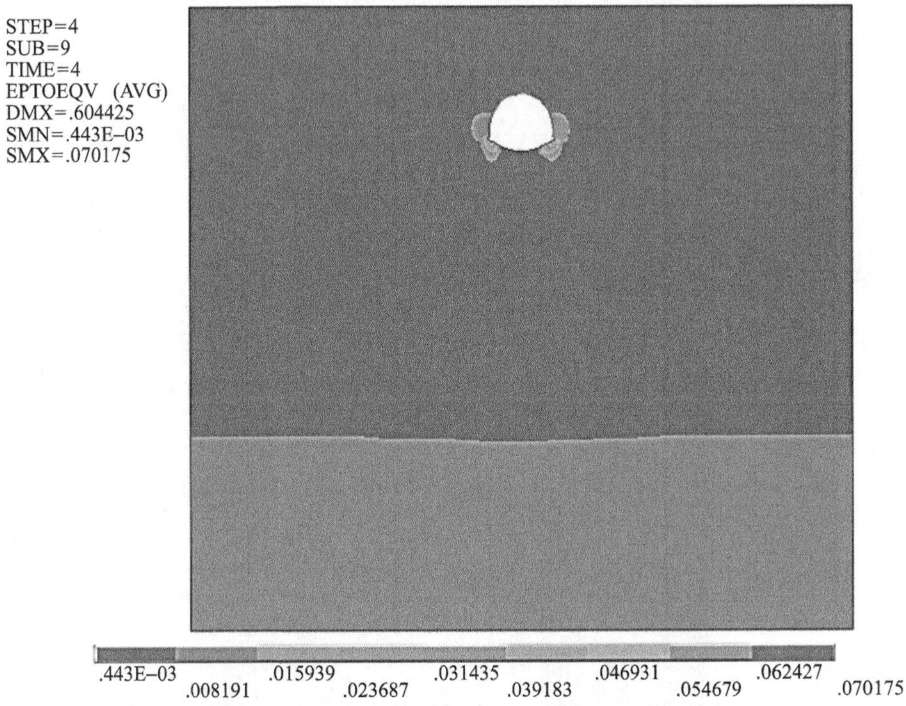

图 4-9　大断面黄土隧道核心土开挖后总应变图

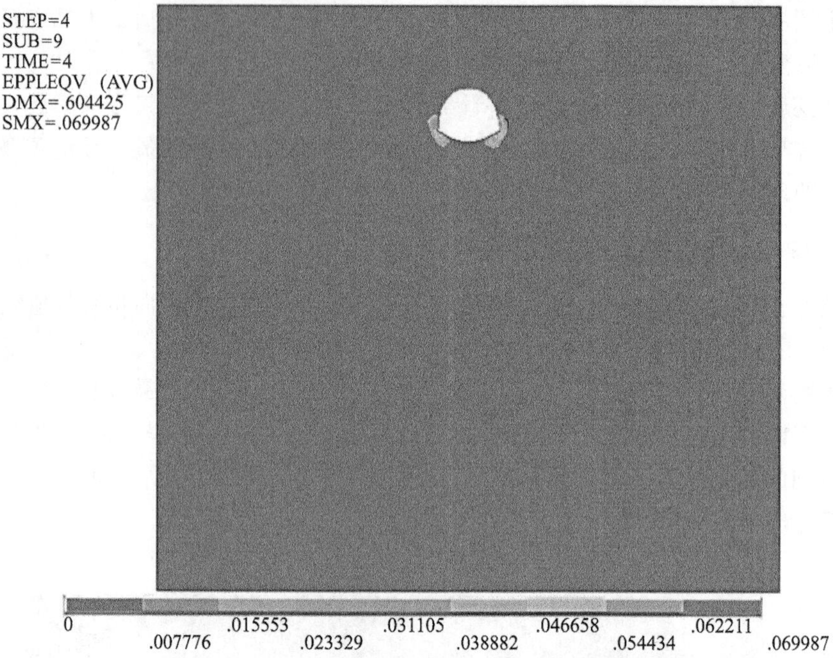
STEP=4
SUB=9
TIME=4
EPPLEQV (AVG)
DMX=.604425
SMX=.069987
0
.007776
.015553
.023329
.031105
.038882
.046658
.054434
.062211
.069987

图 4-10　大断面黄土隧道核心土开挖后塑性应变图

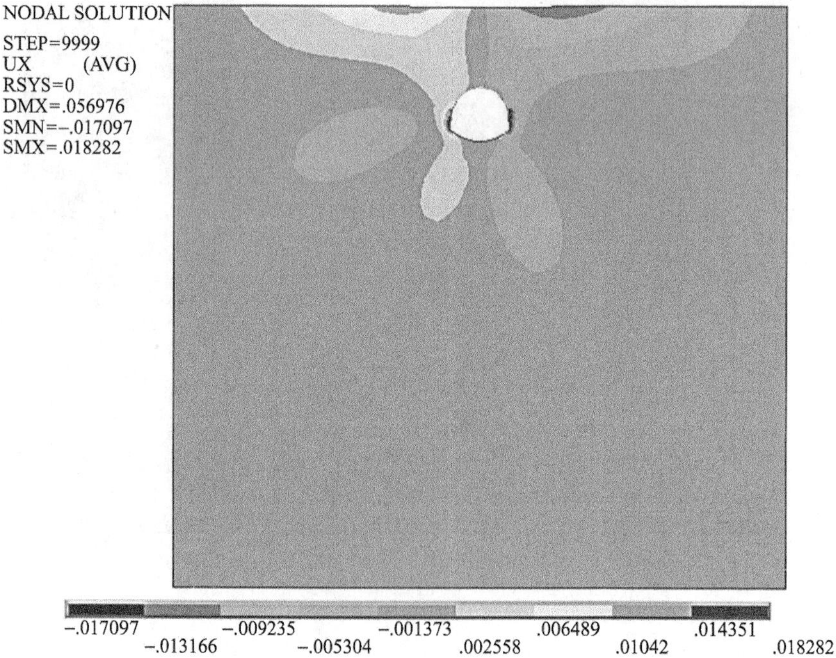
NODAL SOLUTION
STEP=9999
UX (AVG)
RSYS=0
DMX=.056976
SMN=-.017097
SMX=.018282
-.017097
-.013166
-.009235
-.005304
-.001373
.002558
.006489
.01042
.014351
.018282

图 4-11　大断面黄土隧道核心土开挖后 X 方向位移等值线图

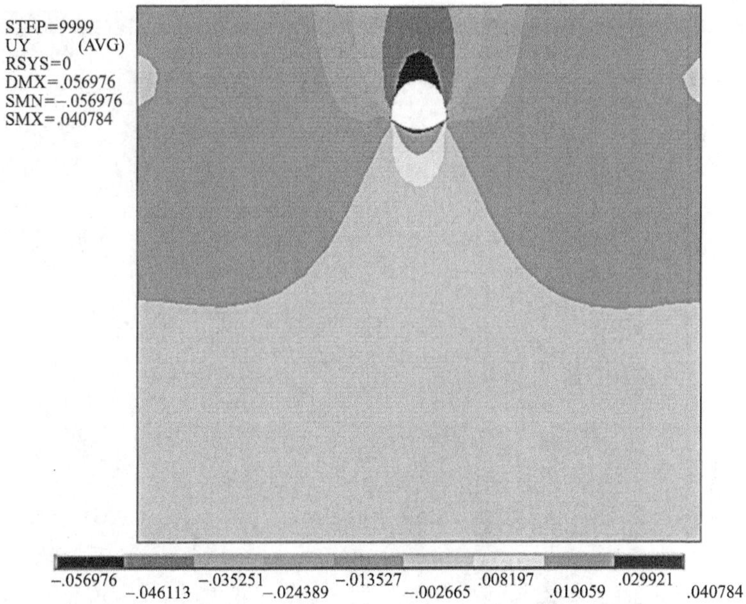

图 4-12　大断面黄土隧道核心土开挖后 *Y* 方向位移等值线图

4.2.3　下部台阶开挖后计算结果及分析

下部台阶开挖后总应变、塑性应变、*X* 方向位移等值线和 *Y* 方向位移等值线图见图 4-13～图 4-16。

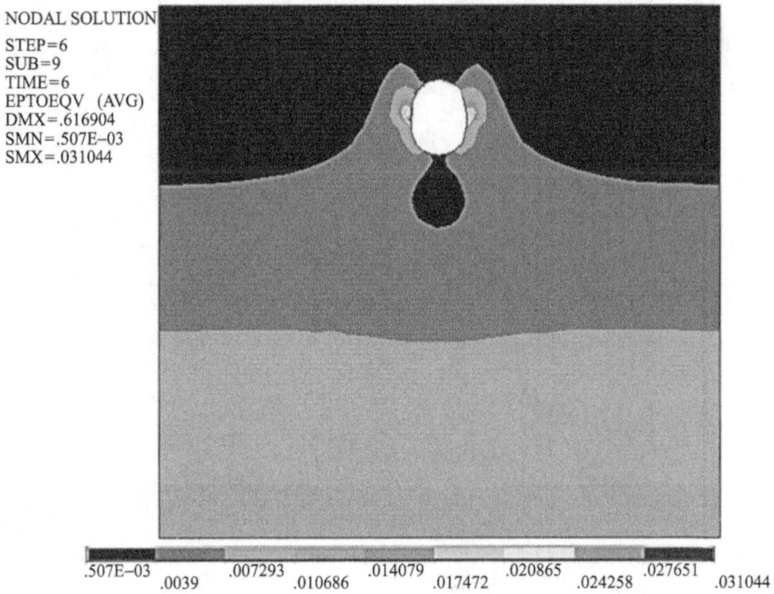

图 4-13　大断面黄土隧道下部台阶开挖后总应变图

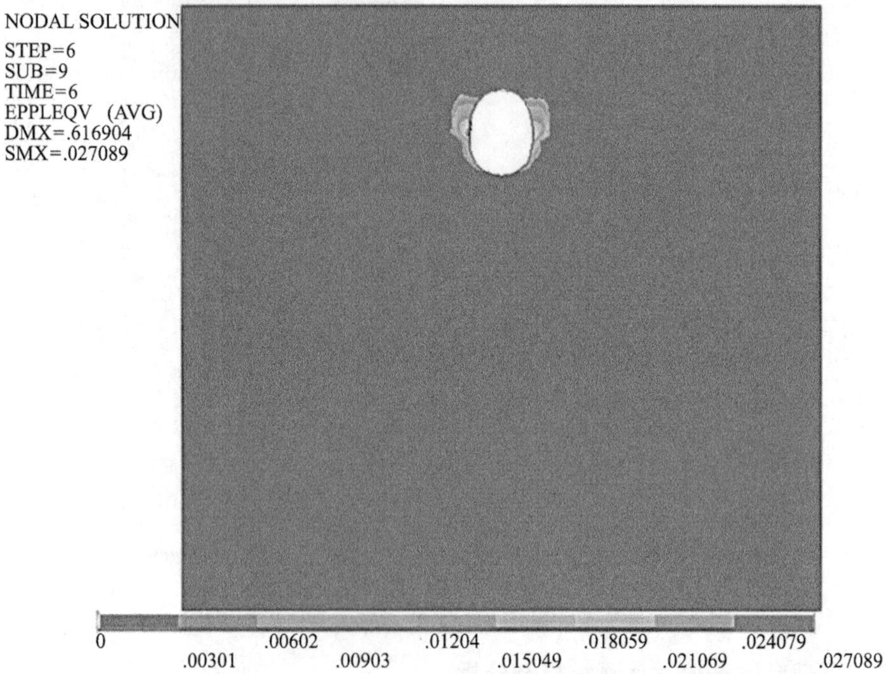
NODAL SOLUTION
STEP=6
SUB=9
TIME=6
EPPLEQV (AVG)
DMX=.616904
SMX=.027089
0
.00301
.00602
.00903
.01204
.015049
.018059
.021069
.024079
.027089

图 4-14　大断面黄土隧道下部台阶开挖后塑性应变图

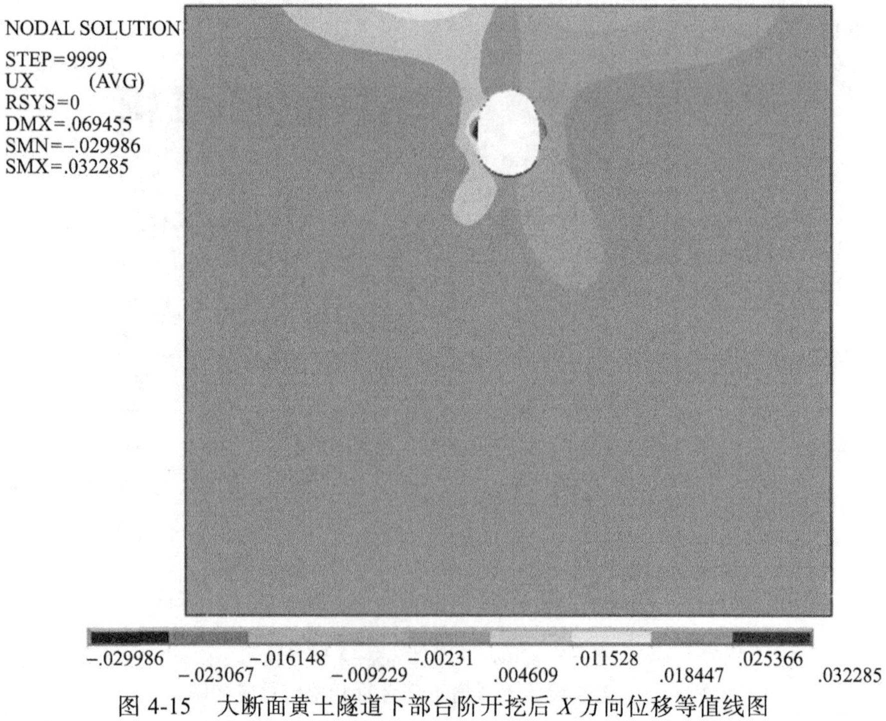
NODAL SOLUTION
STEP=9999
UX (AVG)
RSYS=0
DMX=.069455
SMN=-.029986
SMX=.032285
-.029986
-.023067
-.016148
-.009229
-.00231
.004609
.011528
.018447
.025366
.032285

图 4-15　大断面黄土隧道下部台阶开挖后 X 方向位移等值线图

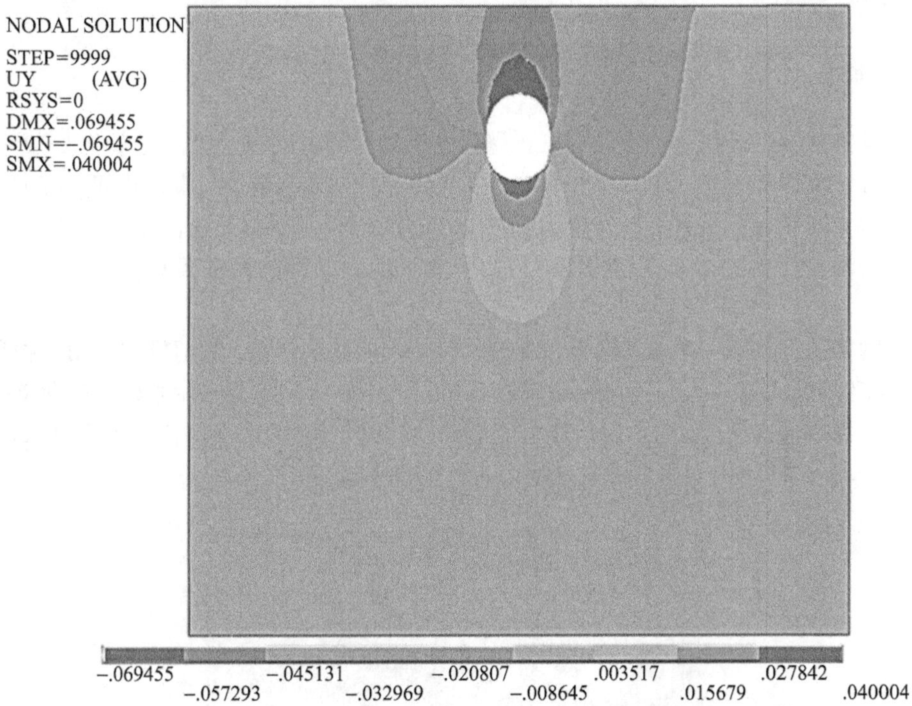
NODAL SOLUTION
STEP=9999
UY (AVG)
RSYS=0
DMX=.069455
SMN=-.069455
SMX=.040004
-.069455
-.057293
-.045131
-.032969
-.020807
-.008645
.003517
.015679
.027842
.040004

图 4-16　大断面黄土隧道下部台阶开挖后 *Y* 方向位移等值线图

由图 4-13～图 4-16 可知，位移场成对称分布，核心土开挖后最大总应变与最大塑性应变仍然出现在上下台阶交接处。围岩继续朝洞内方向移动。下台阶开挖后，围岩 *X* 方向的最大位移出现在上下台阶交接处附近，*Y* 方向的位移在拱顶处比较明显。

4.2.4　开挖结束后控制点位移

大断面黄土隧道台阶分部开挖结束后控制点位移见表 4-3。

表 4-3　大断面黄土隧道台阶分部开挖结束后控制点位移　(单位：m)

控制点	*X* 方向位移	*Y* 方向位移
1	-0.16287×10^{-3}	-0.69455×10^{-1}
2	0.32285×10^{-1}	-0.40105×10^{-1}
3	-0.29986×10^{-1}	-0.39204×10^{-1}
4	0.10511×10^{-1}	0.60393×10^{-2}
5	-0.10248×10^{-1}	0.57993×10^{-2}

4.3　单侧壁导坑开挖法的动态数值模拟

单侧壁导坑开挖法的主要施工步骤为：①先行导坑上部开挖，应力释放 30%；②后行导坑下部开挖，应力释放 60%；③先行导坑初期支护，架设钢构架，应力释放 80%；④后行洞上部开挖，应力释放 30%；⑤后行洞下部开挖，应力释放 60%；⑥后行洞初期支护，架设钢构架，应力释放 80%；⑦拆除钢拱架支撑，应力全部释放。

网格划分如下：考虑到围岩和支护材料结构的支护特性，数值模拟采用两种单元：实体 Plane42 单元，用来模拟围岩与加固；Beam3 梁单元，用来模拟初期支护喷层与钢结构支撑。划分单网格后生成 Plane42 单元 1060 个，初期支护喷层 Beam3 单元 18 个，钢结构支撑 Beam3 单元 12 个(图 4-17)。

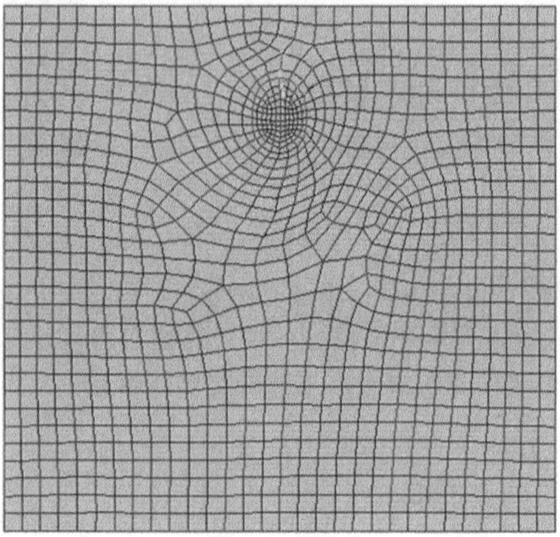

图 4-17　大断面黄土隧道单侧壁导坑有限元网格划分

4.3.1　先行导坑上部开挖计算结果及分析

按照施工步骤，一步步进行计算分析，得出先行导坑上部开挖引起围岩总应变、塑性应变、*X* 方向位移等值线和 *Y* 方向位移等值线图见图 4-18～图 4-21。

由图 4-18～图 4-21 可知，先行导坑周围最大总应变出现在先行导坑上台阶底部转角处，导坑周围出现塑性区，围岩有朝洞内方向移动趋势。导坑开挖后，*X* 方向在拱脚与中隔壁的中部位移最大，*Y* 方向的位移在拱顶处比较明显，导坑底部有向上隆起的现象。

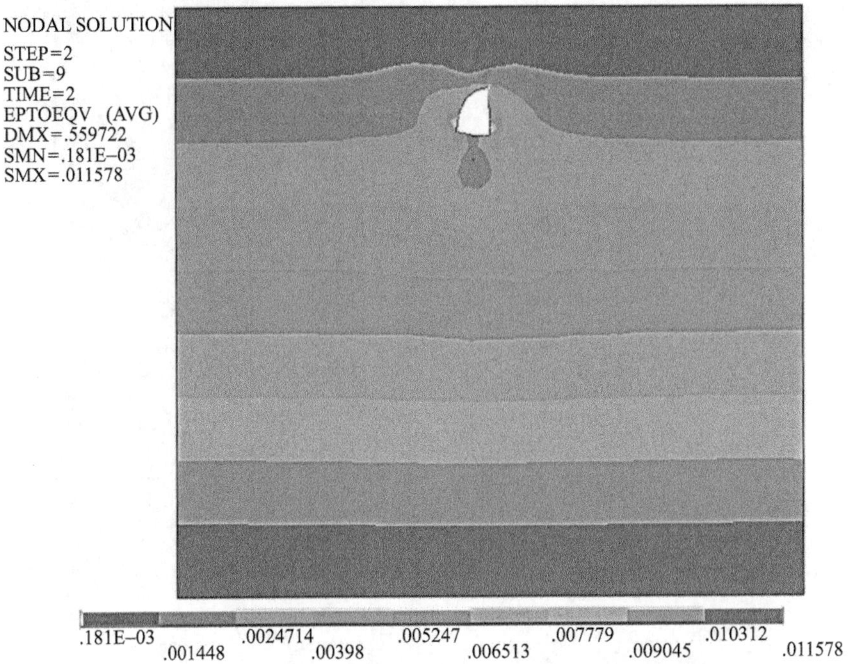
NODAL SOLUTION
STEP=2
SUB=9
TIME=2
EPTOEQV (AVG)
DMX=.559722
SMN=.181E–03
SMX=.011578
.181E–03
.001448
.0024714
.00398
.005247
.006513
.007779
.009045
.010312
.011578

图 4-18　大断面黄土隧道先行导坑上部开挖后总应变图

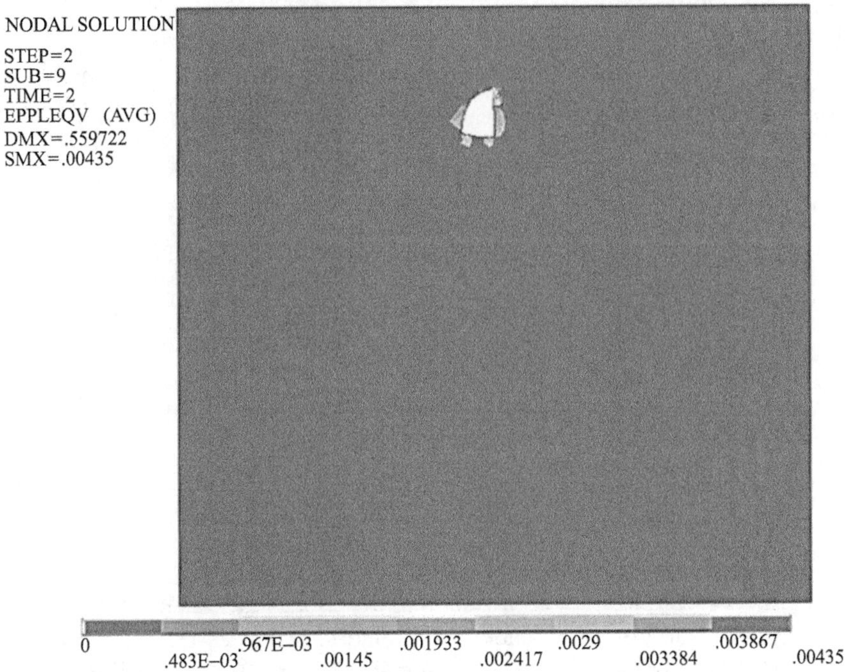
NODAL SOLUTION
STEP=2
SUB=9
TIME=2
EPPLEQV (AVG)
DMX=.559722
SMX=.00435
0
.483E–03
.967E–03
.00145
.001933
.002417
.0029
.003384
.003867
.00435

图 4-19　大断面黄土隧道先行导坑上部开挖后塑性应变图

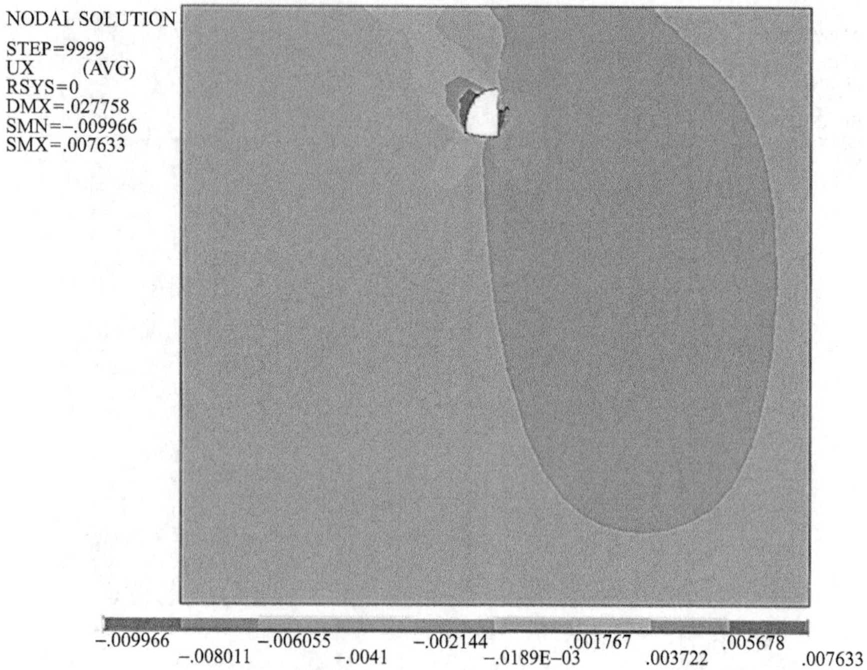
NODAL SOLUTION
STEP=9999
UX (AVG)
RSYS=0
DMX=.027758
SMN=-.009966
SMX=.007633
-.009966
-.008011
-.006055
-.0041
-.002144
-.0189E-03
.001767
.003722
.005678
.007633

图 4-20　大断面黄土隧道先行导坑上部开挖后 *X* 方向位移等值线图

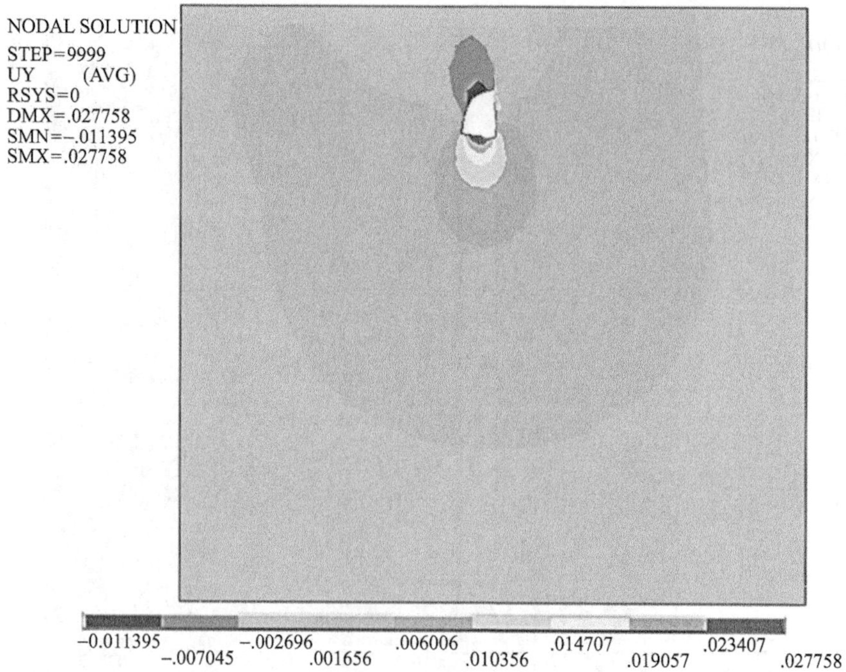
NODAL SOLUTION
STEP=9999
UY (AVG)
RSYS=0
DMX=.027758
SMN=-.011395
SMX=.027758
-0.011395
-.007045
-.002696
.001656
.006006
.010356
.014707
.019057
.023407
.027758

图 4-21　大断面黄土隧道先行导坑上部开挖后 *Y* 方向位移等值线图

4.3.2　先行导坑下部开挖计算结果及分析

先行导坑下部开挖总应变、塑性应变、*X* 方向位移等值线和 *Y* 方向位移等值线图如图 4-22～图 4-25 所示。

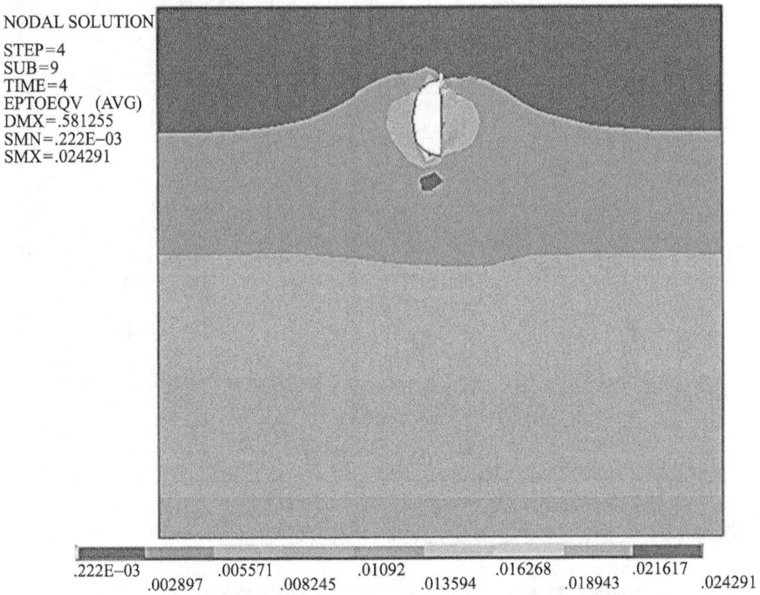
NODAL SOLUTION
STEP=4
SUB=9
TIME=4
EPTOEQV (AVG)
DMX=.581255
SMN=.222E–03
SMX=.024291
.222E–03
.002897
.005571
.008245
.01092
.013594
.016268
.018943
.021617
.024291

图 4-22　大断面黄土隧道先行导坑下部开挖后总应变图

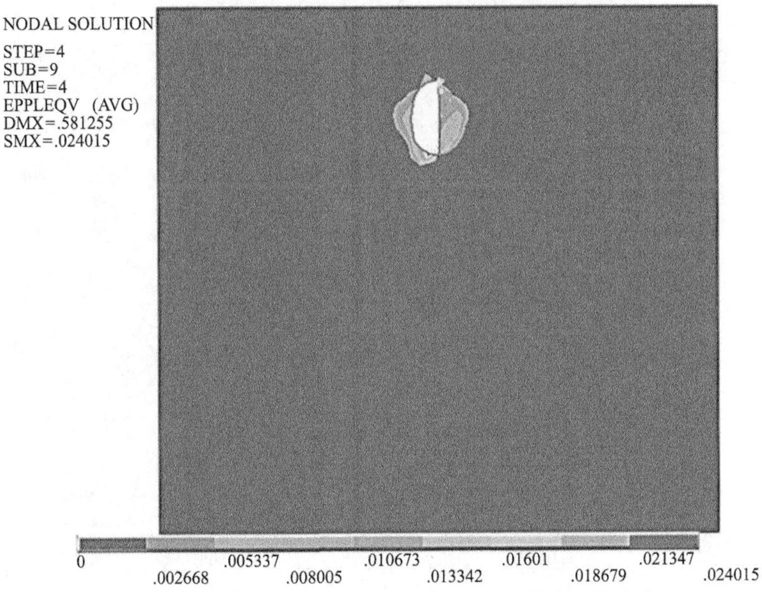
NODAL SOLUTION
STEP=4
SUB=9
TIME=4
EPPLEQV (AVG)
DMX=.581255
SMX=.024015
0
.002668
.005337
.008005
.010673
.013342
.01601
.018679
.021347
.024015

图 4-23　大断面黄土隧道先行导坑下部开挖后塑性应变图

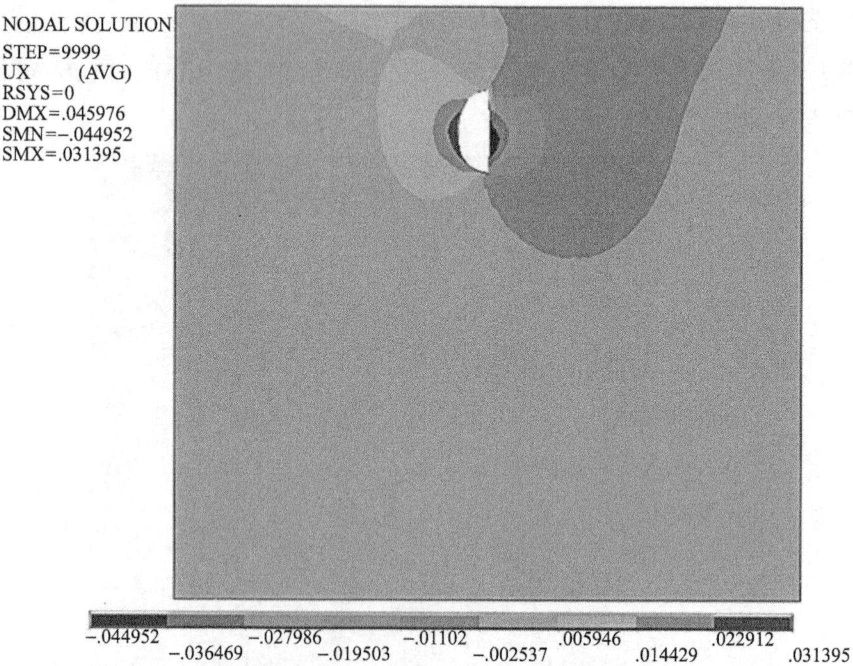
NODAL SOLUTION
STEP=9999
UX (AVG)
RSYS=0
DMX=.045976
SMN=-.044952
SMX=.031395
-.044952
-.036469
-.027986
-.019503
-.01102
-.002537
.005946
.014429
.022912
.031395

图 4-24　大断面黄土隧道先行导坑下部开挖后 X 方向位移等值线图

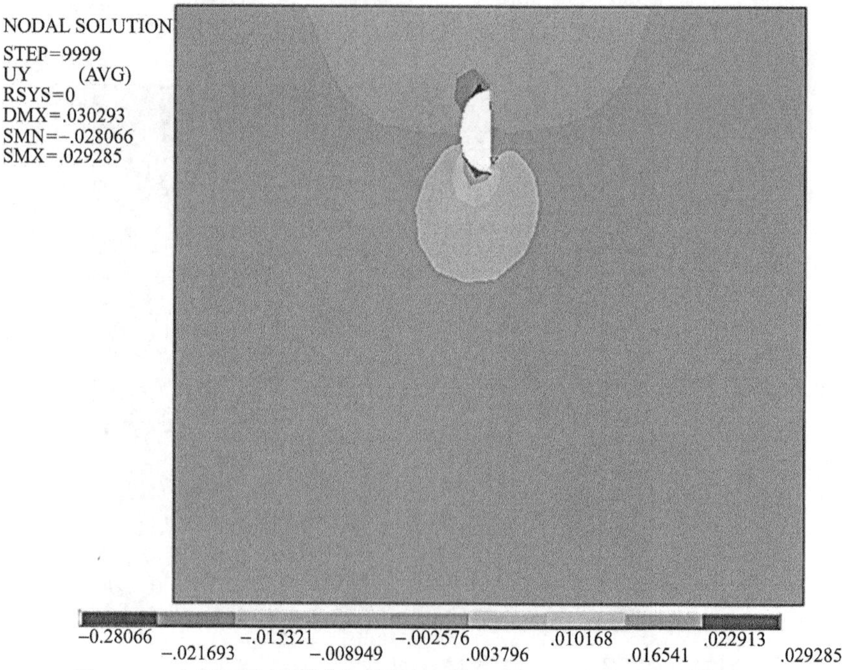
NODAL SOLUTION
STEP=9999
UY (AVG)
RSYS=0
DMX=.030293
SMN=-.028066
SMX=.029285
-0.28066
-.021693
-.015321
-.008949
-.002576
.003796
.010168
.016541
.022913
.029285

图 4-25　大断面黄土隧道先行导坑下部开挖后 Y 方向位移等值线图

由图 4-22～图 4-25 可知，先行导坑开挖后，最大总应变出现在先行导坑仰拱处，导坑周围出现塑性区，最大塑性应变出现在先行导坑仰拱处，围岩继续朝洞内方向移动，X 方向墙腰中部与边墙中部位移最大，Y 方向的位移在拱顶及仰拱底处比较明显，导坑底部有向上隆起的现象。

4.3.3 后行洞上部开挖计算结果及分析

后行洞上部开挖总应变、塑性应变、X 方向位移等值线和 Y 方向位移等值线图见图 4-26～图 4-29。

由图 4-26～图 4-29 可知，后行洞上部开挖后，最大总应变出现在先行导坑仰拱和后行洞上部与中隔墙相交处，同样在以上区域出现塑性区。围岩继续朝洞内方向移动，相较而言墙腰中部 X 方向位移最大，Y 方向的位移在拱顶及仰拱底处则会较明显。

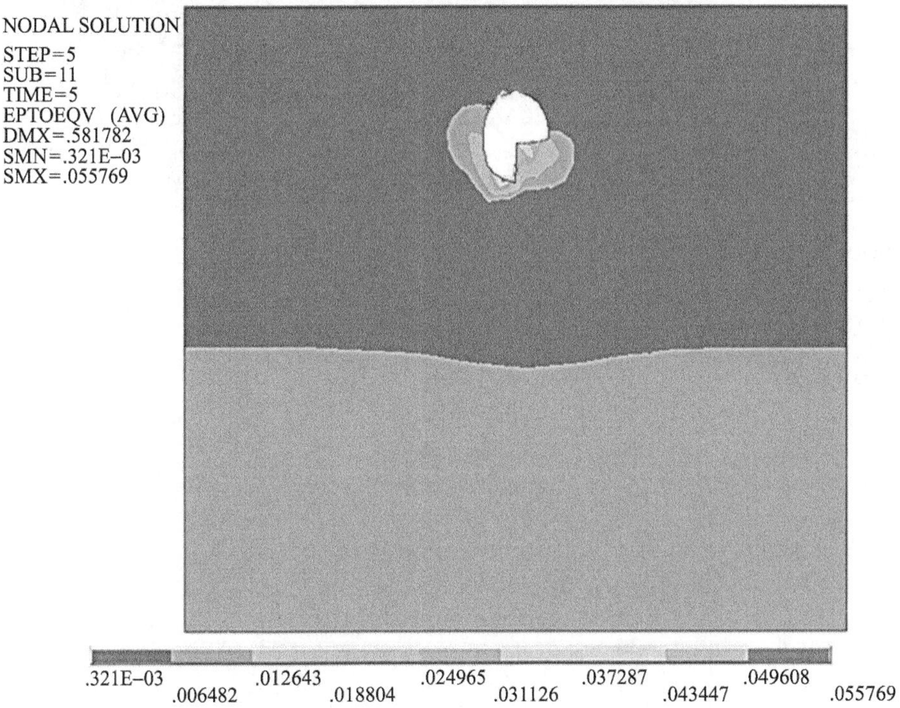
NODAL SOLUTION
STEP=5
SUB=11
TIME=5
EPTOEQV (AVG)
DMX=.581782
SMN=.321E–03
SMX=.055769
.321E–03
.006482
.012643
.018804
.024965
.031126
.037287
.043447
.049608
.055769

图 4-26　大断面黄土隧道后行洞上部开挖后总应变图

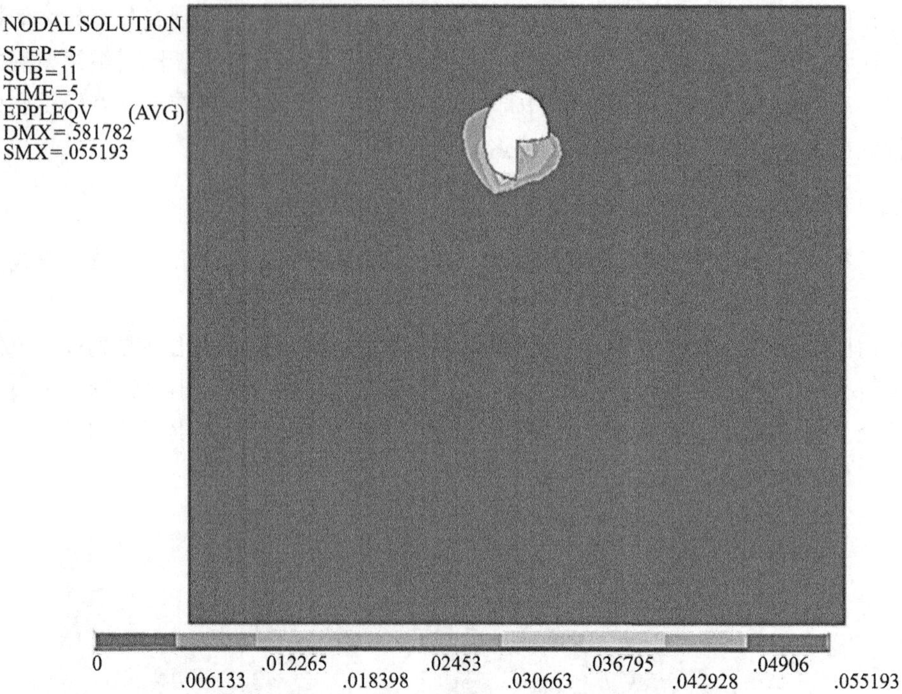
NODAL SOLUTION
STEP=5
SUB=11
TIME=5
EPPLEQV (AVG)
DMX=.581782
SMX=.055193
0
.006133
.012265
.018398
.02453
.030663
.036795
.042928
.04906
.055193

图 4-27　大断面黄土隧道后行洞上部开挖后塑性应变图

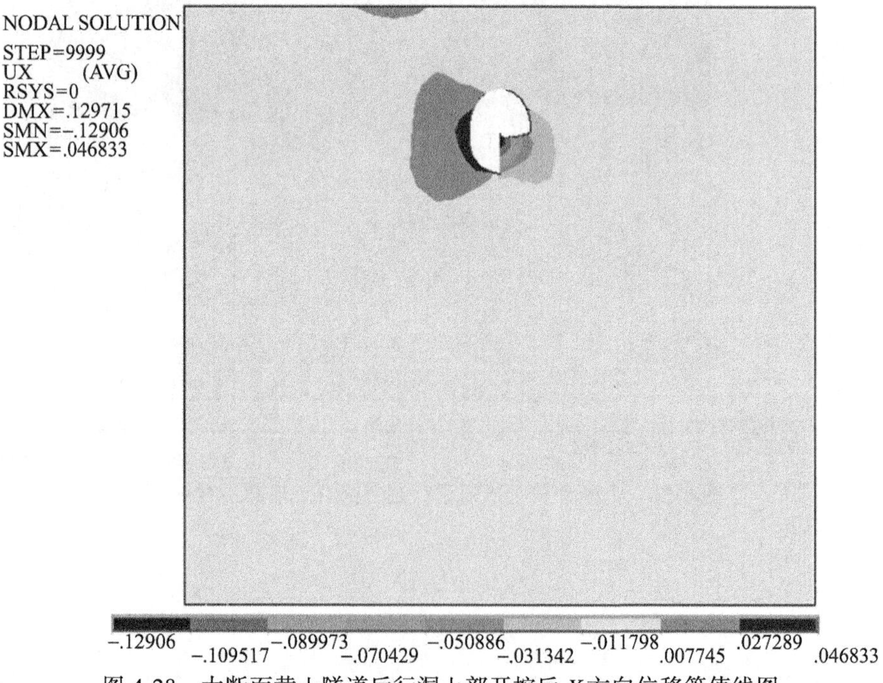
NODAL SOLUTION
STEP=9999
UX (AVG)
RSYS=0
DMX=.129715
SMN=-.12906
SMX=.046833
-.12906
-.109517
-.089973
-.070429
-.050886
-.031342
-.011798
.007745
.027289
.046833

图 4-28　大断面黄土隧道后行洞上部开挖后 X 方向位移等值线图

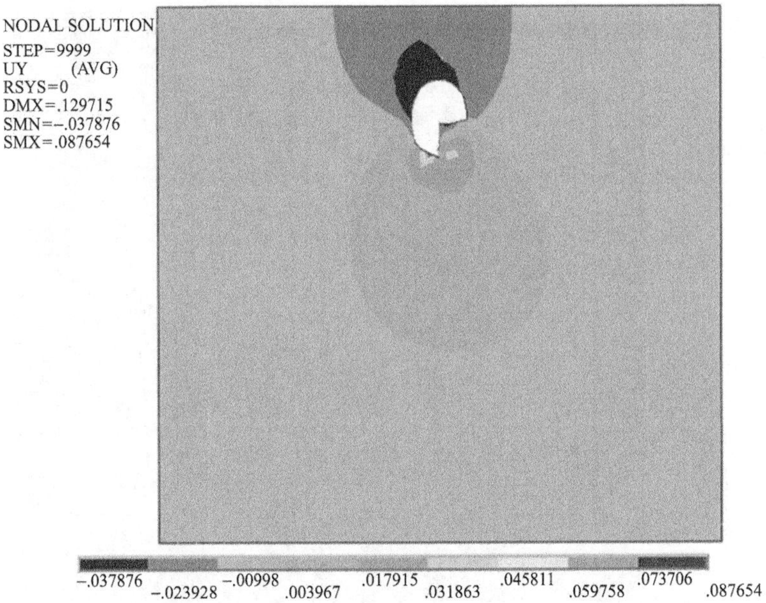

图 4-29　大断面黄土隧道后行洞上部开挖后 *Y* 方向位移等值线图

4.3.4　后行洞下部开挖计算结果及分析

后行洞下部开挖总应变、塑性应变、*X* 方向位移等值线和 *Y* 方向位移等值线图见图 4-30～图 4-33。

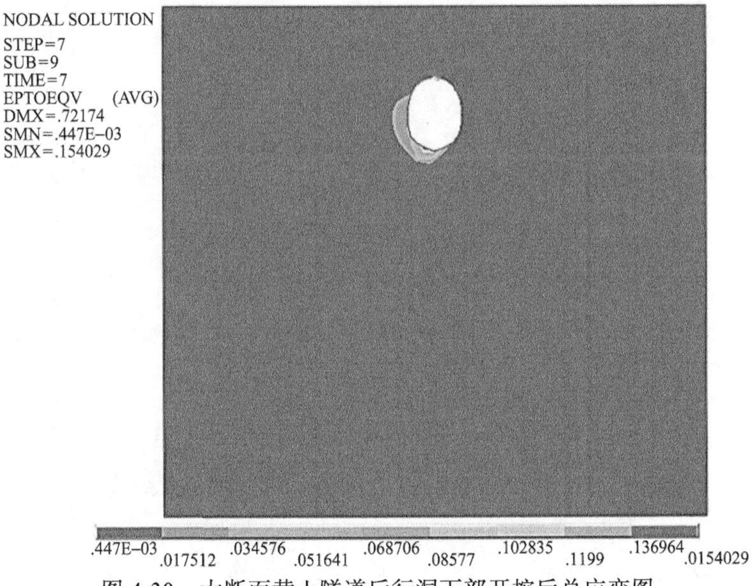

图 4-30　大断面黄土隧道后行洞下部开挖后总应变图

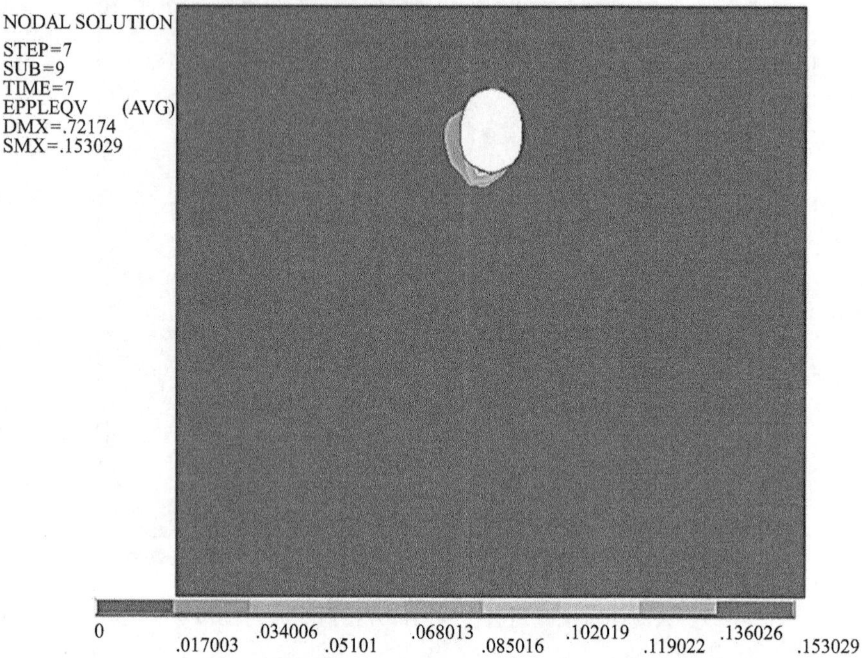
NODAL SOLUTION
STEP=7
SUB=9
TIME=7
EPPLEQV (AVG)
DMX=.72174
SMX=.153029
0
.017003
.034006
.05101
.068013
.085016
.102019
.119022
.136026
.153029

图 4-31　大断面黄土隧道后行洞下部开挖后塑性应变图

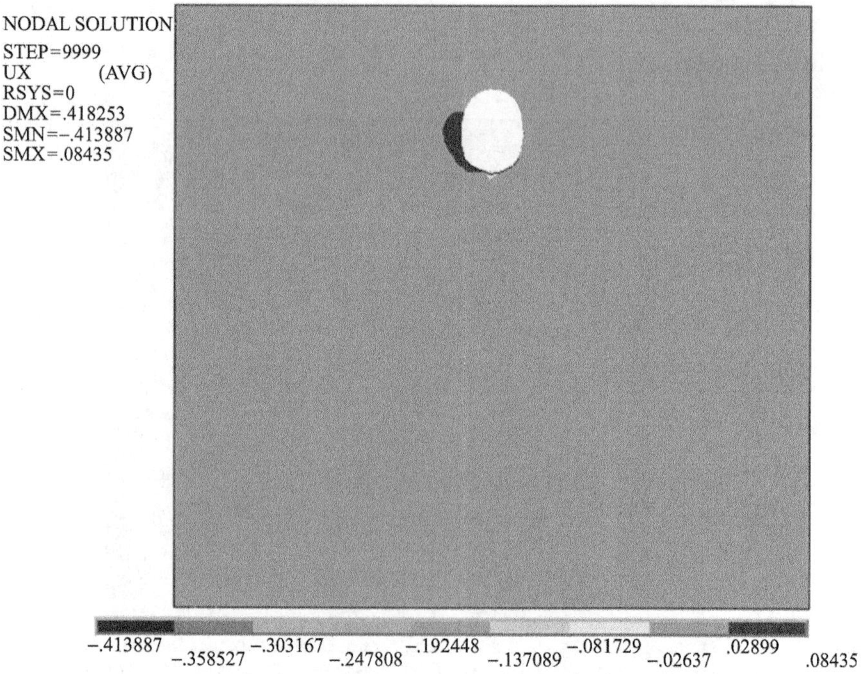
NODAL SOLUTION
STEP=9999
UX (AVG)
RSYS=0
DMX=.418253
SMN=-.413887
SMX=.08435
-.413887
-.358527
-.303167
-.247808
-.192448
-.137089
-.081729
-.02637
.02899
.08435

图 4-32　大断面黄土隧道后行下部开挖后 X 方向位移等值线图

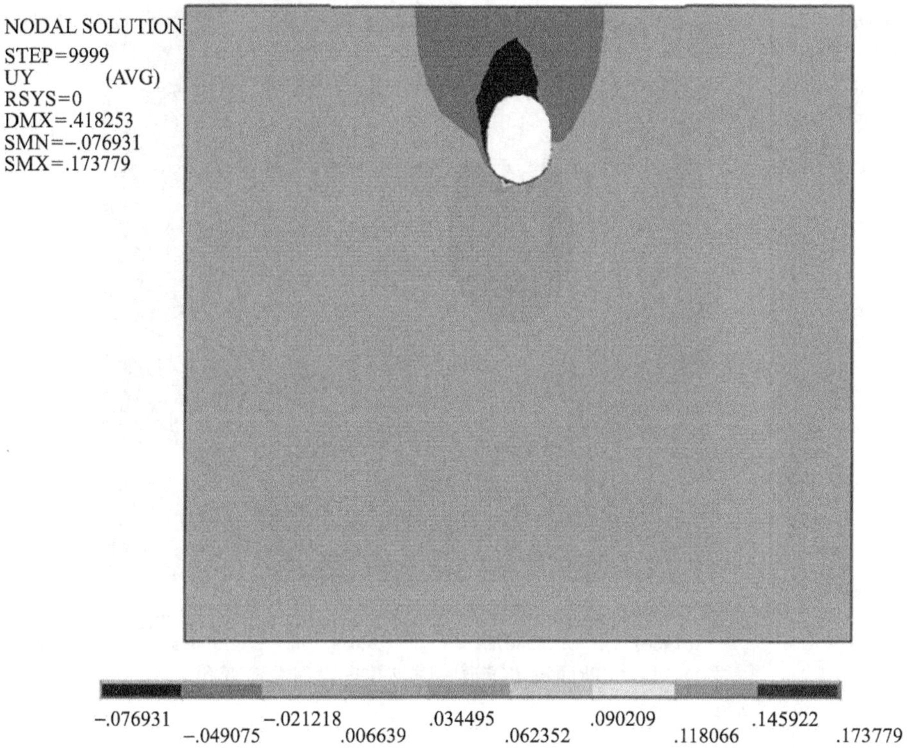
NODAL SOLUTION
STEP=9999
UY (AVG)
RSYS=0
DMX=.418253
SMN=-.076931
SMX=.173779
-.076931
-.049075
-.021218
.006639
.034495
.062352
.090209
.118066
.145922
.173779

图 4-33　大断面黄土隧道后行下部开挖后 *Y* 方向位移等值线图

由图 4-30～图 4-33 可知，后行洞下部开挖后，最大总应变出现在仰拱处，约为 0.154，同样在以上区域出现塑性区，最大塑性应变值约为 0.153。围岩继续朝洞内方向移动，钢支撑中部 *X* 方向位移最大，*Y* 方向的位移在拱顶及仰拱底处比较明显。

4.3.5　临时支撑拆除后开挖计算结果及分析

临时支撑拆除后开挖总应变、塑性应变、*X* 方向位移等值线和 *Y* 方向位移等值线图如图 4-34～图 4-37 所示。

由图 4-34～图 4-37 可知，临时钢支撑拆除后，位移场变化不大，最大总应变出现在仰拱处，同样在以上区域出现塑性区。

相较而言，墙脚中部 *X* 方向位移最大，而 *Y* 方向的位移在拱顶及仰拱底处则表现得比较明显。

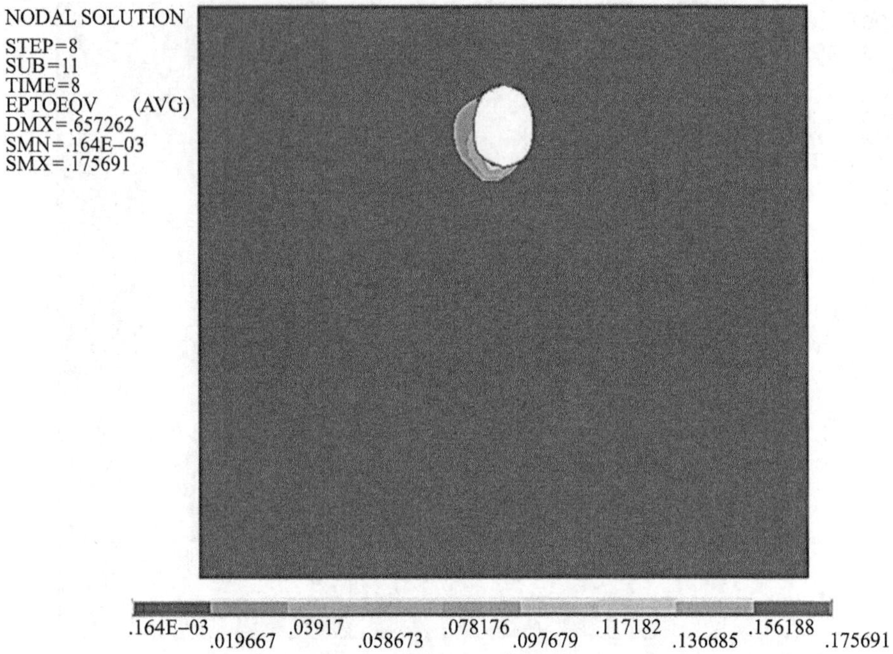
NODAL SOLUTION
STEP=8
SUB=11
TIME=8
EPTOEQV (AVG)
DMX=.657262
SMN=.164E-03
SMX=.175691
.164E-03
.019667
.03917
.058673
.078176
.097679
.117182
.136685
.156188
.175691

图 4-34　大断面黄土隧道临时支撑拆除后总应变图

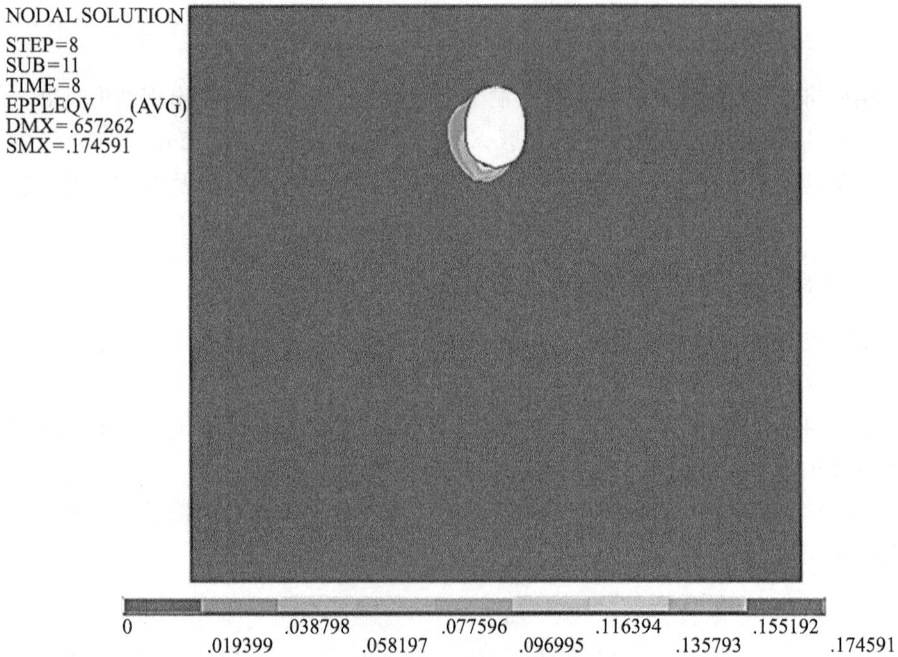
NODAL SOLUTION
STEP=8
SUB=11
TIME=8
EPPLEQV (AVG)
DMX=.657262
SMX=.174591
0
.019399
.038798
.058197
.077596
.096995
.116394
.135793
.155192
.174591

图 4-35　大断面黄土隧道临时支撑拆除后塑性应变图

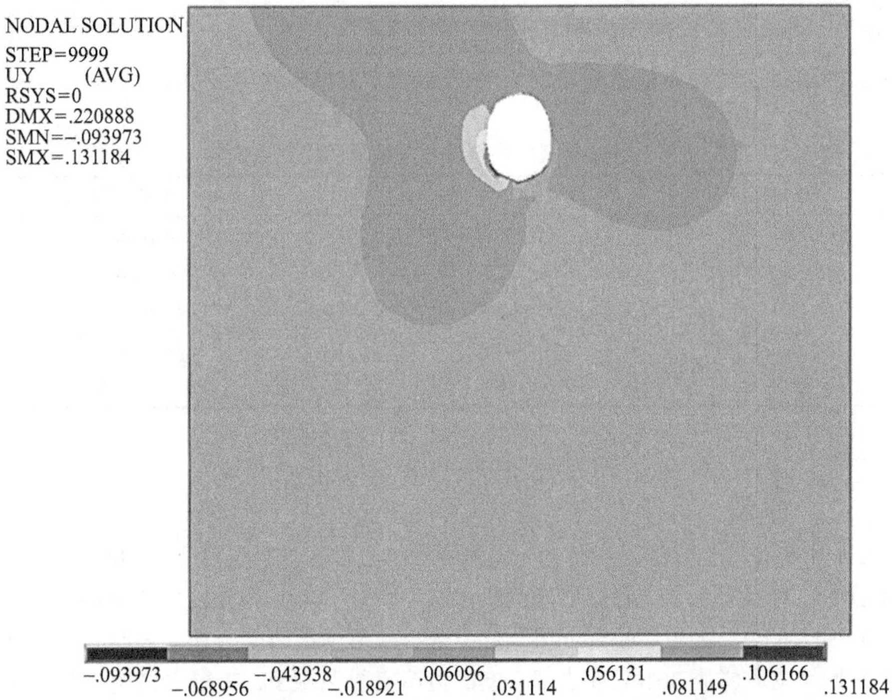
NODAL SOLUTION
STEP=9999
UY (AVG)
RSYS=0
DMX=.220888
SMN=-.093973
SMX=.131184
-.093973
-.068956
-.043938
-.018921
.006096
.031114
.056131
.081149
.106166
.131184

图 4-36　大断面黄土隧道临时支撑拆除后 *X* 方向位移等值线图

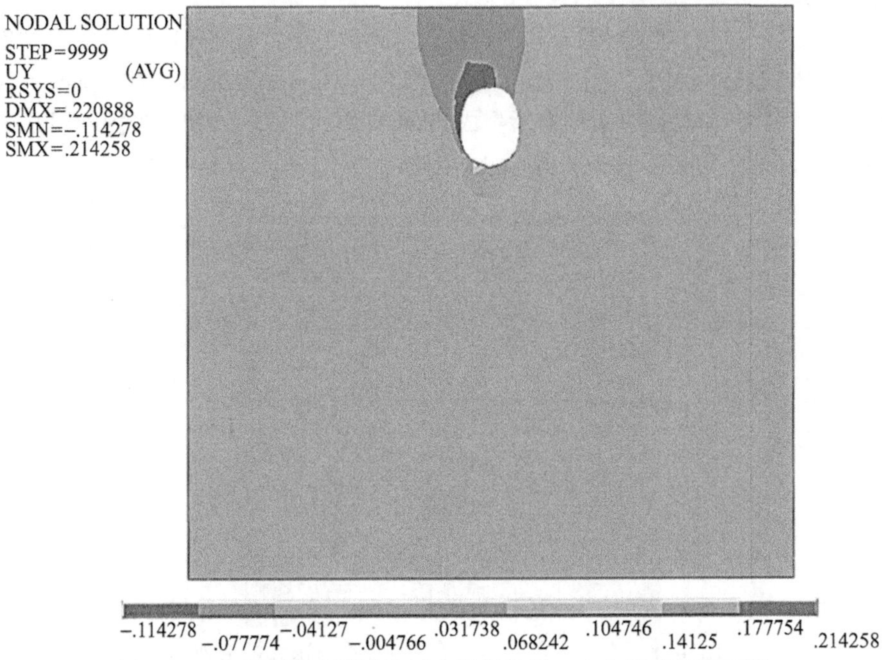
NODAL SOLUTION
STEP=9999
UY (AVG)
RSYS=0
DMX=.220888
SMN=-.114278
SMX=.214258
-.114278
-.077774
-.04127
-.004766
.031738
.068242
.104746
.14125
.177754
.214258

图 4-37　大断面黄土隧道临时支撑拆除后 *Y* 方向位移等值线图

4.3.6 开挖结束后控制点位移

大断面黄土隧道单侧壁导坑法开挖结束后控制点位移见表4-4。

表 4-4　大断面黄土隧道单侧壁导坑法开挖结束后控制点位移　(单位：m)

控制点	X 向位移	Y 方向位移
1	-0.43952×10^{-2}	-0.10984
2	0.72551×10^{-1}	-0.10542
3	0.37834×10^{-2}	-0.24961×10^{-1}
4	0.10937	-0.77677×10^{-1}
5	-0.31805×10^{-2}	0.11895×10^{-1}

4.4 CD 开挖法的动态数值模拟

CD 开挖法的主要施工步骤为：①先行导坑上部开挖，应力释放 30%；②拱部、上部边墙喷射混凝土，中壁立格栅钢拱架应力释放 80%；③先行导坑下部开挖，应力释放 30%；④下部边墙喷射混凝土，中壁立格栅钢拱架应力释放 80%；⑤后行洞上部开挖，应力释放 30%；⑥拱部、上部边墙喷射混凝土，中壁立格栅钢拱架应力释放 80%；⑦后行洞下部开挖，应力释放 30%；⑧后行洞初期支护，应力释放 80%；⑨拆除钢拱架支撑，应力全部释放。

网格划分如下：考虑到围岩和支护材料结构的支护特性，数值模拟采用了两种单元：实体 Plane42 单元，用来模拟围岩与加固；Beam3 梁单元，用来模拟初期支护喷层与钢结构支撑。划分单网格后生成 Plane42 单元 1172 个，初期支护喷层 Beam3 单元 24 个，钢结构支撑 Beam3 单元 16 个(图 4-38)。

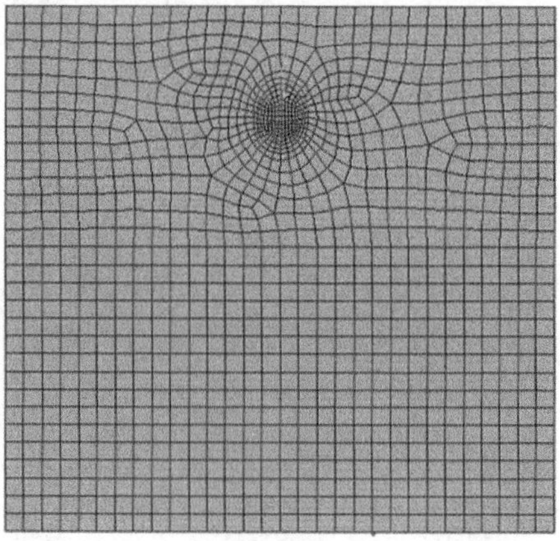

图 4-38　大断面黄土隧道单侧壁导坑有限元网格划分

4.4.1　先行导坑上部开挖计算结果及分析

按照施工步骤，一步步进行计算分析，得出先行导坑上部开挖引起围岩总应变、塑性应变、*X* 方向位移等值线和 *Y* 方向位移等值线图见图 4-39～图 4-42。

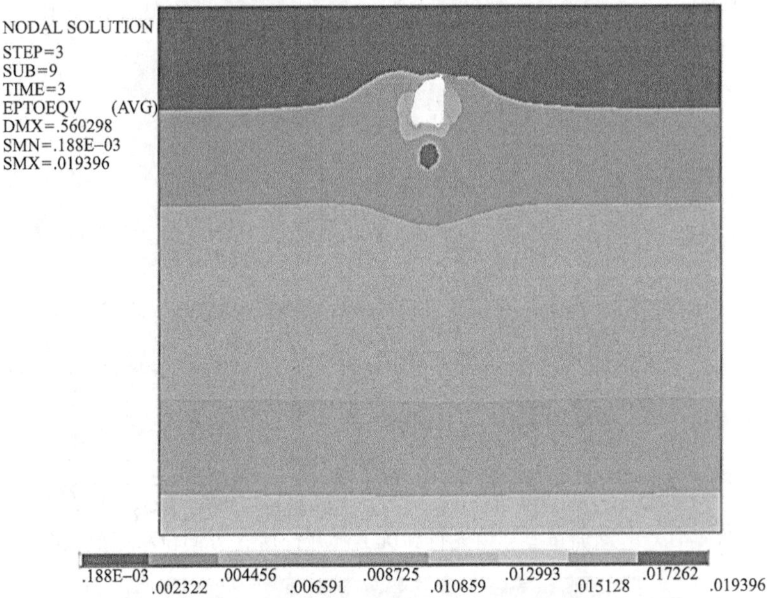

图 4-39　大断面黄土隧道先行导坑上部开挖后总应变图

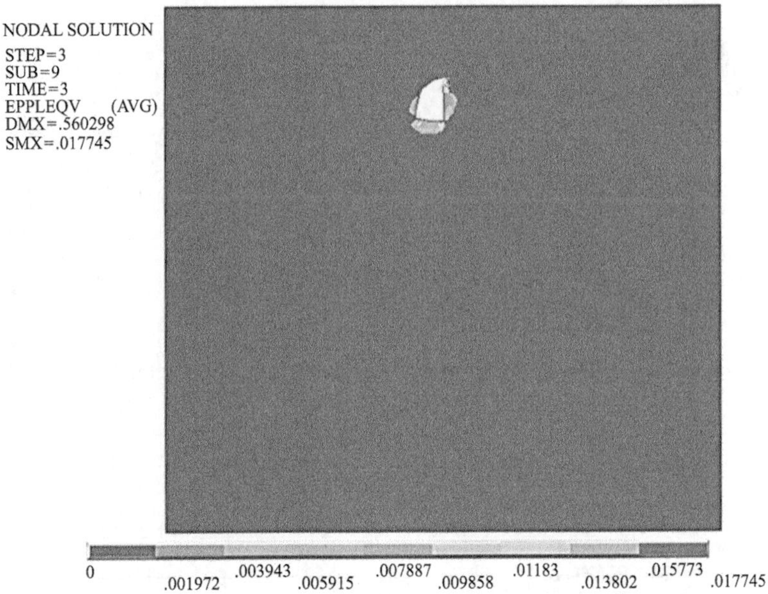

图 4-40　大断面黄土隧道先行导坑上部开挖后塑性应变图

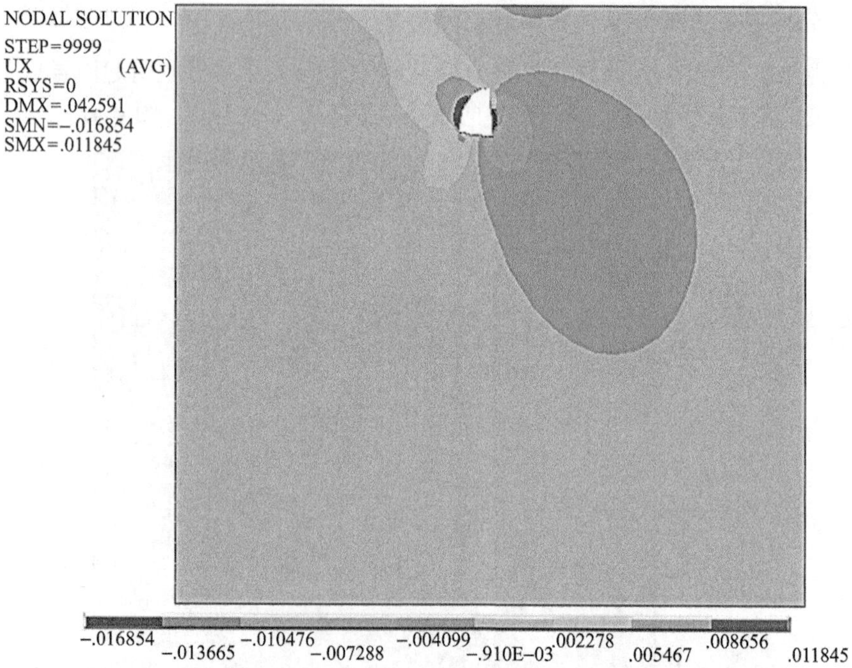
NODAL SOLUTION
STEP=9999
UX (AVG)
RSYS=0
DMX=.042591
SMN=−.016854
SMX=.011845
−.016854
−.013665
−.010476
−.007288
−.004099
−.910E−03
.002278
.005467
.008656
.011845

图 4-41　大断面黄土隧道先行导坑上部开挖后 X 方向位移等值线图

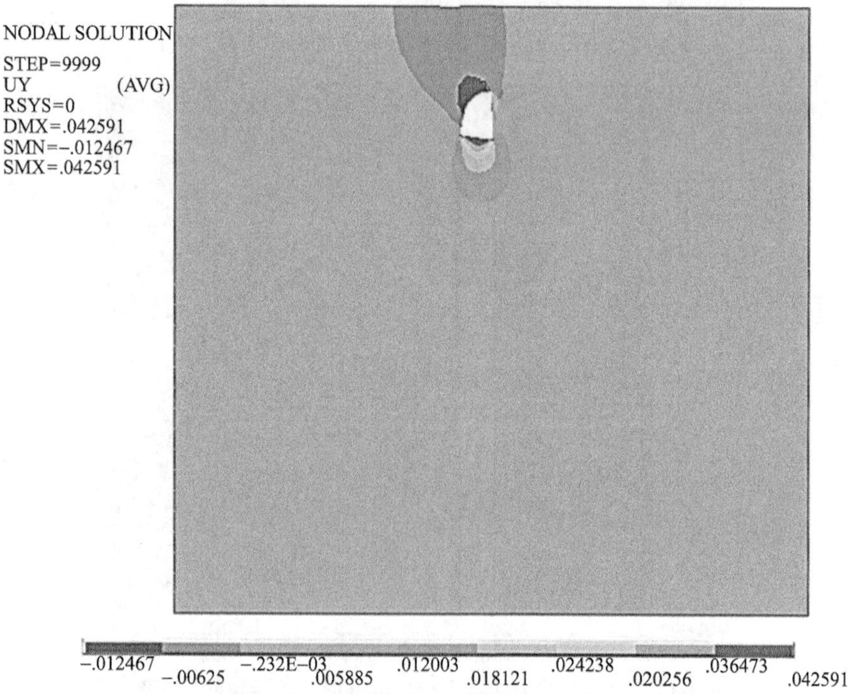
NODAL SOLUTION
STEP=9999
UY (AVG)
RSYS=0
DMX=.042591
SMN=−.012467
SMX=.042591
−.012467
−.00625
−.232E−03
.005885
.012003
.018121
.024238
.020256
.036473
.042591

图 4-42　大断面黄土隧道先行导坑上部 Y 方向位移等值线图

由图 4-39～图 4-42 可知，先行导坑周围最大总应变出现在先行导坑上台阶底部转角处，其中最大总应变约为 0.0194，导坑周围出现塑性区，最大塑性应变为 0.0177。围岩有朝洞内方向移动趋势。

导坑开挖后，*X* 方向在拱脚与中隔壁的中部位移最大，*Y* 方向的位移在拱顶处比较明显，导坑底部有向上隆起的现象。

4.4.2 先行导坑下部开挖计算结果及分析

先行导坑下部开挖引起的围岩总应变、塑性应变、*X* 方向位移等值线和 *Y* 方向位移等值线图如图 4-43～图 4-46 所示。

由图 4-43～图 4-46 可知，先行导坑全部开挖后，最大总应变出现在墙腰及中隔墙中部处，导坑周围出现塑性区，中隔墙中部处较明显。*X* 方向墙腰中部与边中隔墙墙中部位移最大，中隔墙中部较上部台阶开挖时没有明显变化，墙腰中部继续向洞内移动。

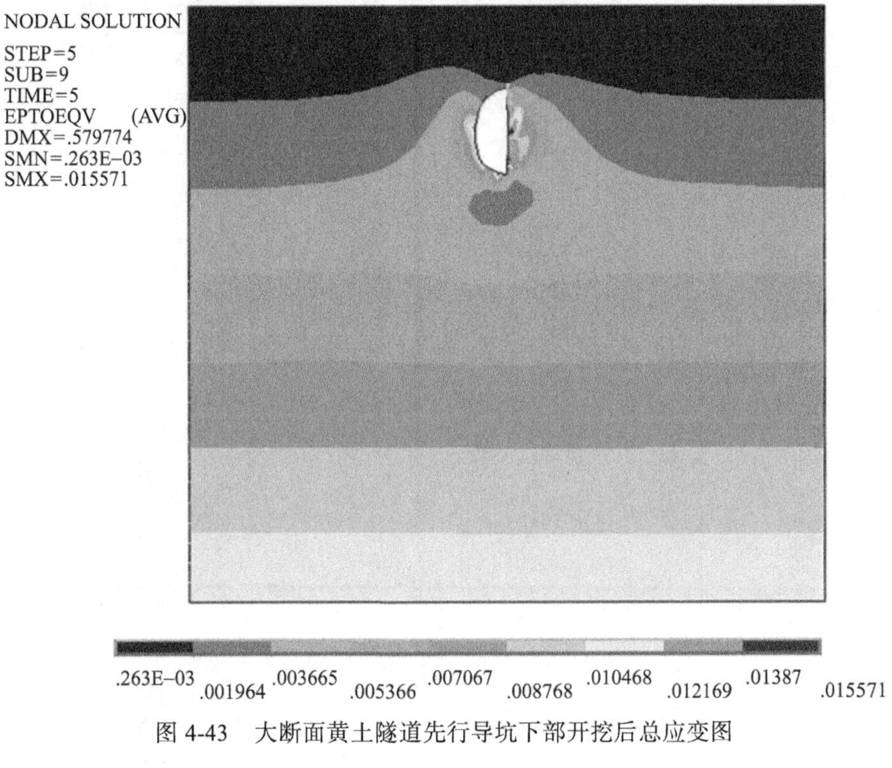
NODAL SOLUTION
STEP=5
SUB=9
TIME=5
EPTOEQV (AVG)
DMX=.579774
SMN=.263E−03
SMX=.015571
.263E−03
.001964
.003665
.005366
.007067
.008768
.010468
.012169
.01387
.015571

图 4-43　大断面黄土隧道先行导坑下部开挖后总应变图

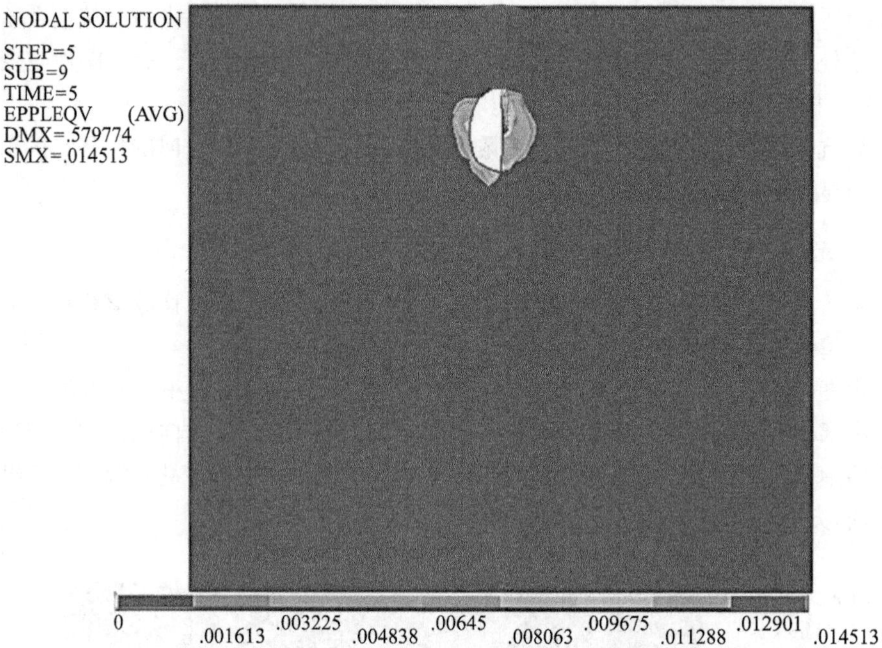
NODAL SOLUTION
STEP=5
SUB=9
TIME=5
EPPLEQV (AVG)
DMX=.579774
SMX=.014513
0
.001613
.003225
.004838
.00645
.008063
.009675
.011288
.012901
.014513

图 4-44　大断面黄土隧道先行导坑下部开挖后塑性应变图

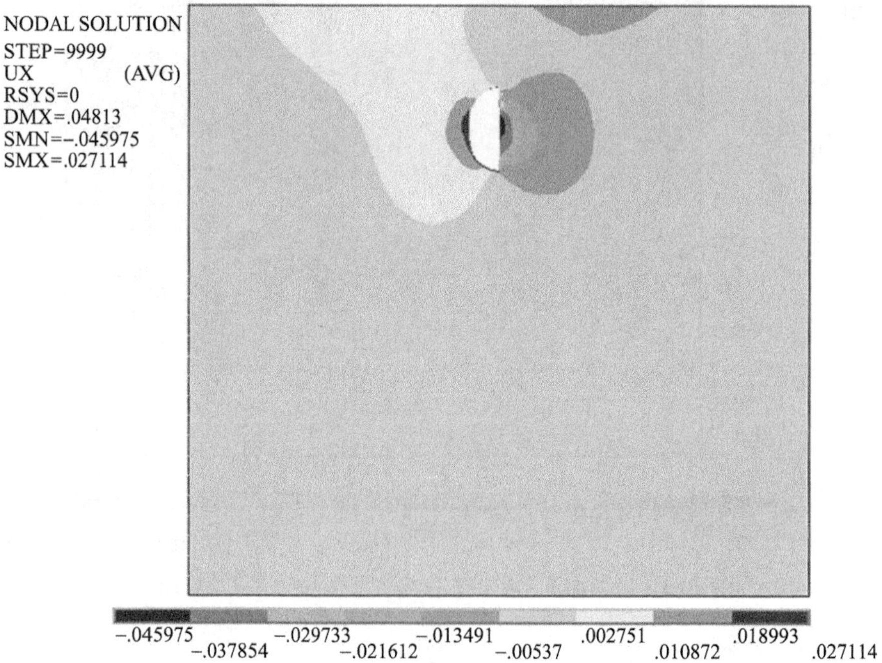
NODAL SOLUTION
STEP=9999
UX (AVG)
RSYS=0
DMX=.04813
SMN=-.045975
SMX=.027114
-.045975
-.037854
-.029733
-.021612
-.013491
-.00537
.002751
.010872
.018993
.027114

图 4-45　大断面黄土隧道先行导坑下部开挖后 X 方向位移等值线图

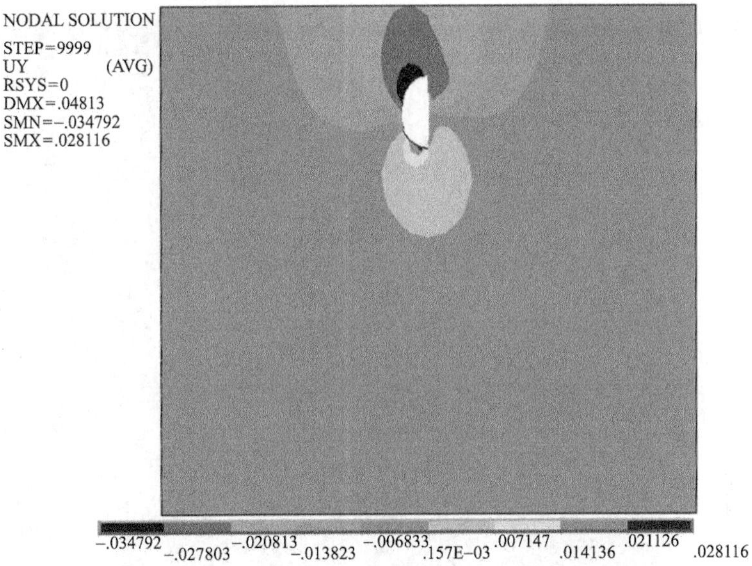

图 4-46　大断面黄土隧道先行导坑下部开挖后 *Y* 方向位移等值线图

4.4.3　后行洞上部开挖计算结果及分析

后行洞上部开挖引起的围岩总应变、塑性应变、*X* 方向位移等值线和 *Y* 方向位移等值线图如图 4-47～图 4-50 所示。

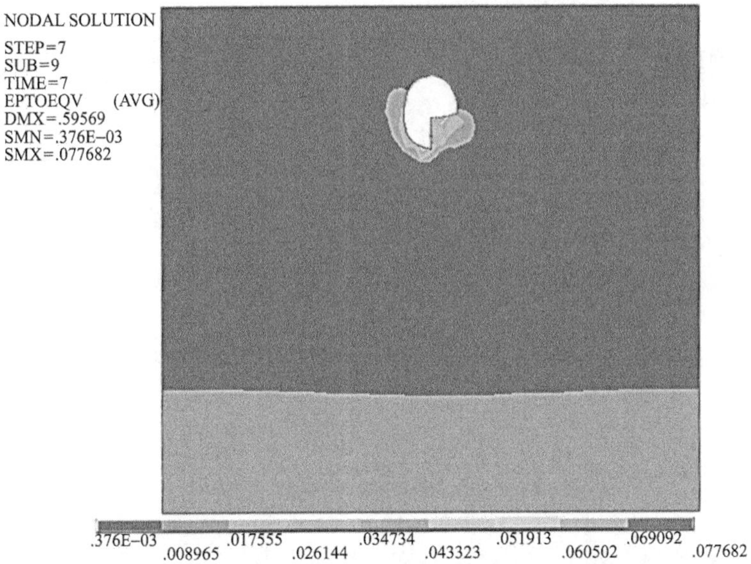

图 4-47　大断面黄土隧道后行洞上部开挖后总应变图

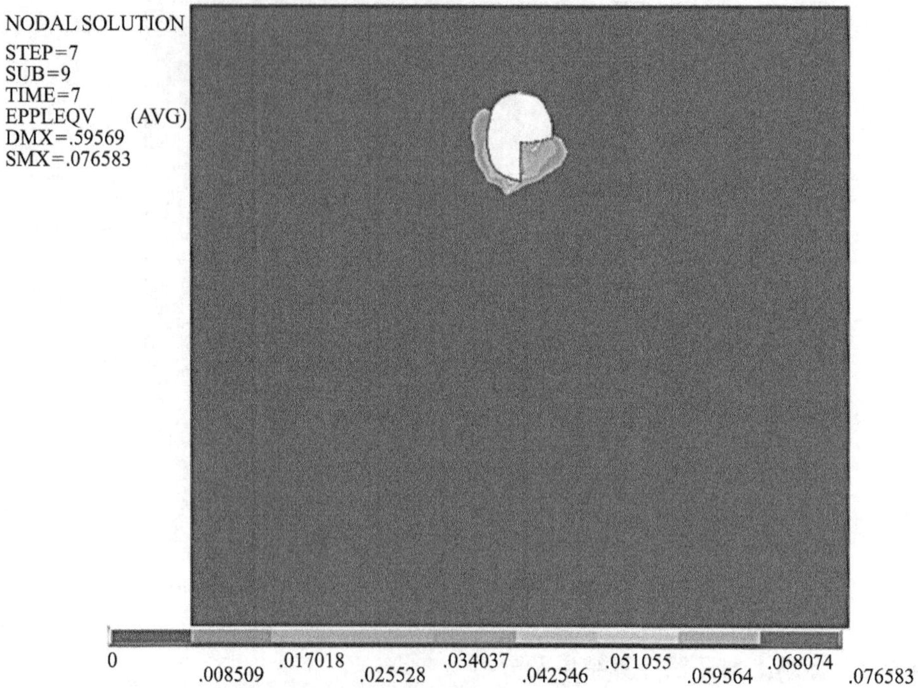
NODAL SOLUTION
STEP=7
SUB=9
TIME=7
EPPLEQV (AVG)
DMX=.59569
SMX=.076583
0
.008509
.017018
.025528
.034037
.042546
.051055
.059564
.068074
.076583

图 4-48 大断面黄土隧道后行洞上部开挖塑性应变图

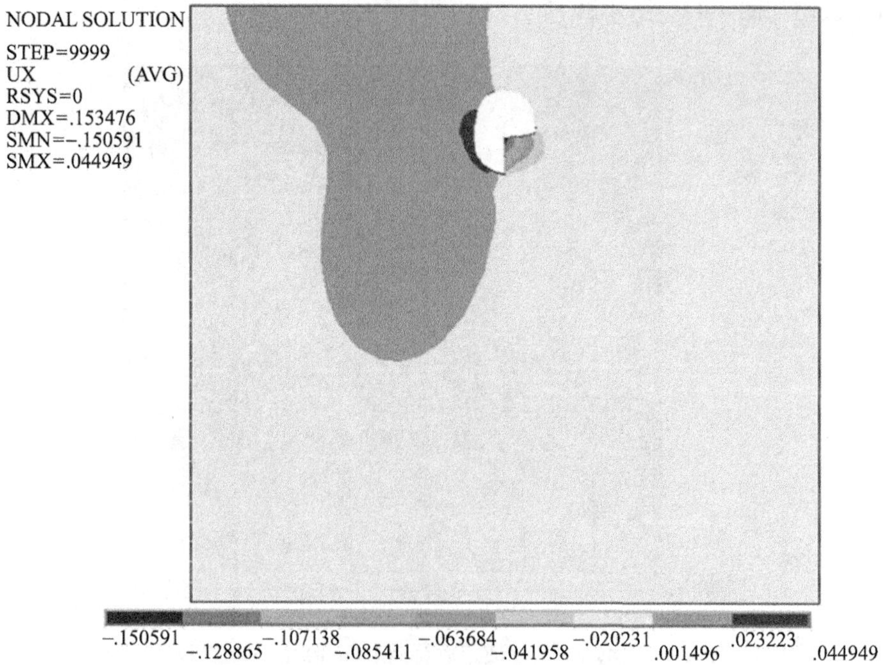
NODAL SOLUTION
STEP=9999
UX (AVG)
RSYS=0
DMX=.153476
SMN=-.150591
SMX=.044949
-.150591
-.128865
-.107138
-.085411
-.063684
-.041958
-.020231
.001496
.023223
.044949

图 4-49 大断面黄土隧道后行洞上部开挖后 X 方向位移等值线图

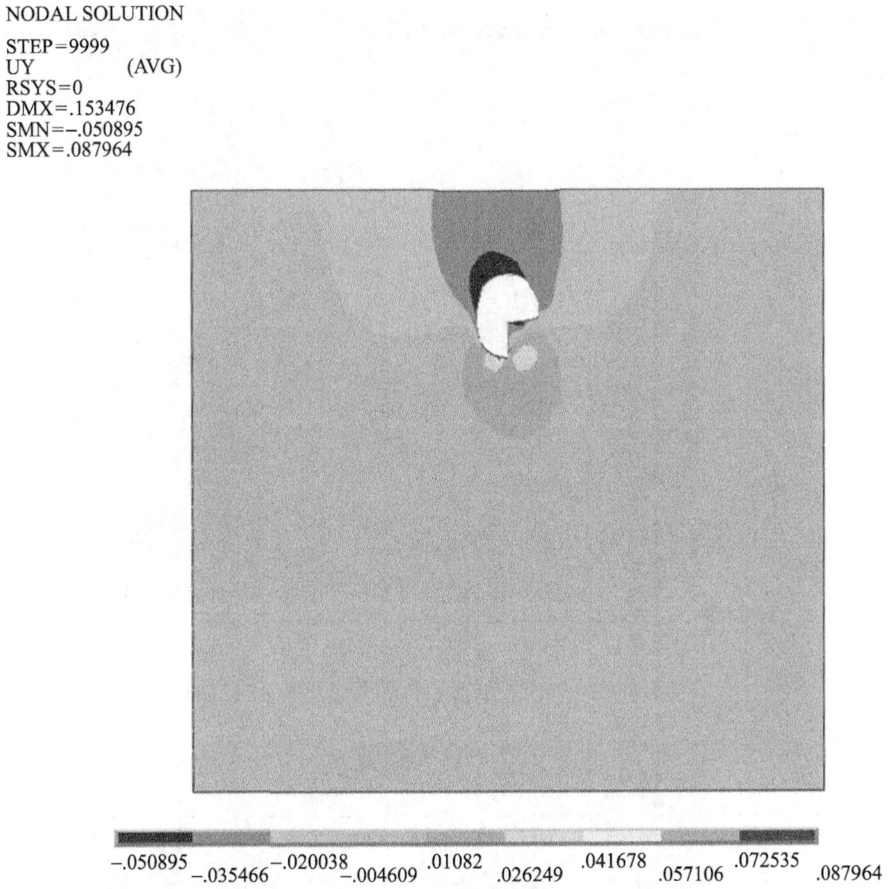
NODAL SOLUTION
STEP=9999
UY (AVG)
RSYS=0
DMX=.153476
SMN=-.050895
SMX=.087964
-.050895
-.035466
-.020038
-.004609
.01082
.026249
.041678
.057106
.072535
.087964

图 4-50　大断面黄土隧道后行洞上部开挖后 Y 方向位移等值线图

由图 4-47～图 4-50 可知，后行洞上部开挖后，最大总应变出现在先行导坑仰拱与后行洞上部与中隔墙相交处，同样在以上区域出现塑性区。

4.4.4　后行洞下部开挖计算结果及分析

后行洞下部开挖引起的围岩总应变、塑性应变、X 方向位移等值线和 Y 方向位移等值线图如图 4-51～图 4-54 所示。

由图 4-51～图 4-54 可知，后行洞下部开挖后，最大总应变及最大塑性应变均出现在仰拱处附近。X 方向墙腰中部位移最大。

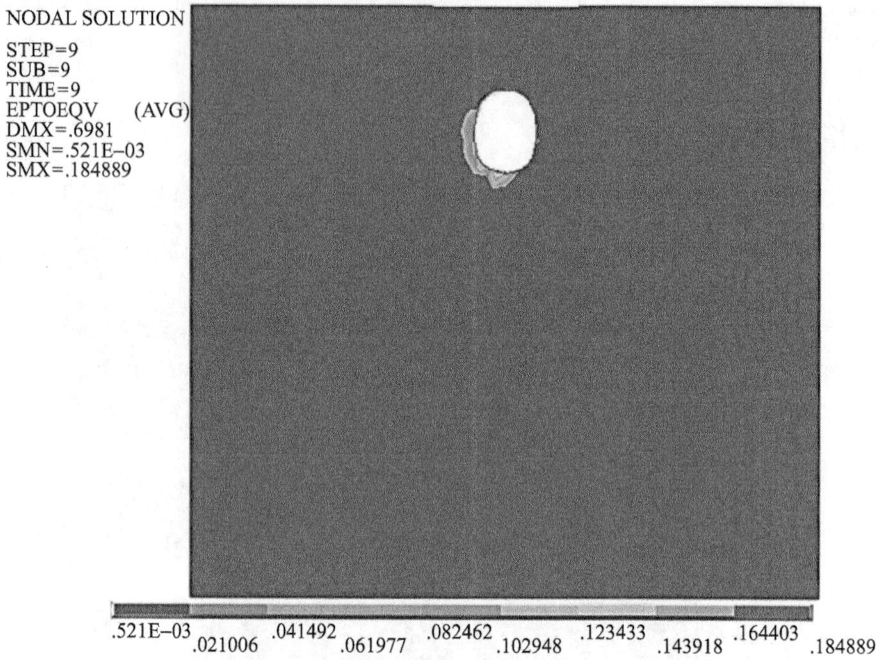
NODAL SOLUTION
STEP=9
SUB=9
TIME=9
EPTOEQV (AVG)
DMX=.6981
SMN=.521E-03
SMX=.184889
.521E-03
.021006
.041492
.061977
.082462
.102948
.123433
.143918
.164403
.184889

图 4-51　大断面黄土隧道后行洞下部开挖总应变图

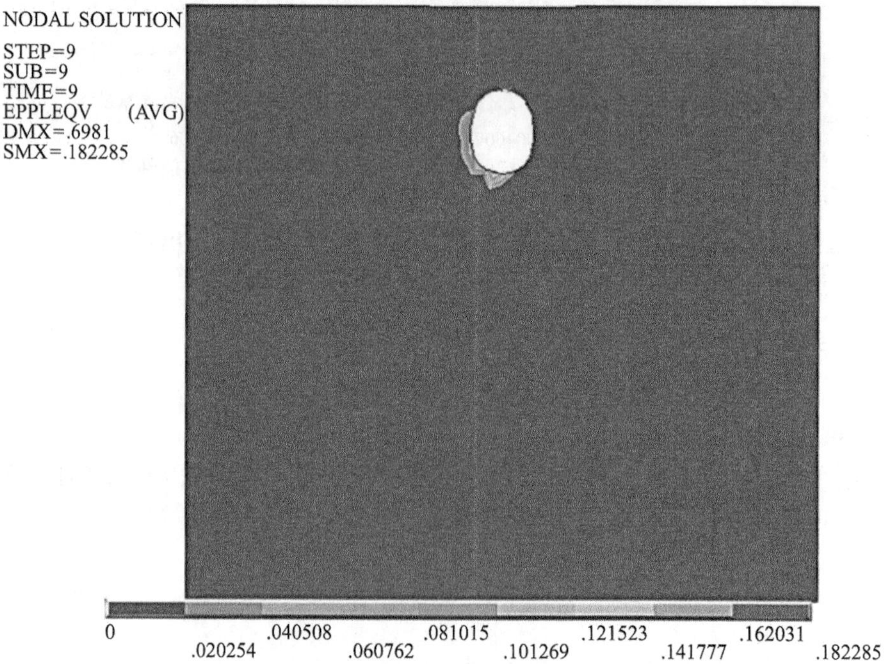
NODAL SOLUTION
STEP=9
SUB=9
TIME=9
EPPLEQV (AVG)
DMX=.6981
SMX=.182285
0
.020254
.040508
.060762
.081015
.101269
.121523
.141777
.162031
.182285

图 4-52　大断面黄土隧道后行洞下部开挖塑性应变图

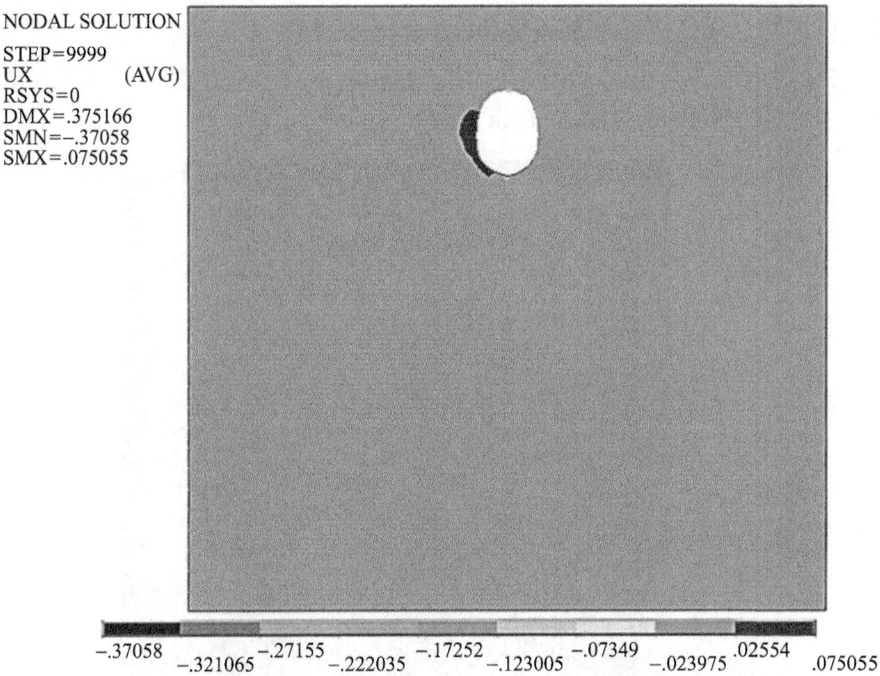
NODAL SOLUTION
STEP=9999
UX (AVG)
RSYS=0
DMX=.375166
SMN=-.37058
SMX=.075055
-.37058
-.321065
-.27155
-.222035
-.17252
-.123005
-.07349
-.023975
.02554
.075055

图 4-53　大断面黄土隧道后行洞下部开挖 *X* 方向位移等值线图

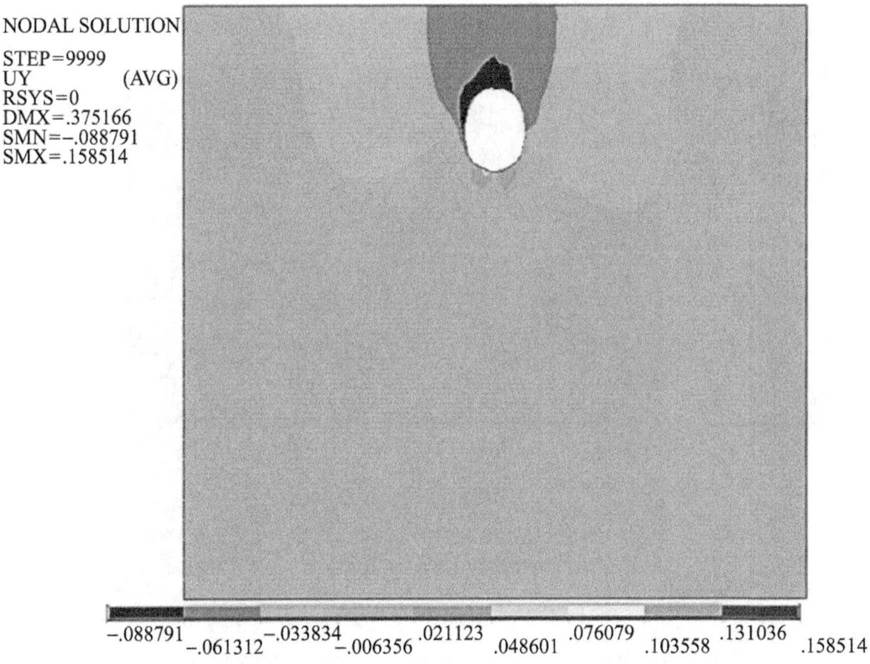
NODAL SOLUTION
STEP=9999
UY (AVG)
RSYS=0
DMX=.375166
SMN=-.088791
SMX=.158514
-.088791
-.061312
-.033834
-.006356
.021123
.048601
.076079
.103558
.131036
.158514

图 4-54　大断面黄土隧道后行导坑洞开挖 *Y* 方向位移等值线图

4.4.5　临时钢支撑拆除后计算结果及分析

临时钢支撑拆除后引起的围岩总应变、塑性应变、*X*方向位移等值线和*Y*方向位移等值线图如图 4-55～图 4-58 所示。

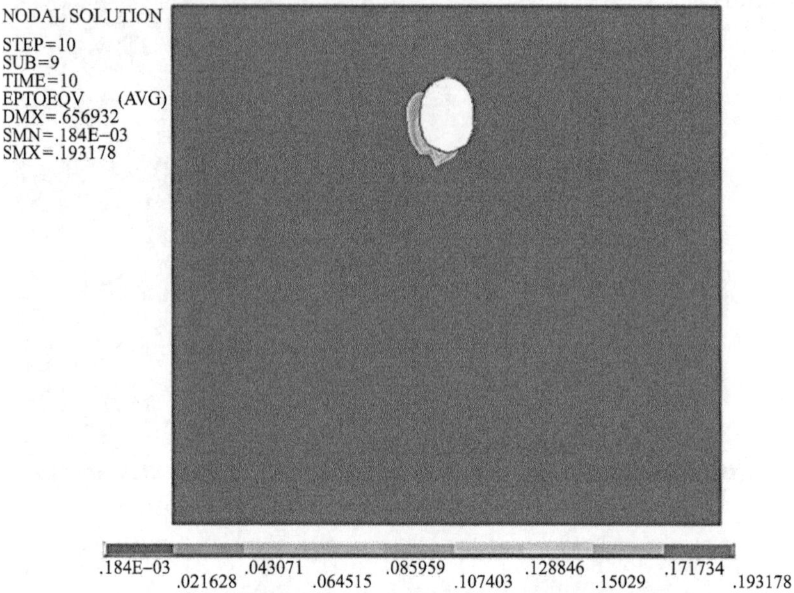

图 4-55　大断面黄土隧道临时钢支撑拆除后总应变图

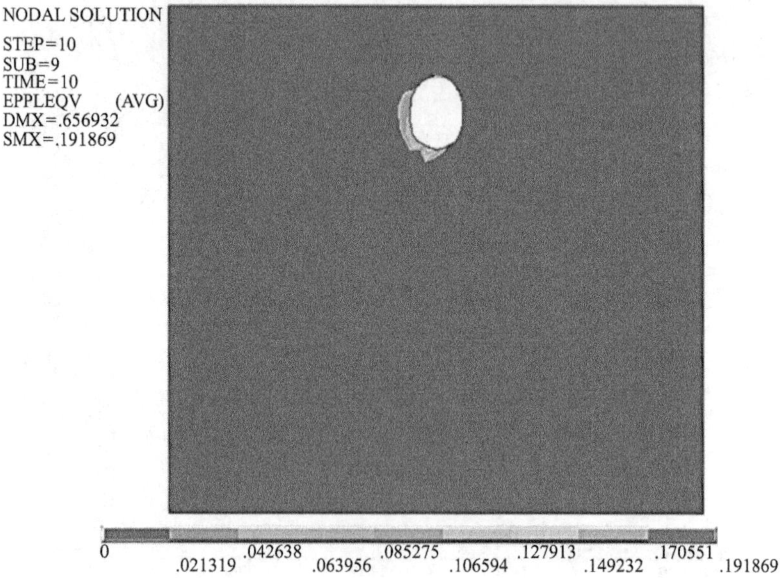

图 4-56　大断面黄土隧道临时钢支撑拆除后塑性应变图

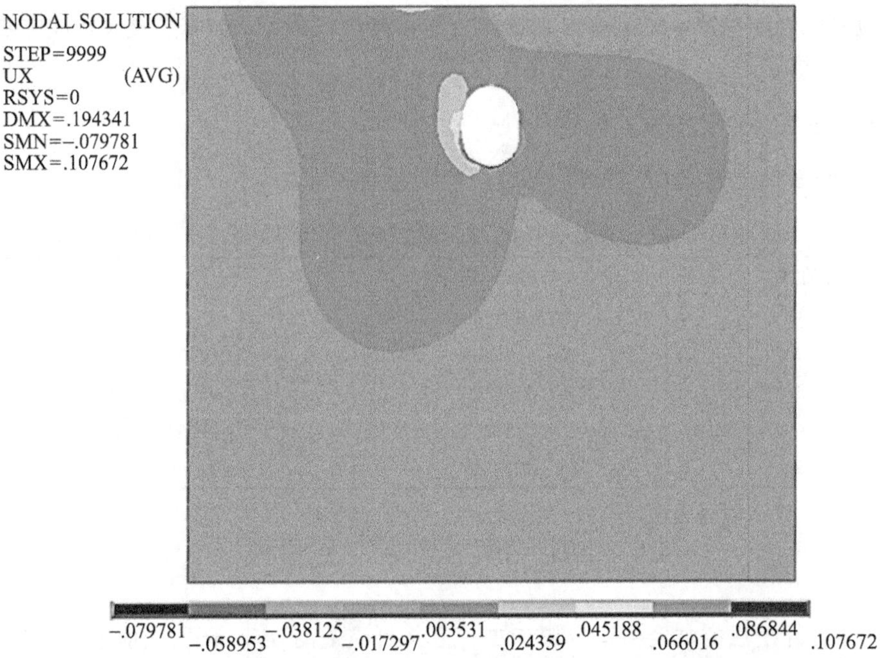
NODAL SOLUTION
STEP=9999
UX (AVG)
RSYS=0
DMX=.194341
SMN=-.079781
SMX=.107672
-.079781
-.058953
-.038125
-.017297
.003531
.024359
.045188
.066016
.086844
.107672

图 4-57　大断面黄土隧道临时钢支撑拆除后 *X* 方向位移等值线图

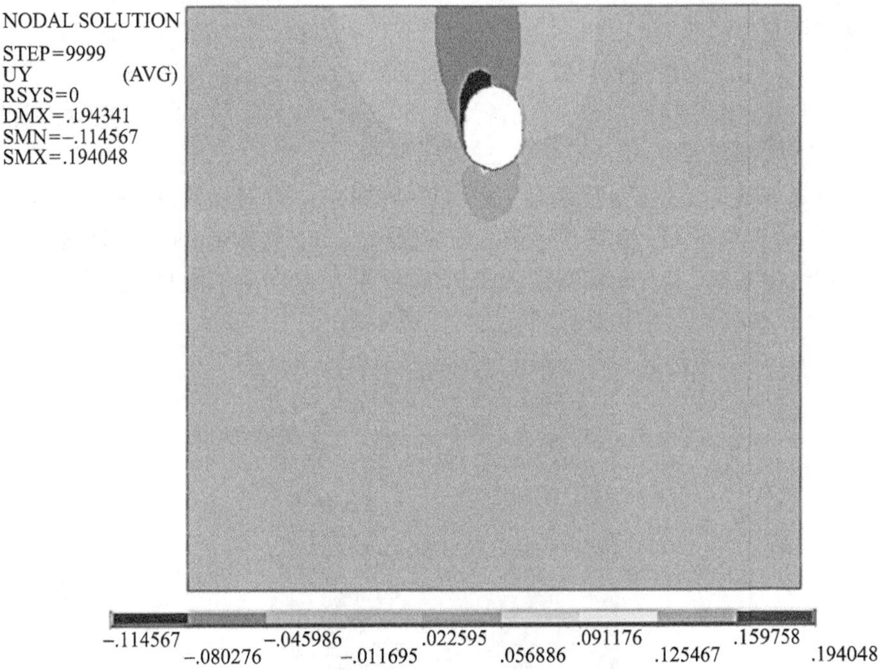
NODAL SOLUTION
STEP=9999
UY (AVG)
RSYS=0
DMX=.194341
SMN=-.114567
SMX=.194048
-.114567
-.080276
-.045986
-.011695
.022595
.056886
.091176
.125467
.159758
.194048

图 4-58　大断面黄土隧道临时钢支撑拆除后 *Y* 方向位移等值线图

由图 4-55～图 4-58 可知，临时钢支撑拆除后，最大总应变及最大塑性应变均出现在仰拱处附近。X 方向墙腰中部位移最大。

4.4.6　开挖结束后控制点位移

大断面黄土隧道 CD 法开挖结束后控制点位移见表 4-5。

表 4-5　大断面黄土隧道 CD 法开挖结束后控制点位移　　(单位：m)

控制点	X 方向位移	Y 方向位移
1	0.27300×10^{-2}	-0.90669×10^{-1}
2	0.64619×10^{-1}	-0.10368
3	0.36520×10^{-3}	-0.30251×10^{-1}
4	0.90588×10^{-1}	-0.75189×10^{-1}
5	-0.39838×10^{-2}	0.14212×10^{-1}

4.5　CRD 开挖法的动态数值模拟

CRD 开挖法的主要施工步骤有如下几步：①先行导坑上部开挖，应力释放 30%；②拱部、上部边墙喷射混凝土，中壁立格栅钢拱架，设置临时仰拱，应力释放 80%；③先行导坑下部开挖，拆除仰拱，应力释放 30%；④下部边墙喷射混凝土，中壁立格栅钢拱架应力释放 80%；⑤后行洞上部开挖，应力释放 30%；⑥拱部、上部边墙喷射混凝土，中壁立格栅钢拱架，设置临时仰拱，应力释放 80%；⑦后行洞下部开挖，拆除仰拱，应力释放 30%；⑧后行洞初期支护，应力释放 80%；⑨拆除钢拱架支撑，应力全部释放。

网格划分如下：考虑到围岩和支护材料结构的支护特性，数值模拟采用两种单元：实体 Plane42 单元，用来模拟围岩与加固；Beam3 梁单元，用来模拟初期支护喷层与钢结构支撑。划分单网格后生成 Plane42 单元 1060 个，初期支护喷层 Beam3 单元 18 个，钢结构支撑 Beam3 单元 24 个(图 4-59)。

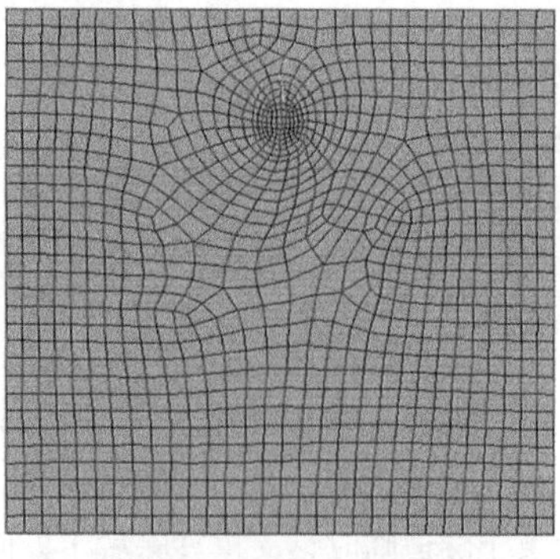

图 4-59　大断面黄土隧道 CRD 法有限元网格划分

4.5.1　先行导坑上部开挖计算结果及分析

按照施工步骤，一步步进行计算分析，得出先行导坑上部开挖引起围岩总应变、塑性应变、*X*方向位移等值线和*Y*方向位移等值线图如图4-60～图4-63所示。

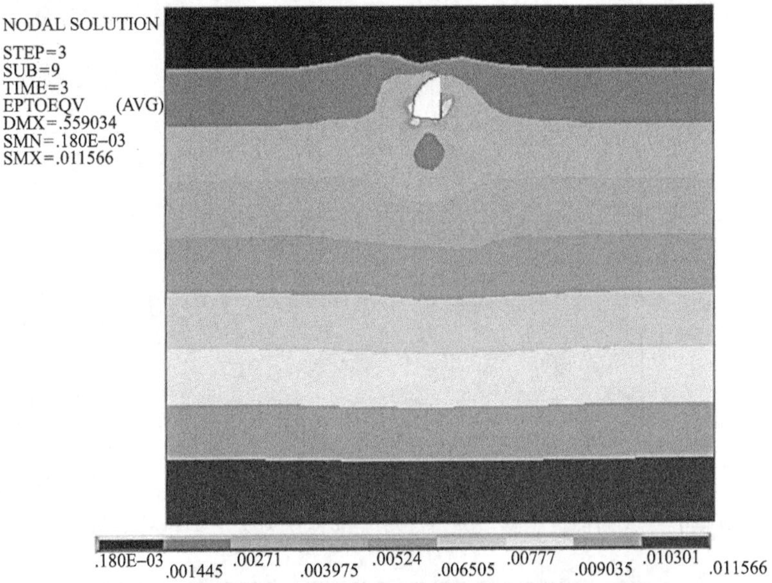

图4-60　大断面黄土隧道先行导坑上部开挖后总应变图

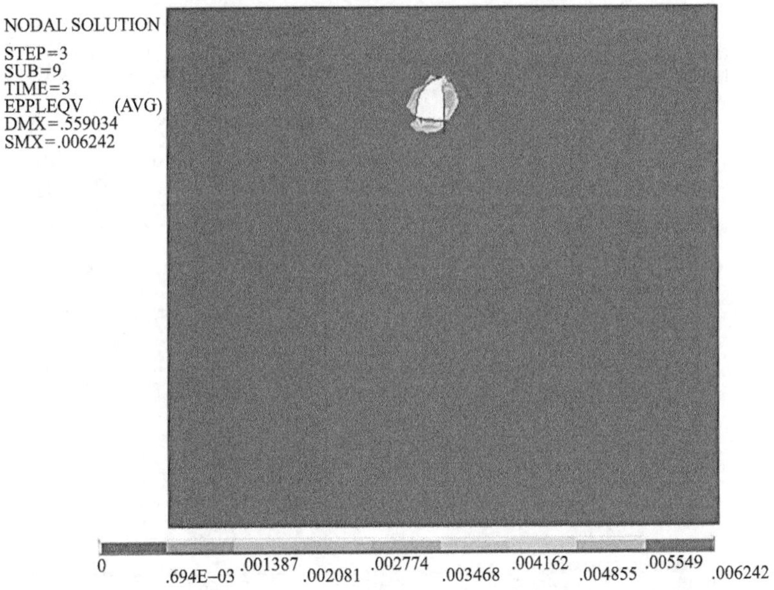

图4-61　大断面黄土隧道先行导坑上部开挖后塑性应变图

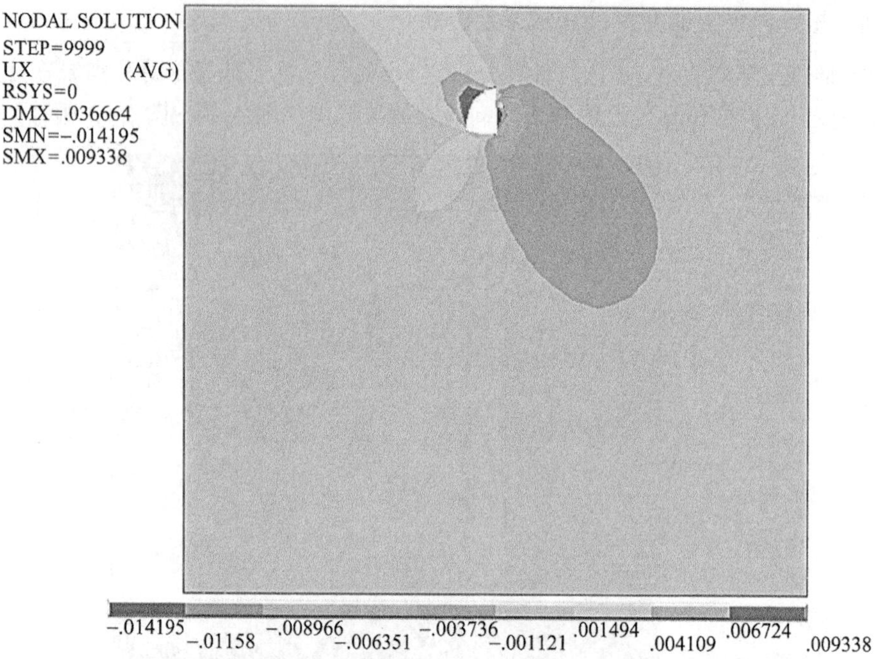
NODAL SOLUTION
STEP=9999
UX (AVG)
RSYS=0
DMX=.036664
SMN=−.014195
SMX=.009338
−.014195
−.01158
−.008966
−.006351
−.003736
−.001121
.001494
.004109
.006724
.009338

图 4-62　大断面黄土隧道先行导坑上部开挖后 *X* 方向位移等值线图

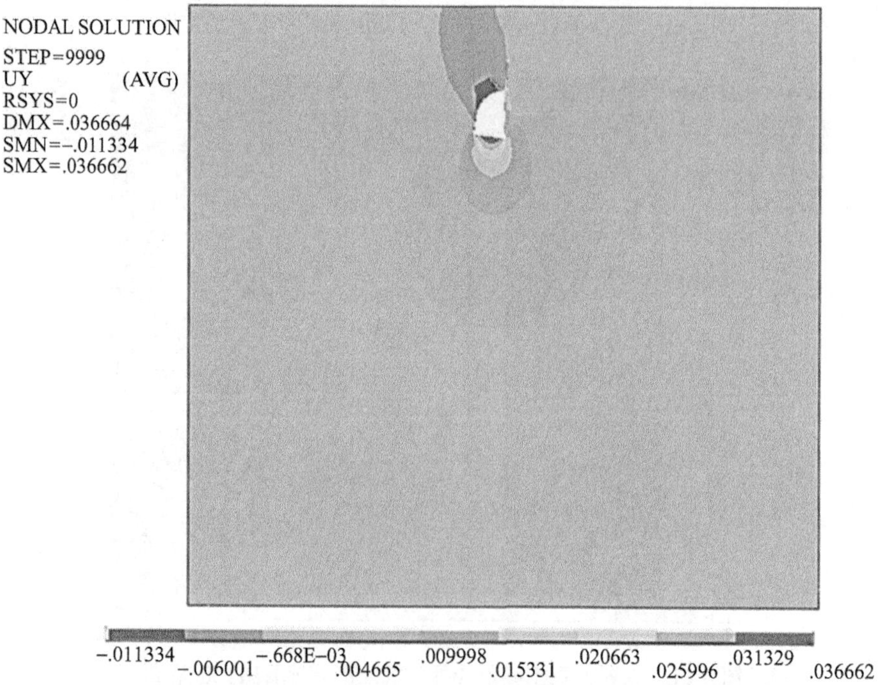
NODAL SOLUTION
STEP=9999
UY (AVG)
RSYS=0
DMX=.036664
SMN=−.011334
SMX=.036662
−.011334
−.006001
−.668E−03
.004665
.009998
.015331
.020663
.025996
.031329
.036662

图 4-63　大断面黄土隧道先行导坑上部开挖后 *Y* 方向位移等值线图

由图 4-60～图 4-63 可知，位移场非对称，先行导坑上部周围最大总应变出现在边墙及中壁下部，相同位置出现塑性区，围岩向洞内移动，先行导坑开挖后，*X* 方向拱脚及中壁中上部位移最大，*Y* 方向的位移在导坑上下处比较明显，导坑底部有向上隆起的现象。

4.5.2 先行导坑下部开挖计算结果及分析

先行导坑下部开挖引起的围岩总应变、塑性应变、*X* 方向位移等值线和 *Y* 方向位移等值线图如图 4-64～图 4-67 所示。

由图 4-64～图 4-67 可知，先行导坑周围最大总应变出现在仰拱底部与中隔壁下部交界处，相同位置则出现塑性区。先行导坑开挖后，*X* 方向在仰拱底部与中隔壁下部交界处位移最大；*Y* 方向的位移在导坑上下处比较明显，导坑底部则向上隆起。

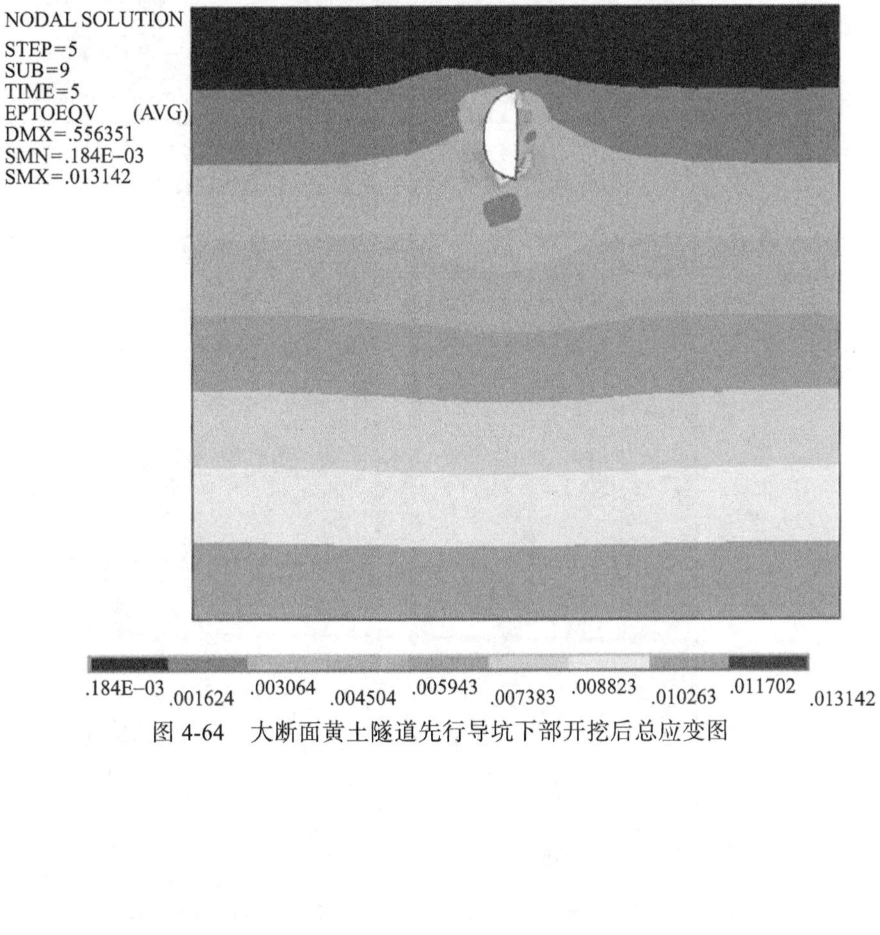
NODAL SOLUTION
STEP=5
SUB=9
TIME=5
EPTOEQV (AVG)
DMX=.556351
SMN=.184E–03
SMX=.013142
.184E–03
.001624
.003064
.004504
.005943
.007383
.008823
.010263
.011702
.013142

图 4-64　大断面黄土隧道先行导坑下部开挖后总应变图

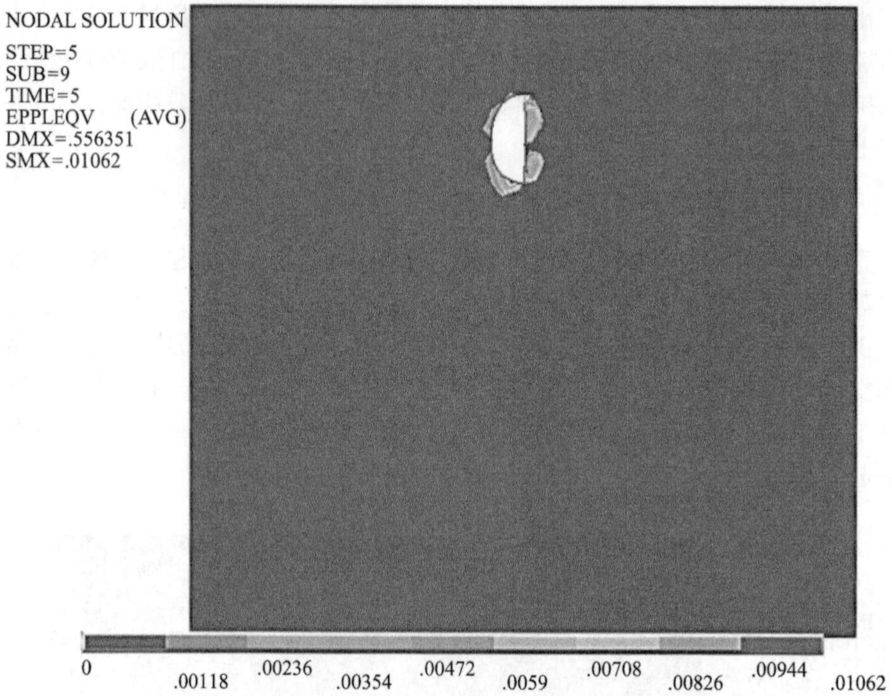
NODAL SOLUTION
STEP=5
SUB=9
TIME=5
EPPLEQV (AVG)
DMX=.556351
SMX=.01062
0
.00118
.00236
.00354
.00472
.0059
.00708
.00826
.00944
.01062

图 4-65　大断面黄土隧道先行导坑下部开挖后塑性应变图

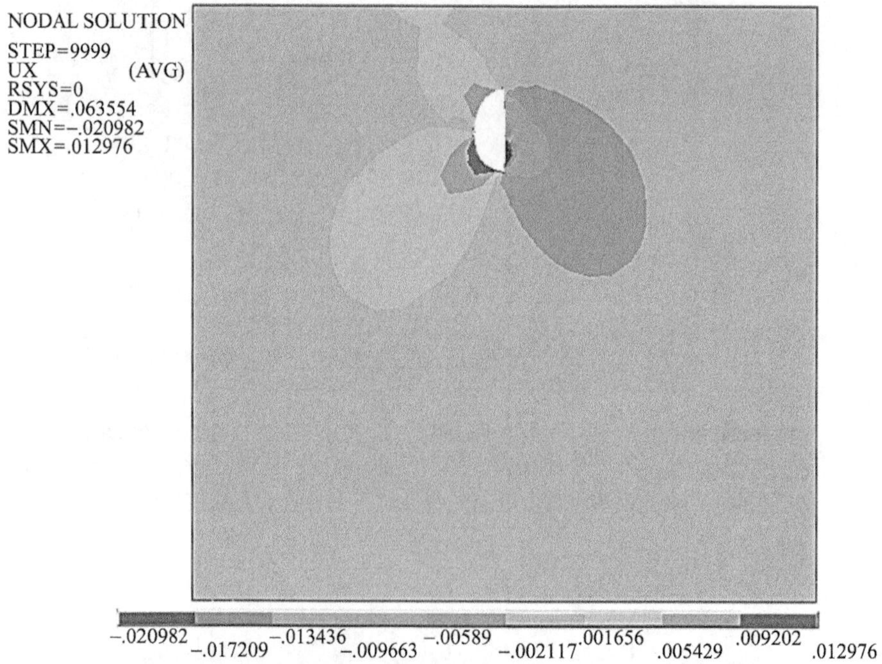
NODAL SOLUTION
STEP=9999
UX (AVG)
RSYS=0
DMX=.063554
SMN=-.020982
SMX=.012976
-.020982
-.017209
-.013436
-.009663
-.00589
-.002117
.001656
.005429
.009202
.012976

图 4-66　大断面黄土隧道先行导坑下部开挖后 X 方向位移等值线图

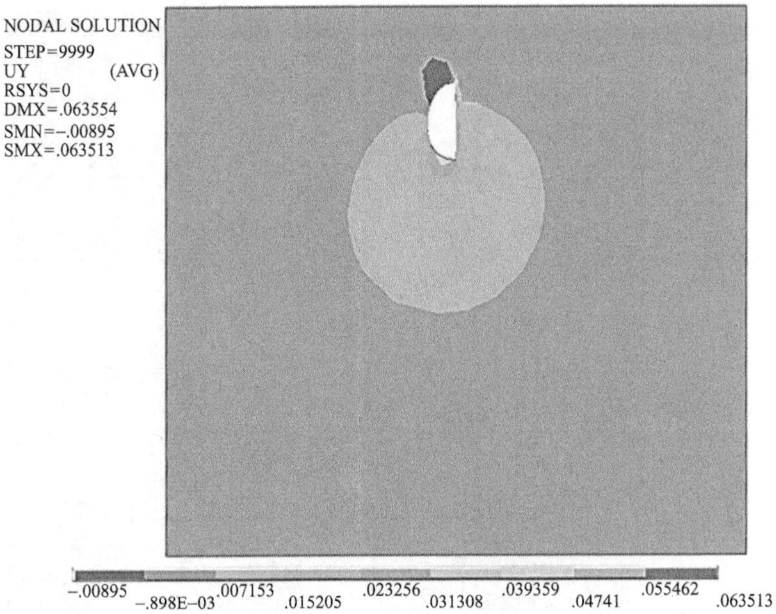

图 4-67　大断面黄土隧道先行导坑下部开挖后 Y 方向位移等值线图

4.5.3　后行洞上部开挖计算结果及分析

后行洞上部开挖引起的围岩总应变、塑性应变、X 方向位移等值线和 Y 方向位移等值线图如图 4-68～图 4-71 所示。

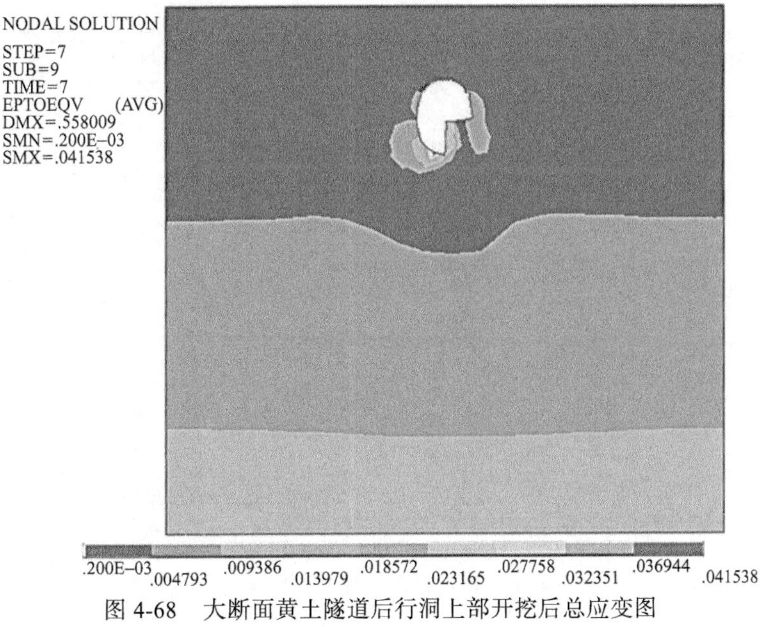

图 4-68　大断面黄土隧道后行洞上部开挖后总应变图

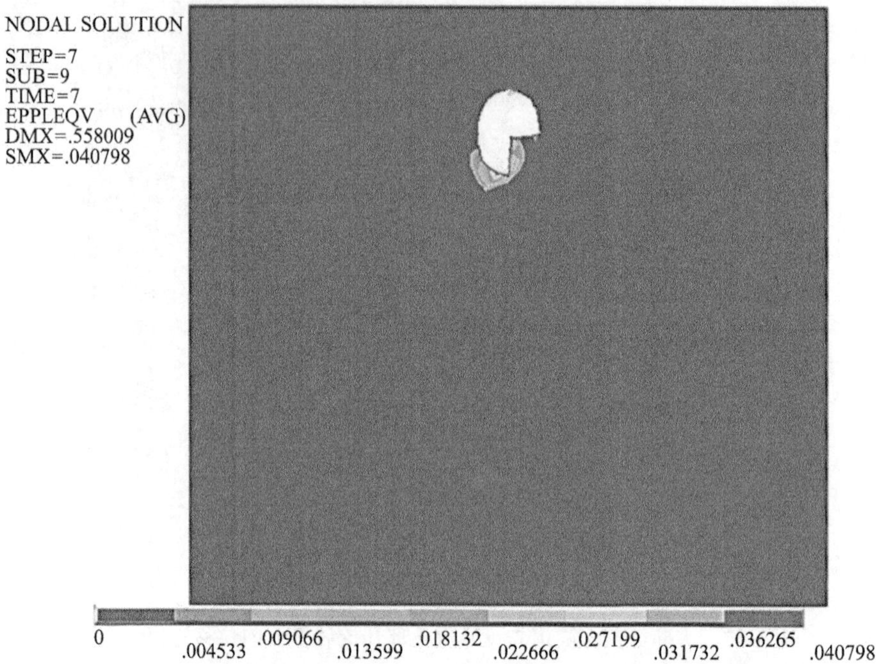
NODAL SOLUTION
STEP=7
SUB=9
TIME=7
EPPLEQV (AVG)
DMX=.558009
SMX=.040798
0
.004533
.009066
.013599
.018132
.022666
.027199
.031732
.036265
.040798

图 4-69　大断面黄土隧道后行洞上部开挖后塑性应变图

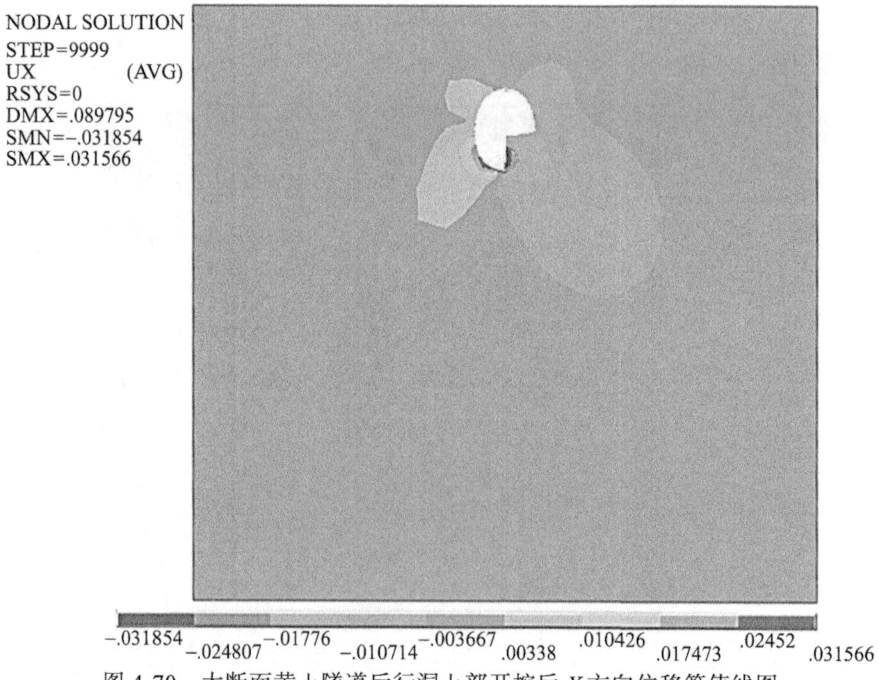
NODAL SOLUTION
STEP=9999
UX (AVG)
RSYS=0
DMX=.089795
SMN=-.031854
SMX=.031566
-.031854
-.024807
-.01776
-.010714
-.003667
.00338
.010426
.017473
.02452
.031566

图 4-70　大断面黄土隧道后行洞上部开挖后 X 方向位移等值线图

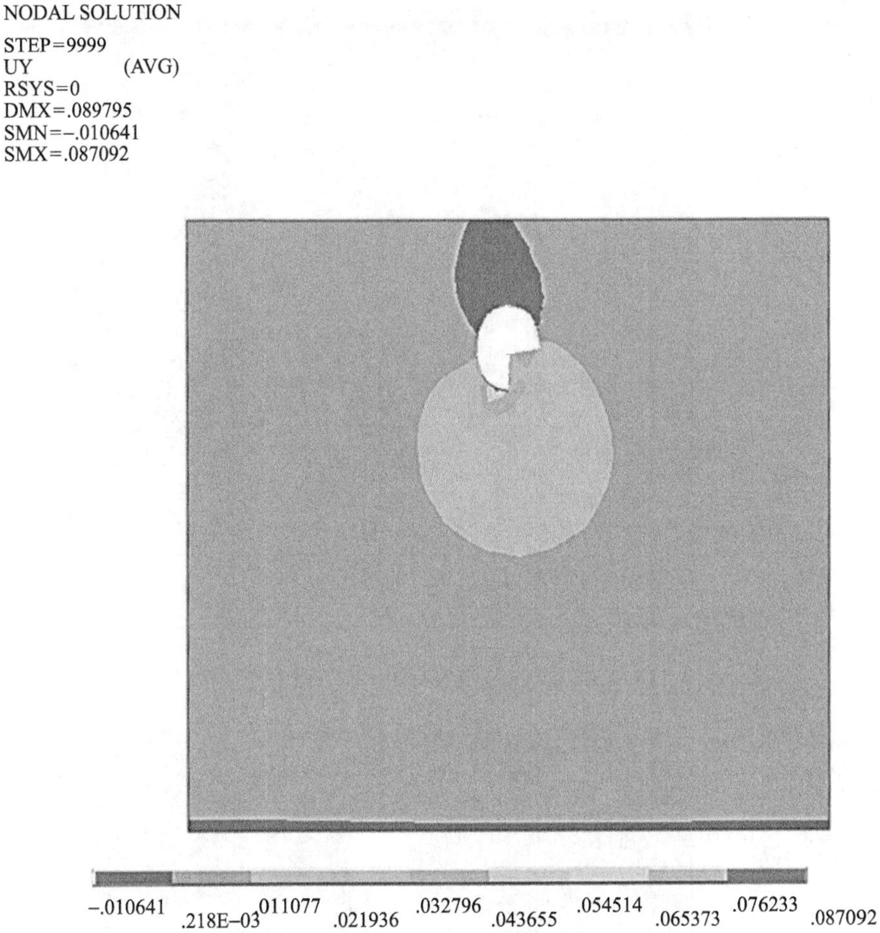
NODAL SOLUTION
STEP=9999
UY (AVG)
RSYS=0
DMX=.089795
SMN=-.010641
SMX=.087092
-.010641
.218E-03
.011077
.021936
.032796
.043655
.054514
.065373
.076233
.087092

图 4-71　大断面黄土隧道后行洞上部开挖后 *Y* 方向位移等值线图

由图 4-68～图 4-71 可知，隧洞周围最大总应变出现在仰拱底部与中隔壁下部交界处，相同位置出现塑性区。

相较而言，*X* 位移场变化较大，*X* 方向在仰拱底部与中隔壁下部交界处位移最大，*Y* 方向位移场变化不大。

4.5.4　后行洞下部开挖计算结果及分析

后行洞下部开挖引起的围岩总应变、塑性应变、*X* 方向位移等值线和 *Y* 方向位移等值线图如图 4-72～图 4-75 所示。

由图 4-72～图 4-75 可知，后行洞下部开挖引起的位移场对称分布，隧洞周围最大总应变出现在仰拱底部与中隔壁下部交界处，相同位置出现塑性区。*X* 方向在仰拱底部与中隔壁下部交界处位移最大。

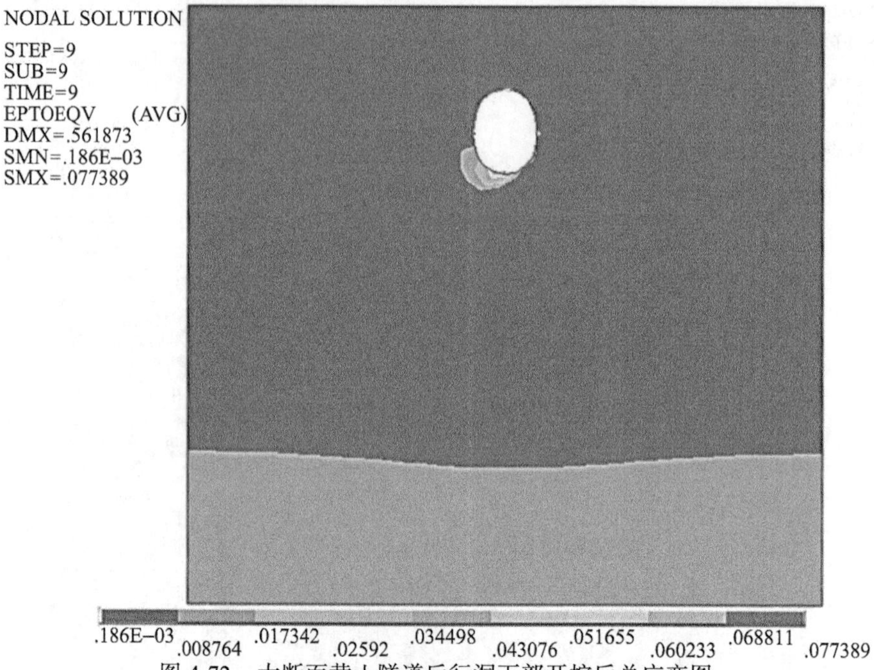
NODAL SOLUTION
STEP=9
SUB=9
TIME=9
EPTOEQV (AVG)
DMX=.561873
SMN=.186E-03
SMX=.077389
.186E-03
.008764
.017342
.02592
.034498
.043076
.051655
.060233
.068811
.077389

图 4-72　大断面黄土隧道后行洞下部开挖后总应变图

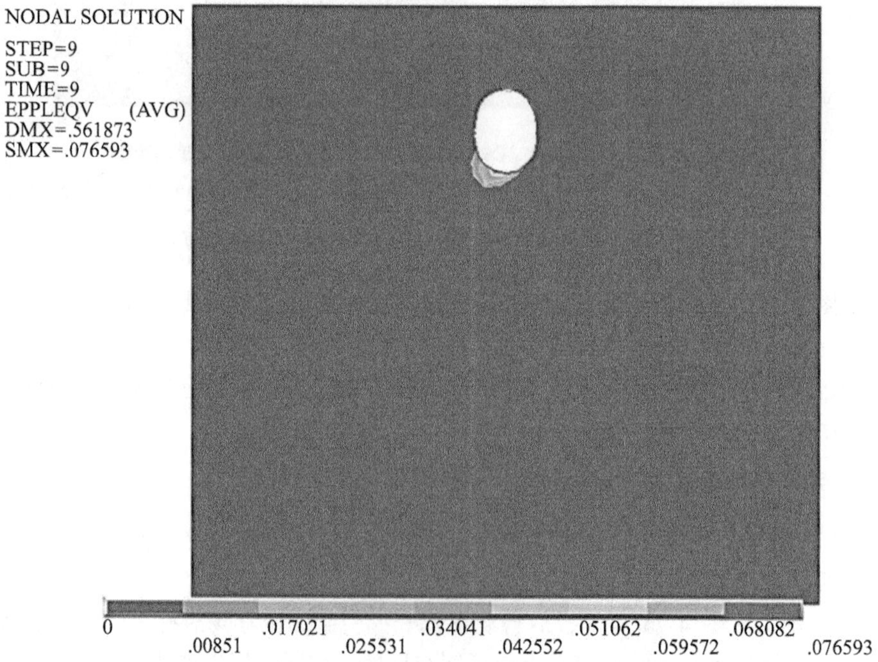
NODAL SOLUTION
STEP=9
SUB=9
TIME=9
EPPLEQV (AVG)
DMX=.561873
SMX=.076593
0
.00851
.017021
.025531
.034041
.042552
.051062
.059572
.068082
.076593

图 4-73　大断面黄土隧道后行洞下部开挖后塑性应变图

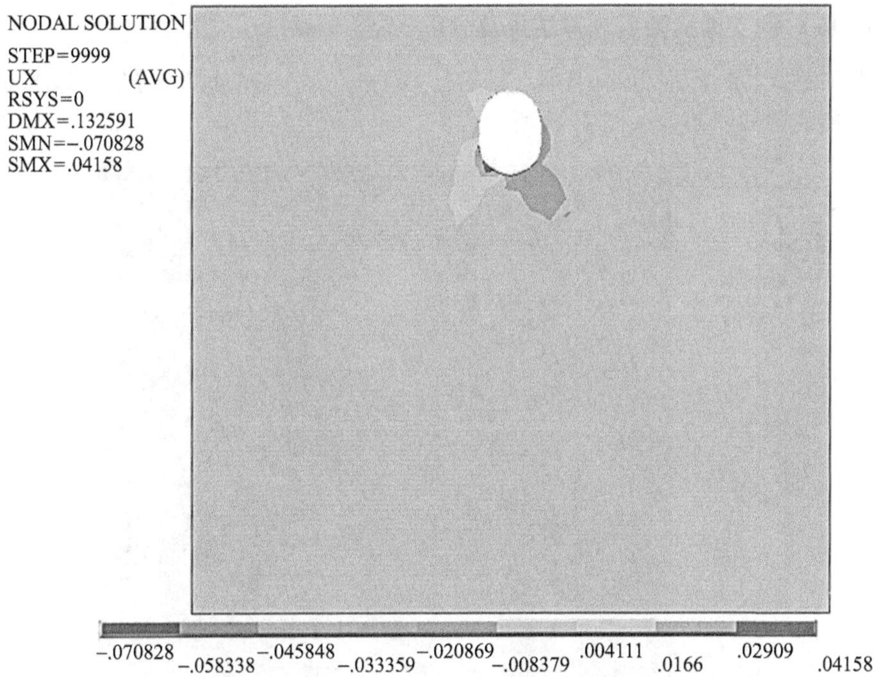

图 4-74　大断面黄土隧道后行洞下部开挖后 X 方向位移等值线图

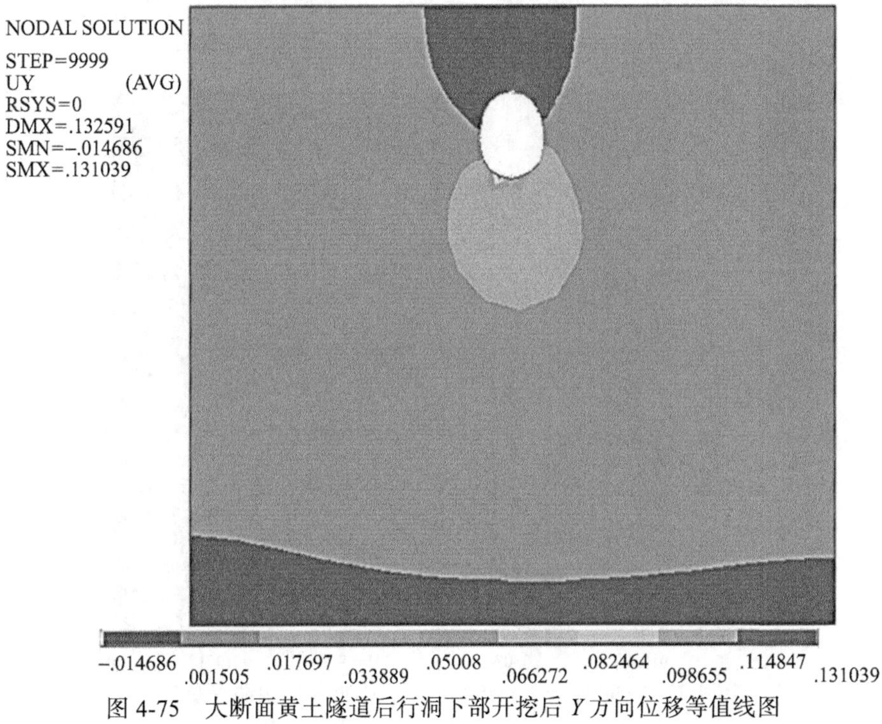

图 4-75　大断面黄土隧道后行洞下部开挖后 Y 方向位移等值线图

4.5.5 临时钢支撑拆除后计算结果及分析

临时钢支撑拆除后引起的围岩总应变、塑性应变、X方向位移等值线和Y方向位移等值线图如图 4-76～图 4-79 所示。

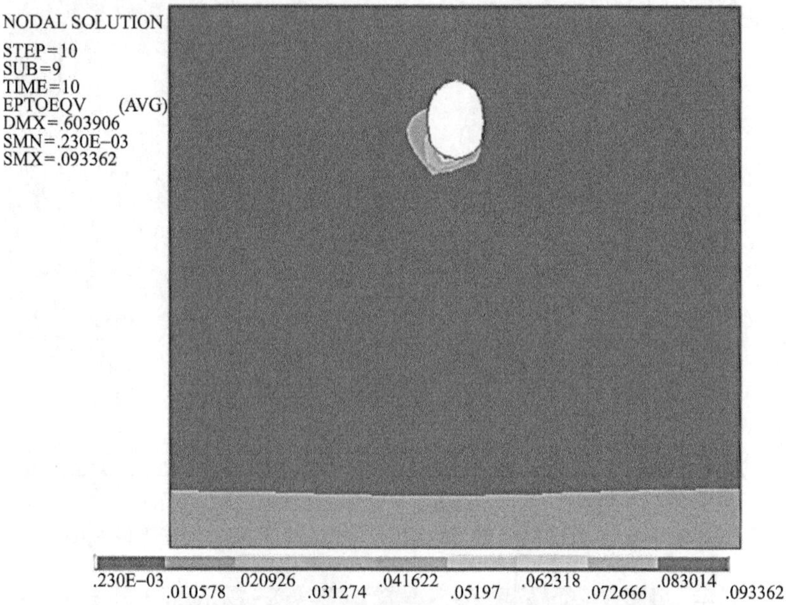
NODAL SOLUTION
STEP=10
SUB=9
TIME=10
EPTOEQV (AVG)
DMX=.603906
SMN=.230E-03
SMX=.093362
.230E-03
.010578
.020926
.031274
.041622
.05197
.062318
.072666
.083014
.093362

图 4-76　大断面黄土隧道临时钢支撑拆除后总应变图

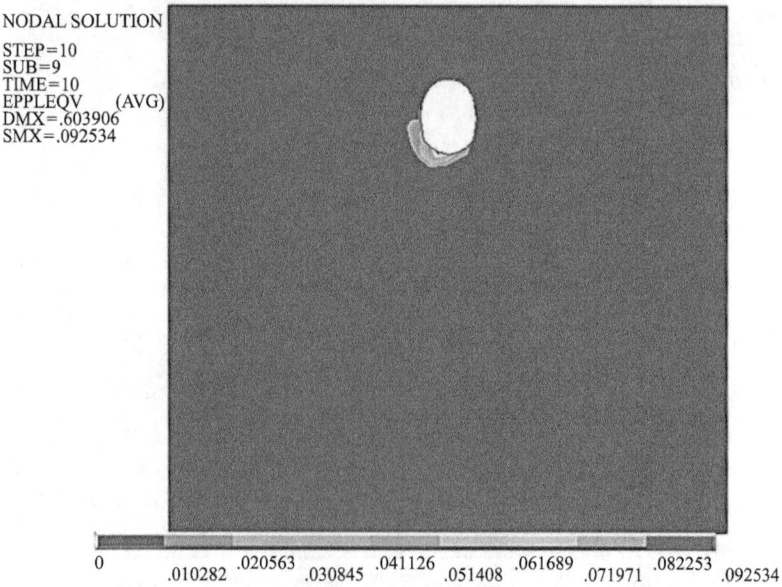
NODAL SOLUTION
STEP=10
SUB=9
TIME=10
EPPLEQV (AVG)
DMX=.603906
SMX=.092534
0
.010282
.020563
.030845
.041126
.051408
.061689
.071971
.082253
.092534

图 4-77　大断面黄土隧道临时钢支撑拆除后塑性应变图

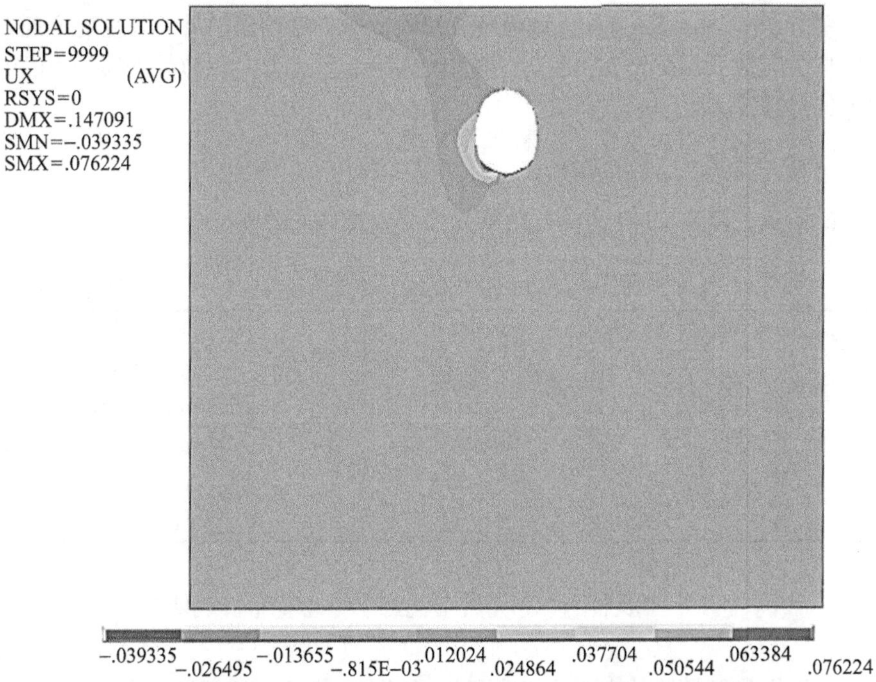
NODAL SOLUTION
STEP=9999
UX (AVG)
RSYS=0
DMX=.147091
SMN=-.039335
SMX=.076224
-.039335
-.026495
-.013655
-.815E-03
.012024
.024864
.037704
.050544
.063384
.076224

图 4-78　大断面黄土隧道临时钢支撑拆除后 *X* 方向位移等值线图

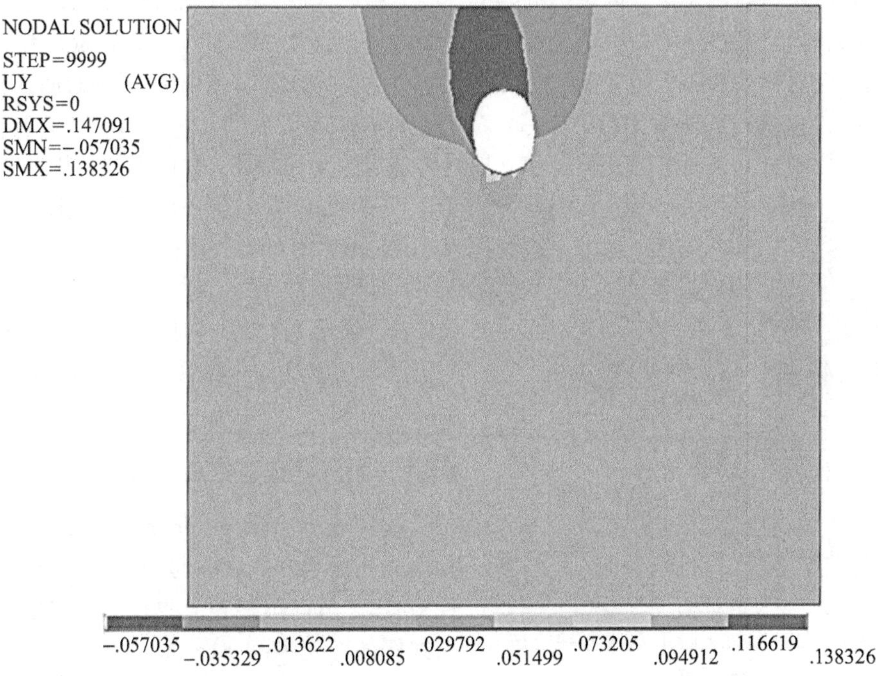
NODAL SOLUTION
STEP=9999
UY (AVG)
RSYS=0
DMX=.147091
SMN=-.057035
SMX=.138326
-.057035
-.035329
-.013622
.008085
.029792
.051499
.073205
.094912
.116619
.138326

图 4-79　大断面黄土隧道临时钢支撑拆除后 *Y* 方向位移等值线图

由图 4-76～图 4-79 可知，临时钢支撑拆除后，隧洞周围最大总应变出现在仰拱底部与中隔壁下部交界处，相同位置出现塑性区。*X* 方向在仰拱底部与中隔壁下部交界处位移最大。

4.5.6　开挖结束后控制点位移

大断面黄土隧道 CRD 法开挖结束后控制点位移见表 4-6。

表 4-6　大断面黄土隧道 CRD 法开挖结束后控制点位移　（单位：m）

控制点	*X* 方向位移	*Y* 方向位移
1	0.79519×10^{-2}	-0.47193×10^{-1}
2	0.39458×10^{-1}	-0.41624×10^{-1}
3	-0.65944×10^{-2}	-0.16856×10^{-1}
4	0.61556×10^{-1}	-0.29663×10^{-1}
5	-0.38181×10^{-2}	0.86491×10^{-3}

4.6　双侧壁导坑开挖法的动态数值模拟

双侧壁导坑开挖法的主要施工步骤为：①先行导坑先行开挖，应力释放 30%；②除底边外喷射混凝土，内设格栅拱架，应力释放 80%；③开挖后行导坑，应力释放 30%；④除底边外喷射混凝土，内设格栅拱架，应力释放 80%；⑤中部上半断面开挖，应力释放 30%；⑥拱部喷射混凝土，应力释放 80%；⑦中部下半断面开挖，应力释放 80%；⑧拆除钢拱架支撑，应力全部释放。

网格划分如下，考虑到围岩和支护材料结构的支护特性，数值模拟采用两种单元：实体 Plane42 单元，用来模拟围岩与加固；Beam3 梁单元，用来模拟初期支护喷层与钢结构支撑。划分单网格后生成 Plane42 单元 1145 个，初期支护喷层 Beam3 单元 24 个，钢结构支撑 Beam3 单元 16 个(图 4-80)。

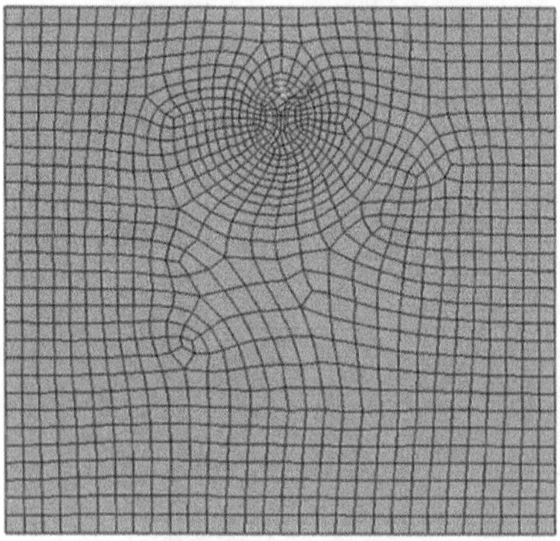

图 4-80　大断面黄土隧道双侧壁导坑法有限元网格划分

4.6.1　先行导坑开挖后计算结果及分析

按照施工步骤，一步步进行计算分析，得出先行导坑开挖后引起的围岩总应变、塑性应变、*X* 方向位移等值线和 *Y* 方向位移等值线图的变化(图 4-81～图 4-84)。

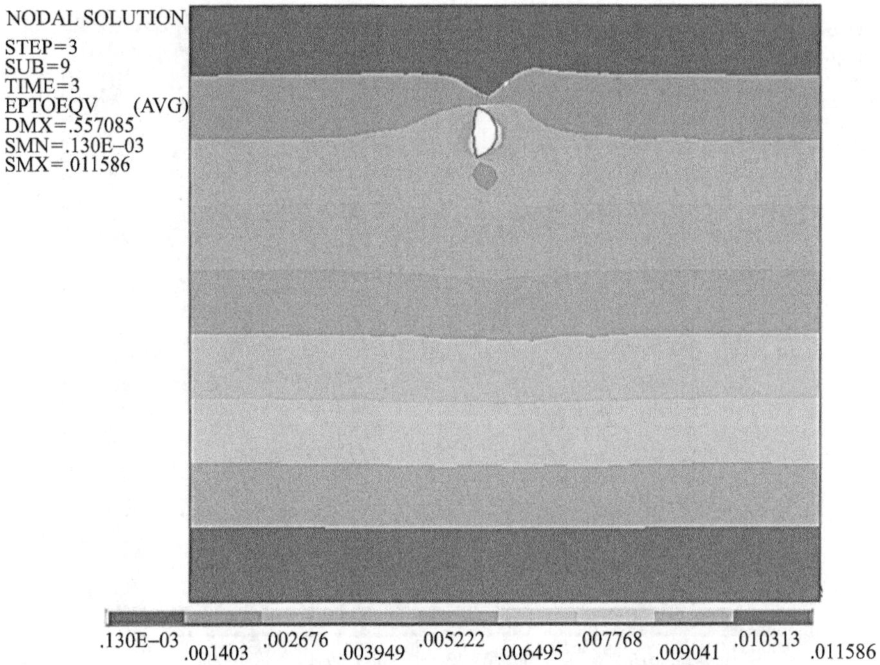
NODAL SOLUTION
STEP=3
SUB=9
TIME=3
EPTOEQV　(AVG)
DMX=.557085
SMN=.130E−03
SMX=.011586
.130E−03
.001403
.002676
.003949
.005222
.006495
.007768
.009041
.010313
.011586

图 4-81　大断面黄土隧道先行导坑开挖后总应变图

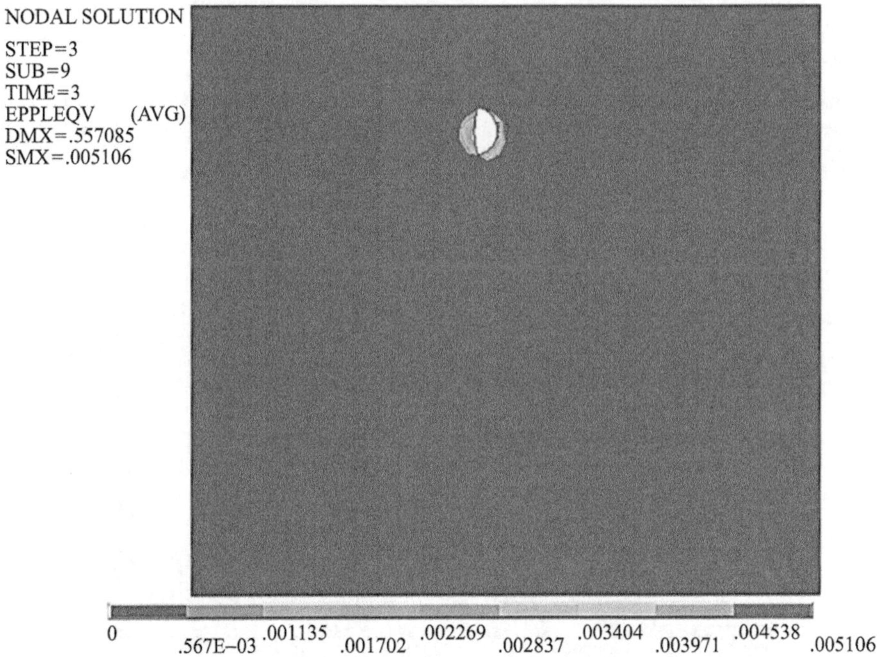
NODAL SOLUTION
STEP=3
SUB=9
TIME=3
EPPLEQV　(AVG)
DMX=.557085
SMX=.005106
0
.567E−03
.001135
.001702
.002269
.002837
.003404
.003971
.004538
.005106

图 4-82　大断面黄土隧道先行导坑开挖后塑性应变图

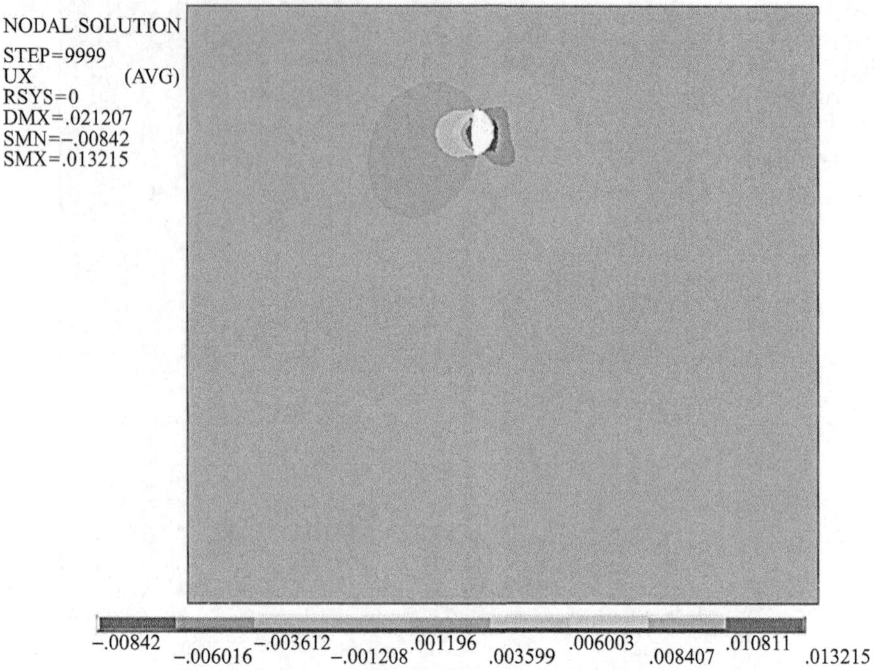
NODAL SOLUTION
STEP=9999
UX (AVG)
RSYS=0
DMX=.021207
SMN=-.00842
SMX=.013215
-.00842
-.006016
-.003612
-.001208
.001196
.003599
.006003
.008407
.010811
.013215

图 4-83　大断面黄土隧道先行导坑开挖后 *X* 方向位移等值线图

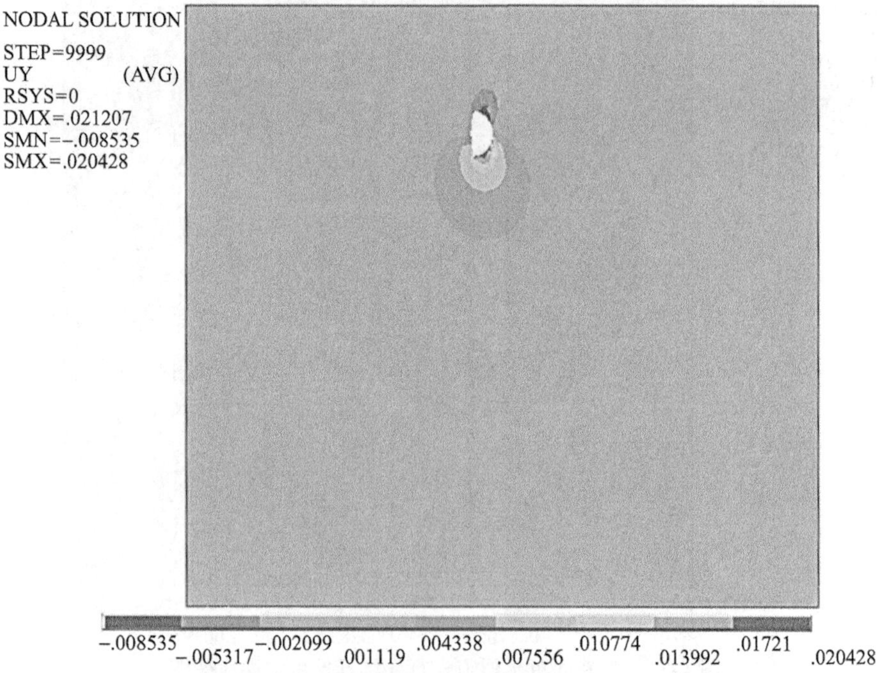
NODAL SOLUTION
STEP=9999
UY (AVG)
RSYS=0
DMX=.021207
SMN=-.008535
SMX=.020428
-.008535
-.005317
-.002099
.001119
.004338
.007556
.010774
.013992
.01721
.020428

图 4-84　大断面黄土隧道先行导坑开挖后 *Y* 方向位移等值线图

由图 4-81～图 4-84 可知，先行导坑开挖后位移场非对称，先行导坑周围最大总应变出现在先行导坑侧壁洞下部，相同位置出现塑性区；围岩向洞内移动，先行导坑开挖后，*X* 方向墙腰位移最大；*Y* 方向的位移在导坑上下处比较明显，导坑底部有向上隆起的现象。

4.6.2 后行导坑开挖后计算结果及分析

后行导坑开挖后引起的围岩总应变、塑性应变、*X* 方向位移等值线和 *Y* 方向位移等值线图如图 4-85～图 4-88 所示。

由图 4-85～图 4-88 可知，后行导坑开挖后，位移场逐渐对称分布，后行导坑墙腰中部附近应变最大，相同位置出现塑性区。

相比之下，围岩向洞内移动，*X* 方向墙腰位移最大，*Y* 方向的位移在后行导坑上下处比较明显，底部有向上隆起的现象。

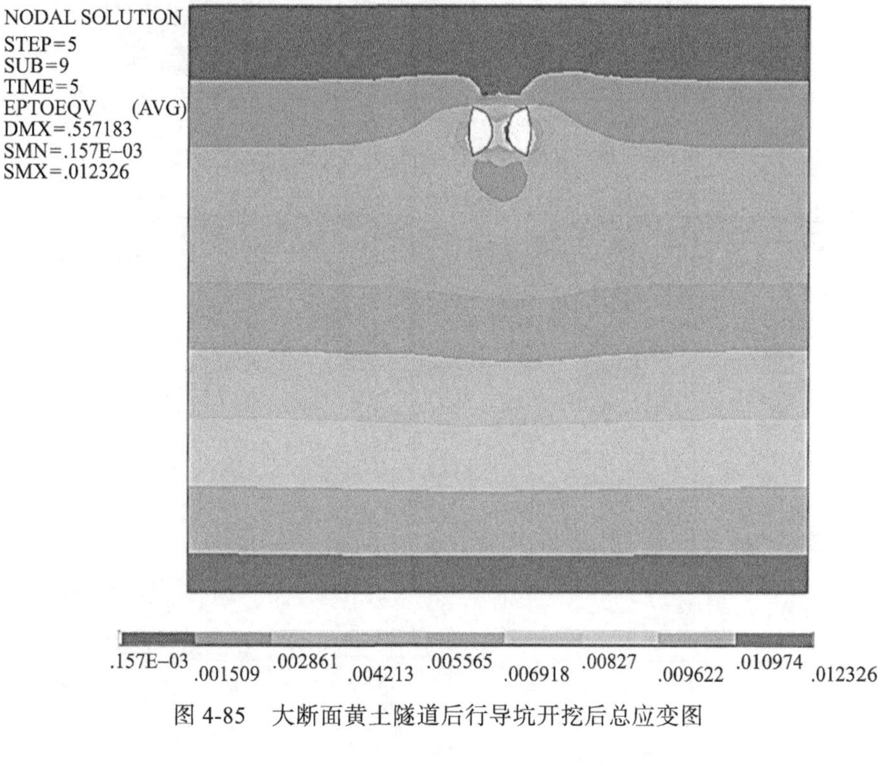
NODAL SOLUTION
STEP=5
SUB=9
TIME=5
EPTOEQV (AVG)
DMX=.557183
SMN=.157E–03
SMX=.012326
.157E–03
.001509
.002861
.004213
.005565
.006918
.00827
.009622
.010974
.012326

图 4-85　大断面黄土隧道后行导坑开挖后总应变图

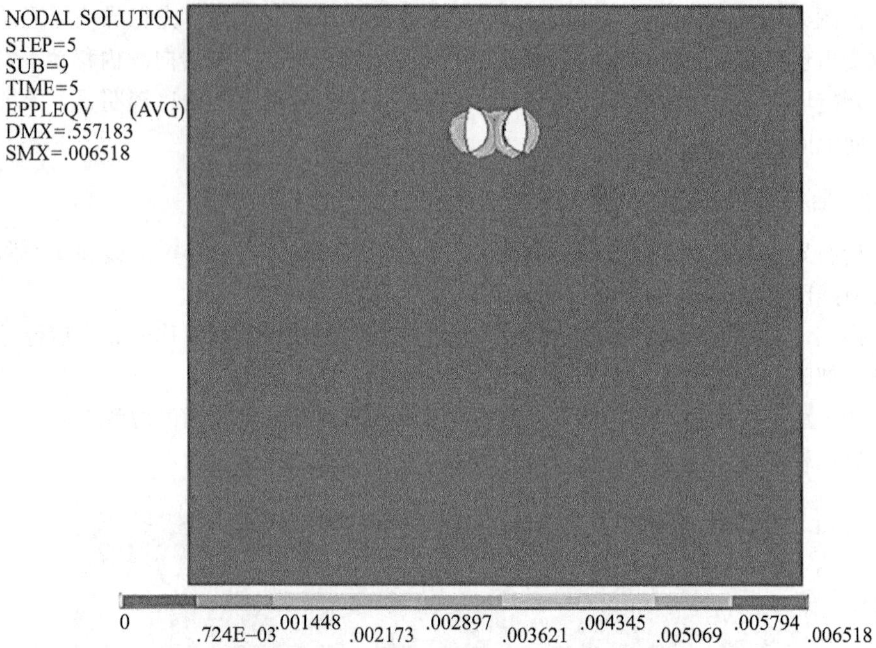
NODAL SOLUTION
STEP=5
SUB=9
TIME=5
EPPLEQV (AVG)
DMX=.557183
SMX=.006518
0
.724E-03
.001448
.002173
.002897
.003621
.004345
.005069
.005794
.006518

图 4-86 大断面黄土隧道后行导坑开挖后塑性应变图

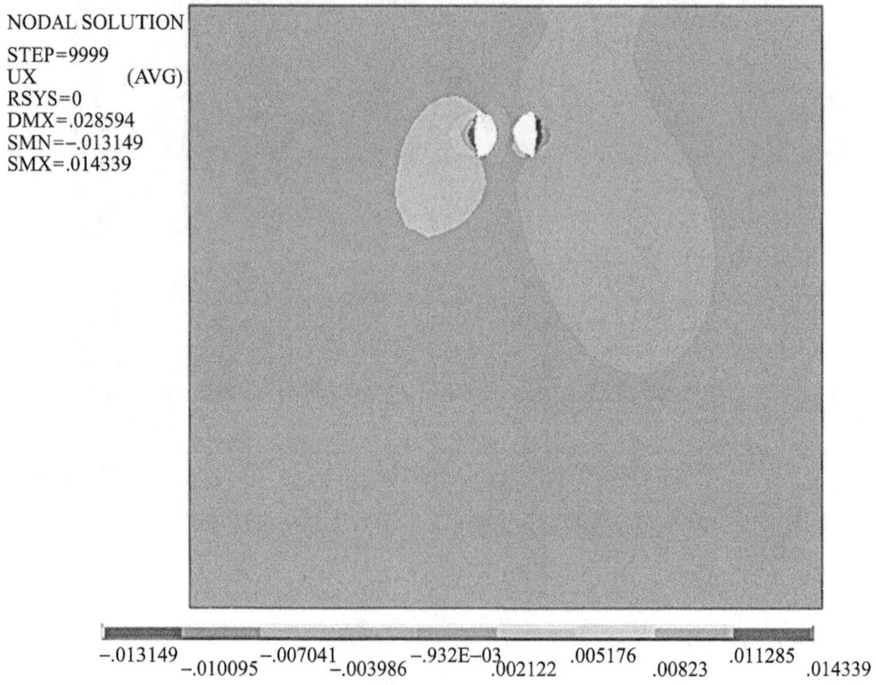
NODAL SOLUTION
STEP=9999
UX (AVG)
RSYS=0
DMX=.028594
SMN=-.013149
SMX=.014339
-.013149
-.010095
-.007041
-.003986
-.932E-03
.002122
.005176
.00823
.011285
.014339

图 4-87 大断面黄土隧道后行导坑开挖后 X 方向位移等值线图

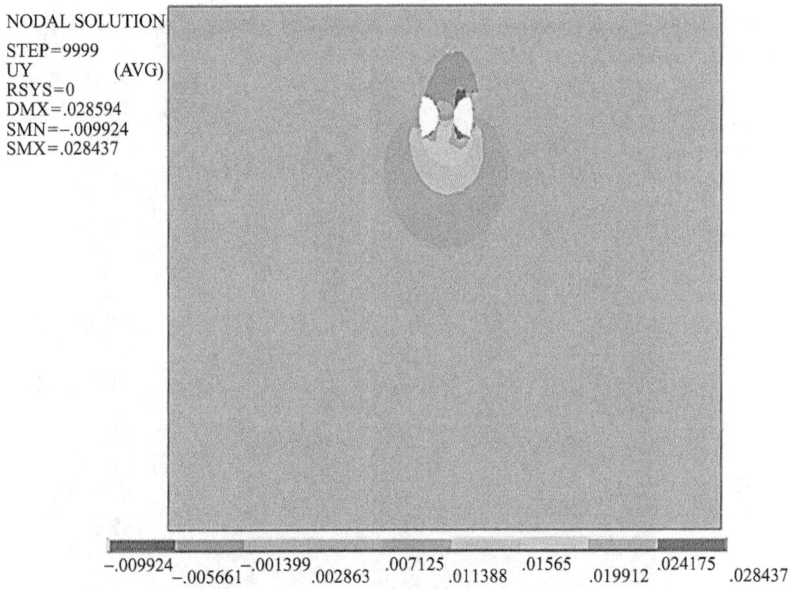
NODAL SOLUTION
STEP=9999
UY (AVG)
RSYS=0
DMX=.028594
SMN=-.009924
SMX=.028437
-.009924
-.005661
-.001399
.002863
.007125
.011388
.01565
.019912
.024175
.028437

图 4-88　大断面黄土隧道后行导坑开挖后 *Y* 方向位移等值线图

4.6.3　中部上半断面开挖后计算结果及分析

中部上半断面开挖后引起的围岩总应变、塑性应变、*X* 方向位移等值线和 *Y* 方向位移等值线图如图 4-89～图 4-92 所示。

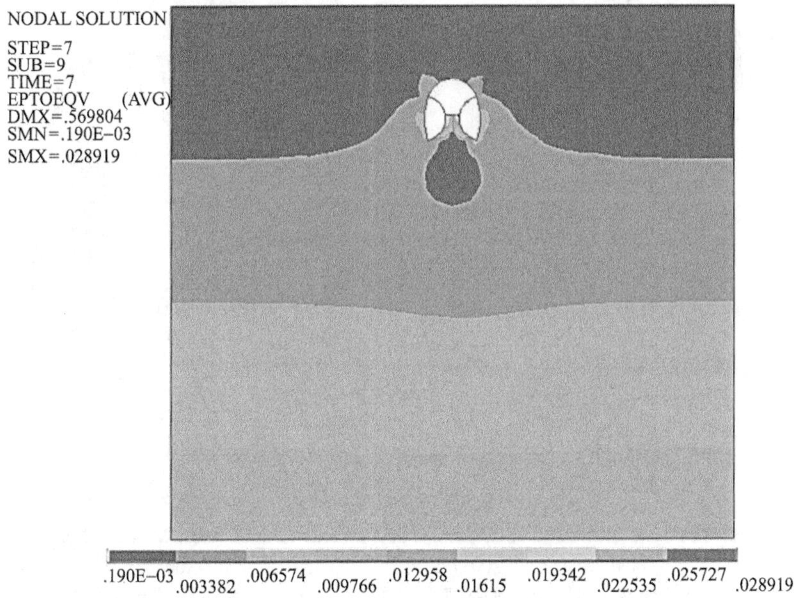
NODAL SOLUTION
STEP=7
SUB=9
TIME=7
EPTOEQV (AVG)
DMX=.569804
SMN=.190E-03
SMX=.028919
.190E-03
.003382
.006574
.009766
.012958
.01615
.019342
.022535
.025727
.028919

图 4-89　大断面黄土隧道中部上半断面开挖后总应变图

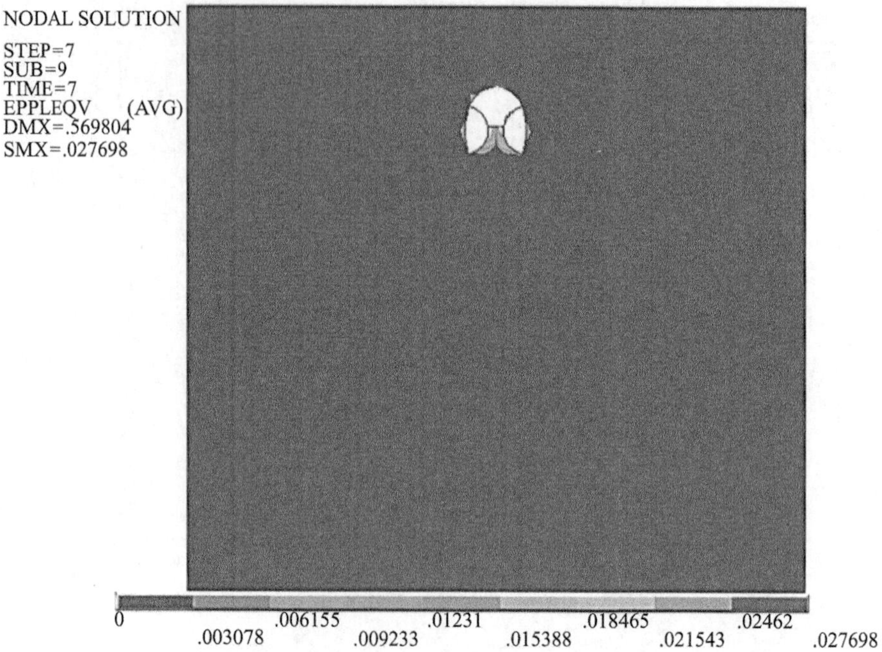
NODAL SOLUTION
STEP=7
SUB=9
TIME=7
EPPLEQV (AVG)
DMX=.569804
SMX=.027698
0
.003078
.006155
.009233
.01231
.015388
.018465
.021543
.02462
.027698

图 4-90　大断面黄土隧道中部上半断面开挖后塑性应变图

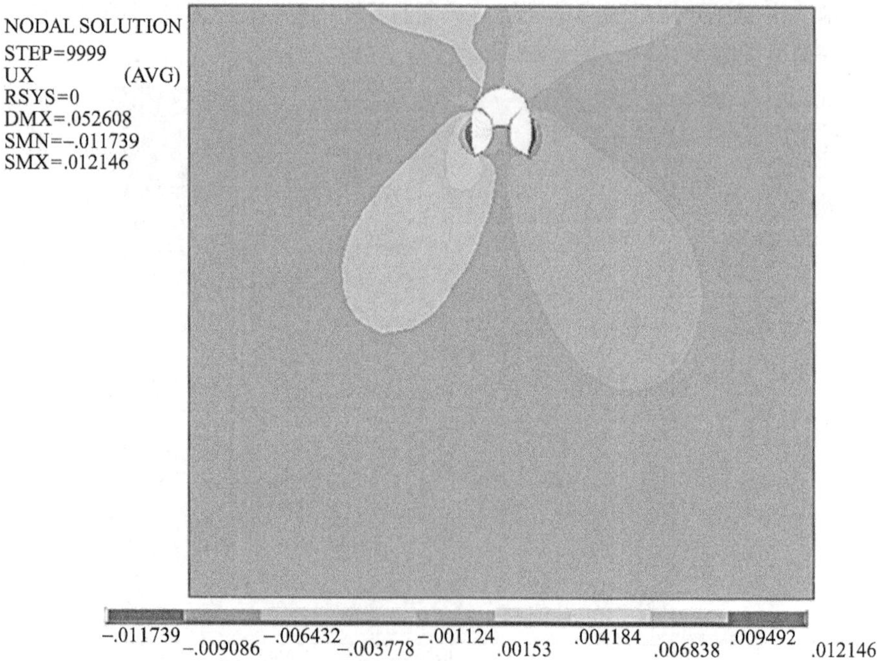
NODAL SOLUTION
STEP=9999
UX (AVG)
RSYS=0
DMX=.052608
SMN=-.011739
SMX=.012146
-.011739
-.009086
-.006432
-.003778
-.001124
.00153
.004184
.006838
.009492
.012146

图 4-91　大断面黄土隧道中部上半断面开挖后 X 方向位移等值线图

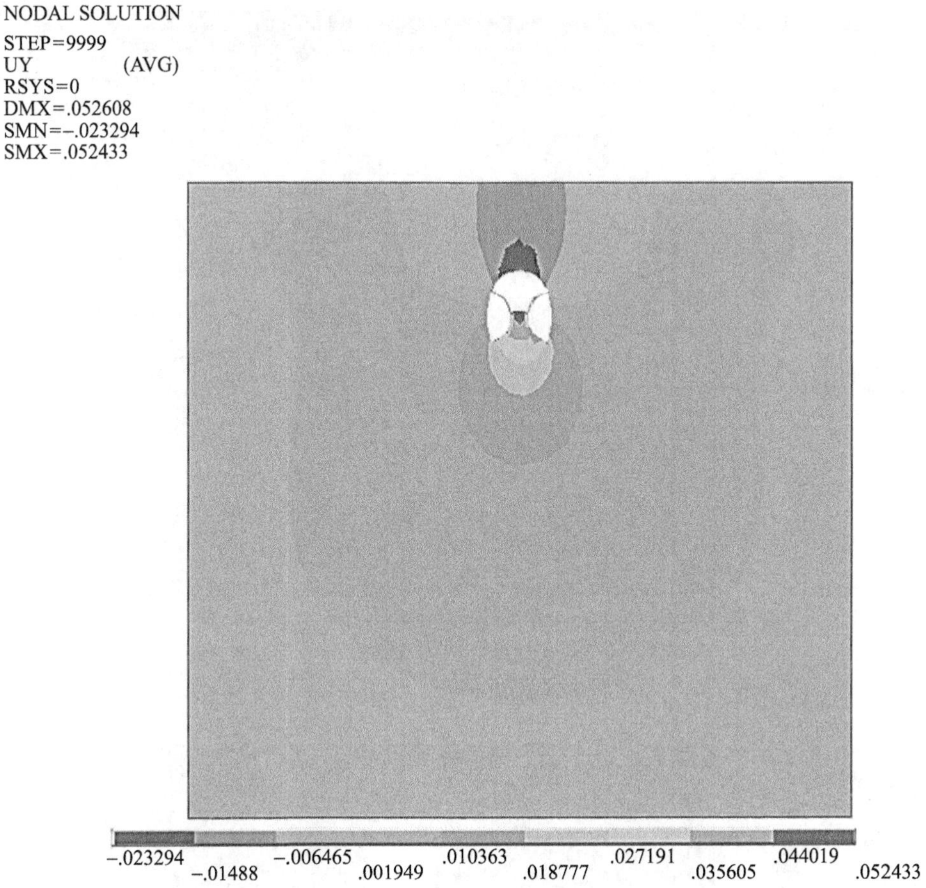
NODAL SOLUTION
STEP=9999
UY (AVG)
RSYS=0
DMX=.052608
SMN=-.023294
SMX=.052433
-.023294
-.01488
-.006465
.001949
.010363
.018777
.027191
.035605
.044019
.052433

图 4-92　大断面黄土隧道中部上半断面开挖后 Y 方向位移等值线图

由图 4-89～图 4-92 可知，中部上半断面开挖后，位移场对称分布，内侧壁边墙与底部交接处附近应变最大，相同位置出现塑性区。*X* 方向位移场变化不大，*Y* 方向拱顶处比较明显，底部向上隆起。

4.6.4　中部下半断面开挖后计算结果及分析

中部下半断面开挖后引起的围岩总应变、塑性应变、*X* 方向位移等值线和 *Y* 方向位移等值线图如图 4-93～图 4-96 所示。

由图 4-93～图 4-96 可知，中部下半断面开挖后，导坑外侧壁边墙与仰拱交接处附近应变最大，相同位置出现塑性区。*X* 方向位移场变化不大，*Y* 方向隧道有上浮趋势。

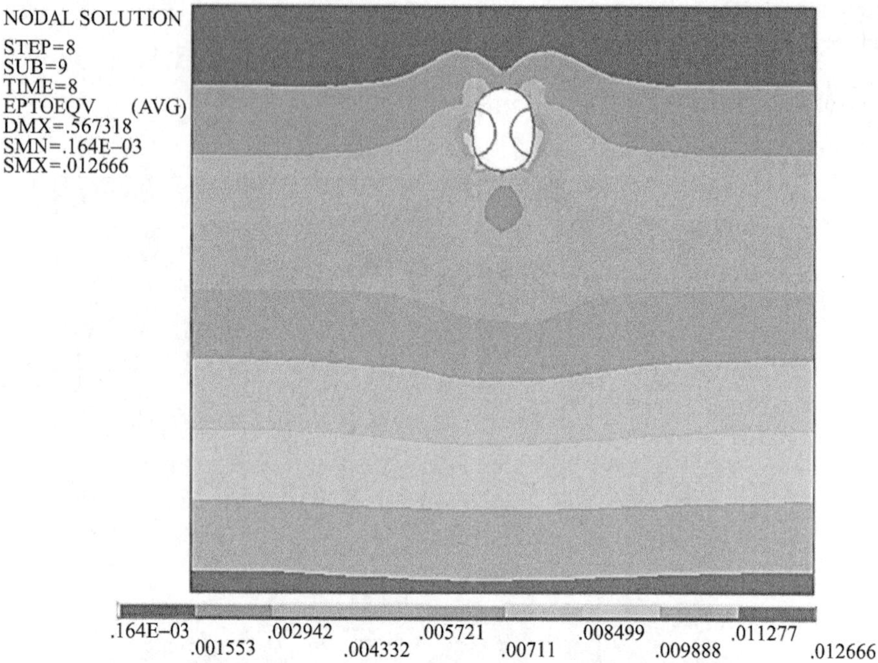
NODAL SOLUTION
STEP=8
SUB=9
TIME=8
EPTOEQV (AVG)
DMX=.567318
SMN=.164E-03
SMX=.012666
.164E-03
.001553
.002942
.004332
.005721
.00711
.008499
.009888
.011277
.012666

图 4-93　大断面黄土隧道中部下半断面开挖后总应变图

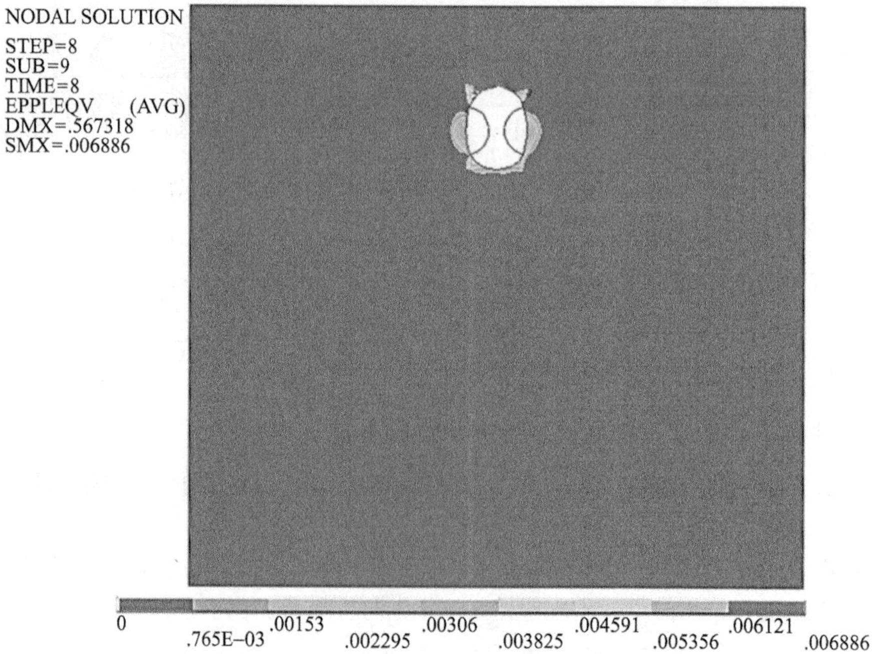
NODAL SOLUTION
STEP=8
SUB=9
TIME=8
EPPLEQV (AVG)
DMX=.567318
SMX=.006886
0
.765E-03
.00153
.002295
.00306
.003825
.004591
.005356
.006121
.006886

图 4-94　大断面黄土隧道中部下半断面开挖后塑性应变图

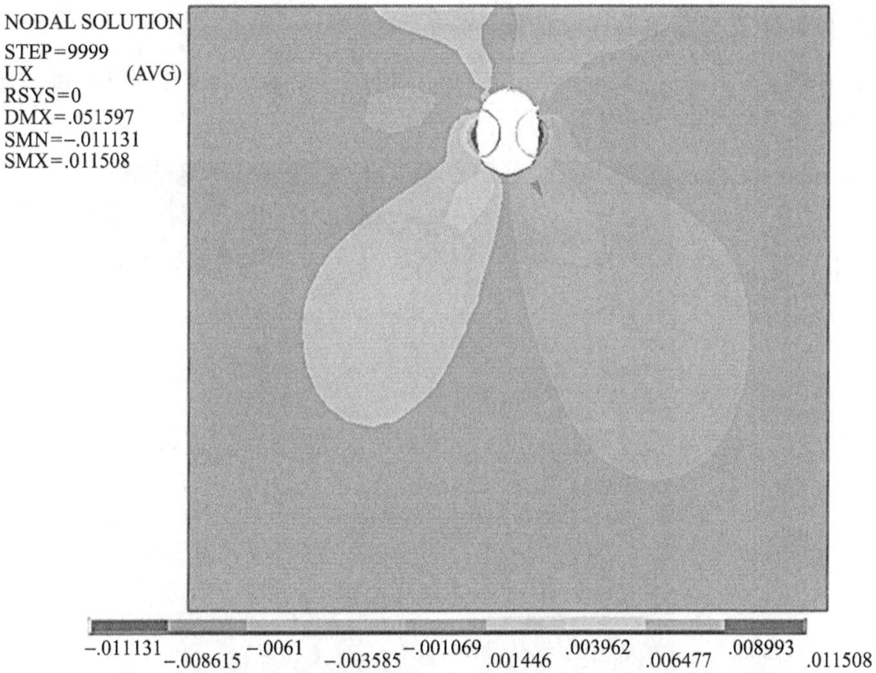
NODAL SOLUTION
STEP=9999
UX (AVG)
RSYS=0
DMX=.051597
SMN=-.011131
SMX=.011508
-.011131
-.008615
-.0061
-.003585
-.001069
.001446
.003962
.006477
.008993
.011508

图 4-95　大断面黄土隧道中部下半断面开挖后 *X* 方向位移等值线图

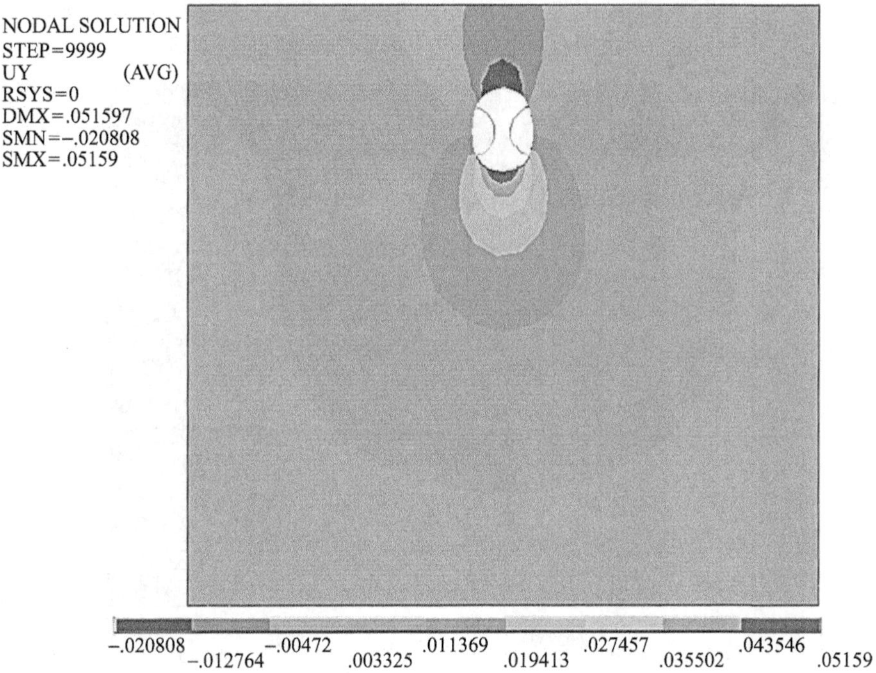
NODAL SOLUTION
STEP=9999
UY (AVG)
RSYS=0
DMX=.051597
SMN=-.020808
SMX=.05159
-.020808
-.012764
-.00472
.003325
.011369
.019413
.027457
.035502
.043546
.05159

图 4-96　大断面黄土隧道中部下半断面开挖后 *Y* 方向位移等值线图

4.6.5　临时钢支撑拆除后计算结果及分析

临时钢支撑拆除后引起的围岩总应变、塑性应变、X方向位移等值线和Y方向位移等值线图如图4-97～图4-100所示。

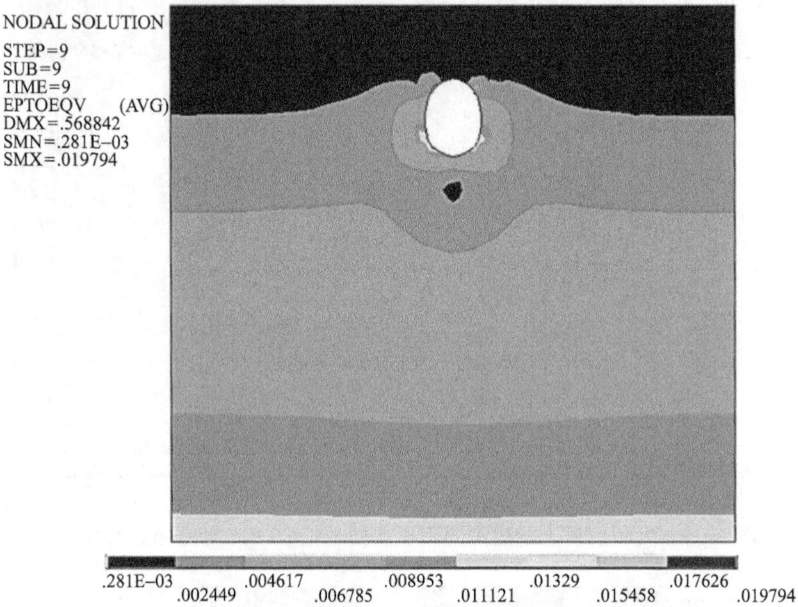

图4-97　大断面黄土隧道临时钢支撑拆除后总应变图

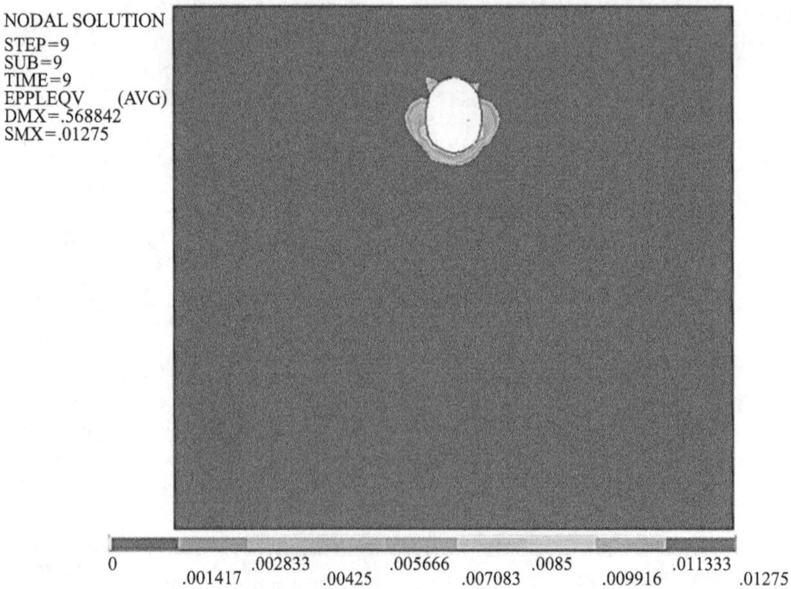

图4-98　大断面黄土隧道临时钢支撑拆除后塑性应变图

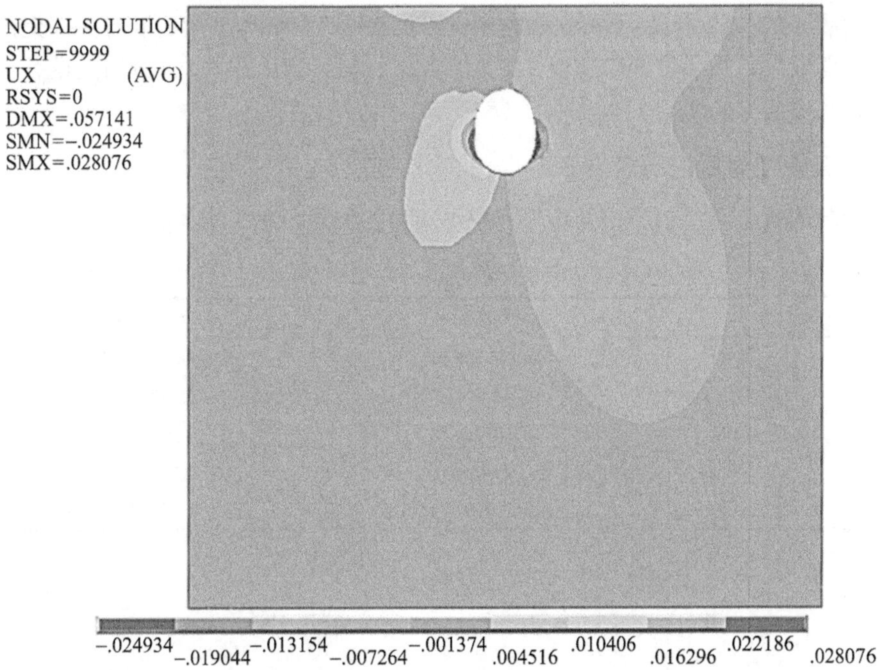
NODAL SOLUTION
STEP=9999
UX (AVG)
RSYS=0
DMX=.057141
SMN=-.024934
SMX=.028076
-.024934
-.019044
-.013154
-.007264
-.001374
.004516
.010406
.016296
.022186
.028076

图 4-99　大断面黄土隧道临时钢支撑拆除后 *X* 方向位移等值线图

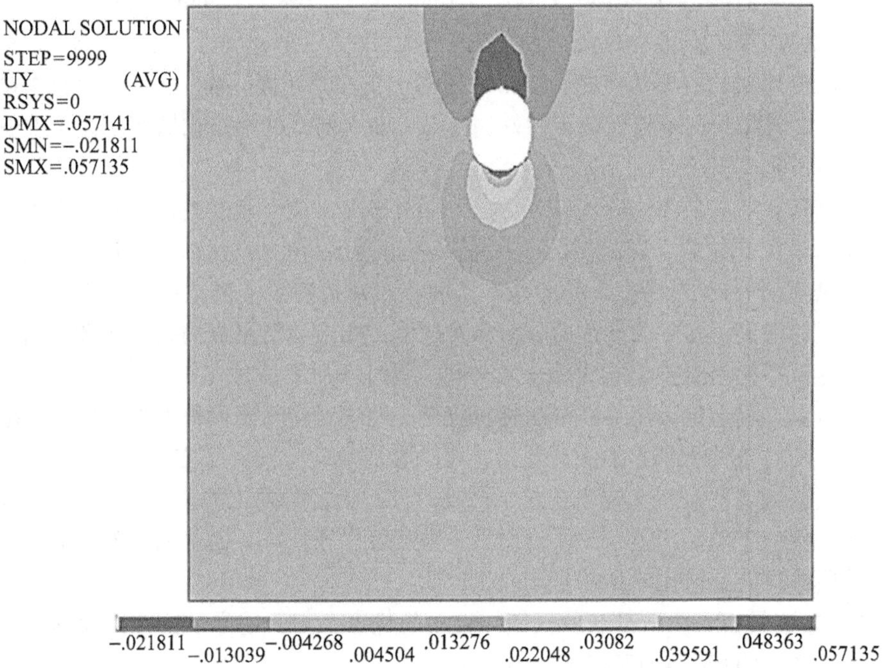
NODAL SOLUTION
STEP=9999
UY (AVG)
RSYS=0
DMX=.057141
SMN=-.021811
SMX=.057135
-.021811
-.013039
-.004268
.004504
.013276
.022048
.03082
.039591
.048363
.057135

图 4-100　大断面黄土隧道临时钢支撑拆除后 *Y* 方向位移等值线图

由图 4-97～图 4-100 可知，临时钢支撑拆除后，导坑外侧壁边墙与仰拱交接处附近应变最大，相同位置出现塑性区。X 方向位移场变化不大，Y 方向隧道有上浮趋势，底部向上隆起。

4.6.6　开挖结束后控制点位移

大断面黄土隧道双侧壁导坑法开挖结束后控制点位移见表 4-7。

表 4-7　大断面黄土隧道双侧壁导坑法开挖结束后控制点位移　(单位：m)

控制点	X 方向位移	Y 方向位移
1	-0.88012×10^{-4}	-0.21811×10^{-1}
2	0.24297×10^{-1}	0.15241×10^{-3}
3	-0.21845×10^{-1}	0.10215×10^{-2}
4	0.24245×10^{-1}	0.11938×10^{-1}
5	-0.22069×10^{-1}	0.15874×10^{-1}

4.7　本 章 小 结

从控制点位移来看，五种开挖方法中双侧壁导坑法开挖方法的控制点位移最小，拱顶沉降 21mm；其次为 CRD 法，47mm；台阶分部法，69mm；CD 法，90mm；单侧壁导坑法控制点位移最大，109mm。

台阶分部法的主要优点是上部留有核心土支挡开挖面，而且能及时地施作拱部初期支护，因此开挖工作面稳定性好，核心土和下部开挖都是在拱部初期支护保护下进行的，施工安全性好。

双侧壁导坑法实质是将大跨度(大于 20m)分成 3 个小跨度进行作业。施工中每个分块都是在开挖后立即封闭的，在施工期间隧道断面变形(如拱顶下沉、水平收敛、仰拱隆起等)发展很小，或者是不发展，因此控制了下沉量和下沉速率，增加了掌子面的稳定。此方法开挖面分块相对较多，相应地对围岩的扰动次数增加，而且相对延长了初期支护全断面闭合的时间，同时增加了临时支护、增加了工序，相应地提高了工程造价，使工程进度相对较慢。此法对应于断面跨度大、地表沉陷要求严格，围岩条件特别差的浅埋隧道，是一种比较安全的施工方法。

单侧壁导坑法是将大跨度变成小跨度后进行正台阶施工的，它避免了采用双侧壁导坑法所带来的工序复杂、造价增大、进度缓慢等缺点，也避免由于施工精度不高造成网构拱架连接困难的缺点。

CRD 法具有台阶分部法及侧壁导坑法的优点，与侧壁导坑法相比较具有较快的施工速度，CD 法适用于浅埋隧道。

根据开挖模拟的结果和各开挖方法的优缺点，对于大断面隧道的开挖，应该采用双侧壁导坑法比较合适。

参 考 文 献

[1] 张红，郑颖人，杨臻，等．黄土隧洞安全系数初探[J]．地下空间与工程学报,2009, 5(2): 297-306.

[2] 刘伟．大断面黄土隧道开挖过程的地层响应及施工方法研究[D]．武汉：武汉理工大学, 2007.

[3] 王永焱．中国黄土的结构特征及物理力学性质[M]．北京：科学出版社, 1990.

[4] 郝军洲，武长贵．黄土公路隧道围岩级别划分浅论[J]．青海交通科技, 2012(3): 22-24, 26.

[5] 浙江省交通设计院．公路隧道设计规范[M]．北京：人民交通出版社, 1991.

第 5 章　特大断面黄土隧道的施工方法

5.1　概　　述

特大断面黄土隧道是指断面面积大于 100m^2 的黄土隧道[1]。由于断面面积较大，考虑到施工的可操作性和经济合理性[2]，本书主要模拟 CD 法、CRD 法、单侧壁导坑法、双侧壁导坑法、三台阶七步开挖 (预留核心土) 法和三台阶七步开挖(预挖核心土)法[3]等六种开挖方法，比较隧道在各种开挖方法下控制性节点位移大小，以期选取最优方法进行开挖，使隧道周边位移达到最小，为工程实践提供理论依据[4]。

5.2　计算模型的建立

5.2.1　计算模型

采用 ANSYS 二维平面应变弹塑性非线性方法进行计算，隧道开挖洞径 B=14m，洞高 H=11m。计算范围底部取 55m，左右两侧取 70m，隧道埋深 20m。该模型未考虑二衬的施作，但考虑到隧道断面较大，需考虑在原始地层条件下，开挖之后先对隧道实施管棚工法超前支护，再打入锚杆并施作初期支护的情况。为使各开挖方法在同一开挖条件下顺利计算，初期支护统一采用 C25 混凝土，厚 60cm。侧面边界为水平位移约束，底面边界为竖向位移约束。模型上部边界为自由边界，不受任何约束。分析模型如图 5-1 所示。其基本理论、屈服准则及边界条件与第 3 章相同，在此不再赘述。

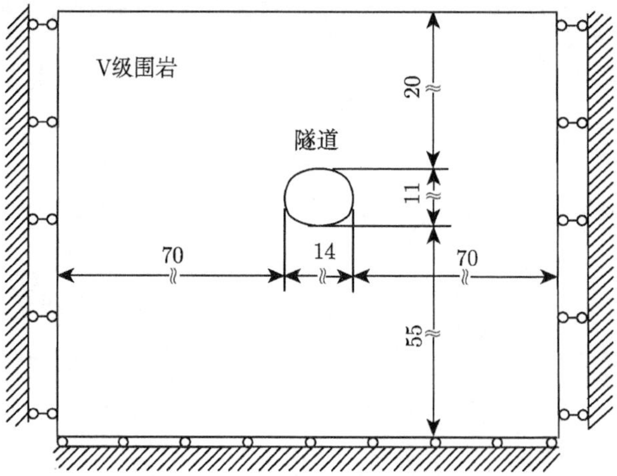

图 5-1　特大断面黄土隧道分析模型示意图(单位：m)

开挖模拟分析过程中设置了 5 个控制性节点，分布于拱顶，拱肩和拱脚。这 5 个控制点的位置如图 5-2 所示。

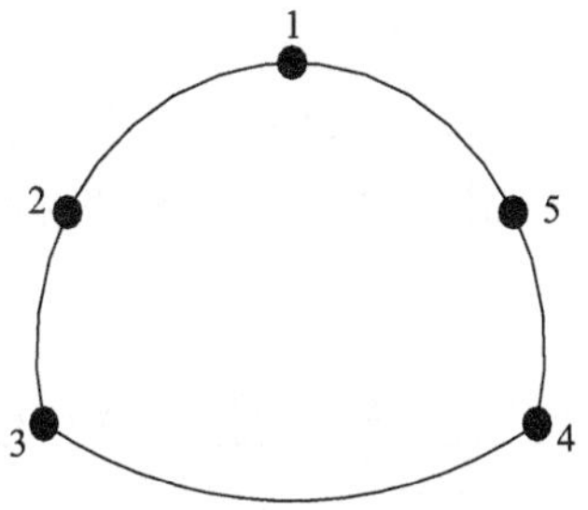

图 5-2　特大断面黄土隧道控制点布置图

5.2.2　单元选择

ANSYS 中的单元种类很多，包括杆单元、梁单元、弹簧单元、平面单元以及三维实体单元等，其中平面单元又分为三角形单元、四边形单元等。选择合适的单元来模拟相应的构建是得出正确结论的前提。

本书在进行隧道 ANSYS 数值模拟时共选用三种单元类型：初期支护和临时支护采用 BEAM3 单元，锚杆采用 LINK1 单元，围岩采用任意四边形 PLANE42 单元。

5.2.3　网格划分

ANSYS 有限元网格划分是进行数值模拟分析至关重要的一步，它直接影响着后续数值计算的精确性。网格划分涉及单元的形状及其拓扑类型、单元类型、网格生成器的选择、网格的密度、单元的编号以及几何体素。在有限元数值求解中，单元的等效节点力、刚度矩阵、质量矩阵等均用数值积分生成，连续体单元以及壳、板、梁单元的面内均采用高斯积分，而壳、板、梁单元的厚度方向采用辛普森积分。辛普森积分点的间隔是一定的，沿厚度分成奇数积分点。由于不同单元的刚度矩阵不同，采用数值积分的求解方式不同，实际应用中，一定要采用合理的单元来模拟求解。

单元网格划分包含映射网格划分和自由网格划分两种。为提高求解的效率要充分利用重复与对称等特征，由于工程结构一般具有重复对称或轴对称、镜像对称等特点，采用子结构或对称模型可以提高求解的效率和精度[5]。本书在进行单元网格划分时虽然选用的是自适应网格划分，但充分考虑了利用隧道断面的对称性，在进行网格划分时将隧道断面对称轴两侧尽量划分成对称的网格。考虑到网格尺寸大小对计算精度的影响，单元网格划分应选取合理的网格尺寸，并尽量做到均匀细致。需要特别注意的是，在隧道开挖轮廓线以内的单元要尽量采用四边形单元，避免出现畸形单元和三角形单元，以免在随后计算中出现单元高度扭曲的情况，使计算无法进行下去[6]。

5.2.4 计算参数

黄土围岩材料参数如表 5-1 所示，初期支护采用 C25 混凝土，密度为 25.0kN/m^3。C25 混凝土参数如表 5-2 所示，临时支撑材料和锚杆材料参数分别如表 5-3 和表 5-4 所示。

表 5-1 特大断面黄土隧道黄土围岩材料参数

项目	弹性模量 E/MPa	泊松比μ	容重γ/(kN/m^3)	黏聚力 c/kPa	内摩擦角φ/(°)
取值	80.0	0.35	18.0	96.24	29.25

表 5-2 特大断面黄土隧道 C25 混凝土材料参数

项目	弹性模量 E/GPa	泊松比μ	容重γ/(kN/m^3)	黏聚力 c/MPa	内摩擦角φ/(°)
取值	21.0	0.167	25.00	2.42	54

表 5-3 特大断面黄土隧道临时支撑材料参数

项目	弹性模量 E/GPa	泊松比μ	容重γ/(kN/m^3)	规格
取值	200.0	0.30	78.00	25a

表 5-4 特大断面黄土隧道锚杆材料参数

项目	弹性模量 E/GPa	泊松比μ	容重γ/(kN/m^3)	直径/mm
取值	200.0	0.30	78.00	25

5.2.5 加载与求解

1. 计算原理

隧道结构模型可简化为框架结构，结构既受到上部土体荷载的作用，也受到来自其周围土体的约束。围岩既是结构上部荷载，也可以作为结构本身的一部分。因此，结构与围岩间的相互作用可以概括为荷载-结构法。

基本假定：①衬砌和支撑为小变形弹性梁，假定为足够多个离散的等厚直梁单元，单元间通过节点相互连接；②假定锚杆单元为可承受轴向拉压的弹性杆单元，其材料特性均匀，位移函数为线性，杆两端节点处均具有 X、Y、Z 三个方向的自由度；③采用平面弹塑性应变模式进行分析；④忽略水压以及开挖对围岩造成的扰动对结构自身的影响。

2. 收敛条件

ANSYS 提供了力收敛、力矩收敛以及位移收敛等收敛准则，这些收敛准则可以同时选用也可以部分选用或单独选用，此模拟分析中只选用了位移收敛准则，旨在控制开挖后隧道的位移变形。

3. 加荷计算

分析过程中采用分步加载并进行逐步的应力释放，逐个荷载步加节点荷载进行计算。对于有临时支撑的 CD 法、CRD 法、单侧壁导坑法和双侧壁导坑法，每个荷载步开挖后先加载 30%的节点荷载，支护后加全部荷载的 80%进行计算，最后全部开挖完毕后拆除临时支护进行全部荷载释放的计算。对于没有临时支撑的三台阶七步开挖法，其开挖计算顺序和以上几种方法基本相同，但是由于没有临时支撑，其每一步开挖后的节点应力释放应直接释放全部荷载计算。计算步骤详见表 5-5。

表 5-5　计算加载顺序表

开挖方法	计算步骤													
	第 1 至 n 荷载步												拆除临时支撑后	
	第一步开挖		第一步支护			…	第 n 步开挖		第 n 步支护				最终	
CD 法	加载 30%	计算	加载 80%		计算	…	加载 30%	计算	加载 80%		计算		加载 100%	计算
CRD 法	加载 30%	计算	加载 80%		计算	…	加载 30%	计算	加载 80%		计算		加载 100%	计算
单侧壁导坑法	加载 30%	计算	加载 80%		计算	…	加载 30%	计算	加载 80%		计算		加载 100%	计算
双侧壁导坑法	加载 30%	计算	加载 80%		计算	…	加载 30%	计算	加载 80%		计算		加载 100%	计算
三台阶七步开挖(预留核心土)法	加载 30%	计算	有衬砌节点加载 80%	无衬砌节点加载 100%	计算	…	加载 30%	计算	有衬砌节点加载 80%	无衬砌节点加载 100%	计算		加载 100%	计算
三台阶七步开挖(预挖核心土)法	加载 30%	计算	有衬砌节点加载 80%	无衬砌节点加载 100%	计算	…	加载 30%	计算	有衬砌节点加载 80%	无衬砌节点加载 100%	计算		加载 100%	计算

注：若临时支撑两侧岩体皆被挖掉，则应加临时支撑节点的全部荷载进行计算。

5.3 计算结果及结果分析

5.3.1 CD 法

1. 先行左侧导坑开挖

先行左侧导坑开挖可以运用全断面开挖方法也可以分台阶开挖。由于隧道断面面积较大，为保证工程实际安全采用分上中下三台阶开挖。每开挖一步后及时支护(注意区别于单侧壁导坑法，见后续)。

注意：台阶之间不加临时支撑(这一点区别于 CRD 法，见后续)，但中壁临时支护要及时跟进。

第一步(左侧上台阶)开挖后塑性应变、总应变、*X* 方向位移等值线、*Y* 方向位移等值线图分别见图 5-3~图 5-6 所示。

第二步(左侧中台阶)开挖后塑性应变、总应变、*X* 方向位移等值线、*Y* 方向位移等值线图分别见图 5-7~图 5-10 所示。

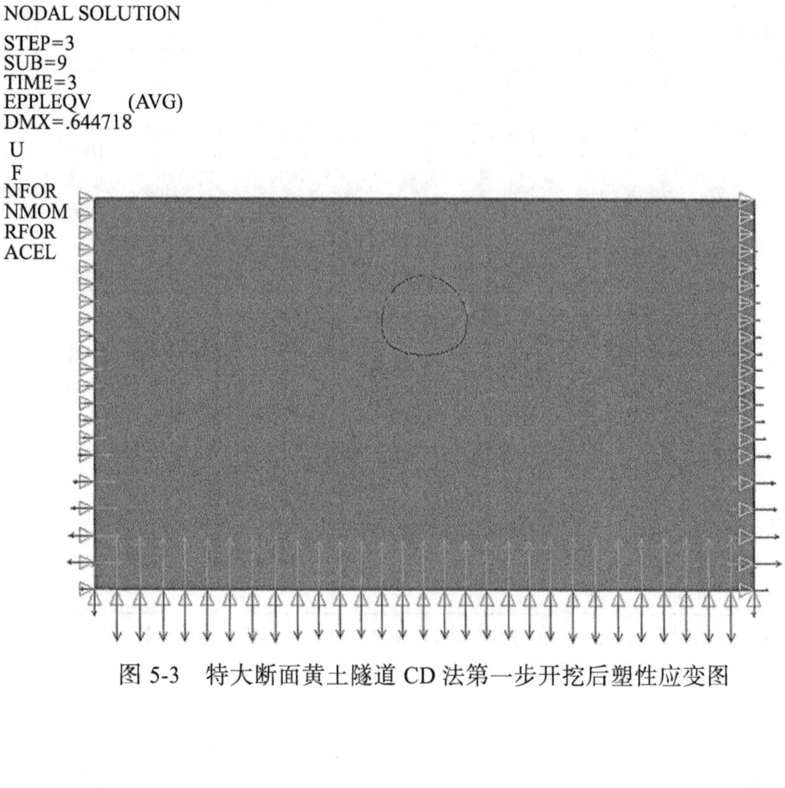

图 5-3 特大断面黄土隧道 CD 法第一步开挖后塑性应变图

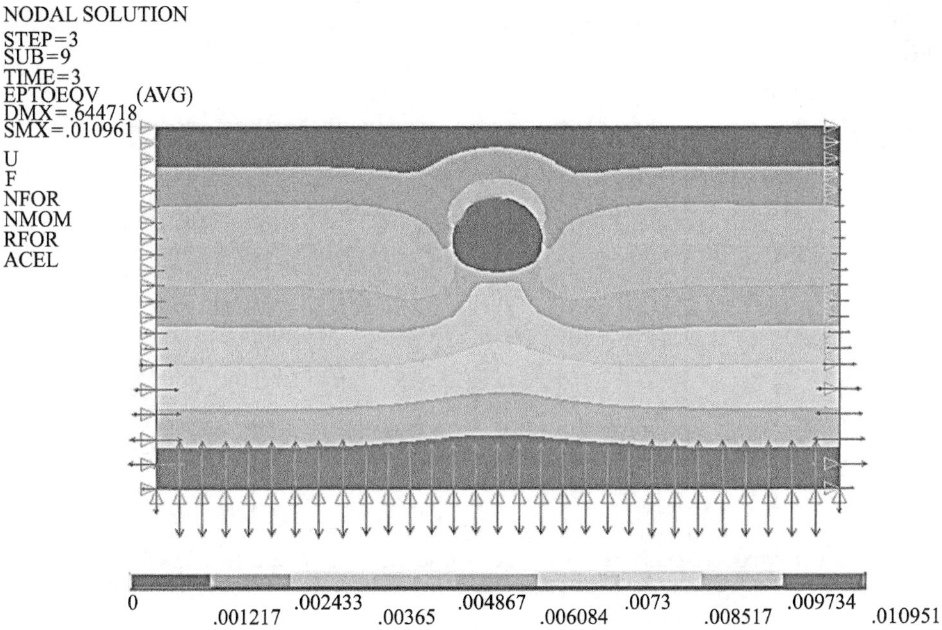
NODAL SOLUTION
STEP=3
SUB=9
TIME=3
EPTOEQV (AVG)
DMX=.644718
SMX=.010961
U
F
NFOR
NMOM
RFOR
ACEL
0
.001217
.002433
.00365
.004867
.006084
.0073
.008517
.009734
.010951

图 5-4　特大断面黄土隧道 CD 法第一步开挖后总应变图

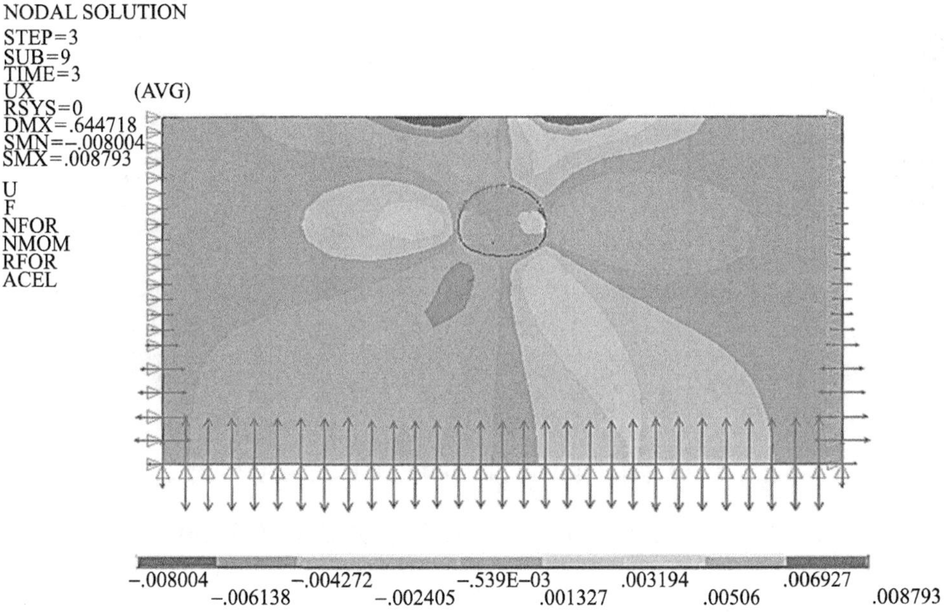
NODAL SOLUTION
STEP=3
SUB=9
TIME=3
UX (AVG)
RSYS=0
DMX=.644718
SMN=-.008004
SMX=.008793
U
F
NFOR
NMOM
RFOR
ACEL
-.008004
-.006138
-.004272
-.002405
-.539E-03
.001327
.003194
.00506
.006927
.008793

图 5-5　特大断面黄土隧道 CD 法第一步开挖后 X 方向位移等值线图

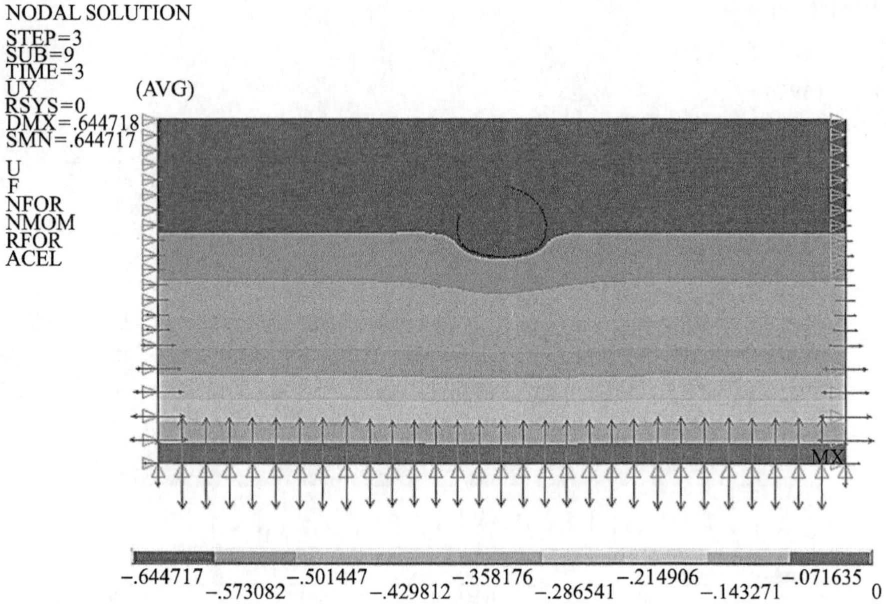
NODAL SOLUTION
STEP=3
SUB=9
TIME=3
UY (AVG)
RSYS=0
DMX=.644718
SMN=.644717
U
F
NFOR
NMOM
RFOR
ACEL
MX
-.644717
-.573082
-.501447
-.429812
-.358176
-.286541
-.214906
-.143271
-.071635
0

图 5-6　特大断面黄土隧道 CD 法第一步开挖后 *Y* 方向位移等值线图

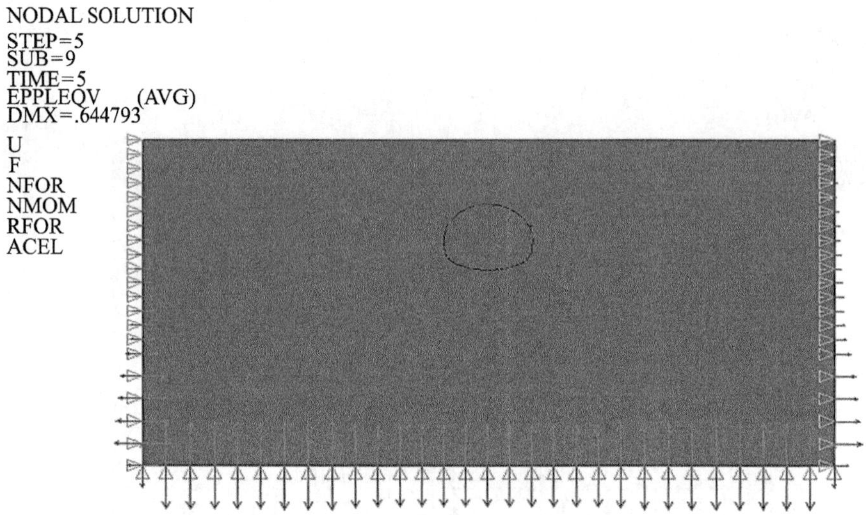
NODAL SOLUTION
STEP=5
SUB=9
TIME=5
EPPLEQV (AVG)
DMX=.644793
U
F
NFOR
NMOM
RFOR
ACEL

图 5-7　特大断面黄土隧道 CD 法第二步开挖后塑性应变图

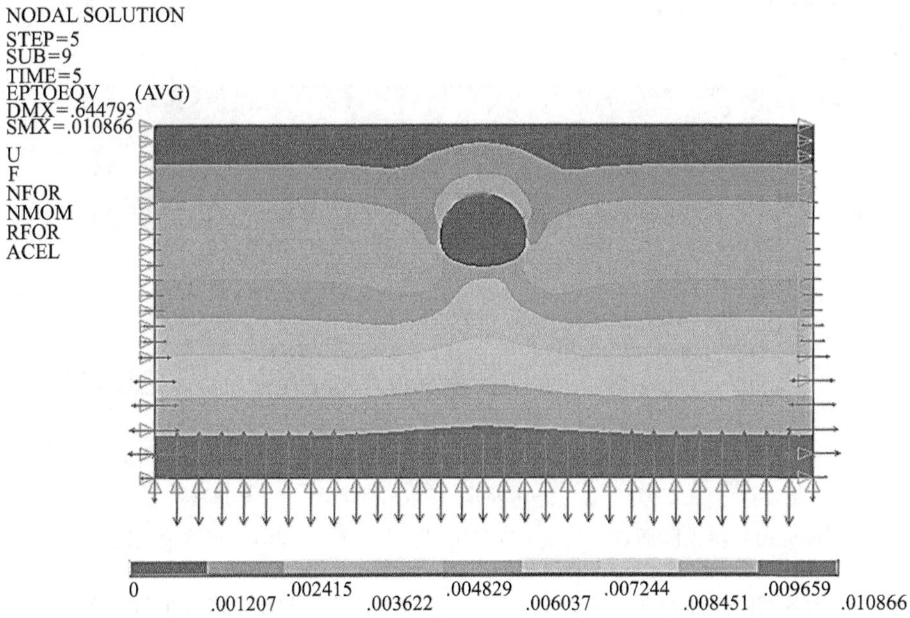

图 5-8　特大断面黄土隧道 CD 法第二步开挖后总应变图

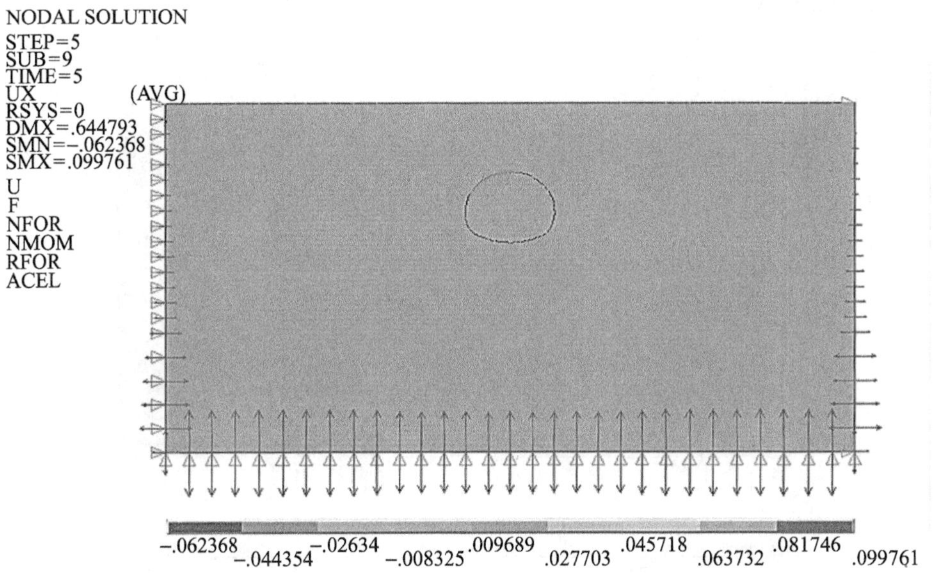

图 5-9　特大断面黄土隧道 CD 法第二步开挖后 X 方向位移等值线图

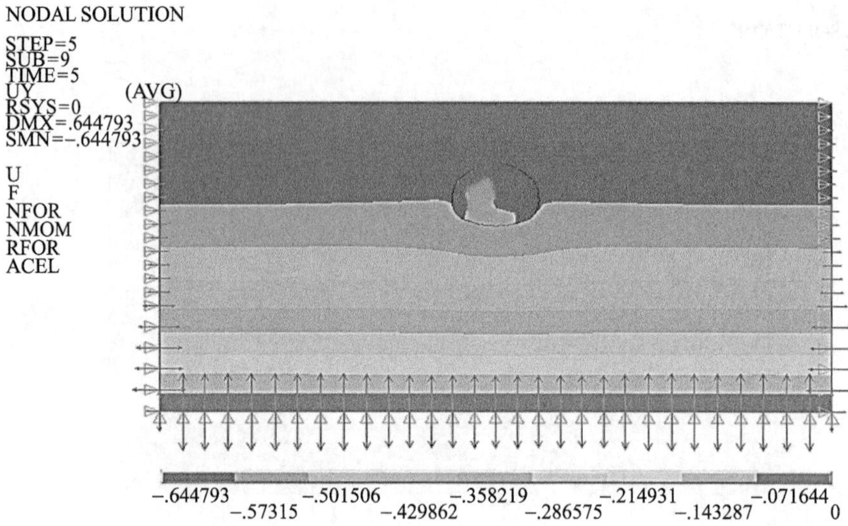
NODAL SOLUTION
STEP=5
SUB=9
TIME=5
UY (AVG)
RSYS=0
DMX=.644793
SMN=-.644793
U
F
NFOR
NMOM
RFOR
ACEL
-.644793
-.57315
-.501506
-.429862
-.358219
-.286575
-.214931
-.143287
-.071644
0

图 5-10　特大断面黄土隧道 CD 法第二步开挖后 *Y* 方向位移等值线图

第三步(左侧下台阶)开挖后塑性应变、总应变、*X* 方向位移等值线、*Y* 方向位移等值线图如图 5-11～图 5-14 所示。

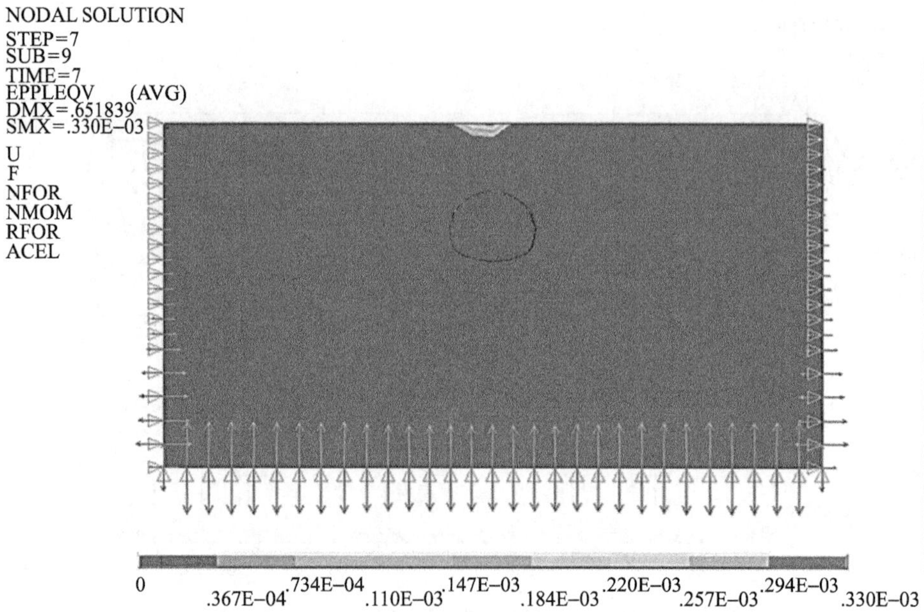
NODAL SOLUTION
STEP=7
SUB=9
TIME=7
EPPLEQV (AVG)
DMX=.651839
SMX=.330E-03
U
F
NFOR
NMOM
RFOR
ACEL
0
.367E-04
.734E-04
.110E-03
.147E-03
.184E-03
.220E-03
.257E-03
.294E-03
.330E-03

图 5-11　特大断面黄土隧道 CD 法第三步开挖后塑性应变图

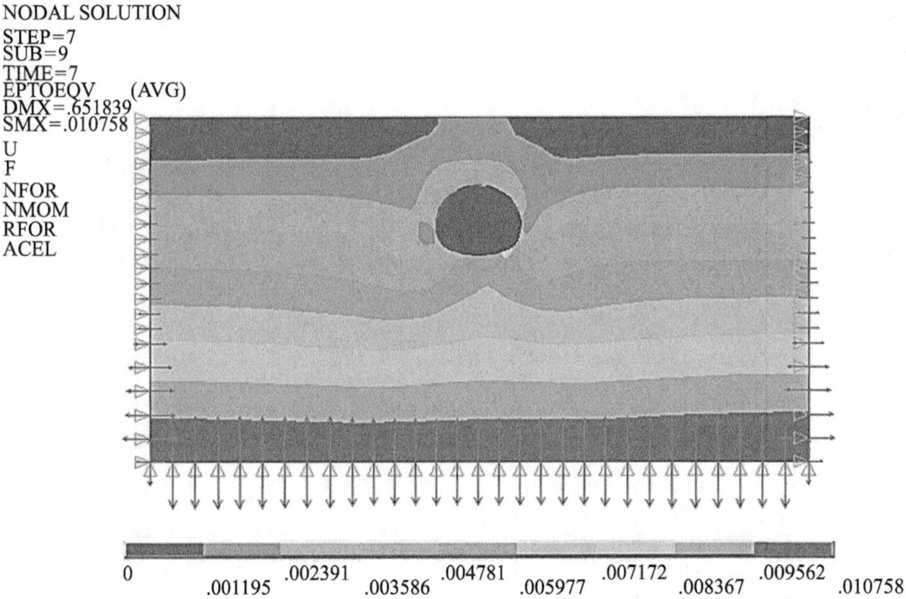
NODAL SOLUTION
STEP=7
SUB=9
TIME=7
EPTOEQV (AVG)
DMX=.651839
SMX=.010758
U
F
NFOR
NMOM
RFOR
ACEL
0
.001195
.002391
.003586
.004781
.005977
.007172
.008367
.009562
.010758

图 5-12 特大断面黄土隧道 CD 法第三步开挖后总应变图

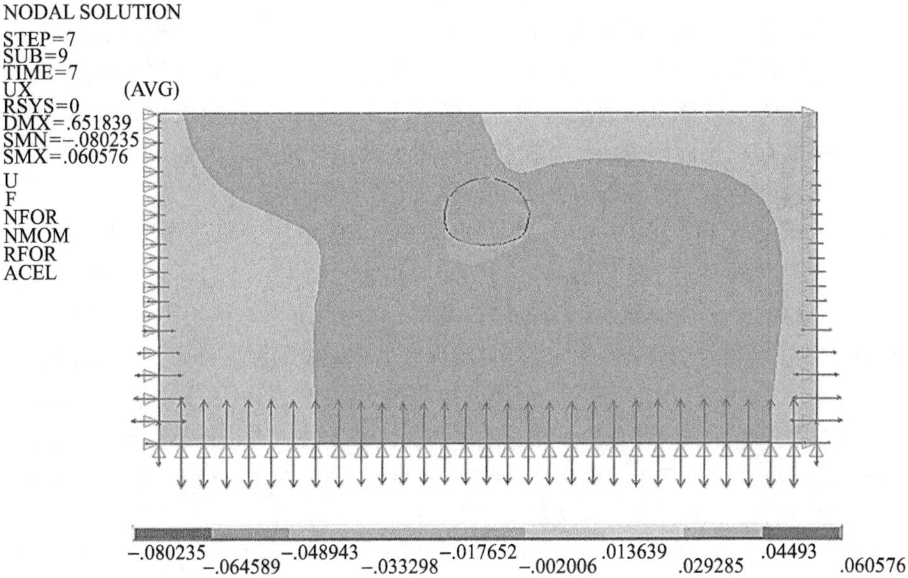
NODAL SOLUTION
STEP=7
SUB=9
TIME=7
UX (AVG)
RSYS=0
DMX=.651839
SMN=-.080235
SMX=.060576
U
F
NFOR
NMOM
RFOR
ACEL
-.080235
-.064589
-.048943
-.033298
-.017652
-.002006
.013639
.029285
.04493
.060576

图 5-13 特大断面黄土隧道 CD 法第三步开挖后 X 方向位移等值线图

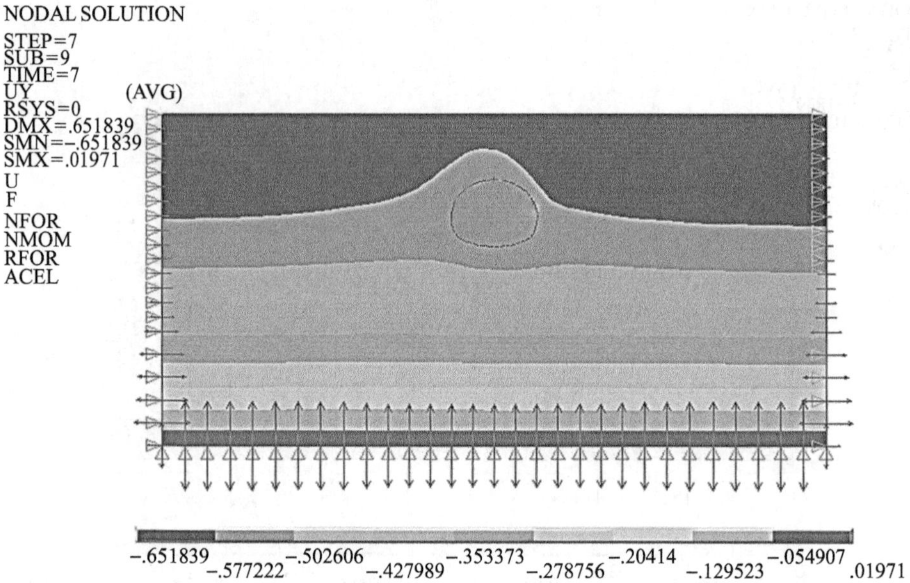
NODAL SOLUTION
STEP=7
SUB=9
TIME=7
UY (AVG)
RSYS=0
DMX=.651839
SMN=-.651839
SMX=.01971
U
F
NFOR
NMOM
RFOR
ACEL
-.651839
-.577222
-.502606
-.427989
-.353373
-.278756
-.20414
-.129523
-.054907
.01971

图 5-14　特大断面黄土隧道 CD 法第三步开挖后 *Y* 方向位移等值线图

由图 5-3、图 5-7 和图 5-11 可以看出，在进行第一步、第二步、第三步开挖后，围岩周围都出现了不同程度的塑性区；第一步开挖完成后，由于开挖断面较小，塑性区仅仅出现在开挖周围，且在单元节点处呈现微小的星点分布；随着开挖断面的不断扩大，这些星点分布的微小塑性区逐渐变大，到第三步开挖支护完成后，除了开挖断面周围存在塑性区外，在开挖断面的正上方也出现了较大的成片塑性区，由此可以推测，随着右侧断面的开挖，塑性区还将不断延伸扩大。

图 5-4、图 5-8 和图 5-12 显示，各步开挖时岩体的总应变图总体呈现层状分布，且从上到下逐层增大，这是岩层从上到下逐层叠加的结果，与实际相符合。此处把应变量较小的相对上部应变层称为低阶应变层，而相对下部应变层称为高阶应变层。由于开挖的缘故，开挖断面周围的应变与塑性区呈现同样的星点分布，且分布星点位置基本相符，这是由于岩体开挖后，其围岩要先达到弹性变形极限后才进入塑性变形，这与分析采用弹塑性非线性理论是相符的。需要注意的是，在进行第三步开挖后，在拱脚处出现了小片的小于正常层应变量的亚应变区，说明在拱脚处，其应变量出现了拐点，这是符合事实的，这一区域剪力很大，应力也很大。

从图 5-5、图 5-6、图 5-9、图 5-10、图 5-13 和图 5-14 可以看出，从开挖的第一步到第三步，围岩 *X*、*Y* 方向的位移总体逐渐在增大，围岩应力也在不断增大，但很明显的一点是，塑性应变、总应变、*X* 和 *Y* 方向的位移都没有达到最大量。

2. 后行右侧导坑开挖

左侧开挖完成后，要进行右侧断面的开挖。右侧开挖和左侧一样，也分上中下三层依顺序进行开挖。每开挖一步后及时支护，台阶之间不加临时支撑，中壁临时支护暂不拆除。

第四步(右侧上台阶)开挖后塑性应变、总应变、X 方向位移等值线、Y 方向位移等值线图见图 5-15～图 5-18 所示。

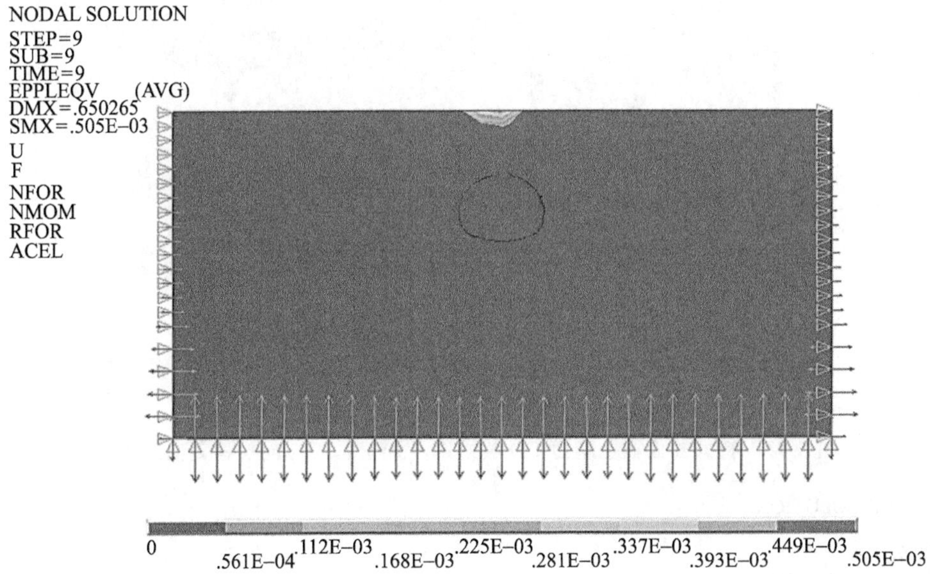

图 5-15　特大断面黄土隧道 CD 法第四步开挖后塑性应变图

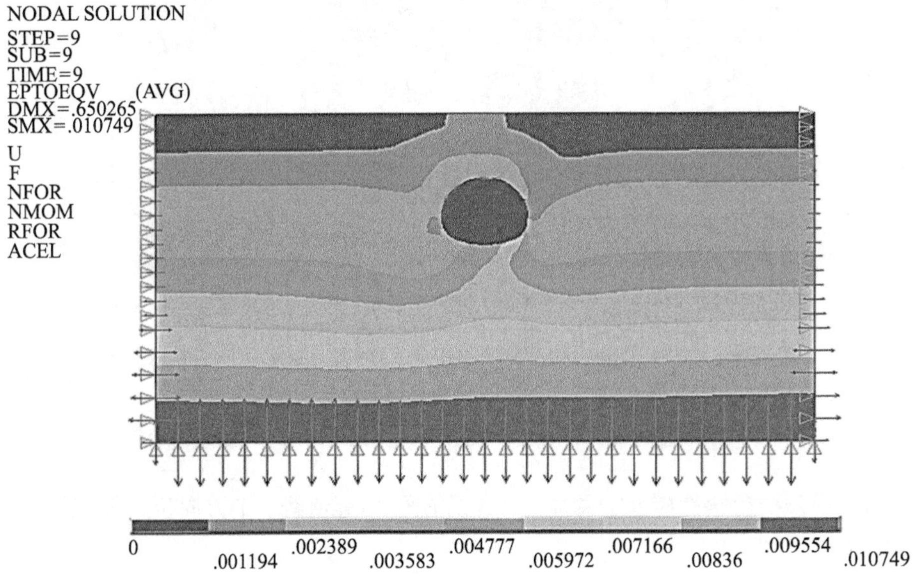

图 5-16　特大断面黄土隧道 CD 法第四步开挖后总应变图

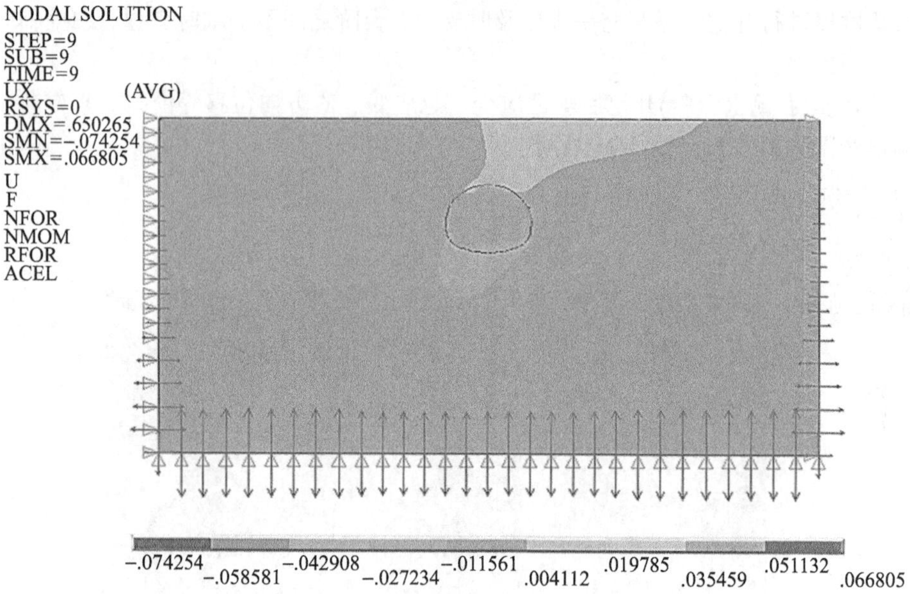
NODAL SOLUTION
STEP=9
SUB=9
TIME=9
UX (AVG)
RSYS=0
DMX=.650265
SMN=−.074254
SMX=.066805
U
F
NFOR
NMOM
RFOR
ACEL
−.074254
−.058581
−.042908
−.027234
−.011561
.004112
.019785
.035459
.051132
.066805

图 5-17　特大断面黄土隧道 CD 法第四步开挖后 *X* 方向位移等值线图

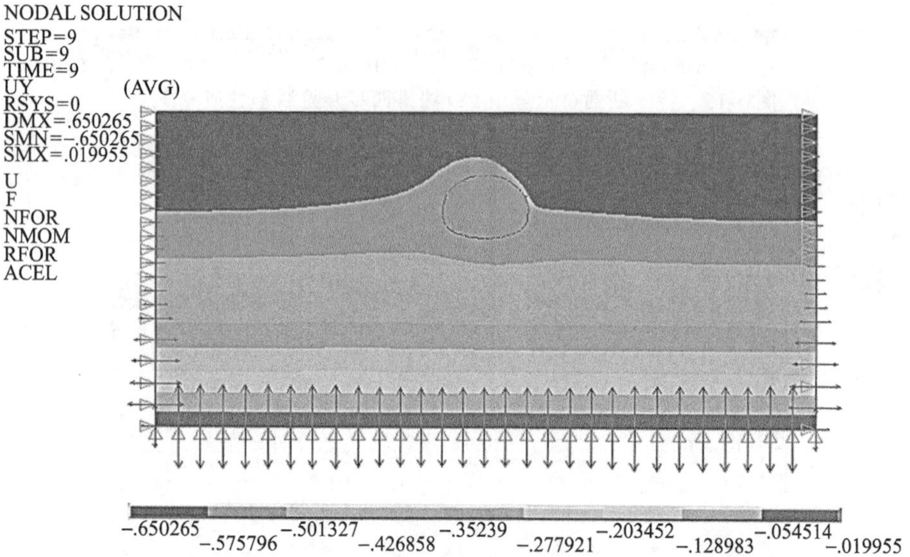
NODAL SOLUTION
STEP=9
SUB=9
TIME=9
UY (AVG)
RSYS=0
DMX=.650265
SMN=−.650265
SMX=.019955
U
F
NFOR
NMOM
RFOR
ACEL
−.650265
−.575796
−.501327
−.426858
−.35239
−.277921
−.203452
−.128983
−.054514
−.019955

图 5-18　特大断面黄土隧道 CD 法第四步开挖后 *Y* 方向位移等值线图

第五步开挖后塑性应变、总应变、*X* 方向位移等值线、*Y* 方向位移等值线图分别如图 5-19～图 5-22 所示。

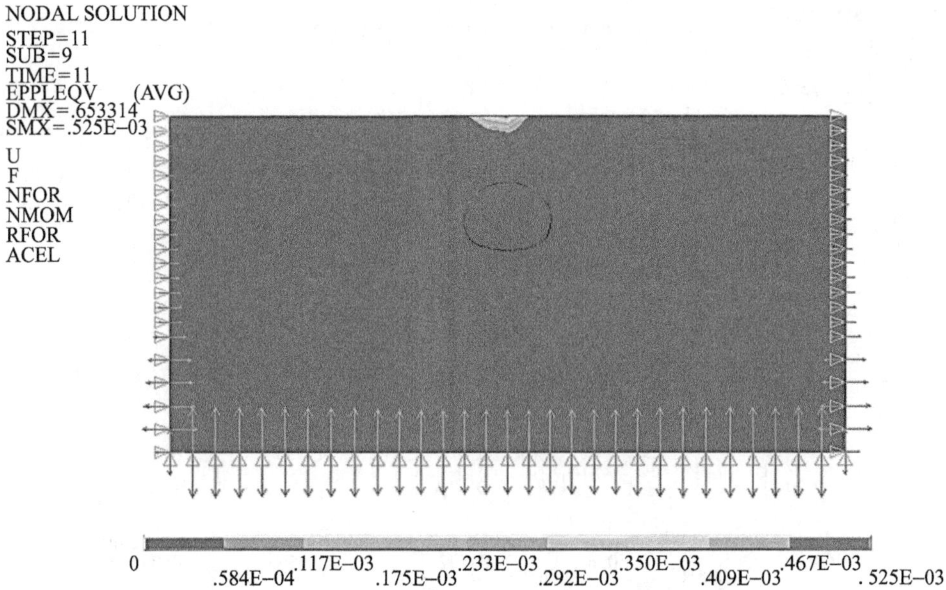
NODAL SOLUTION
STEP=11
SUB=9
TIME=11
EPPLEQV (AVG)
DMX=.653314
SMX=.525E-03
U
F
NFOR
NMOM
RFOR
ACEL
0
.584E-04
.117E-03
.175E-03
.233E-03
.292E-03
.350E-03
.409E-03
.467E-03
.525E-03

图 5-19 特大断面黄土隧道 CD 法第五步开挖后塑性应变图

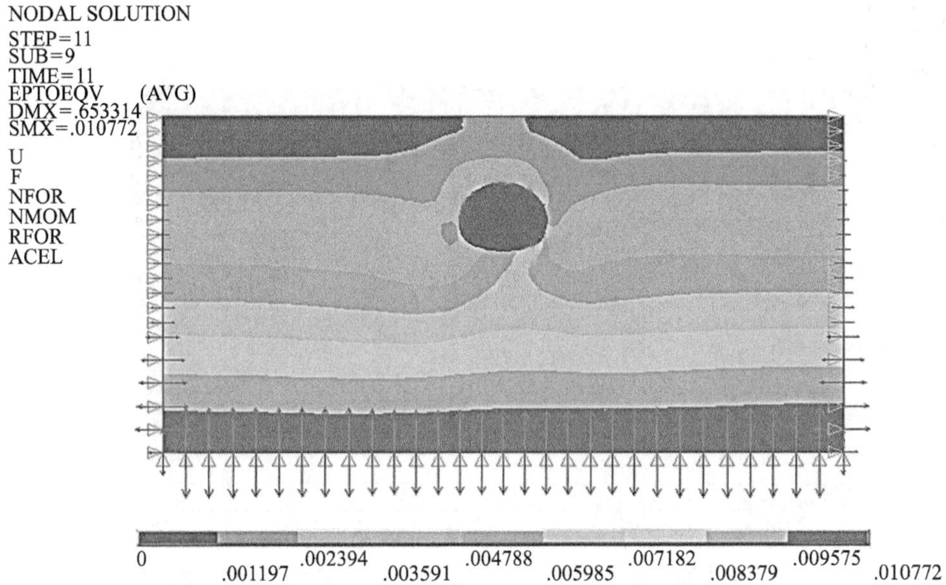
NODAL SOLUTION
STEP=11
SUB=9
TIME=11
EPTOEQV (AVG)
DMX=.653314
SMX=.010772
U
F
NFOR
NMOM
RFOR
ACEL
0
.001197
.002394
.003591
.004788
.005985
.007182
.008379
.009575
.010772

图 5-20 特大断面黄土隧道 CD 法第五步开挖后总应变图

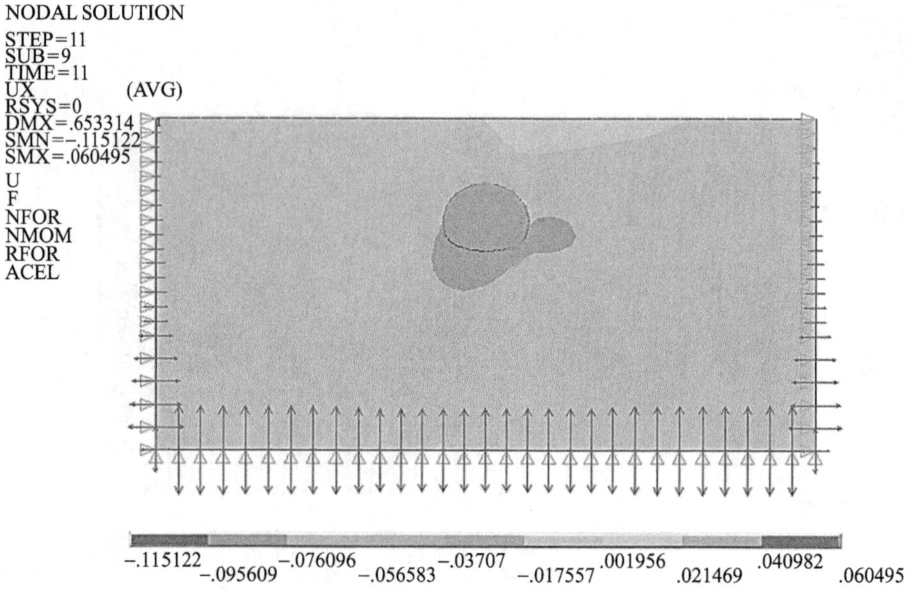
NODAL SOLUTION
STEP=11
SUB=9
TIME=11
UX (AVG)
RSYS=0
DMX=.653314
SMN=-.115122
SMX=.060495
U
F
NFOR
NMOM
RFOR
ACEL
-.115122
-.095609
-.076096
-.056583
-.03707
-.017557
.001956
.021469
.040982
.060495

图 5-21　特大断面黄土隧道 CD 法第五步开挖后 *X* 方向位移等值线图

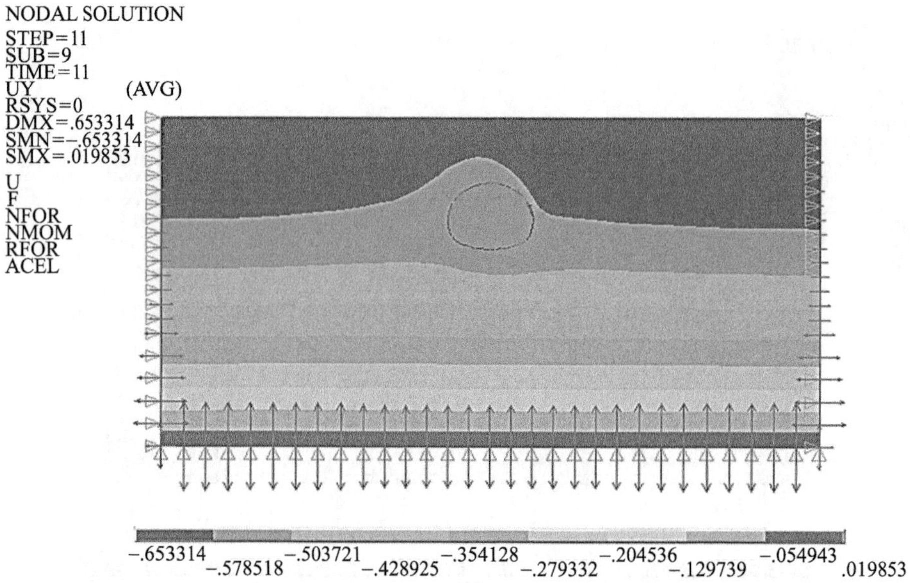
NODAL SOLUTION
STEP=11
SUB=9
TIME=11
UY (AVG)
RSYS=0
DMX=.653314
SMN=-.653314
SMX=.019853
U
F
NFOR
NMOM
RFOR
ACEL
-.653314
-.578518
-.503721
-.428925
-.354128
-.279332
-.204536
-.129739
-.054943
.019853

图 5-22　特大断面黄土隧道 CD 法第五步开挖后 *Y* 方向位移等值线图

第六步开挖后塑性应变、总应变、*X* 方向位移等值线、*Y* 方向位移等值线图见图 5-23～图 5-26。

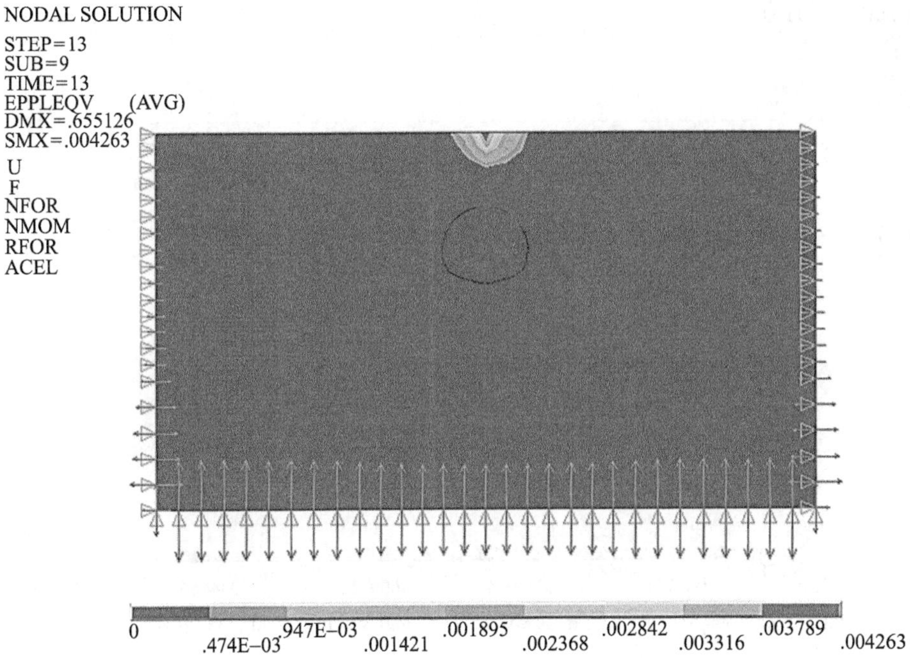
NODAL SOLUTION
STEP=13
SUB=9
TIME=13
EPPLEQV　(AVG)
DMX=.655126
SMX=.004263
U
F
NFOR
NMOM
RFOR
ACEL
0
.474E-03
.947E-03
.001421
.001895
.002368
.002842
.003316
.003789
.004263

图 5-23　特大断面黄土隧道 CD 法第六步开挖后塑性应变图

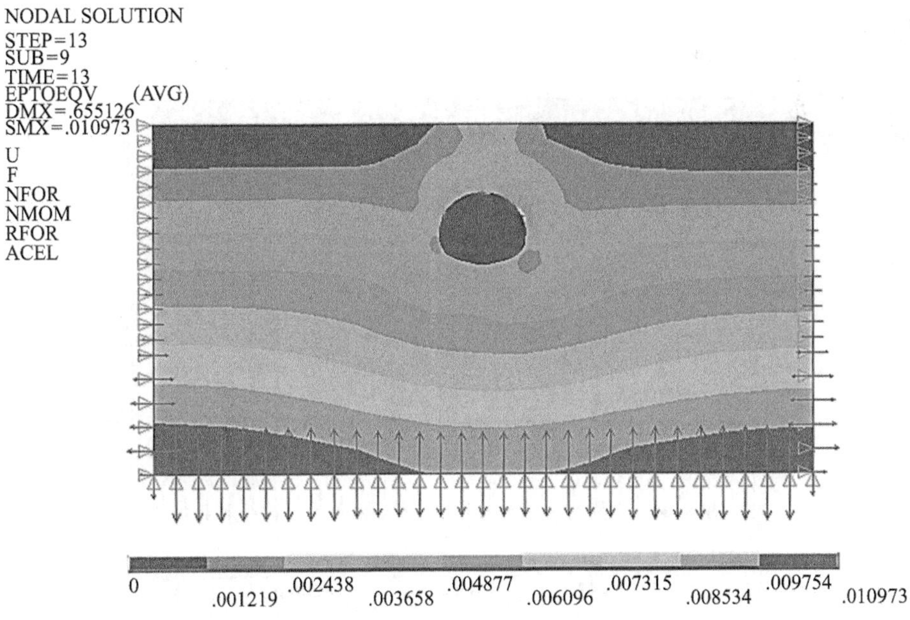
NODAL SOLUTION
STEP=13
SUB=9
TIME=13
EPTOEQV　(AVG)
DMX=.655126
SMX=.010973
U
F
NFOR
NMOM
RFOR
ACEL
0
.001219
.002438
.003658
.004877
.006096
.007315
.008534
.009754
.010973

图 5-24　特大断面黄土隧道 CD 法第六步开挖后总应变图

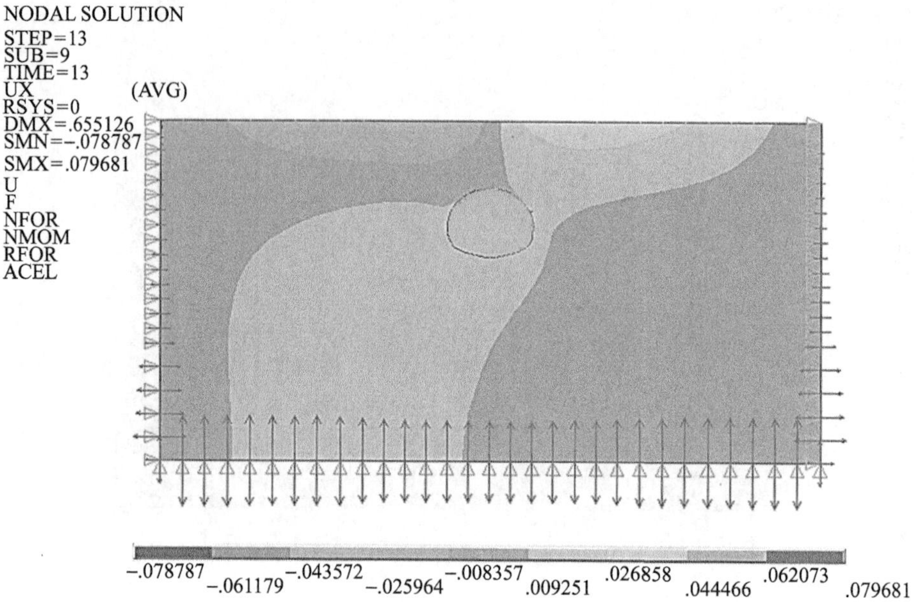
NODAL SOLUTION
STEP=13
SUB=9
TIME=13
UX (AVG)
RSYS=0
DMX=.655126
SMN=-.078787
SMX=.079681
U
F
NFOR
NMOM
RFOR
ACEL
-.078787
-.061179
-.043572
-.025964
-.008357
.009251
.026858
.044466
.062073
.079681

图 5-25　特大断面黄土隧道 CD 法第六步开挖后 X 方向位移等值线图

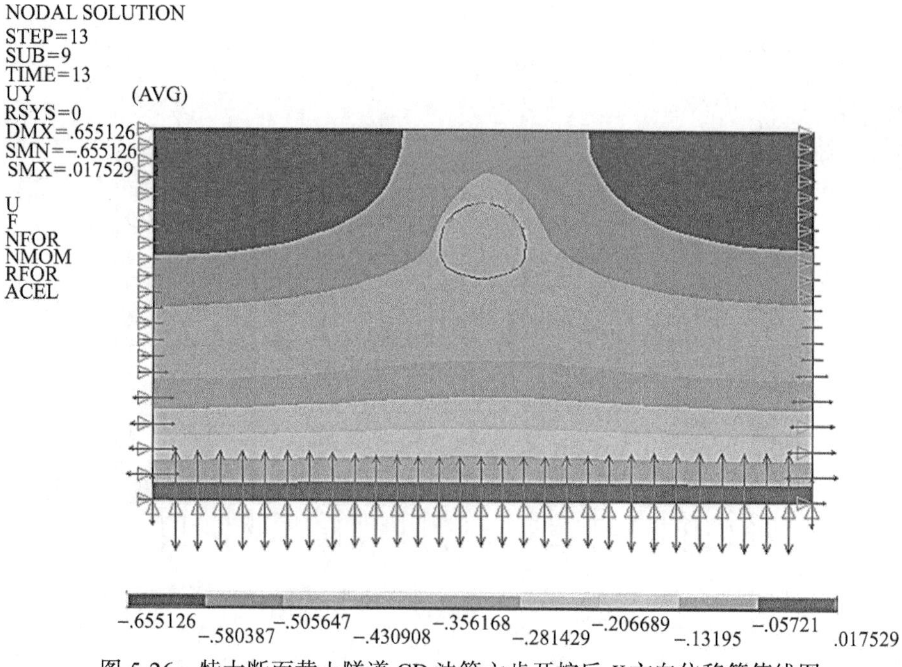
NODAL SOLUTION
STEP=13
SUB=9
TIME=13
UY (AVG)
RSYS=0
DMX=.655126
SMN=-.655126
SMX=.017529
U
F
NFOR
NMOM
RFOR
ACEL
-.655126
-.580387
-.505647
-.430908
-.356168
-.281429
-.206689
-.13195
-.05721
.017529

图 5-26　特大断面黄土隧道 CD 法第六步开挖后 Y 方向位移等值线图

由各步塑性应变图(图 5-15、图 5-19、图 5-23)可以看出，随着第四、第五、第六步的开挖，开挖断面上方的塑性应变区逐渐向右侧延伸增大，这验证了上述推测。塑性区星点分布逐渐沿开挖轮廓线增多，布满整个轮廓线。

总应变图(图 5-16、图 5-20、图 5-24)显示，随着开挖断面的逐步增大，隧道开挖断面上部围岩的总应变量逐渐增大，*X* 方向、*Y* 方向的位移等值线图也印证了这一点。到第六步开挖完成后，隧道口上方原本第一层应变区的应变量已经和第三层应变区的应变量等价，且应变区图形总体呈左右对称分布。

X 方向的位移等值线图(图 5-17、图 5-18、图 5-21、图 5-22、图 5-25、图 5-26)显示，左右先后导坑的开挖方式使得 *X* 方向的位移呈现沿与水平线成逆时针 45°方向的反对称分布。*Y* 方向位移在第六步没有开挖完成之前，其位移区并不对称，第六步开挖完成后呈现对称形状。

3. 拆除中壁临时支护

左右侧开挖完成后，要拆除中壁临时支护，然后进行围岩应力的完全释放后的计算。拆除临时支撑后的最终塑性应变、总应变、*X* 方向位移等值线、*Y* 方向位移等值线、最终总位移云图，最终节点位移云图见图 5-27～图 5-32 所示。

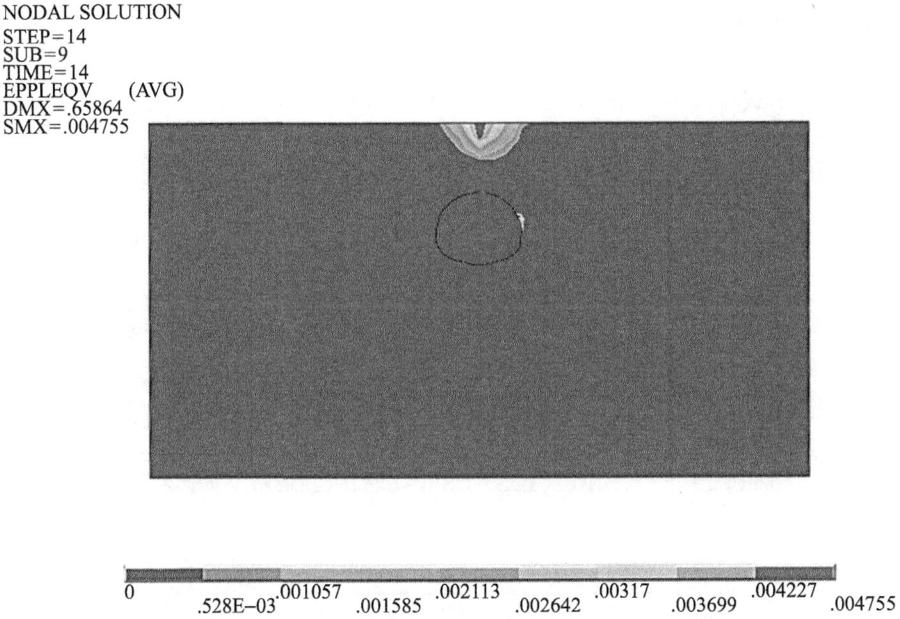

图 5-27　特大断面黄土隧道 CD 法拆除临时支护后塑性应变图

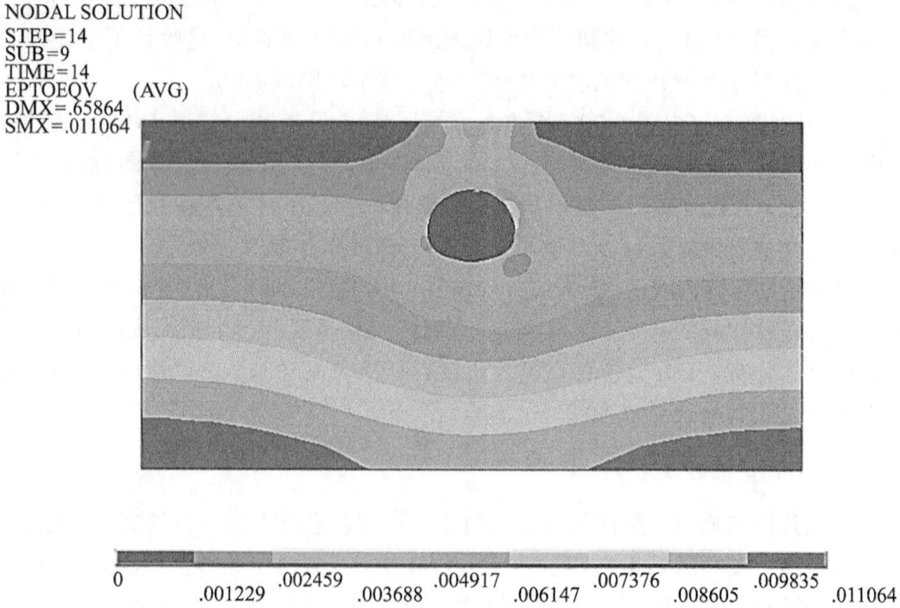
NODAL SOLUTION
STEP=14
SUB=9
TIME=14
EPTOEQV (AVG)
DMX=.65864
SMX=.011064
0
.001229
.002459
.003688
.004917
.006147
.007376
.008605
.009835
.011064

图 5-28　特大断面黄土隧道 CD 法拆除临时支护后总应变图

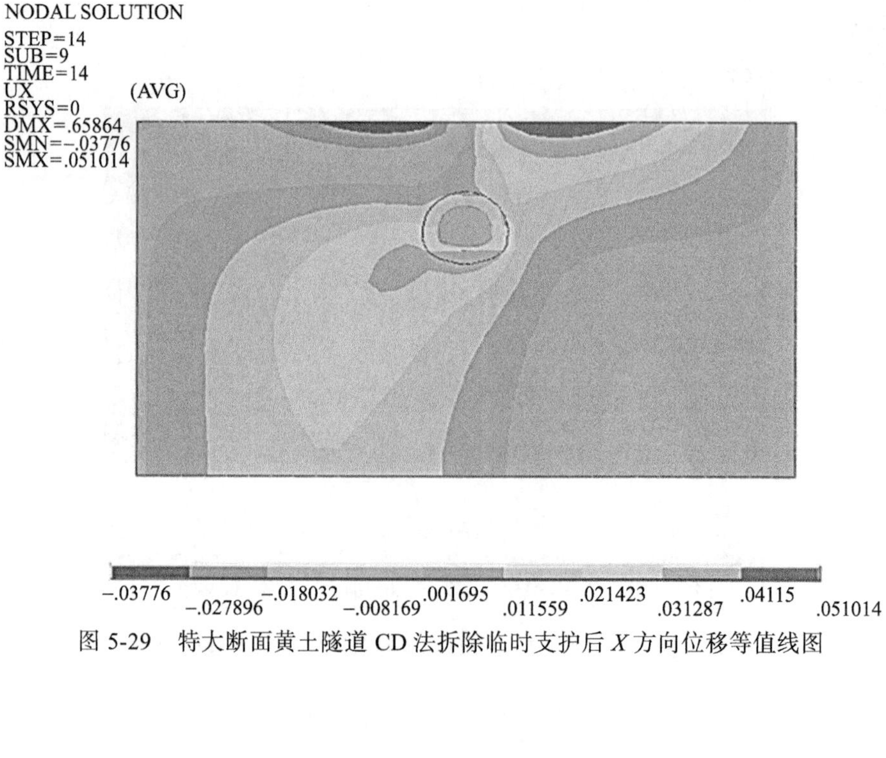
NODAL SOLUTION
STEP=14
SUB=9
TIME=14
UX (AVG)
RSYS=0
DMX=.65864
SMN=−.03776
SMX=.051014
−.03776
−.027896
−.018032
−.008169
.001695
.011559
.021423
.031287
.04115
.051014

图 5-29　特大断面黄土隧道 CD 法拆除临时支护后 X 方向位移等值线图

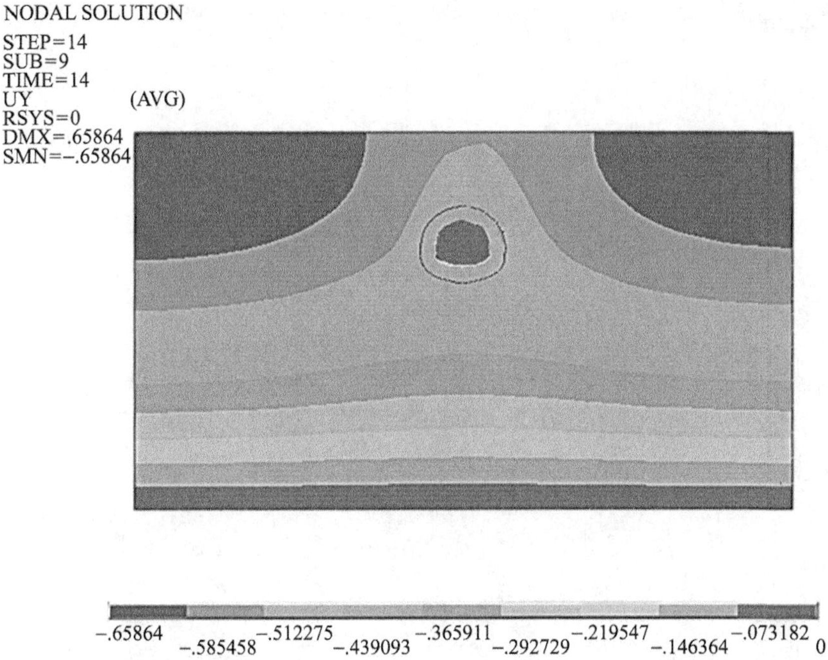
NODAL SOLUTION
STEP=14
SUB=9
TIME=14
UY (AVG)
RSYS=0
DMX=.65864
SMN=–.65864
–.65864
–.585458
–.512275
–.439093
–.365911
–.292729
–.219547
–.146364
–.073182
0

图 5-30　特大断面黄土隧道 CD 法拆除临时支护后 *Y* 方向位移等值线图

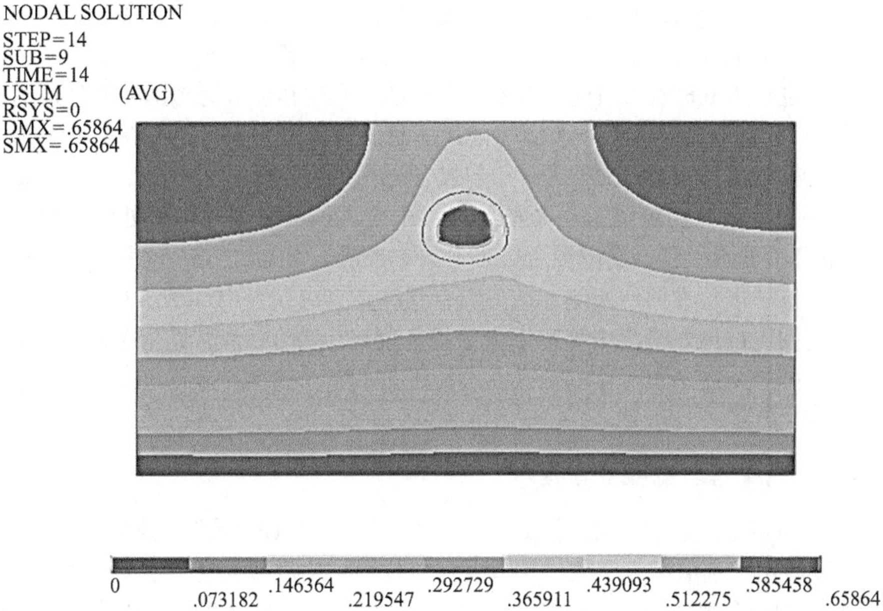
NODAL SOLUTION
STEP=14
SUB=9
TIME=14
USUM (AVG)
RSYS=0
DMX=.65864
SMX=.65864
0
.073182
.146364
.219547
.292729
.365911
.439093
.512275
.585458
.65864

图 5-31　特大断面黄土隧道 CD 法拆除临时支护后总位移云图

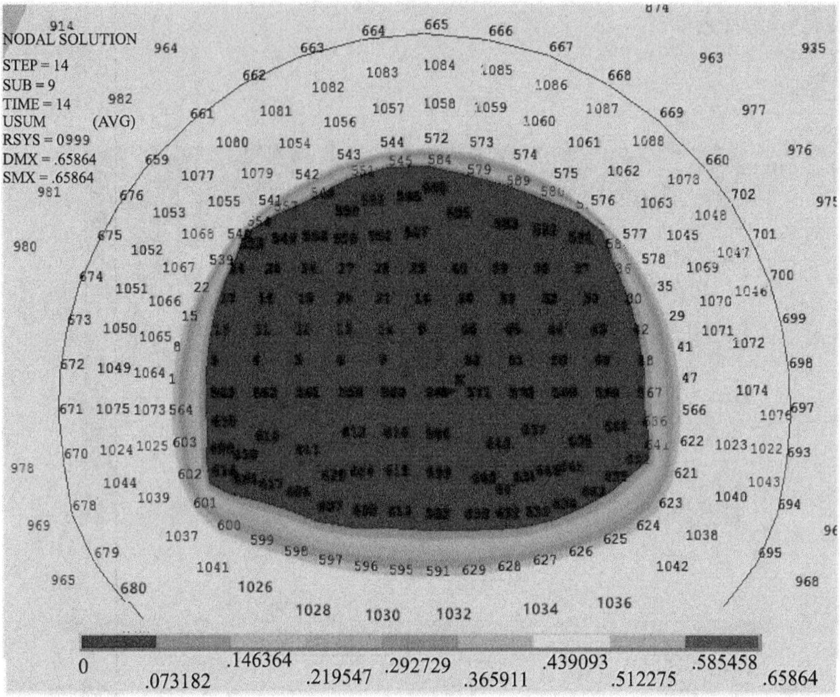

图 5-32 特大断面黄土隧道 CD 法拆除临时支护后节点位移云图

从图 5-27～图 5-32 可以看出，临时支护拆除后应力完全释放，最大塑性应变出现在隧道上方的地表围岩边缘，围岩 *Y* 方向位移仍呈现分层分布，从上至下依次递减，最大位移为 0.65864m (注：本书中所得的所有位移值皆为考虑初始地应力后的总位移)，但这个最大位移并未出现在开挖断面的轮廓线上，而是在塑性变形最大处，开挖断面拱边缘的最大位移位于拱腰的 8 号节点，为 0.48993m，可见拱腰处总应变量相对较大，因此隧道在开挖的过程中应该加强拱顶和拱腰处的支护。从图 5-29 中可以看出，隧洞周围围岩位移云图呈现沿与 *X* 轴成 45° 角方向的反对称分布，最大位移出现在曲墙两侧，这一点也反映在总应变图中。图 5-30 可以看出，整个模拟范围内的围岩最大位移和 *Y* 方向最大位移相吻合，也说明在隧洞开挖结束后隧洞四周围岩出现的最大位移出现在隧洞上方的整个土层，隧洞的开挖导致了隧洞下方应变区层的整体下移。

4. 施工结束后控制性节点位移

特大断面黄土隧道 CD 法开挖结束后，这 5 个控制点的位移如表 5-6 所示。由表 5-6 可以看出，选取的 5 个控制性节点竖向位移和总位移远大于水平位移，说明隧道开挖后的位移和变形大小主要由竖向位移决定，从而验证了上述分析的正确性。总位移是由水平位移和竖向位移按平行四边形法则合成的，因此比对应的竖向位移略大。所取 5 个控制性节点总位移的最大值为 0.48987m，这与拱边缘 8 号节点的最大位移 0.48993m 的差值仅为 0.00006m，相差远小于 5%，因此可以证明选取上述 5 个节点为控制位移的控制性节点是合理的，而且取得了比较精确的结果。

表 5-6　特大断面黄土隧道 CD 法开挖结束后控制点位移　(单位：m)

控制点	水平位移	竖向位移	总位移
1	9.26×10^{-3}	−0.48347	0.48356
2	1.34×10^{-2}	−0.48968	0.48987
3	1.58×10^{-2}	−0.47355	0.47381
4	2.08×10^{-2}	−0.48539	0.48583
5	2.20×10^{-2}	−0.47400	0.47451

5.3.2　CRD 法

1. 先行左侧导坑开挖

CRD 法的开挖形式与 CD 法有很多相似之处，其先行左侧导坑开挖与 CD 法的主要区别在于只能选用台阶法开挖，这是由于此方法在隧道断面内部分台阶设置了横向和纵向的临时支撑。由于隧道断面面积较大，为保证工程实际安全采用上、中、下三台阶开挖。每开挖一步后及时支护，台阶和中壁加临时支护后应力释放减缓，只施加实际荷载的 80%。

第一步(左侧上台阶)开挖后塑性应变、总应变、X 方向位移等值线、Y 方向位移等值线图见图 5-33～图 5-36 所示。

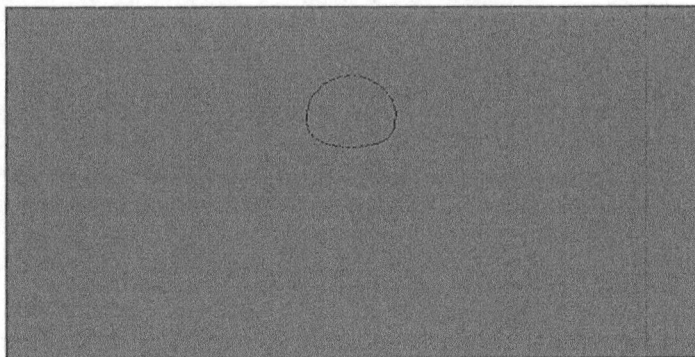

图 5-33　特大断面黄土隧道 CRD 法第一步开挖后塑性应变图

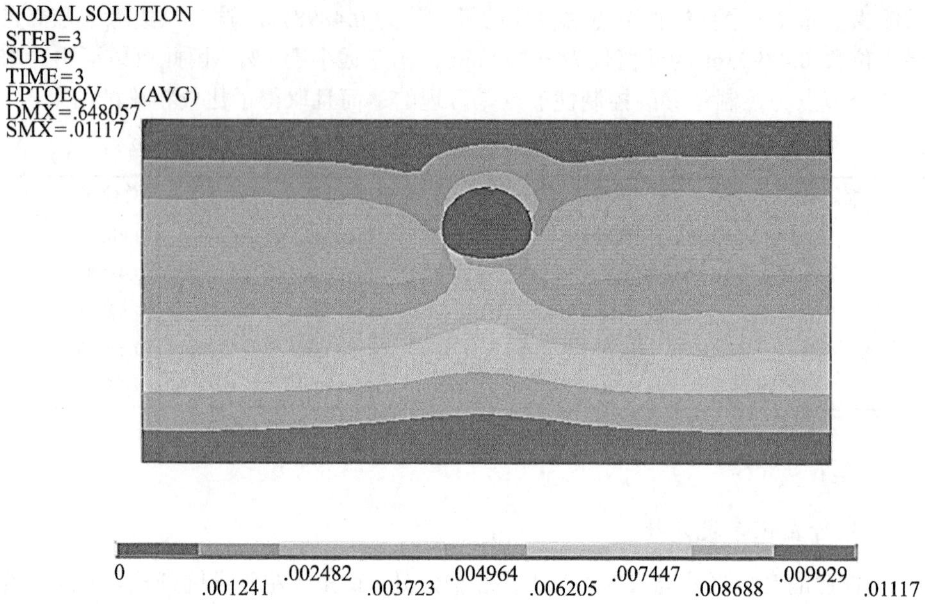
NODAL SOLUTION
STEP=3
SUB=9
TIME=3
EPTOEQV (AVG)
DMX=.648057
SMX=.01117
0
.001241
.002482
.003723
.004964
.006205
.007447
.008688
.009929
.01117

图 5-34　特大断面黄土隧道 CRD 法第一步开挖后总应变图

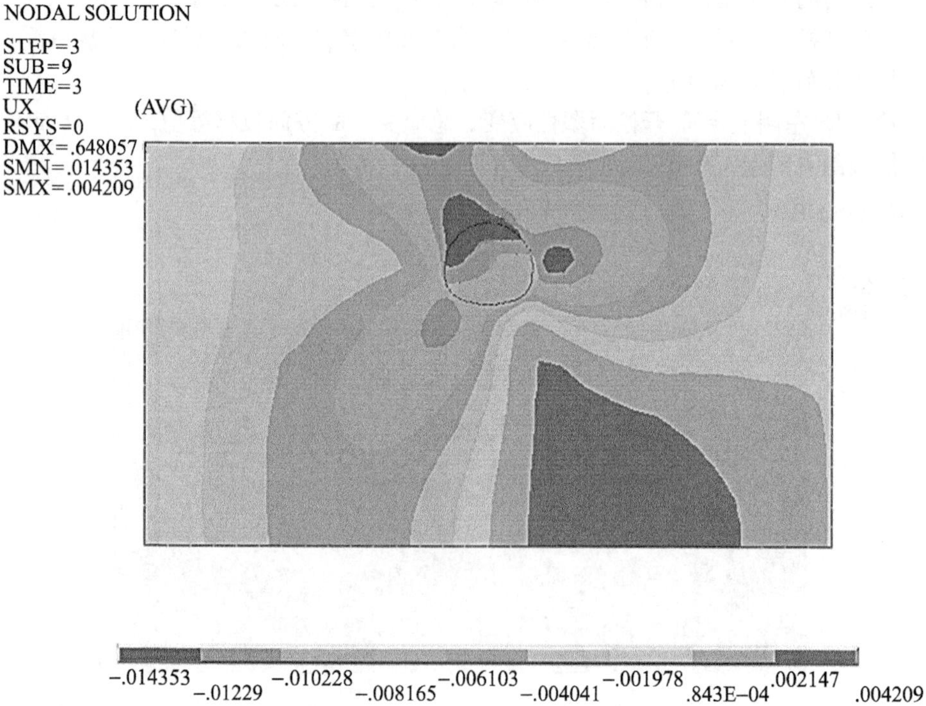
NODAL SOLUTION
STEP=3
SUB=9
TIME=3
UX (AVG)
RSYS=0
DMX=.648057
SMN=.014353
SMX=.004209
–.014353
–.01229
–.010228
–.008165
–.006103
–.004041
–.001978
.843E–04
.002147
.004209

图 5-35　特大断面黄土隧道 CRD 法第一步开挖后 X 方向位移等值线图

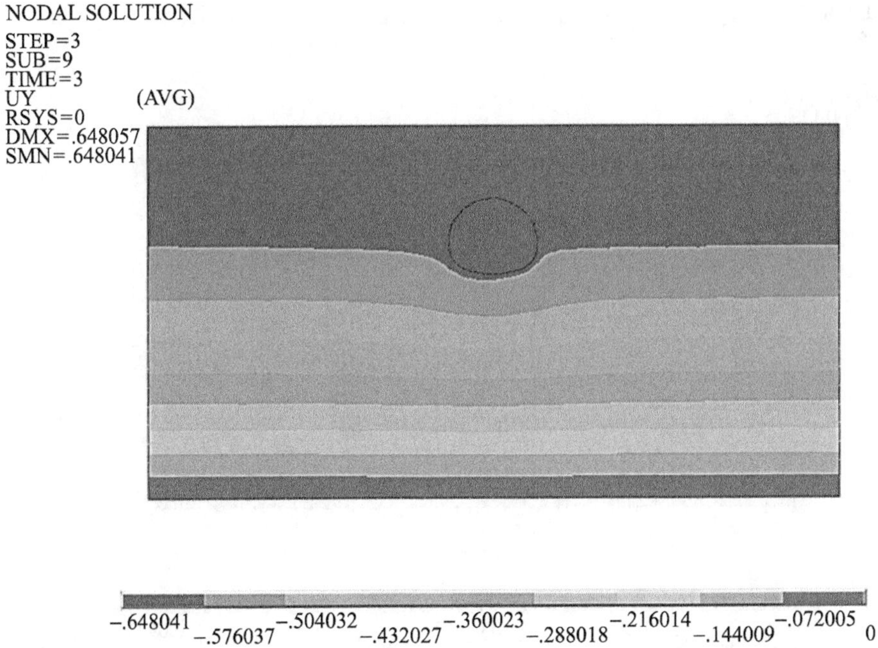
NODAL SOLUTION
STEP=3
SUB=9
TIME=3
UY　(AVG)
RSYS=0
DMX=.648057
SMN=.648041
−.648041
−.576037
−.504032
−.432027
−.360023
−.288018
−.216014
−.144009
−.072005
0

图 5-36　特大断面黄土隧道 CRD 法第一步开挖后 *Y* 方向位移等值线图

第二步(左侧中台阶)开挖后塑性应变、总应变、*X* 方向位移等值线、*Y* 方向位移等值线图见图 5-37～图 5-40 所示。

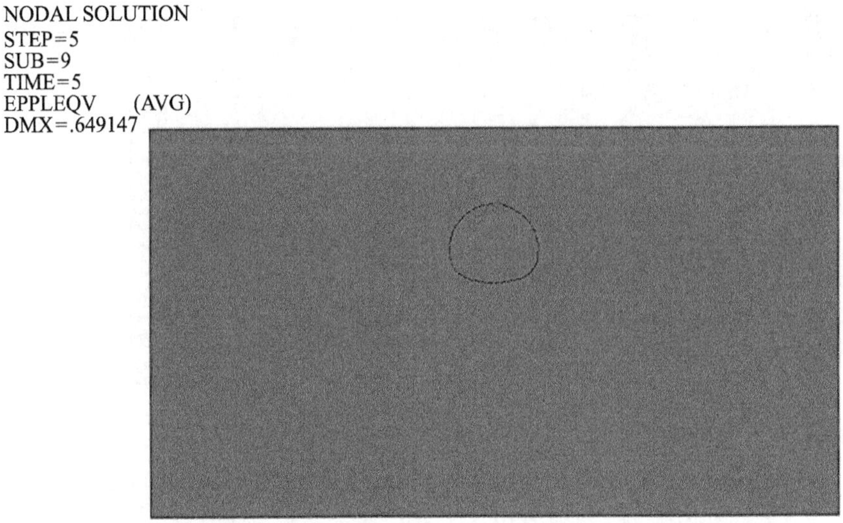
NODAL SOLUTION
STEP=5
SUB=9
TIME=5
EPPLEQV　(AVG)
DMX=.649147

图 5-37　特大断面黄土隧道 CRD 法第二步开挖后塑性应变图

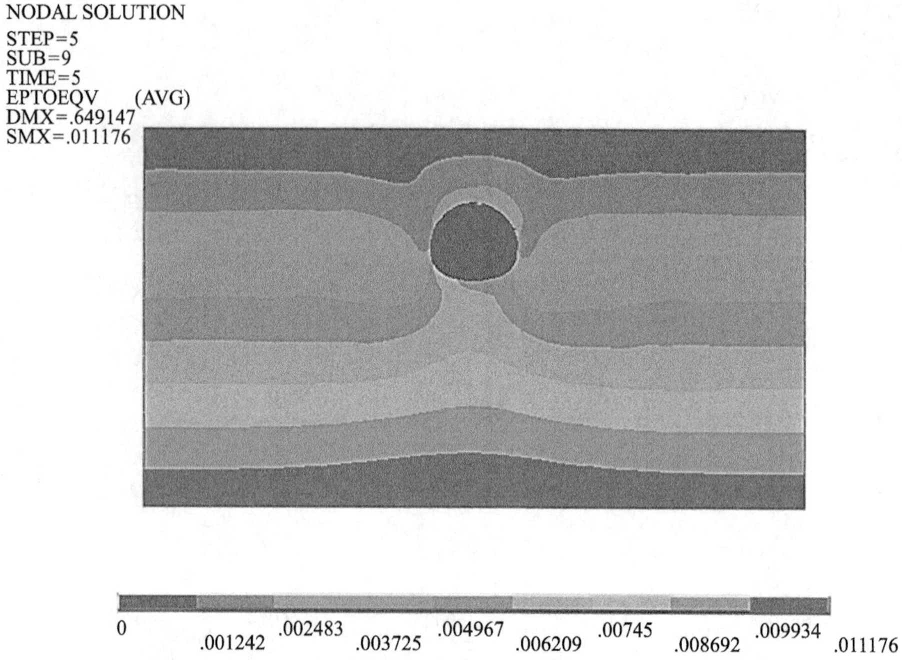
NODAL SOLUTION
STEP=5
SUB=9
TIME=5
EPTOEQV (AVG)
DMX=.649147
SMX=.011176
0
.001242
.002483
.003725
.004967
.006209
.00745
.008692
.009934
.011176

图 5-38　特大断面黄土隧道 CRD 法第二步开挖后总应变图

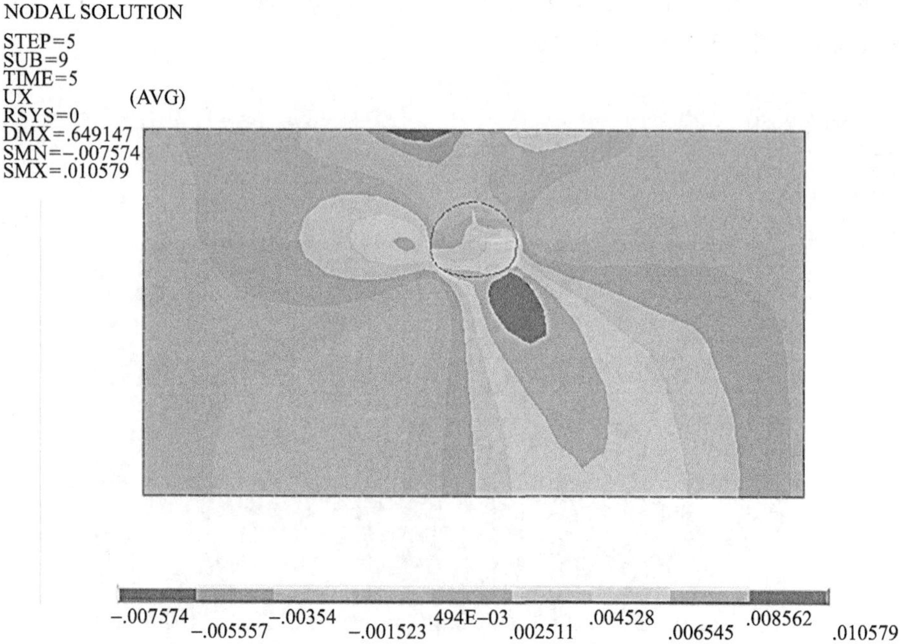
NODAL SOLUTION
STEP=5
SUB=9
TIME=5
UX (AVG)
RSYS=0
DMX=.649147
SMN=-.007574
SMX=.010579
-.007574
-.005557
-.00354
-.001523
.494E-03
.002511
.004528
.006545
.008562
.010579

图 5-39　特大断面黄土隧道 CRD 法第二步开挖后 *X* 方向位移等值线图

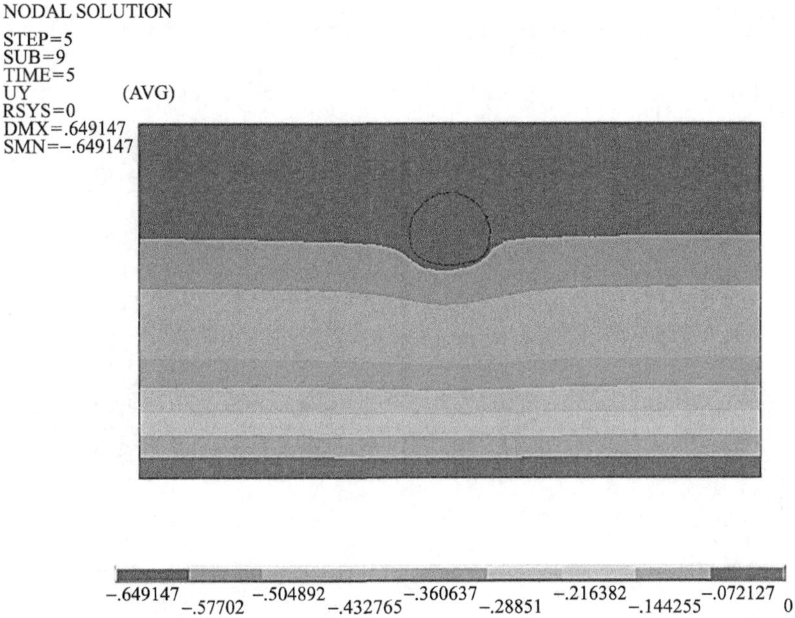
NODAL SOLUTION
STEP=5
SUB=9
TIME=5
UY (AVG)
RSYS=0
DMX=.649147
SMN=-.649147
-.649147
-.57702
-.504892
-.432765
-.360637
-.28851
-.216382
-.144255
-.072127
0

图 5-40　特大断面黄土隧道 CRD 法第二步开挖后 *Y* 方向位移等值线图

第三步(左侧下台阶)开挖后塑性应变、总应变、*X* 方向位移等值线、*Y* 方向位移等值线图见图 5-41～图 5-44。

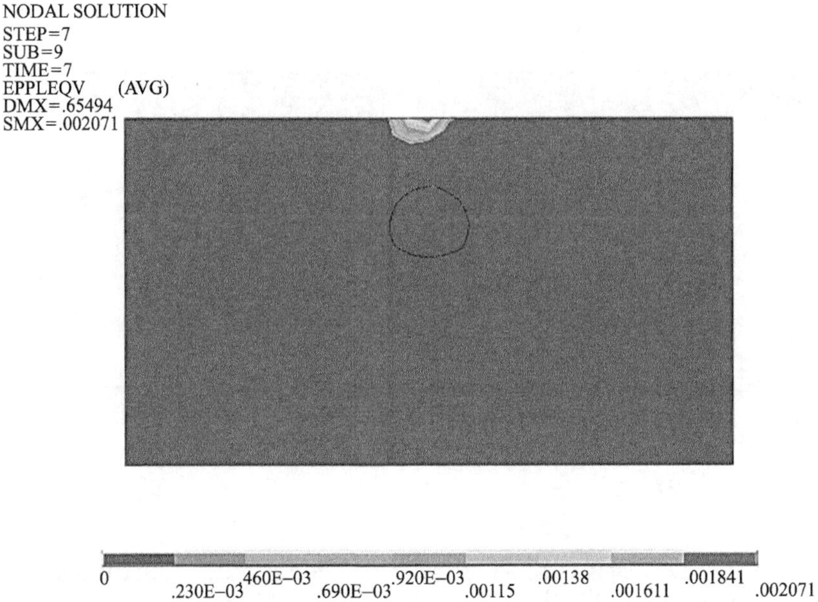
NODAL SOLUTION
STEP=7
SUB=9
TIME=7
EPPLEQV (AVG)
DMX=.65494
SMX=.002071
0
.230E-03
.460E-03
.690E-03
.920E-03
.00115
.00138
.001611
.001841
.002071

图 5-41　特大断面黄土隧道 CRD 法第三步开挖后塑性应变图

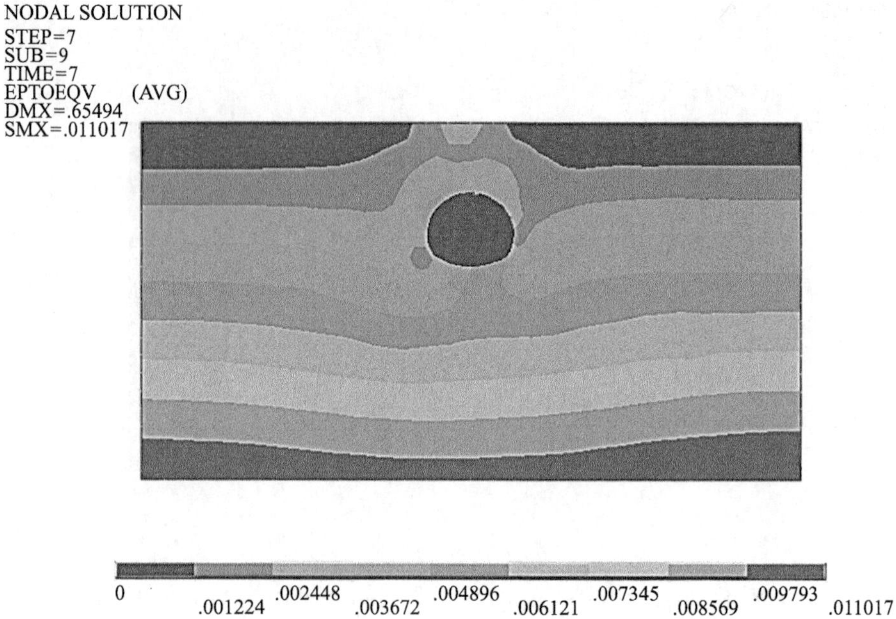
NODAL SOLUTION
STEP=7
SUB=9
TIME=7
EPTOEQV (AVG)
DMX=.65494
SMX=.011017
0
.001224
.002448
.003672
.004896
.006121
.007345
.008569
.009793
.011017

图 5-42　特大断面黄土隧道 CRD 法第三步开挖后总应变图

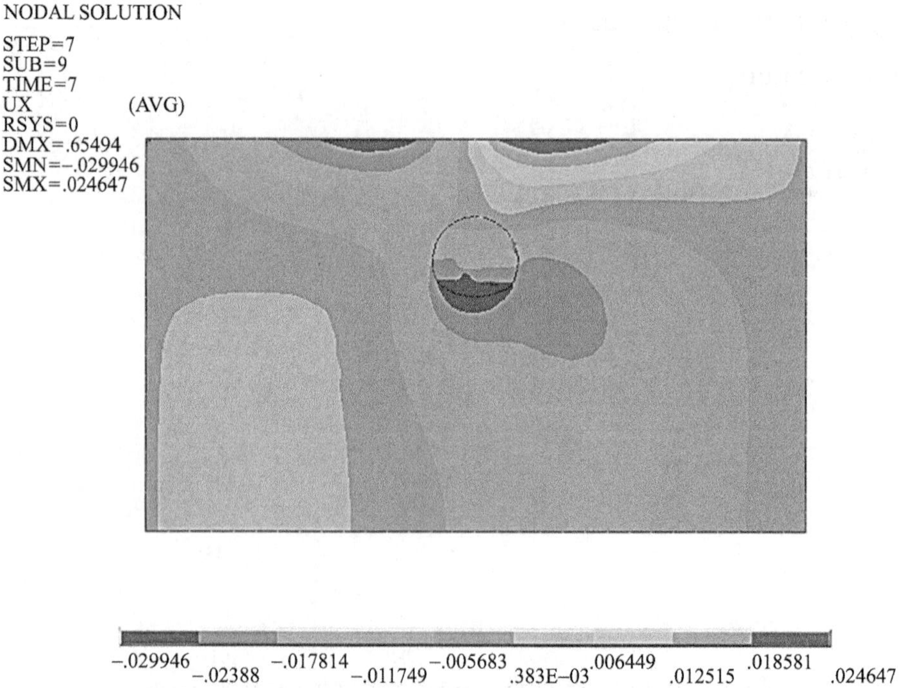
NODAL SOLUTION
STEP=7
SUB=9
TIME=7
UX (AVG)
RSYS=0
DMX=.65494
SMN=−.029946
SMX=.024647
−.029946
−.02388
−.017814
−.011749
−.005683
.383E−03
.006449
.012515
.018581
.024647

图 5-43　特大断面黄土隧道 CRD 法第三步开挖后 *X* 方向位移等值线图

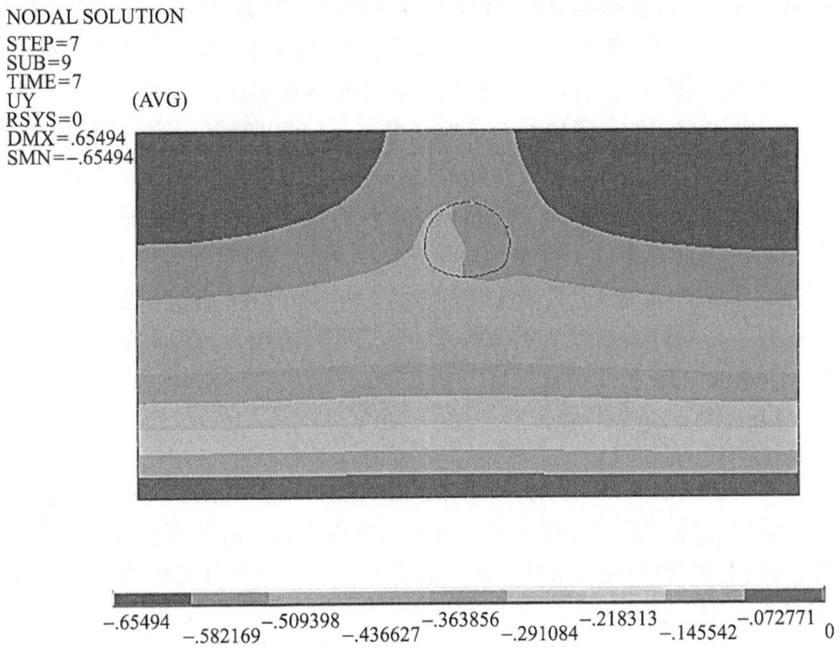
NODAL SOLUTION
STEP=7
SUB=9
TIME=7
UY (AVG)
RSYS=0
DMX=.65494
SMN=-.65494
-.65494
-.582169
-.509398
-.436627
-.363856
-.291084
-.218313
-.145542
-.072771
0

图 5-44　特大断面黄土隧道 CRD 法第三步开挖后 Y 方向位移等值线图

从第一、第二步开挖后的塑性应变图(图 5-33 和图 5-37)可以看出，当开挖断面较小时，整个围岩区域基本不出现塑性区，但左侧导坑开挖完成后(即第三步开挖完成后)，在开挖断面的正上方围岩边缘区出现了较大片的塑性区，见图 5-41。这与 CD 法产生的结果基本相同。根据 CD 法右侧开挖后的结果可以推测，随着右侧后行导坑的开挖，这片塑性区将继续向右侧延伸扩大。区别是，CD 法开挖后在开挖轮廓的周围出现的星点塑性分布与应力分布区在 CRD 法中并未出现，这是由于临时支撑阻碍了轮廓线上塑性区的发展，说明使用临时支撑后隧洞开挖是偏安全的。

比较各步开挖后的总应变图(图 5-34、图 5-38 和图 5-42)，左侧断面的开挖使得开挖断面的总应变量明显比右侧增加，且增幅随着开挖的深入不断扩大，开挖还使得应变区分层被打乱。由图 5-34 和图 5-38 还可以看出，前两步开挖使得尚未开挖掉的左侧拱脚处的应变量比正常应变量高出 1～2 个等级，但是第三步开挖完成后，拱脚处出现了与 CD 法中相同的亚应变区，说明此时应力应变在拱脚处也出现了拐点。由此推测，当整个断面全部开挖完成以后，右侧拱脚处也将出现亚应变区和拐点。

通过 X 方向的位移等值线图(图 5-35 和图 5-39)可以看出，在左侧断面没有完全开挖完成前，X 方向位移云图总体呈现反对称分布，沿自 X 轴逆时针旋转 45° 角的方向的对称轴两侧，位移量基本呈现等值反号对称分布。左侧导坑全部开挖完成后，*X* 方向的位移区仍近似反号对称分布，对称轴为开挖断面沿 *Y* 轴方向中心轴线，见图 5-43。这与总应变图 5-42 所表现出的应变区分布基本对应，是开挖后围岩挤压挖空区的结果。由 *Y* 方向位移等值线图 5-36 和图 5-40 可以看出，开挖断面较小时，*Y* 方向位移仍呈层状分布，基本不受开挖扰动的影响，但第三步开挖完成后，高阶位移应变层明显突出进入开挖断面，而相对低阶位移应变层也同步上移，这说明左侧第三步开挖对 *Y* 方向位移的贡献较为显著，即拱顶处位移量显著增大。

综上所述，第一、第二步开挖对塑性应变，总应变、*X* 和 *Y* 方向位移的影响较小，而第三步开挖将显著影响以上各项指标，对工程影响较大。因此在实际施工中要特别注意第三步开挖后的支护，保证工程安全。

2. 后行右侧导坑开挖

右侧开挖与左侧开挖工序相同，只是如果临时支护两侧岩体全部被开挖后，临时支护即变为临时支撑，此时支撑上加上全部的节点力进行逐步开挖计算。

第四步(右侧上台阶)开挖后塑性应变、总应变、*X* 方向位移等值线、*Y* 方向位移等值线图见图 5-45～图 5-48。

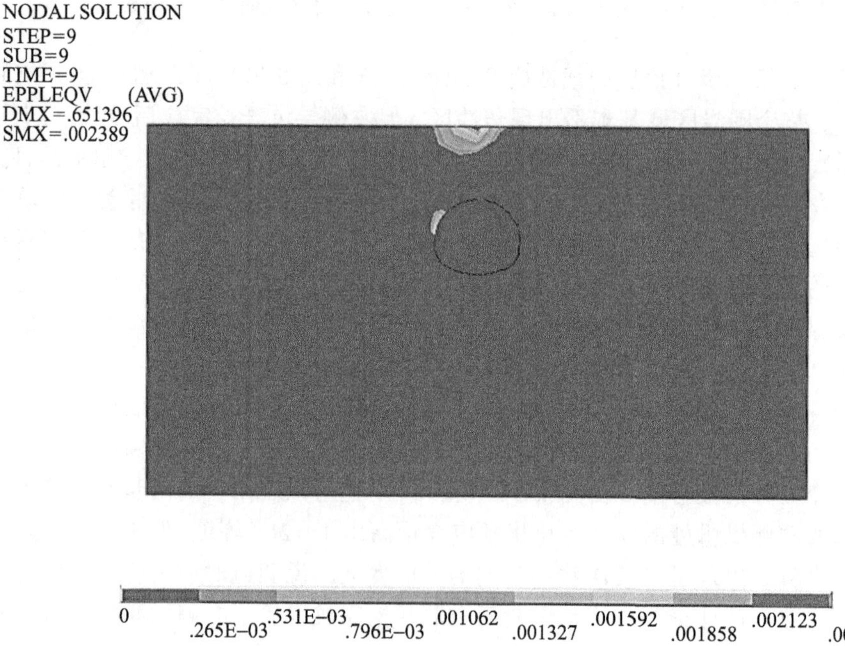
NODAL SOLUTION
STEP=9
SUB=9
TIME=9
EPPLEQV (AVG)
DMX=.651396
SMX=.002389
0
.265E–03
.531E–03
.796E–03
.001062
.001327
.001592
.001858
.002123
.002389

图 5-45 特大断面黄土隧道 CRD 法第四步开挖后塑性应变图

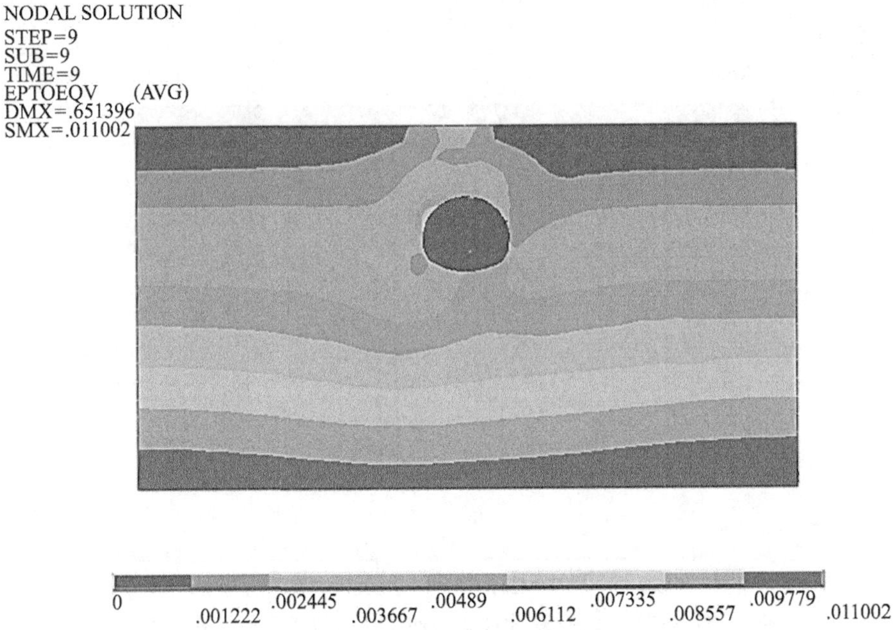
NODAL SOLUTION
STEP=9
SUB=9
TIME=9
EPTOEQV (AVG)
DMX=.651396
SMX=.011002
0
.001222
.002445
.003667
.00489
.006112
.007335
.008557
.009779
.011002

图 5-46　特大断面黄土隧道 CRD 法第四步开挖后总应变图

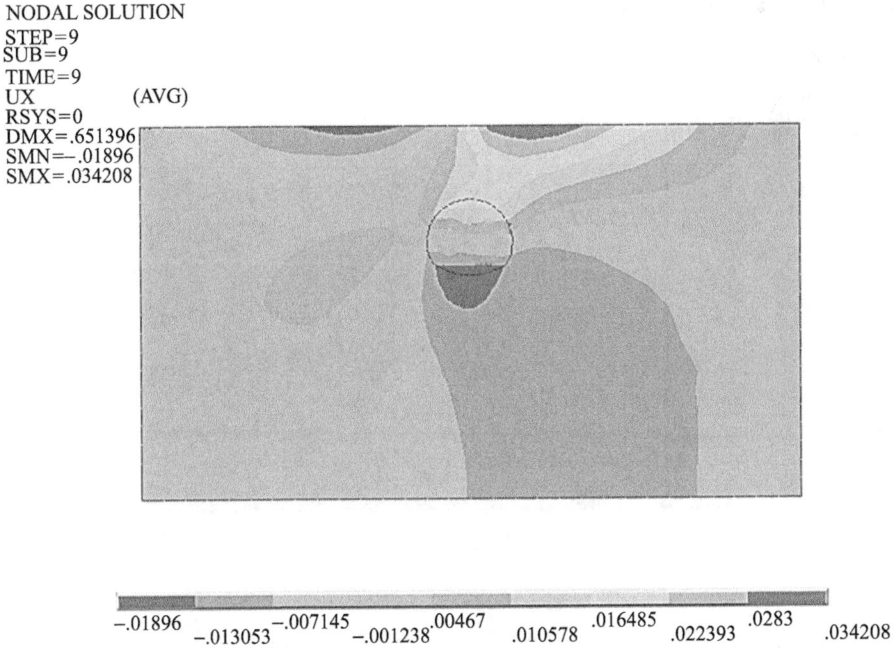
NODAL SOLUTION
STEP=9
SUB=9
TIME=9
UX (AVG)
RSYS=0
DMX=.651396
SMN=−.01896
SMX=.034208
−.01896
−.013053
−.007145
−.001238
.00467
.010578
.016485
.022393
.0283
.034208

图 5-47　特大断面黄土隧道 CRD 法第四步开挖后 *X* 方向位移等值线图

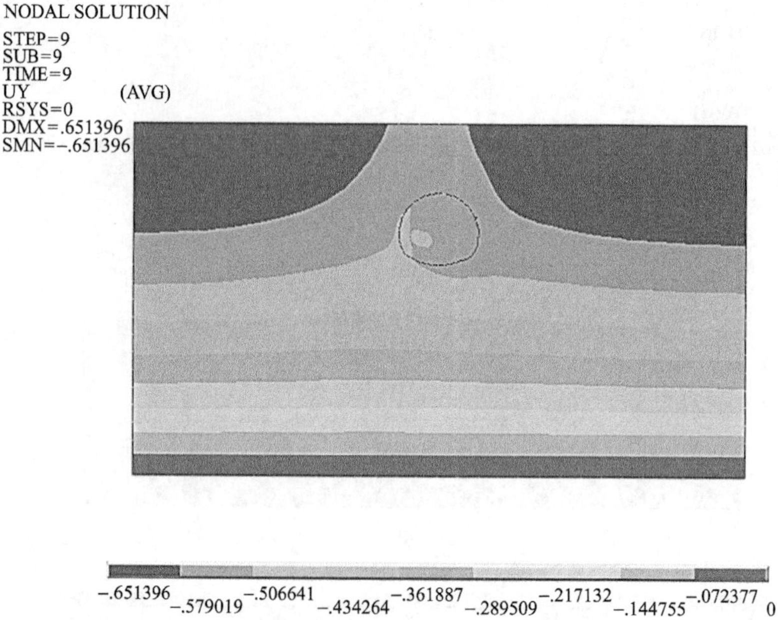
NODAL SOLUTION
STEP=9
SUB=9
TIME=9
UY　(AVG)
RSYS=0
DMX=.651396
SMN=-.651396
-.651396
-.579019
-.506641
-.434264
-.361887
-.289509
-.217132
-.144755
-.072377
0

图 5-48　特大断面黄土隧道 CRD 法第四步开挖后 *Y* 方向位移等值线图

第五步(右侧中台阶)开挖后塑性应变、总应变、*X* 方向位移等值线、*Y* 方向位移等值线图见图 5-49～图 5-52。

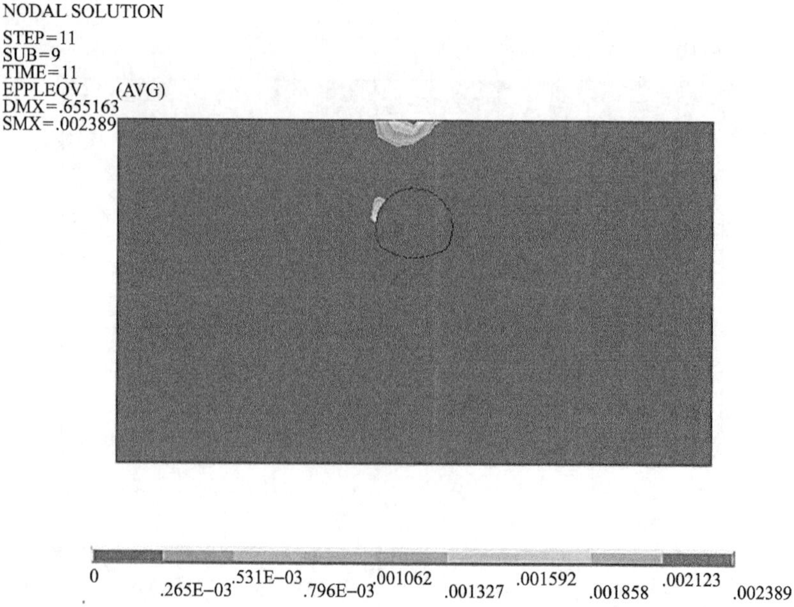
NODAL SOLUTION
STEP=11
SUB=9
TIME=11
EPPLEQV　(AVG)
DMX=.655163
SMX=.002389
0
.265E-03
.531E-03
.796E-03
.001062
.001327
.001592
.001858
.002123
.002389

图 5-49　特大断面黄土隧道 CRD 法第五步开挖后塑性应变图

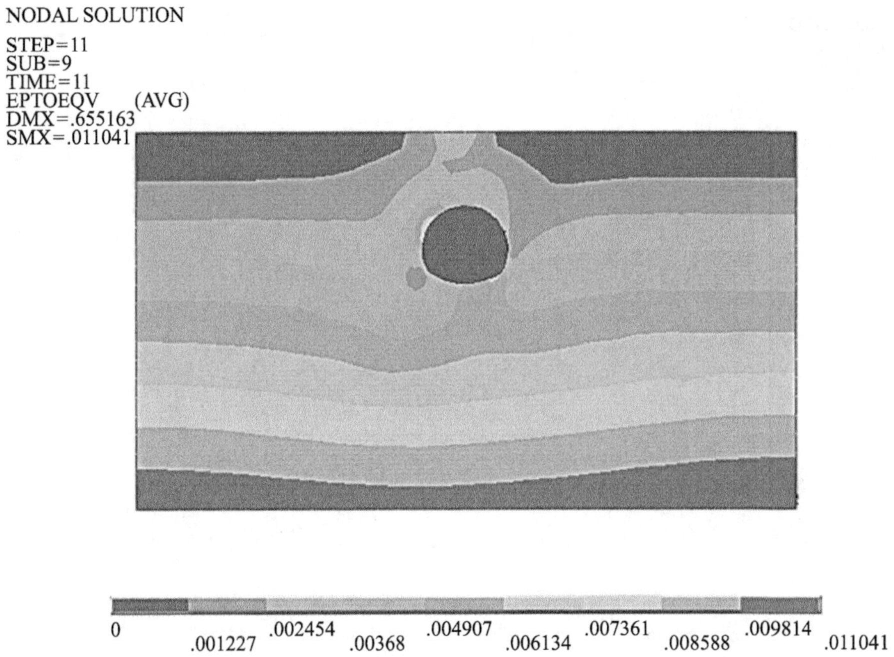
NODAL SOLUTION
STEP=11
SUB=9
TIME=11
EPTOEQV (AVG)
DMX=.655163
SMX=.011041
0
.001227
.002454
.00368
.004907
.006134
.007361
.008588
.009814
.011041

图 5-50　特大断面黄土隧道 CRD 法第五步开挖后总应变图

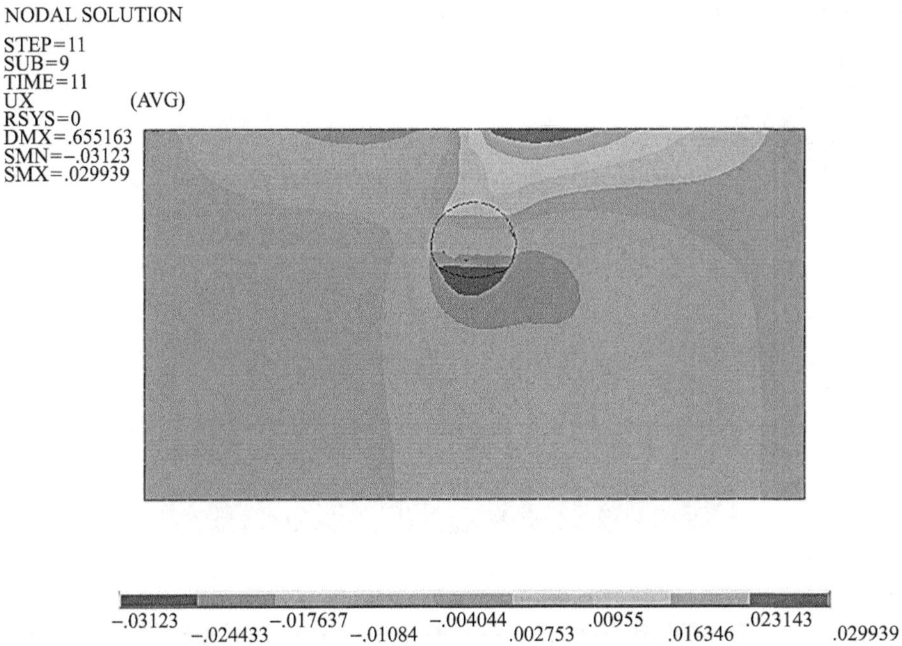
NODAL SOLUTION
STEP=11
SUB=9
TIME=11
UX (AVG)
RSYS=0
DMX=.655163
SMN=-.03123
SMX=.029939
-.03123
-.024433
-.017637
-.01084
-.004044
.002753
.00955
.016346
.023143
.029939

图 5-51　特大断面黄土隧道 CRD 法第五步开挖后 *X* 方向位移等值线图

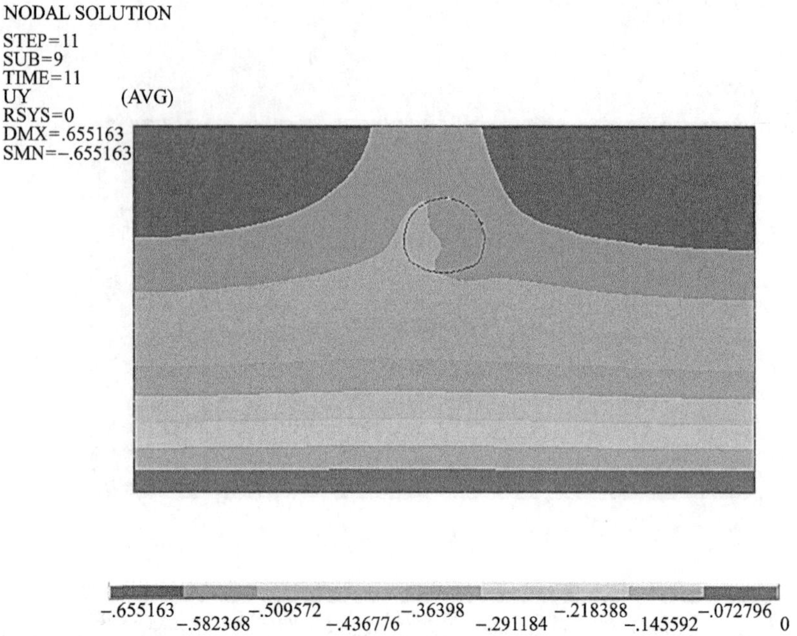

图 5-52　特大断面黄土隧道 CRD 法第五步开挖后 *Y* 方向位移等值线图

第六步(右侧下台阶)开挖后塑性应变、总应变、*X* 方向位移等值线、*Y* 方向位移等值线图见图 5-53～图 5-56。

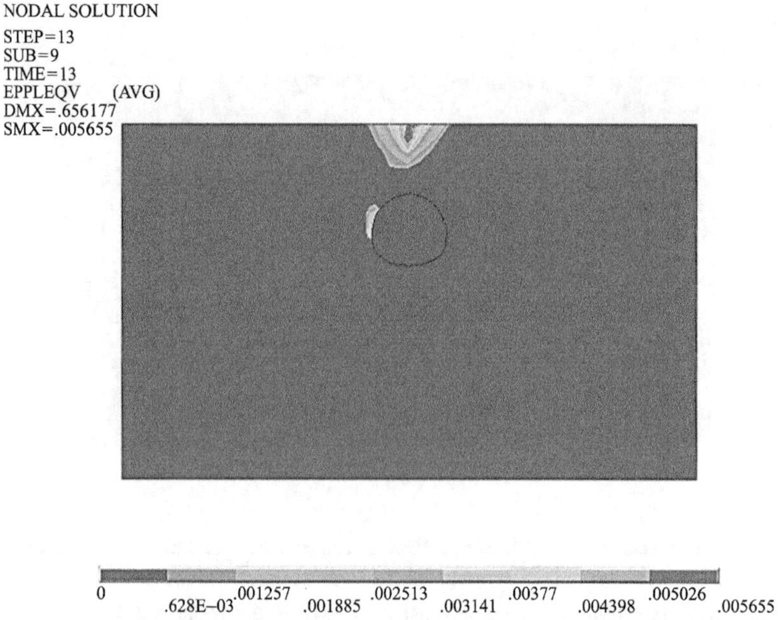

图 5-53　特大断面黄土隧道 CRD 法第六步开挖后塑性应变图

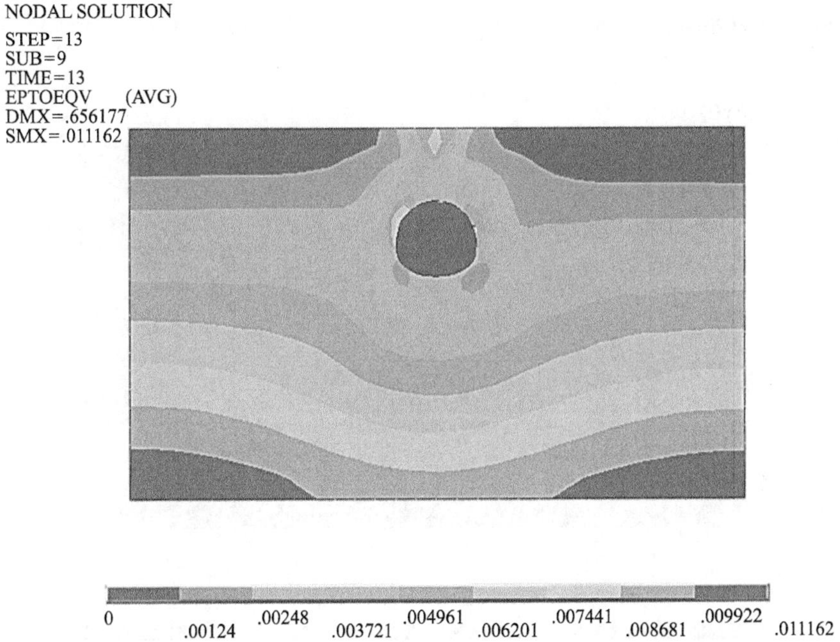
NODAL SOLUTION
STEP=13
SUB=9
TIME=13
EPTOEQV (AVG)
DMX=.656177
SMX=.011162
0
.00124
.00248
.003721
.004961
.006201
.007441
.008681
.009922
.011162

图 5-54　特大断面黄土隧道 CRD 法第六步开挖后总应变图

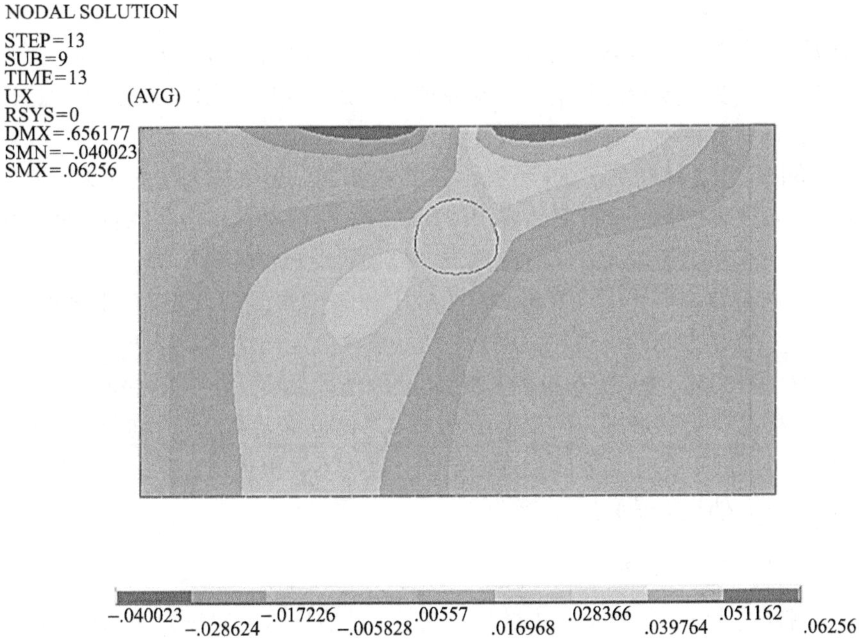
NODAL SOLUTION
STEP=13
SUB=9
TIME=13
UX (AVG)
RSYS=0
DMX=.656177
SMN=−.040023
SMX=.06256
−.040023
−.028624
−.017226
−.005828
.00557
.016968
.028366
.039764
.051162
.06256

图 5-55　特大断面黄土隧道 CRD 法第六步开挖后 *X* 方向位移等值线图

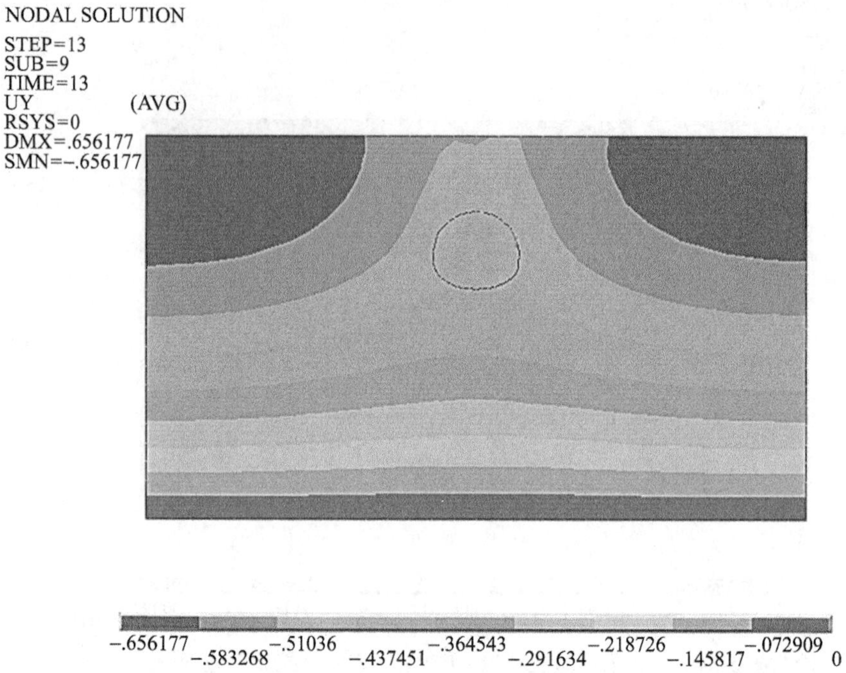

图 5-56　特大断面黄土隧道 CRD 法第六步开挖后 Y 方向位移等值线图

从塑性应变图（图 5-45、图 5-49 和图 5-53)可以看出，与 CD 法一样，开挖断面正上方塑性应变区逐渐向开挖一侧延伸扩展，第六步开挖完成后，其塑性区图基本呈对称分布，且在拱肩位置也出现了塑性区。

总应变图（图 5 -46、图 5-50 和图 5-54)反映出超过正常应变层的较大应变区也出现在拱顶和拱肩位置，这与塑性应变图反映出的情况基本吻合，说明在隧洞拱顶和拱肩位置位移和变形较大，是危险区域，应加强此区域跟进支护。

由 *X* 方向位移等值线图（图 5-47、图 5-51 和图 5-55)可以看出，隧洞开挖第四、第五步时产生的 *X* 方向的位移在拱底处较大，依次分层向上逐步减小，而 *Y* 方向位移等值线图（图 5-48、图 5-52 和图 5-56)显示出相对低阶位移应变层继续上移并扩展，其他位移层也上移跟进，由此得出 *Y* 方向总体位移显著。*Y* 方向位移远大于 *X* 方向位移，因此可以忽略 *X* 方向位移的影响，以后不再赘述。这进一步说明了上述加强拱顶和拱肩处支护是必要和合理的。

3. 拆除中壁临时支护

左右侧开挖完成后，要拆除中壁临时支护，然后进行围岩应力的完全释放后的计算。拆除临时支撑后的最终塑性应变、总应变、*X* 方向位移等值线、*Y* 方向位移等值线、最终总位移云图，最终节点位移云图见图 5-57～图 5-62。

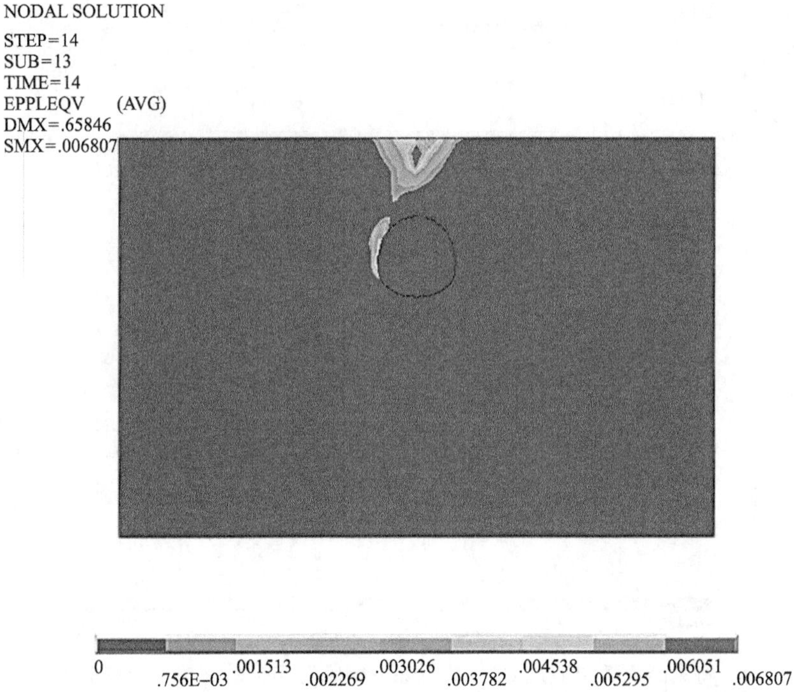
NODAL SOLUTION
STEP=14
SUB=13
TIME=14
EPPLEQV (AVG)
DMX=.65846
SMX=.006807
0
.756E−03
.001513
.002269
.003026
.003782
.004538
.005295
.006051
.006807

图 5-57　特大断面黄土隧道 CRD 法拆除中壁临时支护后塑性应变图

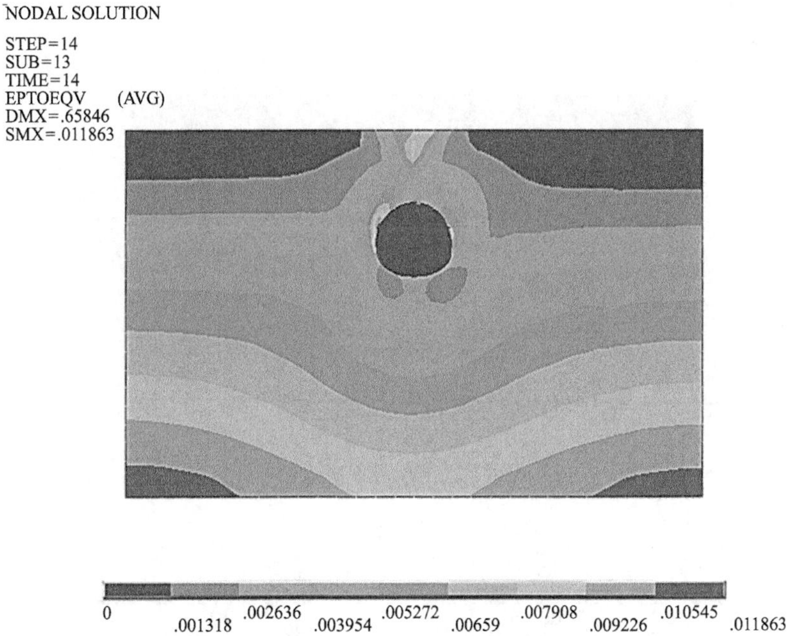
NODAL SOLUTION
STEP=14
SUB=13
TIME=14
EPTOEQV (AVG)
DMX=.65846
SMX=.011863
0
.001318
.002636
.003954
.005272
.00659
.007908
.009226
.010545
.011863

图 5-58　特大断面黄土隧道 CRD 法拆除中壁临时支护后总应变图

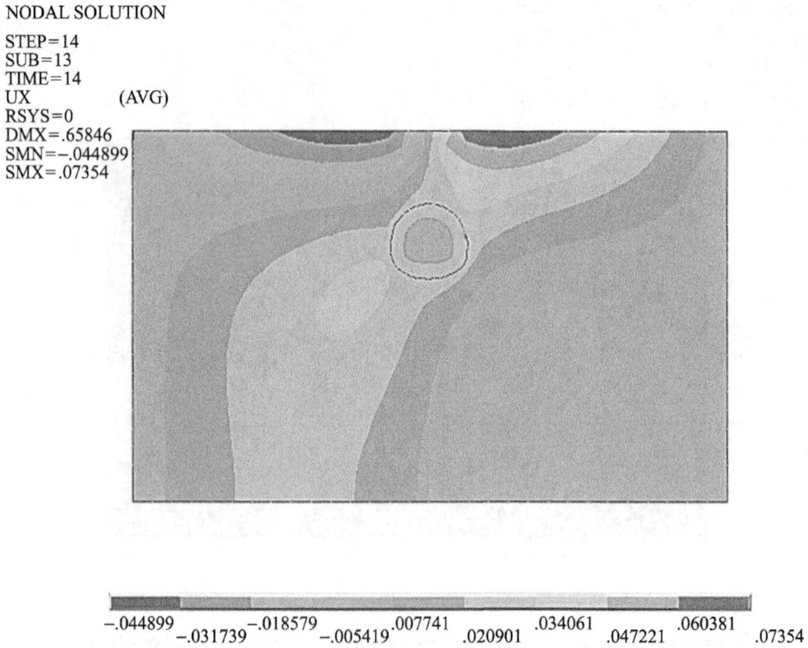
NODAL SOLUTION
STEP=14
SUB=13
TIME=14
UX (AVG)
RSYS=0
DMX=.65846
SMN=−.044899
SMX=.07354
−.044899
−.031739
−.018579
−.005419
.007741
.020901
.034061
.047221
.060381
.07354

图 5-59　特大断面黄土隧道 CRD 法拆除中壁临时支护后 *X* 方向位移等值线图

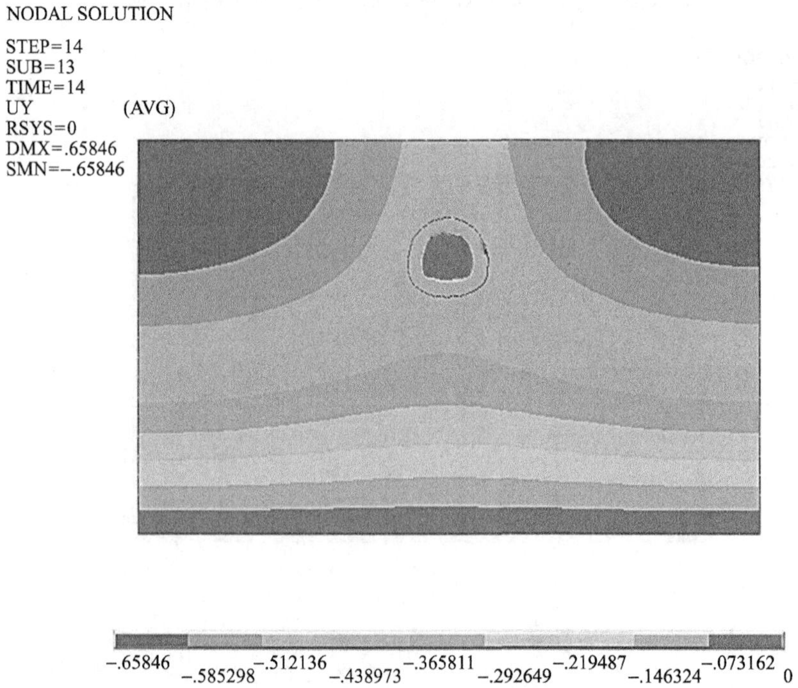
NODAL SOLUTION
STEP=14
SUB=13
TIME=14
UY (AVG)
RSYS=0
DMX=.65846
SMN=−.65846
−.65846
−.585298
−.512136
−.438973
−.365811
−.292649
−.219487
−.146324
−.073162
0

图 5-60　特大断面黄土隧道 CRD 法拆除中壁临时支护后 *Y* 方向位移等值线图

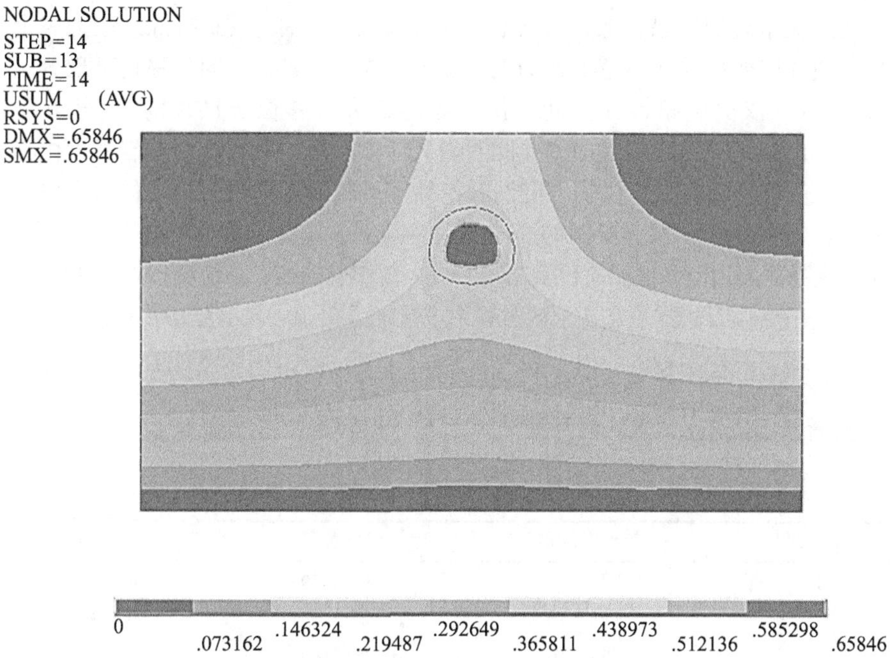
NODAL SOLUTION
STEP=14
SUB=13
TIME=14
USUM (AVG)
RSYS=0
DMX=.65846
SMX=.65846
0
.073162
.146324
.219487
.292649
.365811
.438973
.512136
.585298
.65846

图 5-61　特大断面黄土隧道 CRD 法拆除中壁临时支护后总位移云图

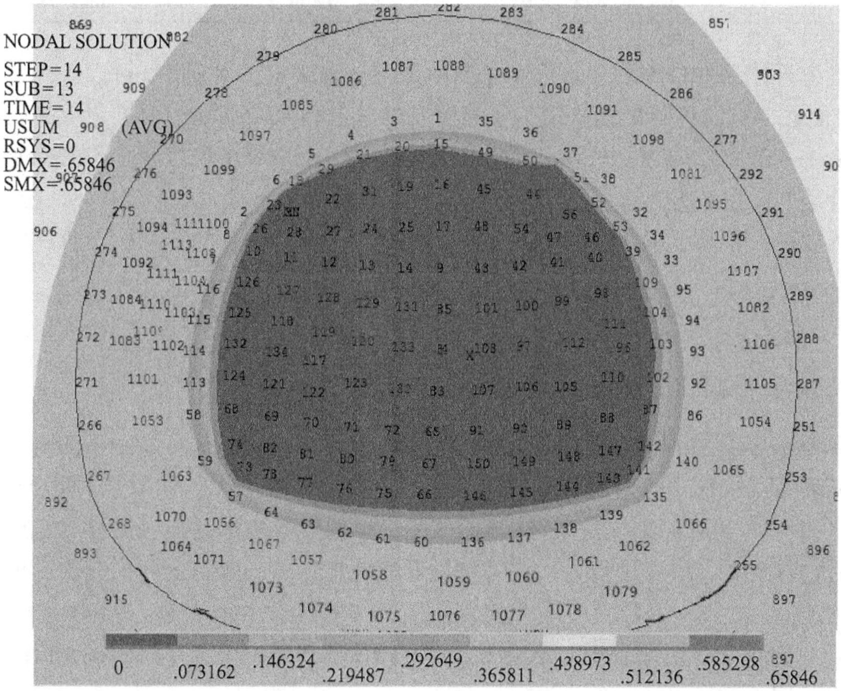
NODAL SOLUTION
STEP=14
SUB=13
TIME=14
USUM (AVG)
RSYS=0
DMX=.65846
SMX=.65846
0
.073162
.146324
.219487
.292649
.365811
.438973
.512136
.585298
.65846

图 5-62　特大断面黄土隧道 CRD 法拆除中壁临时支护后节点位移云图

与 CD 法呈现的结果相似，从以上各图可以看出，临时支护拆除后应力完全释放，最大塑性应变出现在隧道上方的地表围岩边缘；围岩 Y 方向位移仍呈现分层分布，从上到下依次递减，开挖断面拱边缘的最大位移位于拱顶的 1 号节点为 0.42456m，由此可见拱顶处总应变量相对较大。整个模拟范围内的围岩最大位移和 Y 方向最大位移相吻合，也说明在隧洞开挖结束后隧洞四周围岩出现的最大位移出现在隧洞上方的整个土层，隧洞的开挖导致隧洞下方应变区层的整体下移。不同的是，在开挖断面周边围岩区拱肩位置出现了较大的塑性应变，总应变图 5-58 也清晰地表现出了这一点，因此隧道在开挖的过程中应该加强拱顶和拱肩处的支护。

4. 开挖结束后控制点位移

特大断面黄土隧道 CRD 法开挖结束后 5 个控制点位移见表 5-7。

表 5-7　特大断面黄土隧道 CRD 法开挖结束后控制点位移　(单位：m)

控制点	水平位移	竖向位移	总位移
1	2.87×10^{-2}	−0.42359	0.42456
2	2.98×10^{-2}	−0.42204	0.42309
3	2.75×10^{-2}	−0.42169	0.42258
4	2.82×10^{-2}	−0.42028	0.42123
5	2.92×10^{-2}	−0.42077	0.42178

隧道开挖后的位移和变形大小主要由竖向位移决定。由表 5-7 可以看出，所取 5 个控制性节点总位移的最大值为 1 号节点的总位移 0.42456m，而拱边缘的最大位移即为 1 号节点上的最大位移，由此证明选取上述 5 个节点为控制位移的控制性节点是合理的。将表 5-7 的数据同表 5-6 的数据进行对比不难发现，CRD 法开挖后的隧洞围岩最大位移比 CD 法的结果要小，因此，从控制位移大小来看，CRD 法优于 CD 法。

5.3.3　单侧壁导坑法

1. 左右两侧导坑开挖

单侧壁导坑法的开挖形式与 CD 法类似，这里仍采用双侧导坑分台阶开挖法，中间隔墙采用钢撑进行临时支护，左右两侧开挖采用台阶法，分为上下两个台阶，台阶之间不加临时支撑。与 CD 法不同的是，单侧壁导坑法是在一侧导坑完全开挖完成后进行支护，然后进行另一侧导坑的开挖，直到另一侧完全开挖完成后再一次进行支护。

第一步开挖后塑性应变、总应变、X 方向位移等值线、Y 方向位移等值线图见图 5-63～图 5-66。

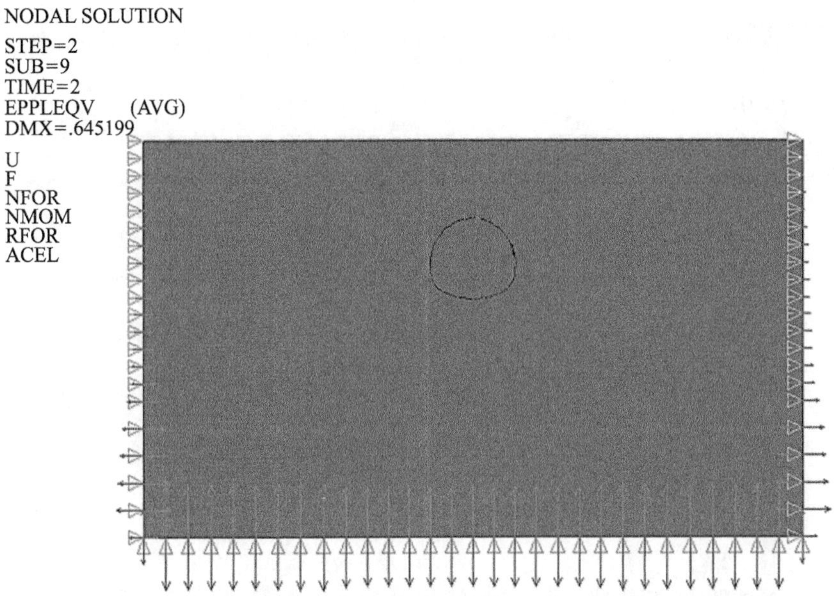
NODAL SOLUTION
STEP=2
SUB=9
TIME=2
EPPLEQV (AVG)
DMX=.645199
U
F
NFOR
NMOM
RFOR
ACEL

图 5-63 特大断面黄土隧道单侧壁导坑法第一步开挖后塑性应变图

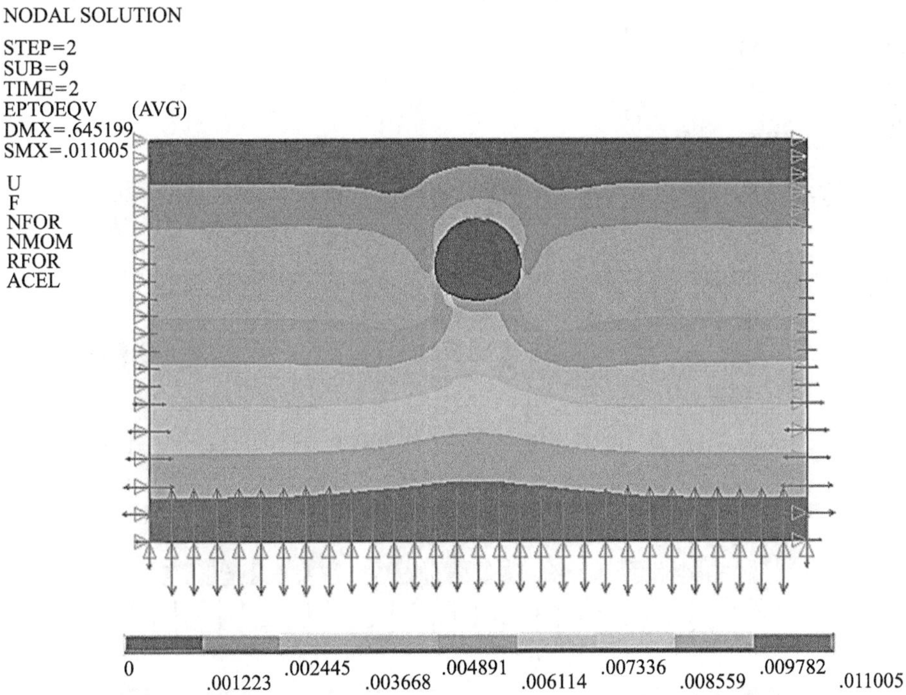
NODAL SOLUTION
STEP=2
SUB=9
TIME=2
EPTOEQV (AVG)
DMX=.645199
SMX=.011005
U
F
NFOR
NMOM
RFOR
ACEL
0
.001223
.002445
.003668
.004891
.006114
.007336
.008559
.009782
.011005

图 5-64 特大断面黄土隧道单侧壁导坑法第一步开挖后总应变图

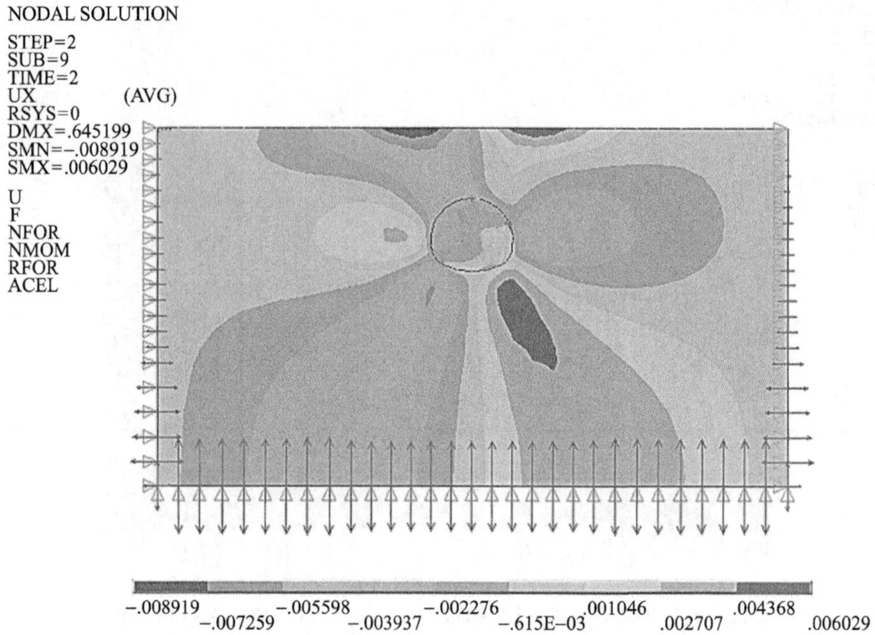
NODAL SOLUTION
STEP=2
SUB=9
TIME=2
UX (AVG)
RSYS=0
DMX=.645199
SMN=-.008919
SMX=.006029
U
F
NFOR
NMOM
RFOR
ACEL
-.008919
-.007259
-.005598
-.003937
-.002276
-.615E-03
.001046
.002707
.004368
.006029

图 5-65　特大断面黄土隧道单侧壁导坑法第一步开挖后 *X* 方向位移等值线图

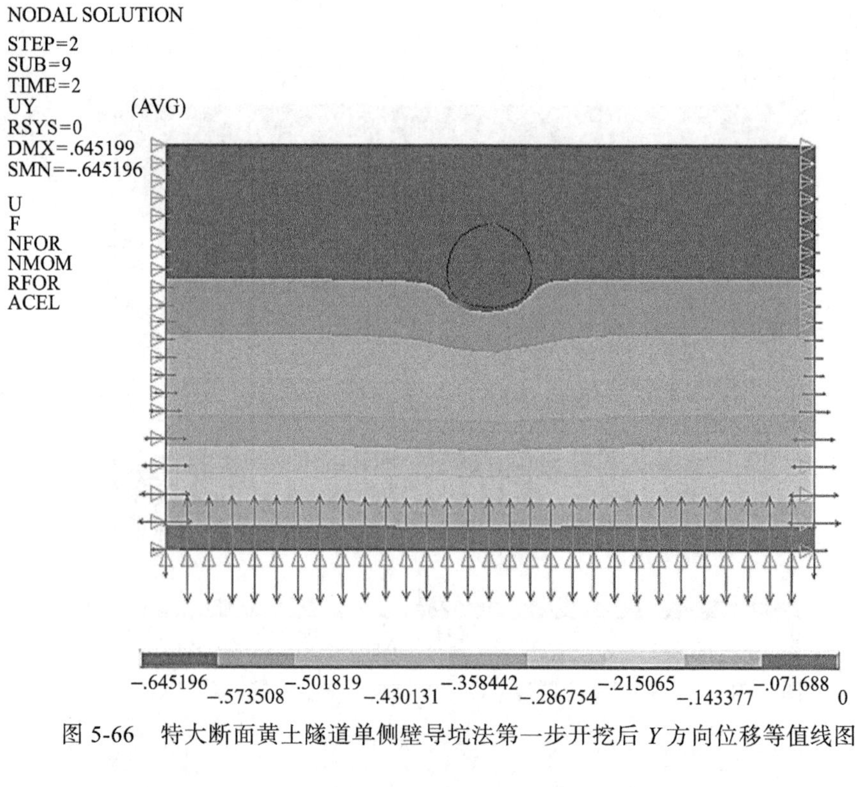
NODAL SOLUTION
STEP=2
SUB=9
TIME=2
UY (AVG)
RSYS=0
DMX=.645199
SMN=-.645196
U
F
NFOR
NMOM
RFOR
ACEL
-.645196
-.573508
-.501819
-.430131
-.358442
-.286754
-.215065
-.143377
-.071688
0

图 5-66　特大断面黄土隧道单侧壁导坑法第一步开挖后 *Y* 方向位移等值线图

第二步开挖后塑性应变、总应变、X 方向位移等值线、Y 方向位移等值线图见图 5-67～图 5-70。

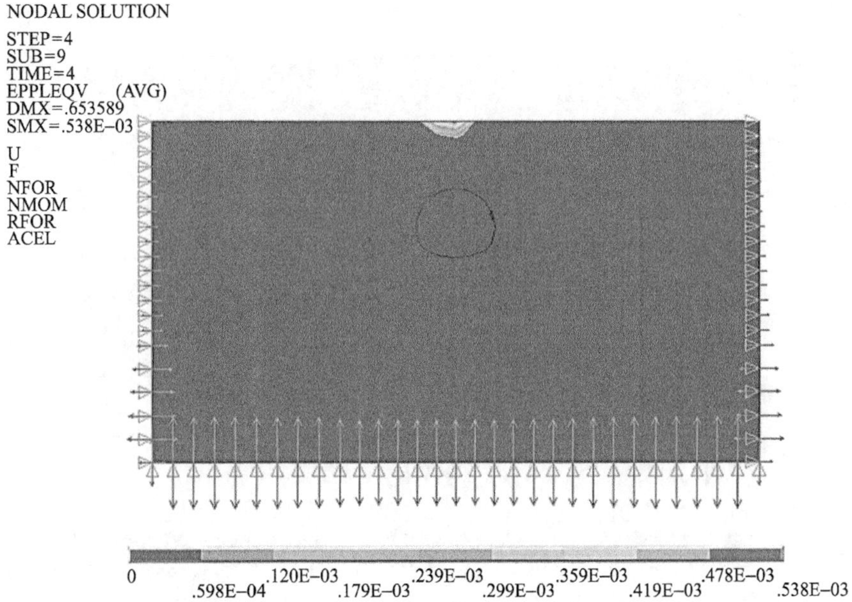
NODAL SOLUTION
STEP=4
SUB=9
TIME=4
EPPLEQV (AVG)
DMX=.653589
SMX=.538E-03
U
F
NFOR
NMOM
RFOR
ACEL
0
.598E-04
.120E-03
.179E-03
.239E-03
.299E-03
.359E-03
.419E-03
.478E-03
.538E-03

图 5-67　特大断面黄土隧道单侧壁导坑法第二步开挖后塑性应变图

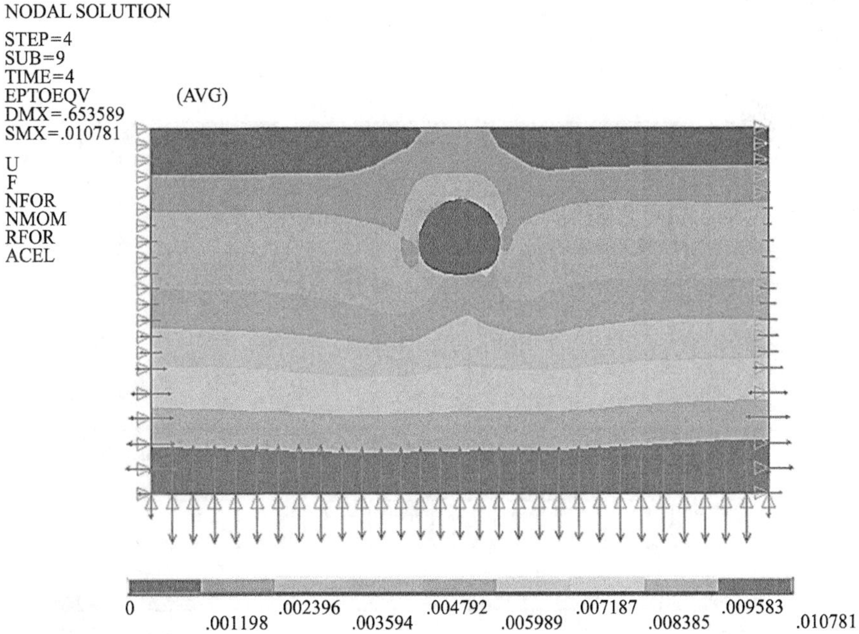
NODAL SOLUTION
STEP=4
SUB=9
TIME=4
EPTOEQV (AVG)
DMX=.653589
SMX=.010781
U
F
NFOR
NMOM
RFOR
ACEL
0
.001198
.002396
.003594
.004792
.005989
.007187
.008385
.009583
.010781

图 5-68　特大断面黄土隧道单侧壁导坑法第二步开挖后总应变图

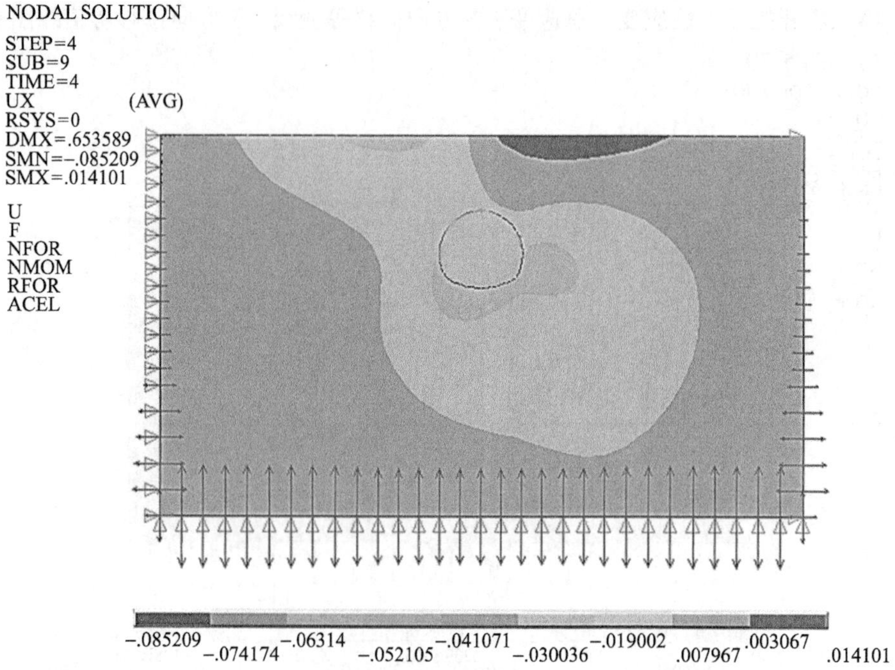
NODAL SOLUTION
STEP=4
SUB=9
TIME=4
UX (AVG)
RSYS=0
DMX=.653589
SMN=-.085209
SMX=.014101
U
F
NFOR
NMOM
RFOR
ACEL
-.085209
-.074174
-.06314
-.052105
-.041071
-.030036
-.019002
.007967
.003067
.014101

图 5-69　特大断面黄土隧道单侧壁导坑法第二步开挖后 X 方向位移等值线图

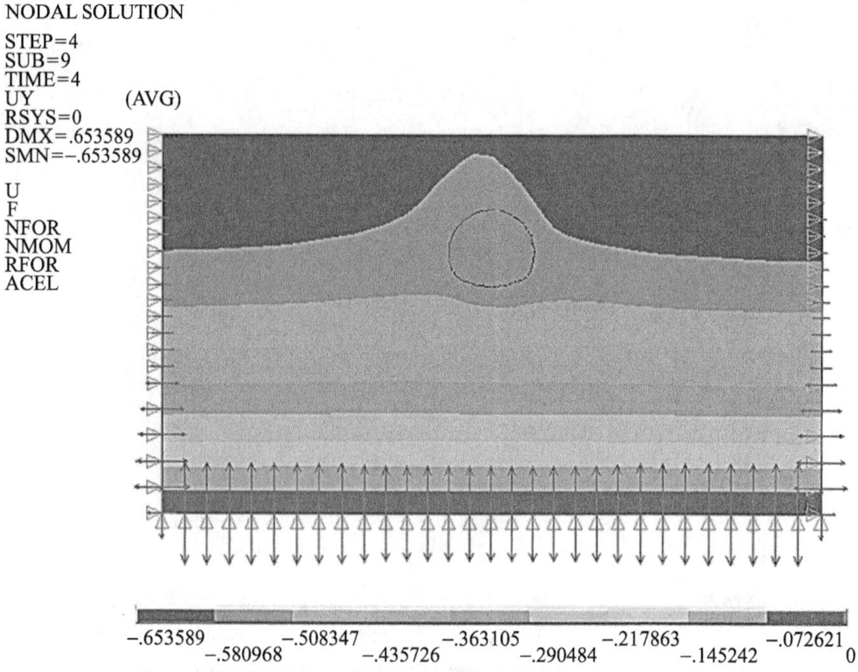
NODAL SOLUTION
STEP=4
SUB=9
TIME=4
UY (AVG)
RSYS=0
DMX=.653589
SMN=-.653589
U
F
NFOR
NMOM
RFOR
ACEL
-.653589
-.580968
-.508347
-.435726
-.363105
-.290484
-.217863
-.145242
-.072621
0

图 5-70　特大断面黄土隧道单侧壁导坑法第二步开挖后 Y 方向位移等值线图

第三步开挖后塑性应变、总应变、X 方向位移等值线、Y 方向位移等值线图见图 5-71～图 5-74 所示。

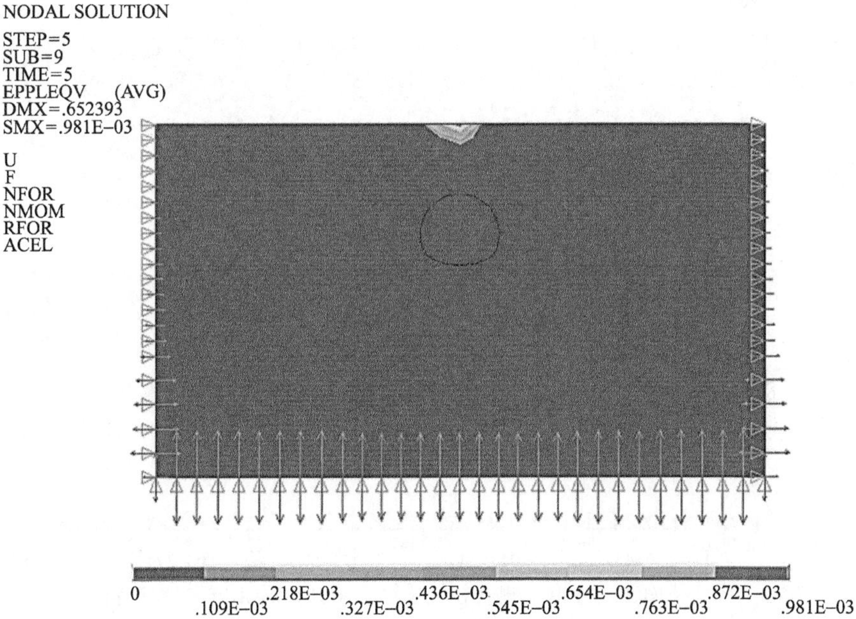

图 5-71　特大断面黄土隧道单侧壁导坑法第三步开挖后塑性应变图

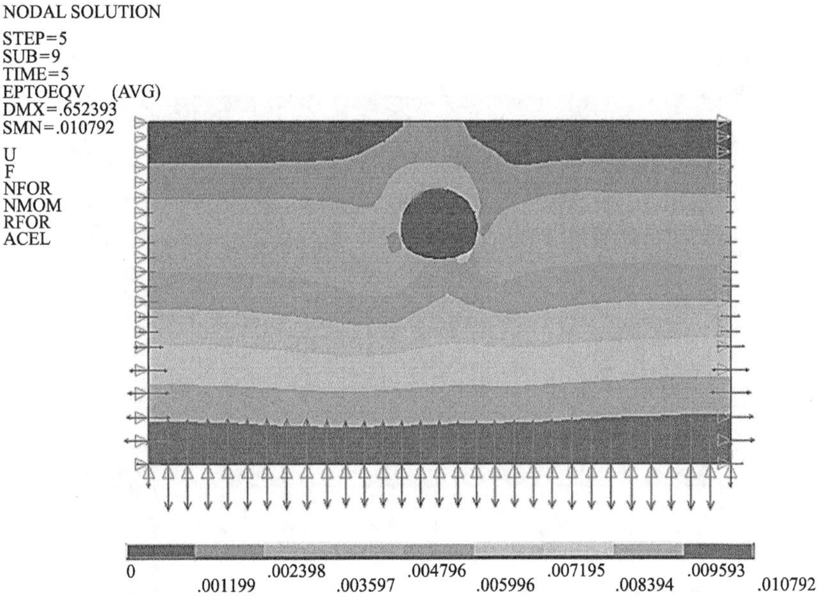

图 5-72　特大断面黄土隧道单侧壁导坑法第三步开挖后总应变图

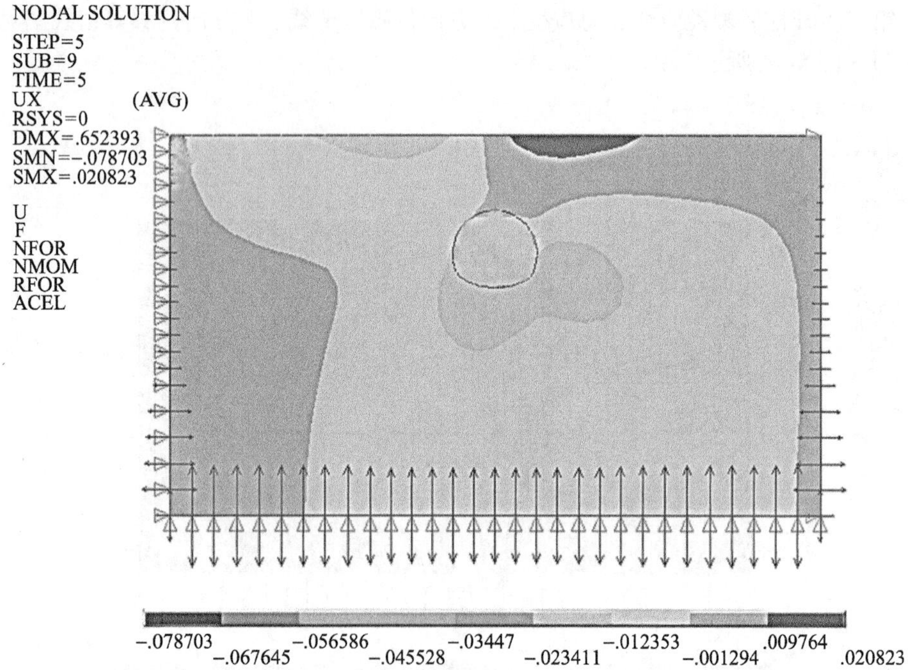
NODAL SOLUTION
STEP=5
SUB=9
TIME=5
UX (AVG)
RSYS=0
DMX=.652393
SMN=-.078703
SMX=.020823
U
F
NFOR
NMOM
RFOR
ACEL
-.078703
-.067645
-.056586
-.045528
-.03447
-.023411
-.012353
-.001294
.009764
.020823

图 5-73　特大断面黄土隧道单侧壁导坑法第三步开挖后 X 方向位移等值线图

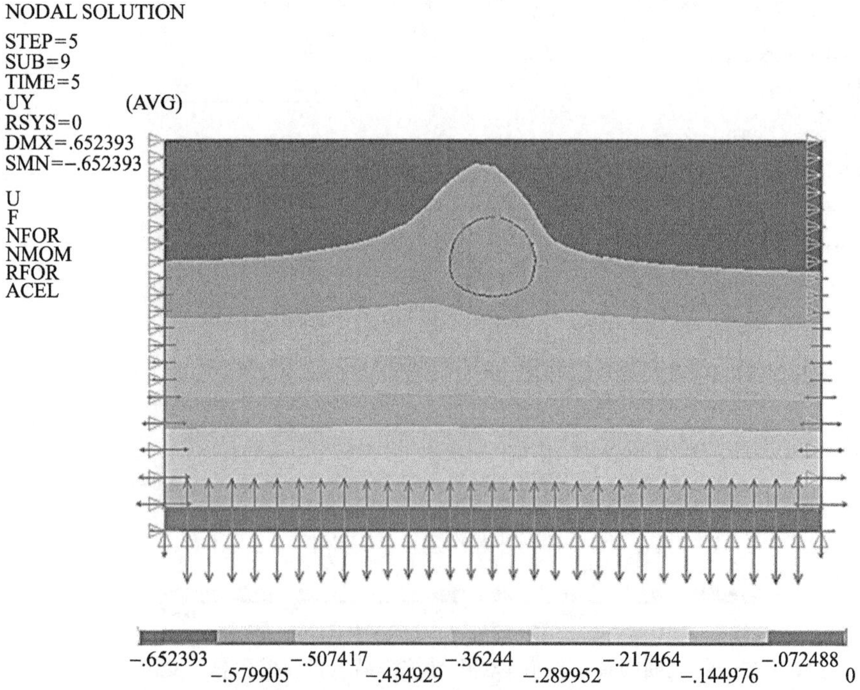
NODAL SOLUTION
STEP=5
SUB=9
TIME=5
UY (AVG)
RSYS=0
DMX=.652393
SMN=-.652393
U
F
NFOR
NMOM
RFOR
ACEL
-.652393
-.579905
-.507417
-.434929
-.36244
-.289952
-.217464
-.144976
-.072488
0

图 5-74　特大断面黄土隧道单侧壁导坑法第三步开挖后 Y 方向位移等值线图

第四步开挖后塑性应变、总应变、X 方向位移等值线、Y 方向位移等值线图见图 5-75～图 5-78。

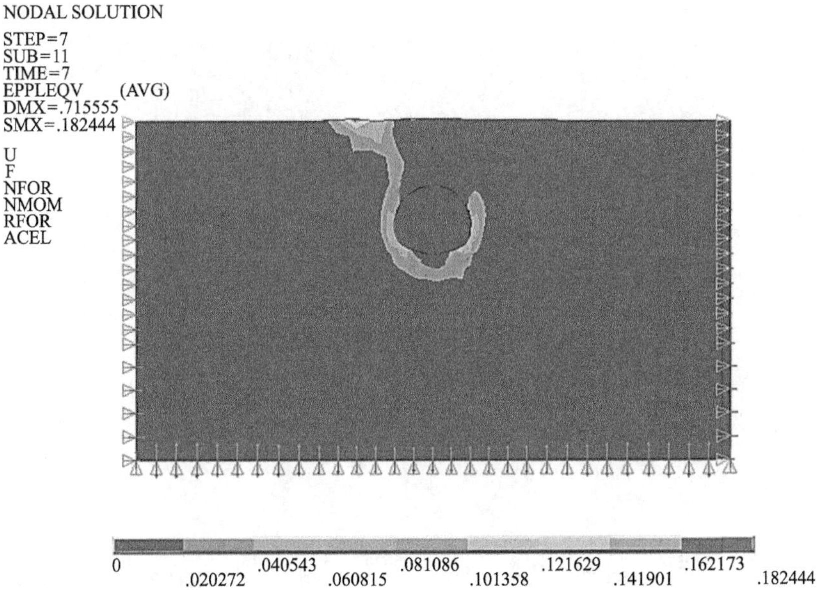

图 5-75　特大断面黄土隧道单侧壁导坑法第四步开挖后塑性应变图

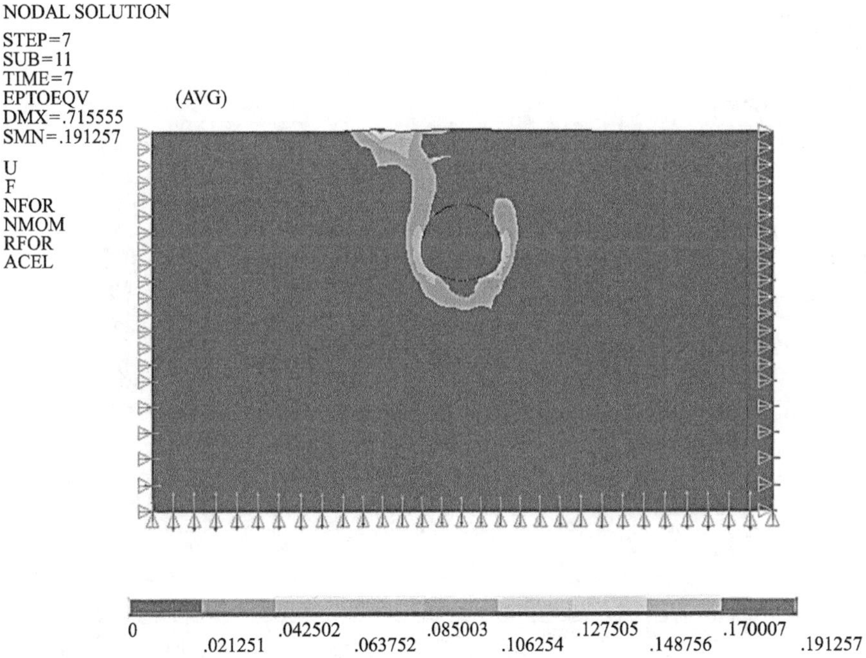

图 5-76　特大断面黄土隧道单侧壁导坑法第四步开挖后总应变图

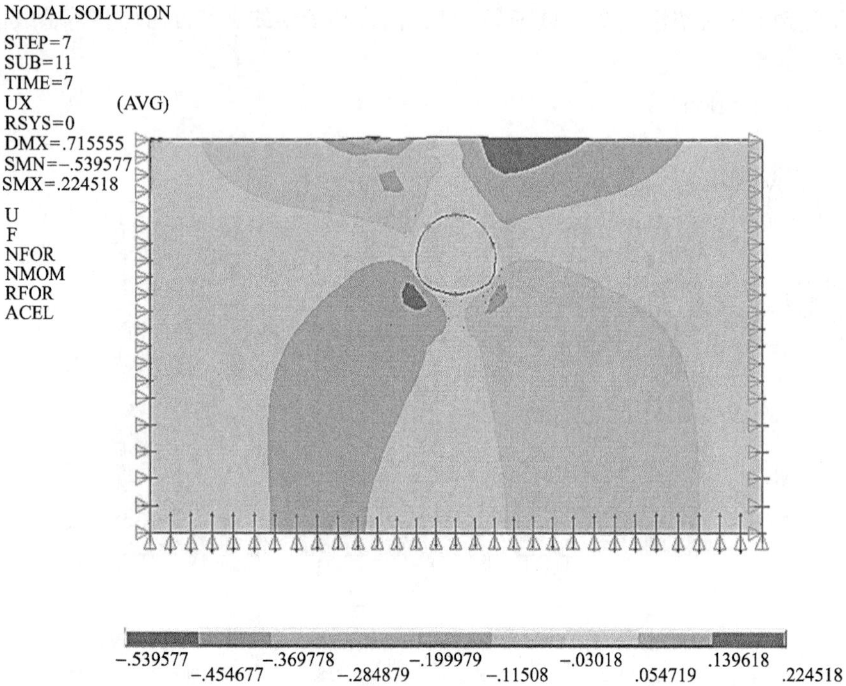
NODAL SOLUTION
STEP=7
SUB=11
TIME=7
UX (AVG)
RSYS=0
DMX=.715555
SMN=−.539577
SMX=.224518
U
F
NFOR
NMOM
RFOR
ACEL
−.539577
−.454677
−.369778
−.284879
−.199979
−.11508
−.03018
.054719
.139618
.224518

图 5-77　特大断面黄土隧道单侧壁导坑法第四步开挖后 X 方向位移等值线图

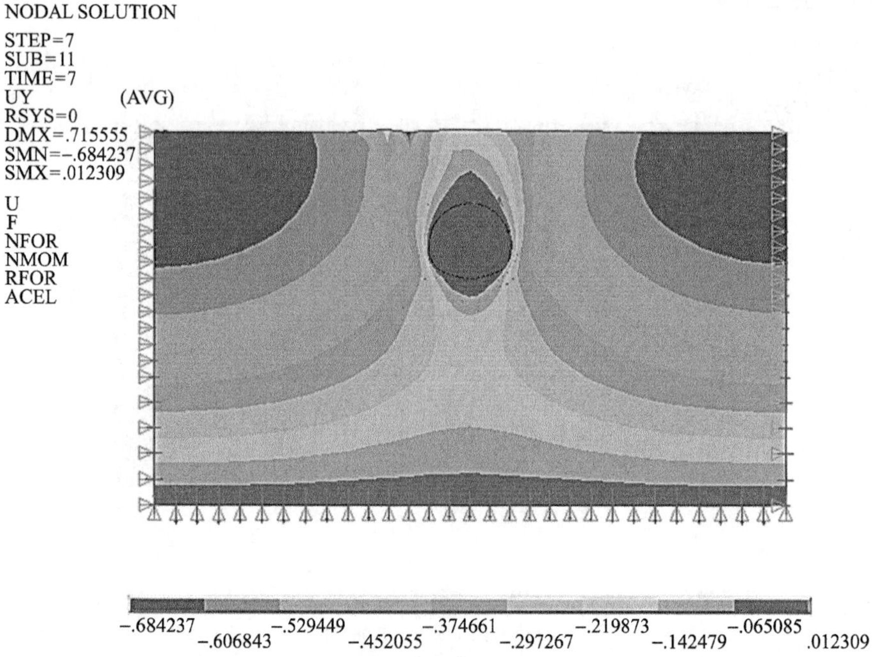
NODAL SOLUTION
STEP=7
SUB=11
TIME=7
UY (AVG)
RSYS=0
DMX=.715555
SMN=−.684237
SMX=.012309
U
F
NFOR
NMOM
RFOR
ACEL
−.684237
−.606843
−.529449
−.452055
−.374661
−.297267
−.219873
−.142479
−.065085
.012309

图 5-78　特大断面黄土隧道单侧壁导坑法第四步开挖后 Y 方向位移等值线图

由各步开挖的塑性应变图(图 5-63、图 5-67、图 5-71 和图 5-75)可以得出，第一步开挖后，围岩并未大面积进入塑性区，只有开挖断面的轮廓线上存在星点塑性区分布；左侧导坑全部开挖完成(即第二步开挖完成)后，开挖断面正上方地表围岩边缘开始出现较大片塑性区，这与 CD 法和 CRD 法反映出的情况类似，由围岩沉降变形引起；第三、第四步开挖完成后，原有塑性区随之扩展延伸；第四步开挖后，星点塑性分布区布满整个轮廓线，拱腰到拱脚部位也出现了连续的弧形塑性应变区，这说明塑性变形较大位置出现于拱顶，拱腰至拱脚。总应变图(图 5-64、图 5-68、图 5-72 和图 5-76)亦反映出与塑性应变相对应的总应变区分布，因此，应注意加强拱顶、拱腰至拱脚的跟进支护以保证工程安全。

当开挖断面较小时，*Y* 方向位移基本不受开挖影响，这与前述 CD 法和 CRD 法相同。随着开挖断面的增大，隧洞 *Y* 方向位移逐渐增大，相对高阶位移应变区明显上移，到第四步开挖完成后，开挖断面内达到最高阶位移应变层应变值，由此可知，*Y* 方向位移值对于总位移值大小的贡献将起到决定性作用。*X* 方向位移远小于 *Y* 方向位移，对总位移贡献较小，这里不作讨论。

2. 拆除中壁临时支护

左右侧开挖完成后，要拆除中壁临时支护，然后进行围岩应力完全释放后的计算。拆除临时支护后的塑性应变、总应变、*X* 方向位移等值线、*Y* 方向位移等值线、总位移云图、节点位移云图见图 5-79～图 5-84。

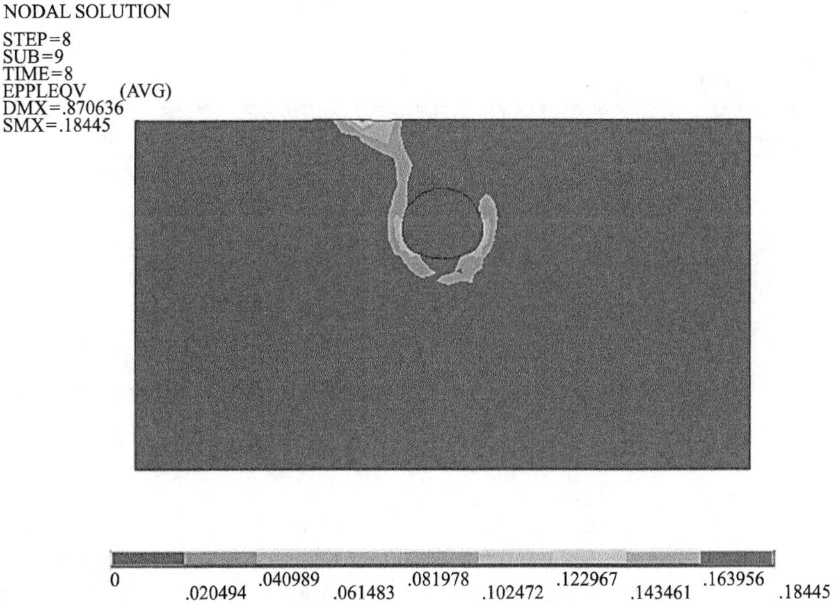
NODAL SOLUTION
STEP=8
SUB=9
TIME=8
EPPLEQV (AVG)
DMX=.870636
SMX=.18445
0
.020494
.040989
.061483
.081978
.102472
.122967
.143461
.163956
.18445

图 5-79　特大断面黄土隧道单侧壁导坑法拆除临时支护后塑性应变图

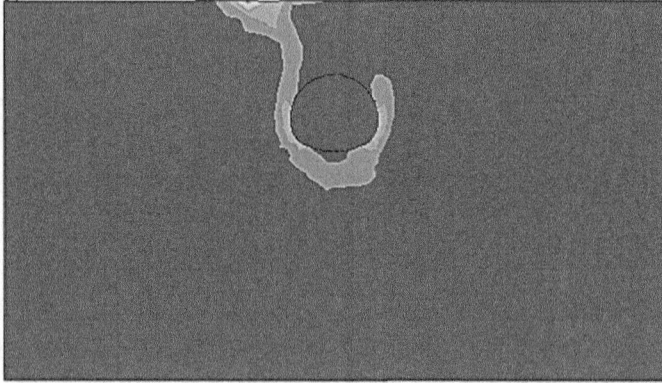

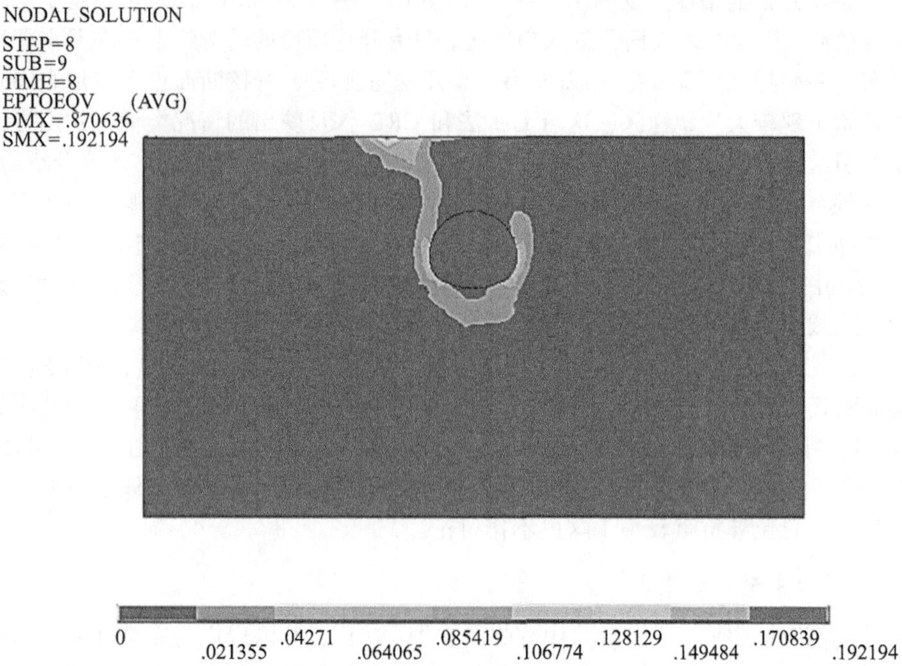
NODAL SOLUTION
STEP=8
SUB=9
TIME=8
EPTOEQV (AVG)
DMX=.870636
SMX=.192194
0
.021355
.04271
.064065
.085419
.106774
.128129
.149484
.170839
.192194

图 5-80　特大断面黄土隧道单侧壁导坑法拆除临时支护后总应变图

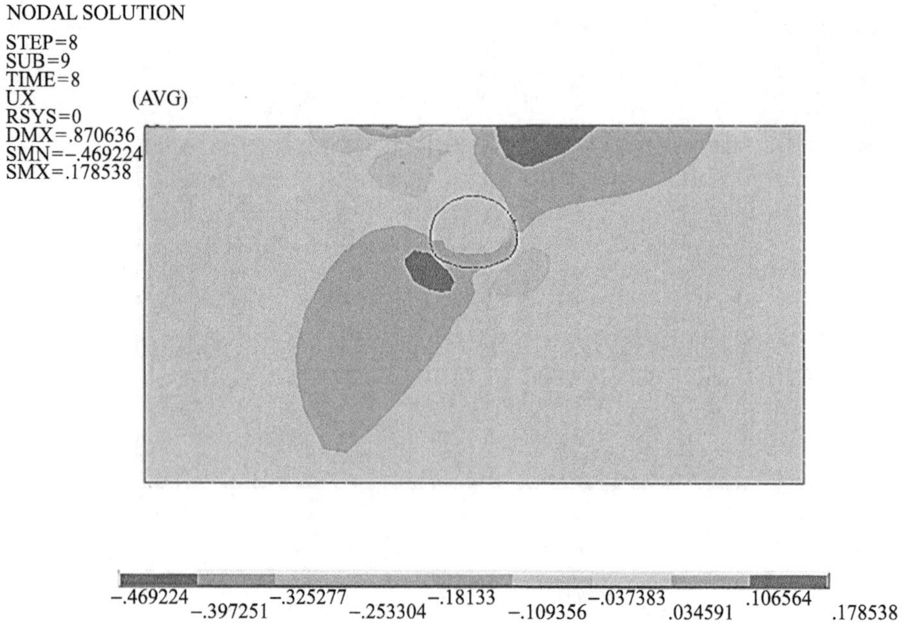
NODAL SOLUTION
STEP=8
SUB=9
TIME=8
UX (AVG)
RSYS=0
DMX=.870636
SMN=-.469224
SMX=.178538
-.469224
-.397251
-.325277
-.253304
-.18133
-.109356
-.037383
.034591
.106564
.178538

图 5-81　特大断面黄土隧道单侧壁导坑法拆除临时支护后 X 方向位移等值线图

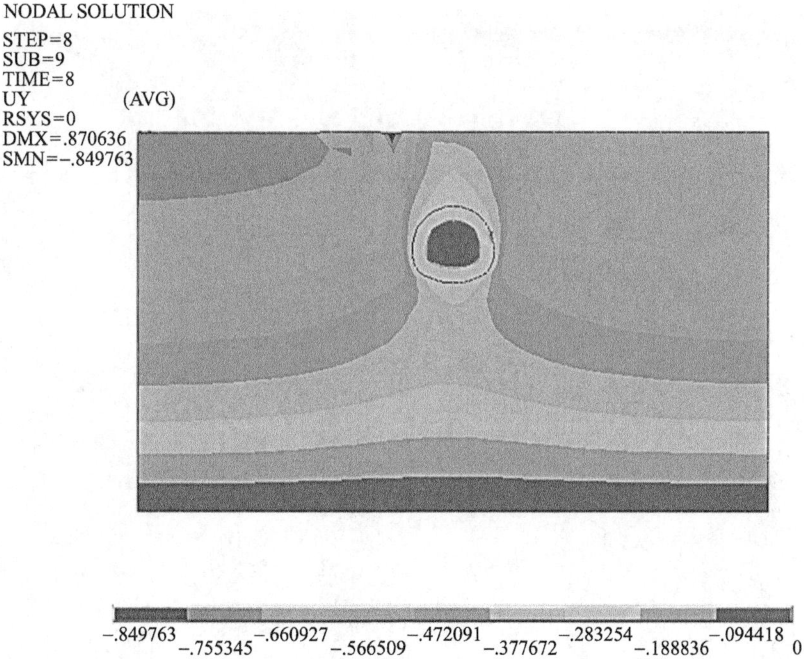
NODAL SOLUTION
STEP=8
SUB=9
TIME=8
UY (AVG)
RSYS=0
DMX=.870636
SMN=-.849763
-.849763
-.755345
-.660927
-.566509
-.472091
-.377672
-.283254
-.188836
-.094418
0

图 5-82　特大断面黄土隧道单侧壁导坑法拆除临时支护后 Y 方向位移等值线图

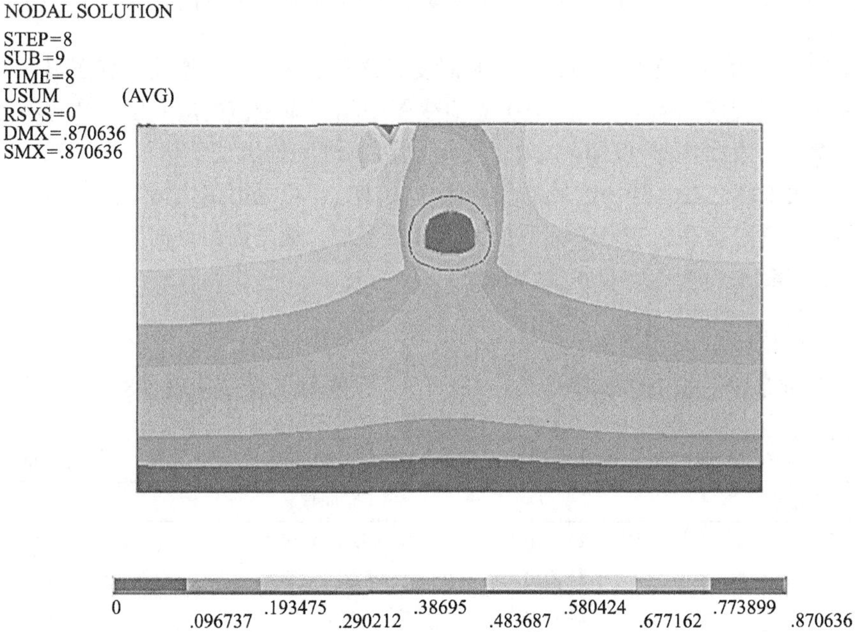
NODAL SOLUTION
STEP=8
SUB=9
TIME=8
USUM (AVG)
RSYS=0
DMX=.870636
SMX=.870636
0
.096737
.193475
.290212
.38695
.483687
.580424
.677162
.773899
.870636

图 5-83　特大断面黄土隧道单侧壁导坑法拆除临时支护后总位移云图

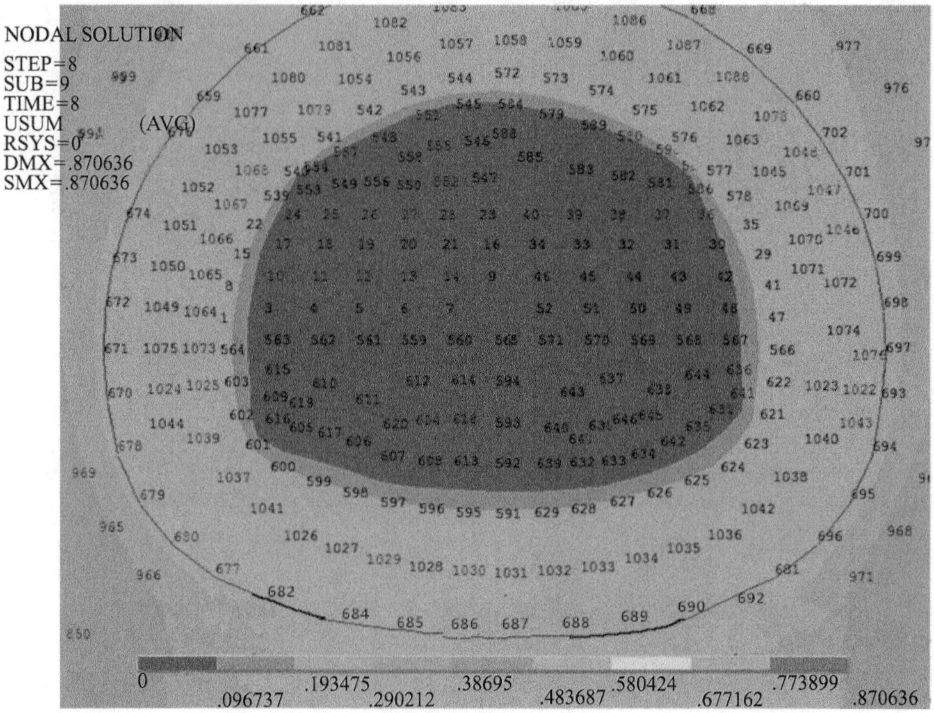

图 5-84　特大断面黄土隧道单侧壁导坑法拆除临时支护后节点位移云图

相对于拆除临时支护之前，拆除临时支护之后，图 5-79 塑性应变图显示塑性应变区有不同程度的缩减，图 5-80 总应变图中相同应变值的应变区分布也有相同程度的缩减。由图 5-81 可知，支护拆除后，隧洞周围围岩处于位移值为−0.28m 的应变层，而未拆之前，这一区域的位移值为−0.21m。可见拆除之后，围岩所处应变层位移比未拆之前高，围岩位移变化反而有所缓解，这是因为临时支护拆除后，隧洞周围围岩受力更均匀，自承能力较好。

3. 控制性节点位移

特大断面黄土隧道单侧壁导坑法开挖结束后控制点位移见表 5-8。

表 5-8　特大断面黄土隧道单侧壁导坑法开挖结束后控制点位移　(单位：m)

控制点	水平位移	竖向位移	总位移
1	1.26×10^{-2}	-2.69×10^{-2}	2.97×10^{-2}
2	8.81×10^{-3}	-2.16×10^{-2}	2.33×10^{-2}
3	1.24×10^{-2}	-2.96×10^{-2}	3.21×10^{-2}
4	6.52×10^{-3}	-1.92×10^{-2}	2.02×10^{-2}
5	9.72×10^{-3}	-2.51×10^{-2}	2.69×10^{-2}

最终开挖支护后的总位移云图由图 5-84 和表 5-8 显示，开挖断面的轮廓线上的最大位移位于拱肩处的 577 和 578 号节点上，为 3.21×10^{-2}m，由此可见拱肩处总应变量相对较大。开挖断面的轮廓线上节点的总位移最大值为 3.21×10^{-2}m，与最大位移的差值不超过 5%，说明选取这五个参考点是合理的。但 Y 方向位移最大值为 2.96×10^{-2}m，与最大位移值相差较大，说明总位移受到 X 方向位移的影响比其他几种方法稍大。

隧洞开挖导致隧洞下方应变区层的整体沉降，因此做出加强拱顶和拱肩跟进支护的结论是合理并且正确的，并应由其加强拱肩的支护和检测。

5.3.4　双侧壁导坑法

1. *左右两侧导坑开挖*

双侧壁导坑法是将隧道断面分为左中右三部分，开挖顺序是左侧导坑先行开挖，然后开挖右侧导坑，最后开挖中部岩体。考虑到隧道断面较大，将左右侧导坑用台阶法进行分步开挖，并将左右侧导坑对称地分为上、中、下三个台阶，每开挖一次及时跟进支护，应力释放顺序如表 5-5 所示。

第一步(左侧导坑上台阶)开挖后塑性应变、总应变、X 方向位移等值线、Y 方向位移等值线图见图 5-85～图 5-88。

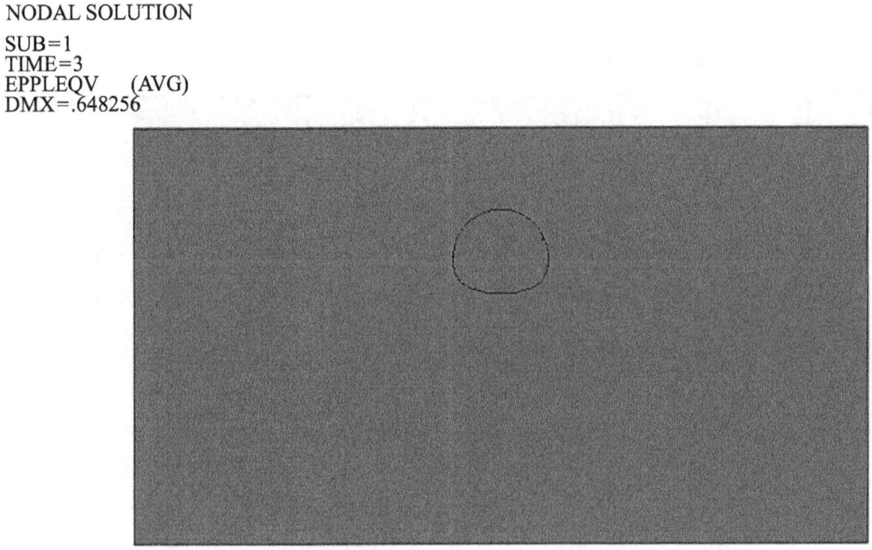
NODAL SOLUTION
SUB=1
TIME=3
EPPLEQV (AVG)
DMX=.648256

图 5-85　特大断面黄土隧道双侧壁导坑法第一步开挖后塑性应变图

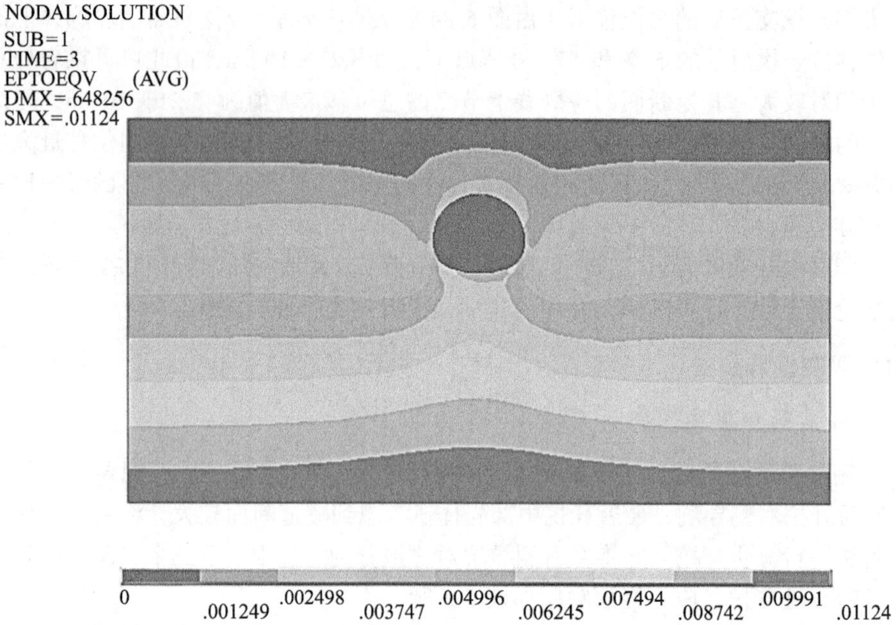
NODAL SOLUTION
SUB=1
TIME=3
EPTOEQV (AVG)
DMX=.648256
SMX=.01124
0
.001249
.002498
.003747
.004996
.006245
.007494
.008742
.009991
.01124

图 5-86 特大断面黄土隧道双侧壁导坑法第一步开挖后总应变图

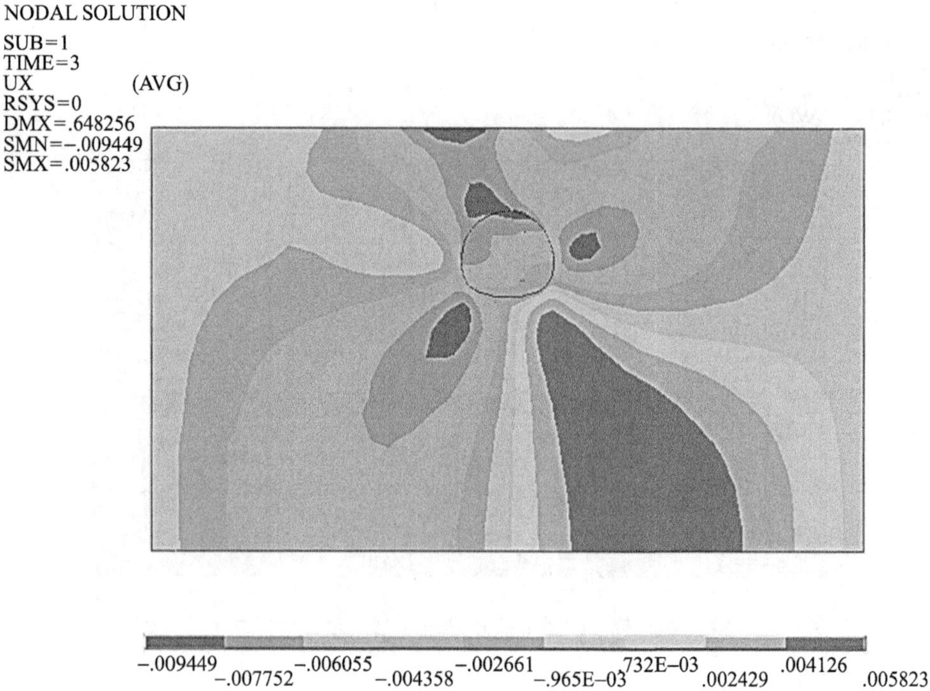
NODAL SOLUTION
SUB=1
TIME=3
UX (AVG)
RSYS=0
DMX=.648256
SMN=-.009449
SMX=.005823
-.009449
-.007752
-.006055
-.004358
-.002661
-.965E-03
.732E-03
.002429
.004126
.005823

图 5-87 特大断面黄土隧道双侧壁导坑法第一步开挖后 X 方向位移等值线图

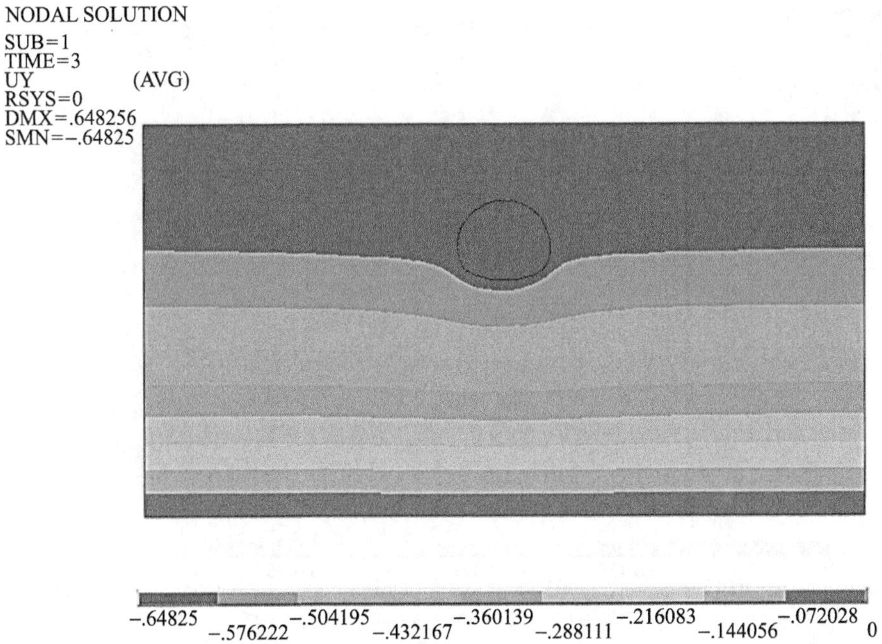
NODAL SOLUTION
SUB=1
TIME=3
UY (AVG)
RSYS=0
DMX=.648256
SMN=−.64825
−.64825
−.576222
−.504195
−.432167
−.360139
−.288111
−.216083
−.144056
−.072028
0

图 5-88　特大断面黄土隧道双侧壁导坑法第一步开挖后 *Y* 方向位移等值线图

第二步(左侧导坑中台阶)开挖后塑性应变、总应变、*X* 方向位移等值线、*Y* 方向位移等值线图见图 5-89～图 5-92。

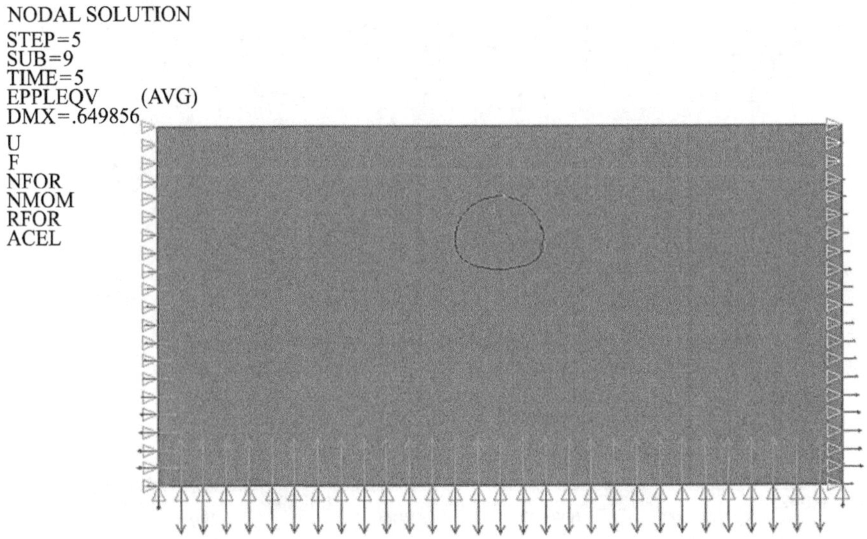
NODAL SOLUTION
STEP=5
SUB=9
TIME=5
EPPLEQV (AVG)
DMX=.649856
U
F
NFOR
NMOM
RFOR
ACEL

图 5-89　特大断面黄土隧道双侧壁导坑法第二步开挖后塑性应变图

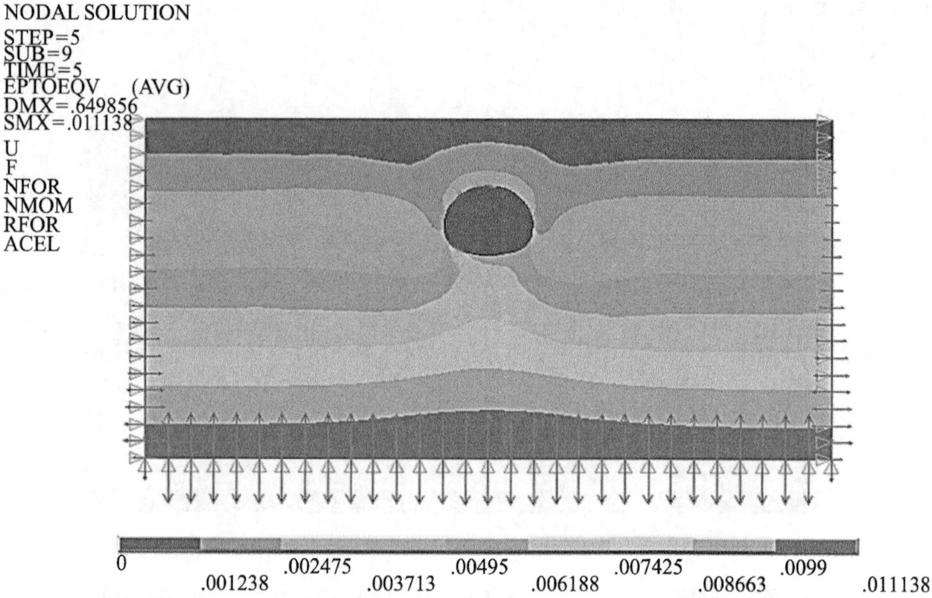
NODAL SOLUTION
STEP=5
SUB=9
TIME=5
EPTOEQV (AVG)
DMX=.649856
SMX=.011138
U
F
NFOR
NMOM
RFOR
ACEL
0
.001238
.002475
.003713
.00495
.006188
.007425
.008663
.0099
.011138

图 5-90　特大断面黄土隧道双侧壁导坑法第二步开挖后总应变图

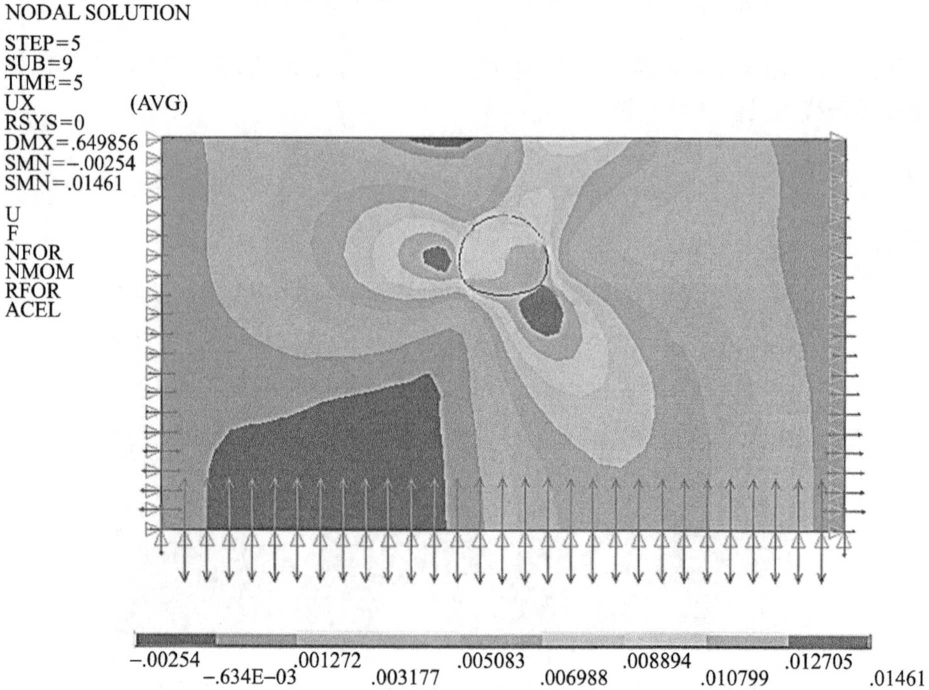
NODAL SOLUTION
STEP=5
SUB=9
TIME=5
UX (AVG)
RSYS=0
DMX=.649856
SMN=-.00254
SMN=.01461
U
F
NFOR
NMOM
RFOR
ACEL
-.00254
-.634E-03
.001272
.003177
.005083
.006988
.008894
.010799
.012705
.01461

图 5-91　特大断面黄土隧道双侧壁导坑法第二步开挖后 X 方向位移等值线图

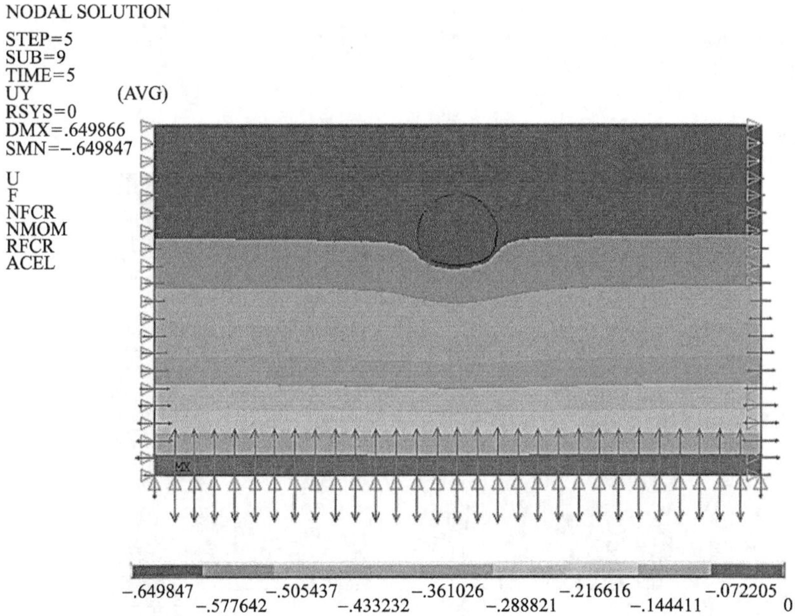
NODAL SOLUTION
STEP=5
SUB=9
TIME=5
UY (AVG)
RSYS=0
DMX=.649866
SMN=-.649847
U
F
NFCR
NMOM
RFCR
ACEL
MX
-.649847
-.577642
-.505437
-.433232
-.361026
-.288821
-.216616
-.144411
-.072205
0

图 5-92　特大断面黄土隧道双侧壁导坑法第二步开挖后 *Y* 方向位移等值线图

第三步(左侧导坑下台阶)开挖后塑性应变、总应变、*X* 方向位移等值线、*Y* 方向位移等值线图见图 5-93～图 5-96。

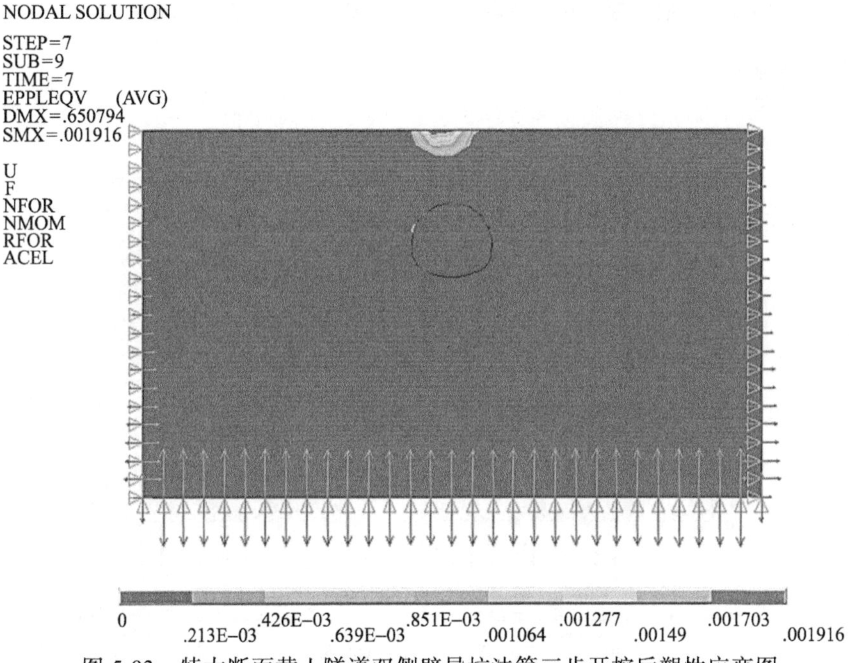
NODAL SOLUTION
STEP=7
SUB=9
TIME=7
EPPLEQV (AVG)
DMX=.650794
SMX=.001916
U
F
NFOR
NMOM
RFOR
ACEL
0
.213E-03
.426E-03
.639E-03
.851E-03
.001064
.001277
.00149
.001703
.001916

图 5-93　特大断面黄土隧道双侧壁导坑法第三步开挖后塑性应变图

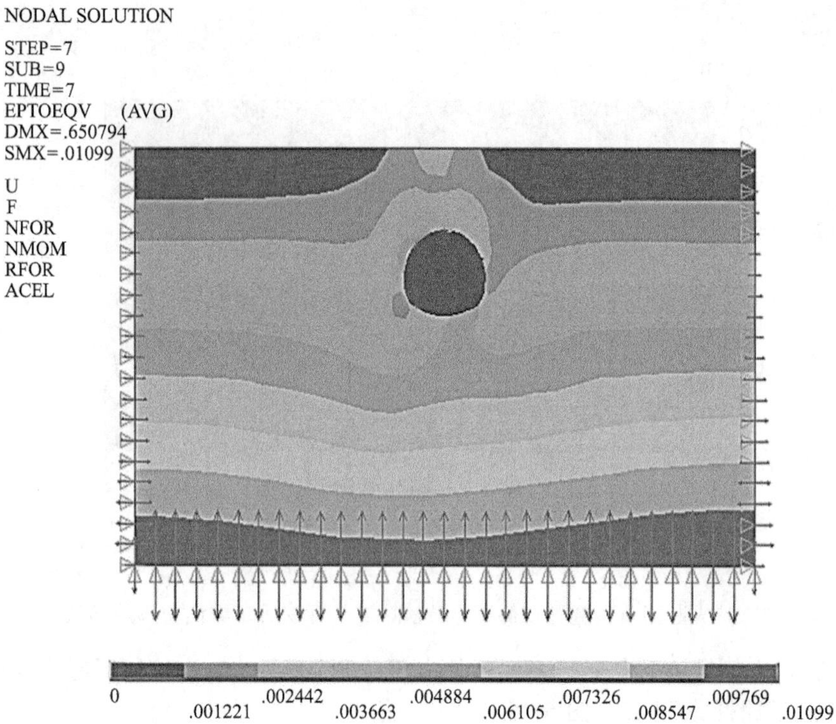
NODAL SOLUTION
STEP=7
SUB=9
TIME=7
EPTOEQV (AVG)
DMX=.650794
SMX=.01099
U
F
NFOR
NMOM
RFOR
ACEL
0
.001221
.002442
.003663
.004884
.006105
.007326
.008547
.009769
.01099

图 5-94　特大断面黄土隧道双侧壁导坑法第三步开挖后总应变图

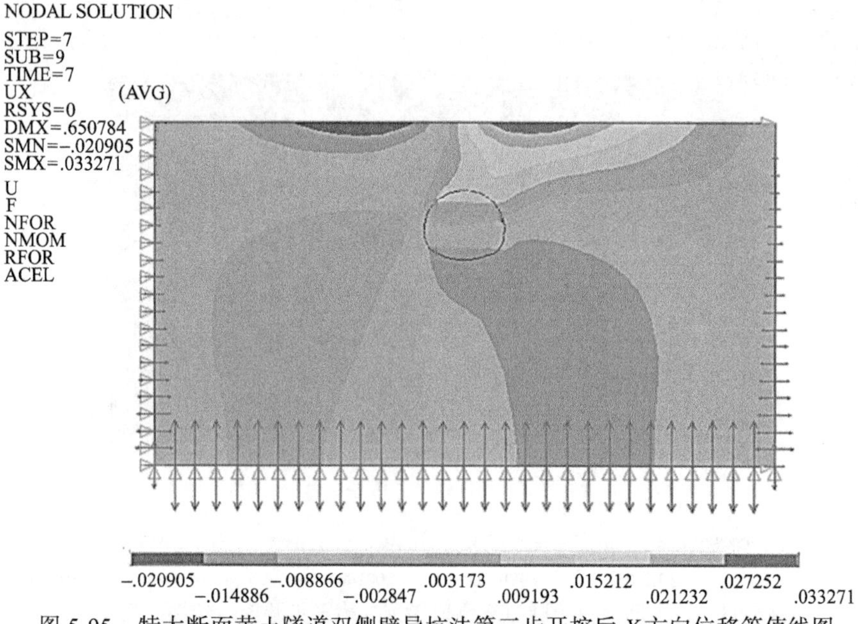
NODAL SOLUTION
STEP=7
SUB=9
TIME=7
UX (AVG)
RSYS=0
DMX=.650784
SMN=-.020905
SMX=.033271
U
F
NFOR
NMOM
RFOR
ACEL
-.020905
-.014886
-.008866
-.002847
.003173
.009193
.015212
.021232
.027252
.033271

图 5-95　特大断面黄土隧道双侧壁导坑法第三步开挖后 X 方向位移等值线图

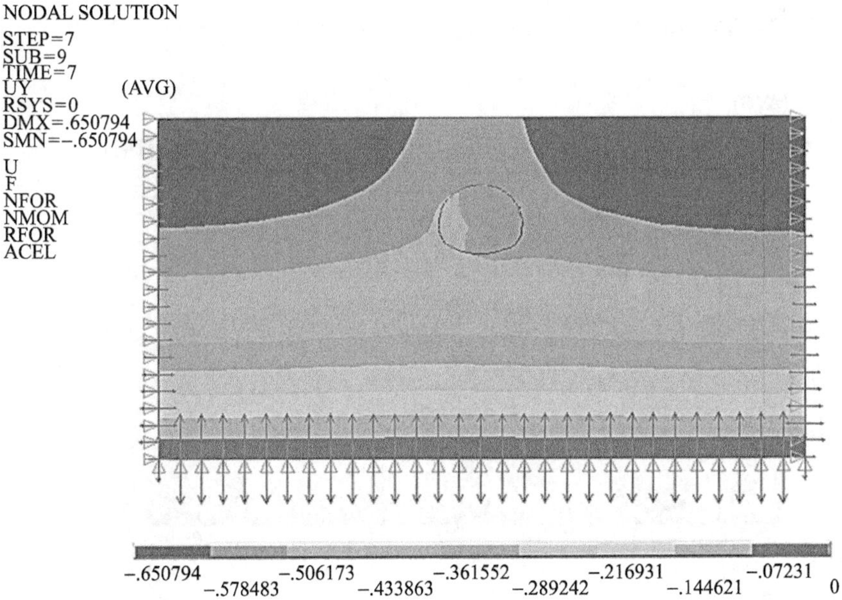
NODAL SOLUTION
STEP=7
SUB=9
TIME=7
UY (AVG)
RSYS=0
DMX=.650794
SMN=-.650794
U
F
NFOR
NMOM
RFOR
ACEL
-.650794
-.578483
-.506173
-.433863
-.361552
-.289242
-.216931
-.144621
-.07231
0

图 5-96 特大断面黄土隧道双侧壁导坑法第三步开挖后 *Y* 方向位移等值线图

第四步(右侧导坑上台阶)开挖后塑性应变、总应变、*X* 方向位移等值线、*Y* 方向位移等值线图见图 5-97～图 5-100。

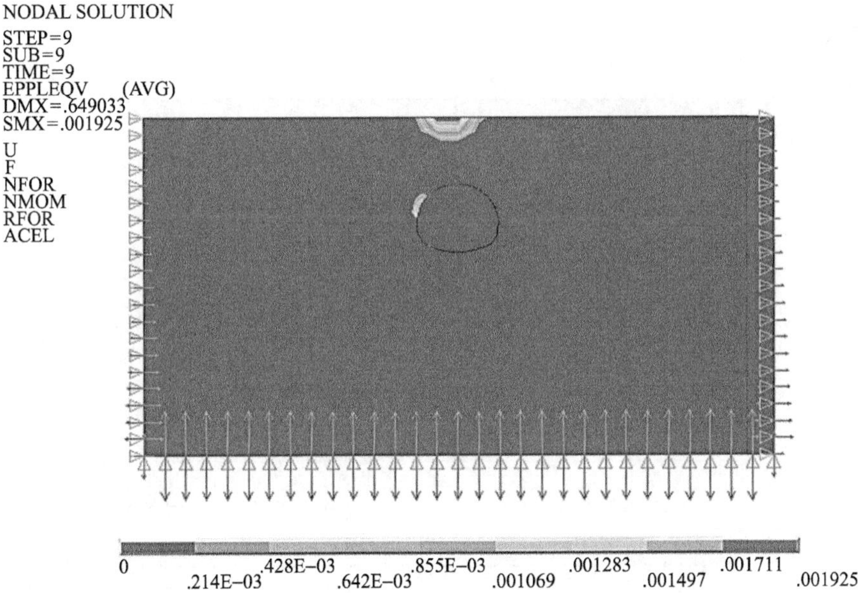
NODAL SOLUTION
STEP=9
SUB=9
TIME=9
EPPLEQV (AVG)
DMX=.649033
SMX=.001925
U
F
NFOR
NMOM
RFOR
ACEL
0
.214E-03
.428E-03
.642E-03
.855E-03
.001069
.001283
.001497
.001711
.001925

图 5-97 特大断面黄土隧道双侧壁导坑法第四步开挖后塑性应变图

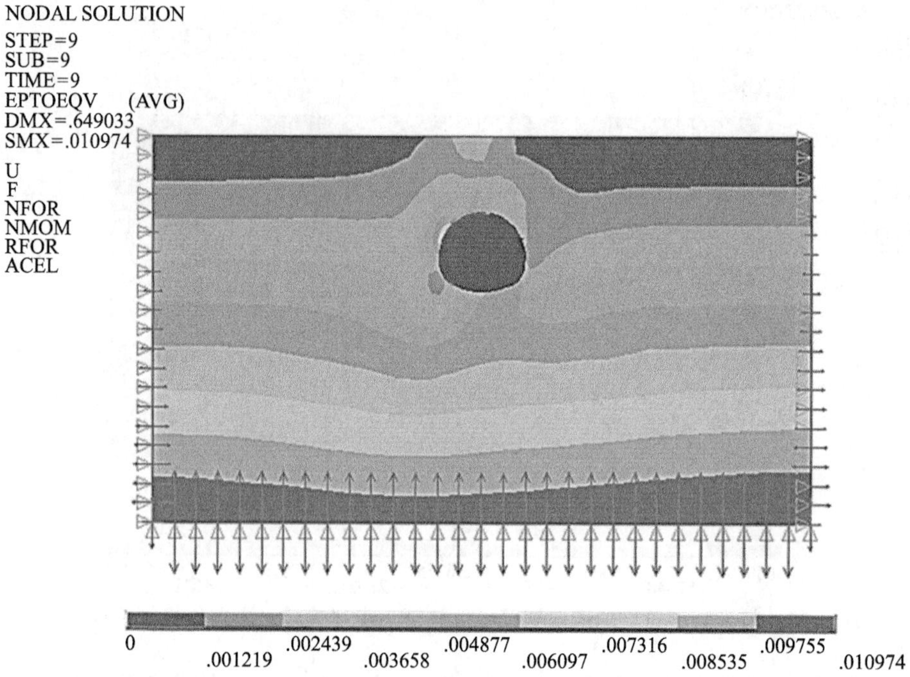
NODAL SOLUTION
STEP=9
SUB=9
TIME=9
EPTOEQV (AVG)
DMX=.649033
SMX=.010974
U
F
NFOR
NMOM
RFOR
ACEL
0
.001219
.002439
.003658
.004877
.006097
.007316
.008535
.009755
.010974

图 5-98　特大断面黄土隧道双侧壁导坑法第四步开挖后总应变图

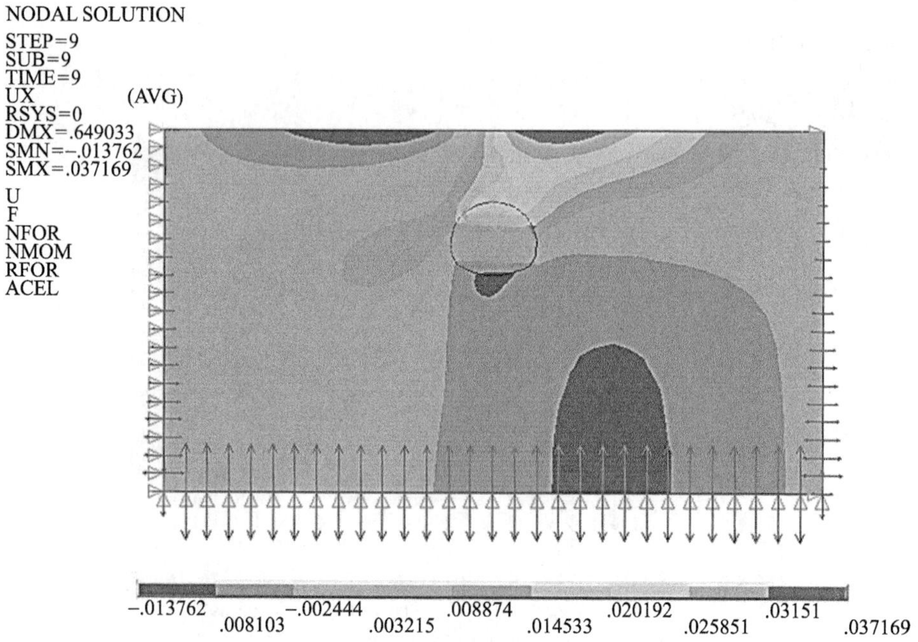
NODAL SOLUTION
STEP=9
SUB=9
TIME=9
UX (AVG)
RSYS=0
DMX=.649033
SMN=-.013762
SMX=.037169
U
F
NFOR
NMOM
RFOR
ACEL
-.013762
.008103
-.002444
.003215
.008874
.014533
.020192
.025851
.03151
.037169

图 5-99　特大断面黄土隧道双侧壁导坑法第四步开挖后 X 方向位移等值线图

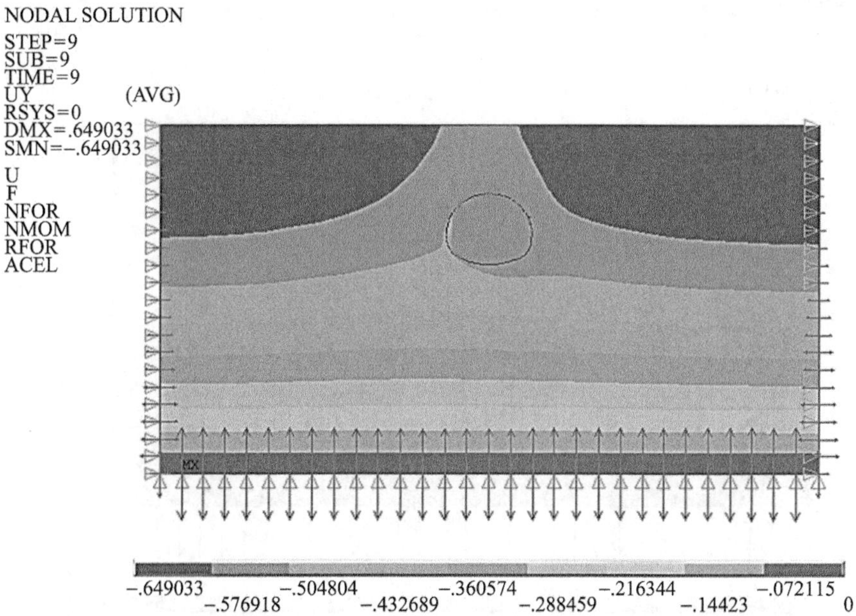

图 5-100　特大断面黄土隧道双侧壁导坑法第四步开挖后 *Y* 方向位移等值线图

第五步(右侧导坑中台阶)开挖后塑性应变、总应变、*X* 方向位移等值线、*Y* 方向位移等值线图见图 5-101～图 5-104。

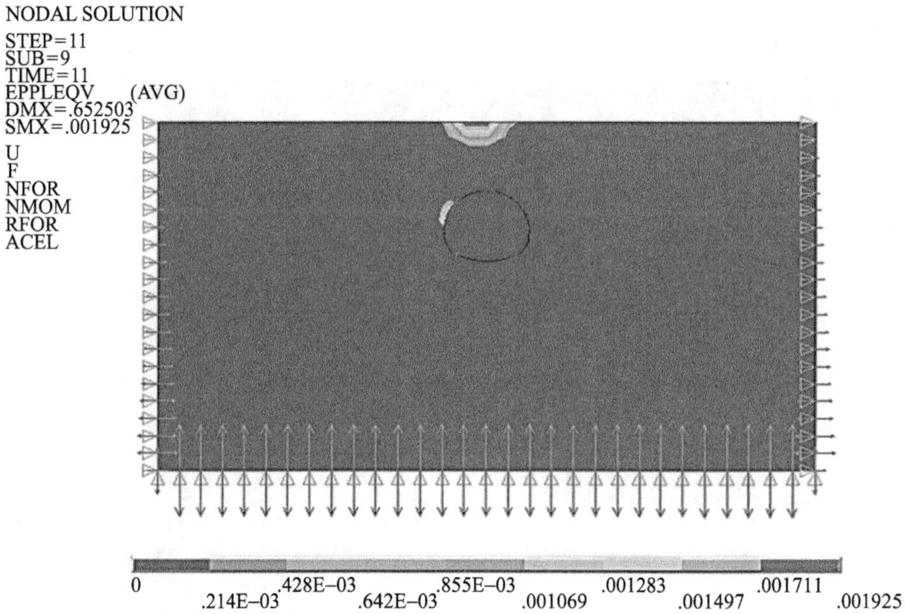

图 5-101　特大断面黄土隧道双侧壁导坑法第五步开挖后塑性应变图

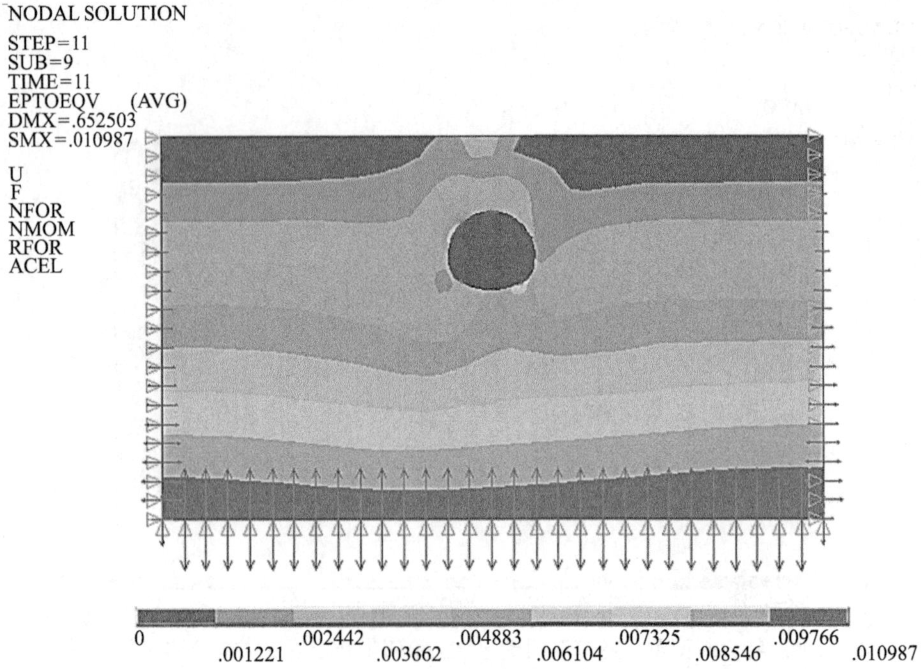
NODAL SOLUTION
STEP=11
SUB=9
TIME=11
EPTOEQV (AVG)
DMX=.652503
SMX=.010987
U
F
NFOR
NMOM
RFOR
ACEL
0
.001221
.002442
.003662
.004883
.006104
.007325
.008546
.009766
.010987

图 5-102　特大断面黄土隧道双侧壁导坑法第五步开挖后总应变图

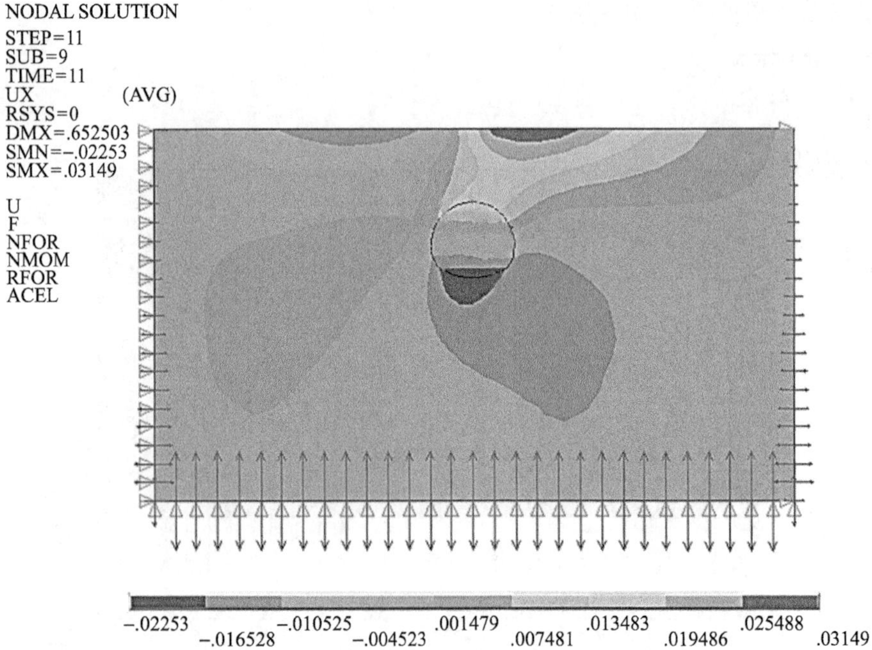
NODAL SOLUTION
STEP=11
SUB=9
TIME=11
UX (AVG)
RSYS=0
DMX=.652503
SMN=-.02253
SMX=.03149
U
F
NFOR
NMOM
RFOR
ACEL
-.02253
-.016528
-.010525
-.004523
.001479
.007481
.013483
.019486
.025488
.03149

图 5-103　特大断面黄土隧道双侧壁导坑法第五步开挖后 X 方向位移等值线图

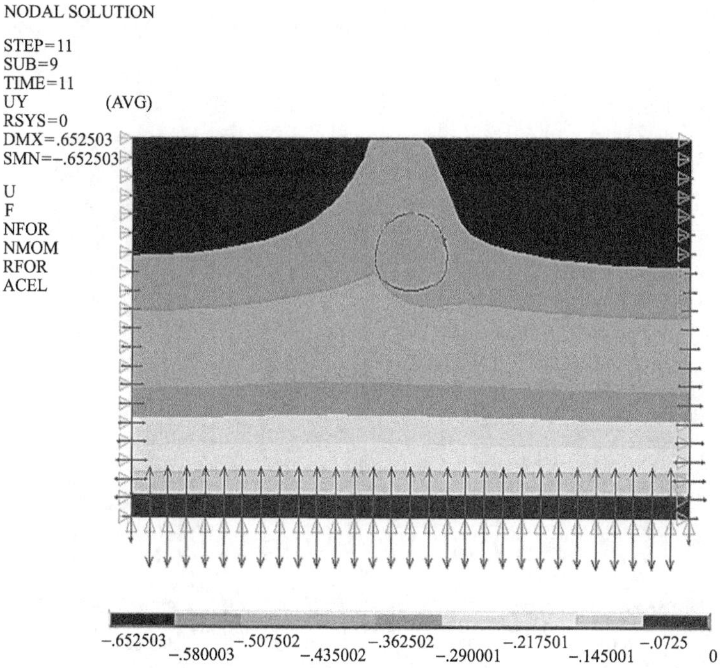
NODAL SOLUTION
STEP=11
SUB=9
TIME=11
UY (AVG)
RSYS=0
DMX=.652503
SMN=-.652503
U
F
NFOR
NMOM
RFOR
ACEL
-.652503
-.580003
-.507502
-.435002
-.362502
-.290001
-.217501
-.145001
-.0725
0

图 5-104　特大断面黄土隧道双侧壁导坑法第五步开挖后 Y 方向位移等值线图

第六步(右侧导坑下台阶)开挖后塑性应变、总应变、X 方向位移等值线、Y 方向位移等值线图见图 5-105～图 5-108。

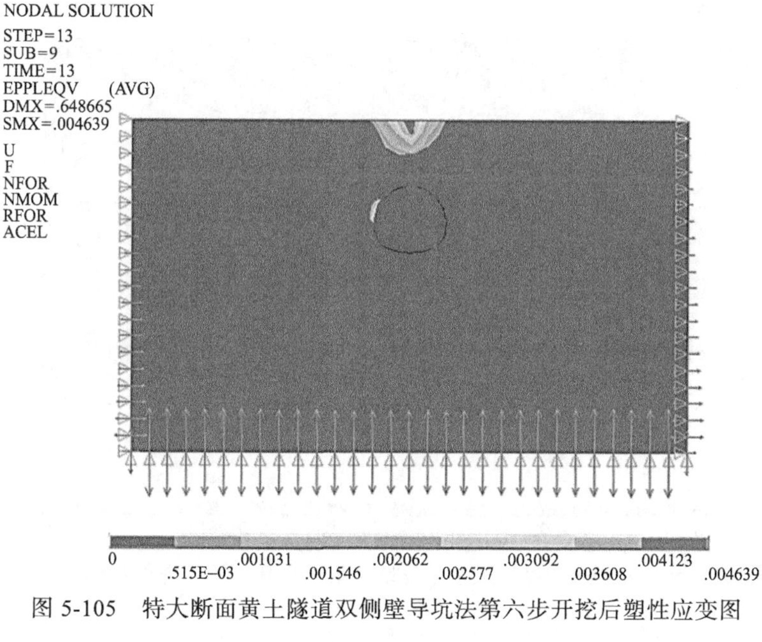
NODAL SOLUTION
STEP=13
SUB=9
TIME=13
EPPLEQV (AVG)
DMX=.648665
SMX=.004639
U
F
NFOR
NMOM
RFOR
ACEL
0
.515E-03
.001031
.001546
.002062
.002577
.003092
.003608
.004123
.004639

图 5-105　特大断面黄土隧道双侧壁导坑法第六步开挖后塑性应变图

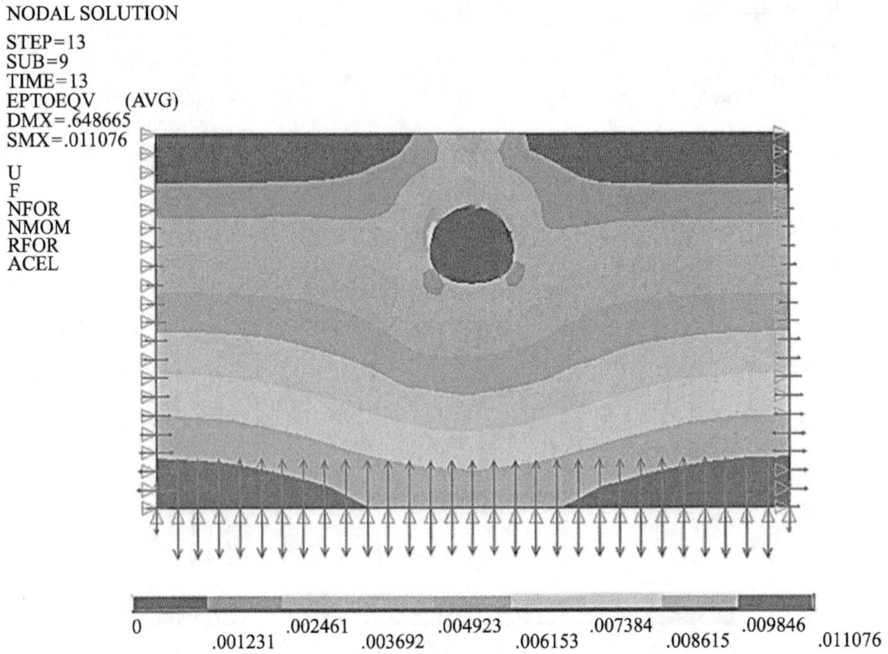
NODAL SOLUTION
STEP=13
SUB=9
TIME=13
EPTOEQV (AVG)
DMX=.648665
SMX=.011076
U
F
NFOR
NMOM
RFOR
ACEL
0
.001231
.002461
.003692
.004923
.006153
.007384
.008615
.009846
.011076

图 5-106　特大断面黄土隧道双侧壁导坑法第六步开挖后总应变图

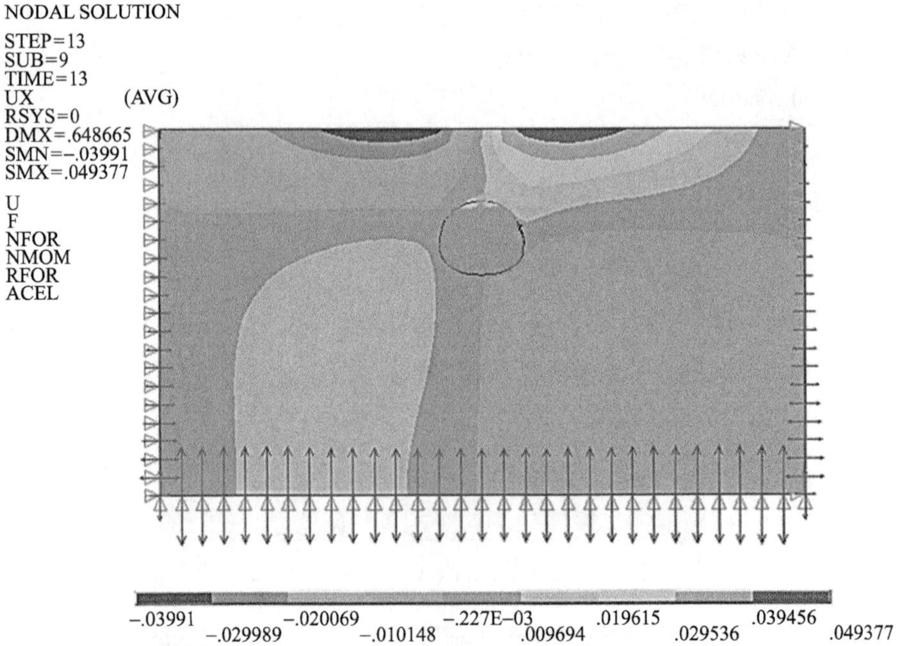
NODAL SOLUTION
STEP=13
SUB=9
TIME=13
UX (AVG)
RSYS=0
DMX=.648665
SMN=-.03991
SMX=.049377
U
F
NFOR
NMOM
RFOR
ACEL
-.03991
-.029989
-.020069
-.010148
-.227E-03
.009694
.019615
.029536
.039456
.049377

图 5-107　特大断面黄土隧道双侧壁导坑法第六步开挖后 X 方向位移等值线图

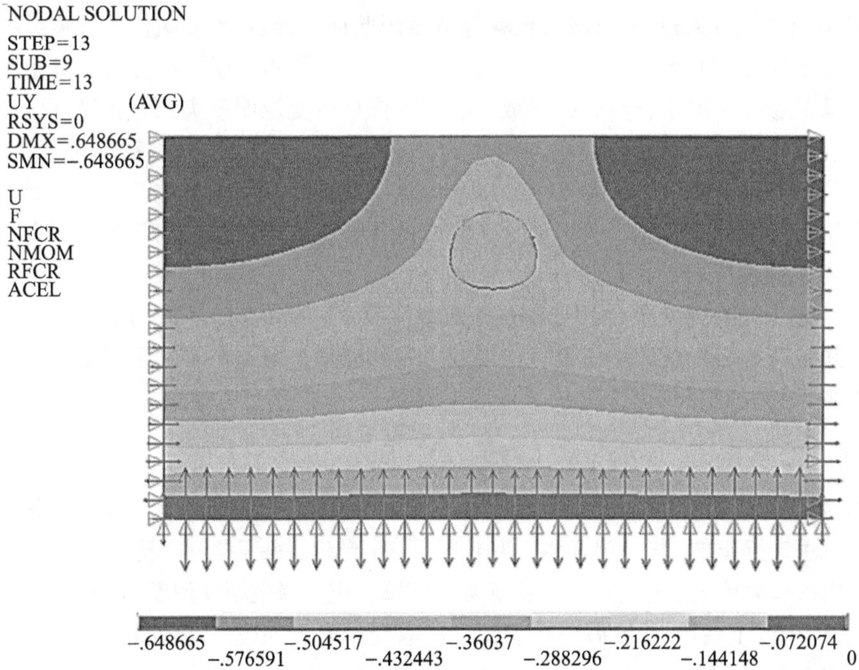
NODAL SOLUTION
STEP=13
SUB=9
TIME=13
UY (AVG)
RSYS=0
DMX=.648665
SMN=-.648665
U
F
NFCR
NMOM
RFCR
ACEL
-.648665
-.576591
-.504517
-.432443
-.36037
-.288296
-.216222
-.144148
-.072074
0

图 5-108　特大断面黄土隧道双侧壁导坑法第六步开挖后 Y 方向位移等值线图

从第一、第二步开挖后的塑性应变图(图 5-85 和图 5-89)可以看出，当开挖断面较小时，整个围岩区域基本不出现较大片的塑性区。第二步开挖后在开挖轮廓的周围出现了星点塑性分布区和较大的应力分布区，这与 CD 法和单侧壁导坑法中呈现的结果相同，具体原因不再赘述。待左侧导坑开挖 (第三步开挖) 完成后，在开挖断面的正上方围岩边缘区和隧洞拱肩处开始出现了较大片的塑性区，见图 5-93，且随着后续开挖的进行，这些塑性区将继续向右侧延伸扩大，而且星点塑性分布区和较大的应力分布区也继续发展，见图 5-97、图 5-101 和图 5-105。这与以上各种方法产生的结果基本相同。说明由于开挖的缘故，隧洞正上方岩体及拱肩处将产生较大的塑性变形。第一步开挖后，开挖断面正下方高阶应变层云图明显向上突入低阶应变层，证明此处应变量开始显著增加，见图 5-86。随着后续各步开挖完成，比较前三步开挖后的总应变图(图 5-86、图 5-90 和图 5-94)，可以看出左侧断面的开挖使得开挖断面的总应变量明显比右侧增加，且增幅随着开挖的深入不断扩大，开挖还使得应变区分层被打乱。将第四、第五和第六步开挖后的总应变图(图 5-98、图 5-102 和图 5-106)同上述各应变图相比较，可见右侧开挖应变的演变趋势同左侧相同。上述分析验证了塑性应变图得出的结论。由上述各应变图还可以看出，第三步开挖完成后，拱脚处出现了和上述三种方法中相同的亚应变区，应力应变在拱脚处也出现了拐点。右侧导坑开挖完成后亦表现了相同的情况。

上述结论也可以通过 Y 方向的位移等值线图验证。通过 Y 方向位移等值线图(图 5-88 和图 5-92)可以看出，开挖断面较小时、Y 方向位移仍呈层状分布，基本不受开挖扰动的影响，但第三步开挖完成后，高阶位移应变层明显突入开挖断面，而低位移应变层也同步上移，这说明左侧第三步开挖对 Y 方向位移的贡献较为显著，即拱顶处位移量显著增大，见图 5-96。随着第四、第五、第六步开挖的完成，突入的相对高阶位移应变层逐渐退出开挖区，左右两侧位移应变逐渐趋于均匀，所有支护均匀受力，隧道围岩趋于稳定。

综上所述，左右两侧下台阶分步开挖对塑性应变，总应变，Y 方向的位移的影响较大，并且开挖后拱顶和拱肩处将出现较大位移变形，因此在实际施工中要特别注意以上各部位开挖后的跟进支护，保证工程安全。

2. 中部岩体开挖并拆除临时支撑

左右两侧导坑开挖完成后进行中部岩体开挖。考虑到隧道断面较大，中部岩体仍然使用台阶法进行开挖，将中部岩体分为上中下三个台阶，每开挖一次及时跟进支护。开挖断面内所有岩体全部挖完以后再拆除临时支撑，应力释放顺序如表 6-5 所示。

第七步(中部上台阶)开挖后塑性应变、总应变、X 方向位移等值线、Y 方向位移等值线图见图 5-109～图 5-112。

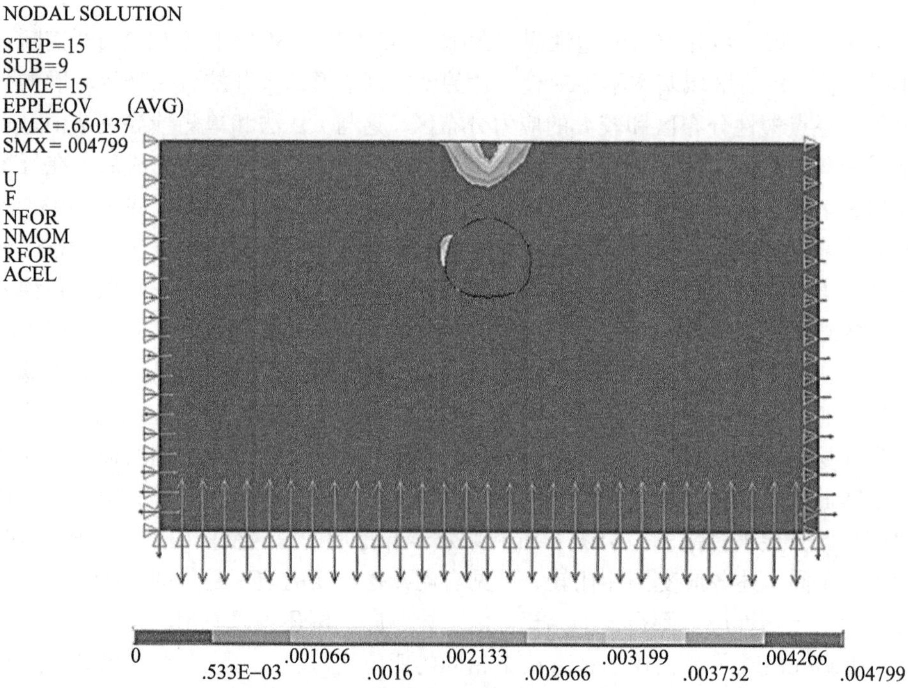
NODAL SOLUTION
STEP=15
SUB=9
TIME=15
EPPLEQV (AVG)
DMX=.650137
SMX=.004799
U
F
NFOR
NMOM
RFOR
ACEL
0
.533E-03
.001066
.0016
.002133
.002666
.003199
.003732
.004266
.004799

图 5-109　特大断面黄土隧道双侧壁导坑法第七步开挖后塑性应变图

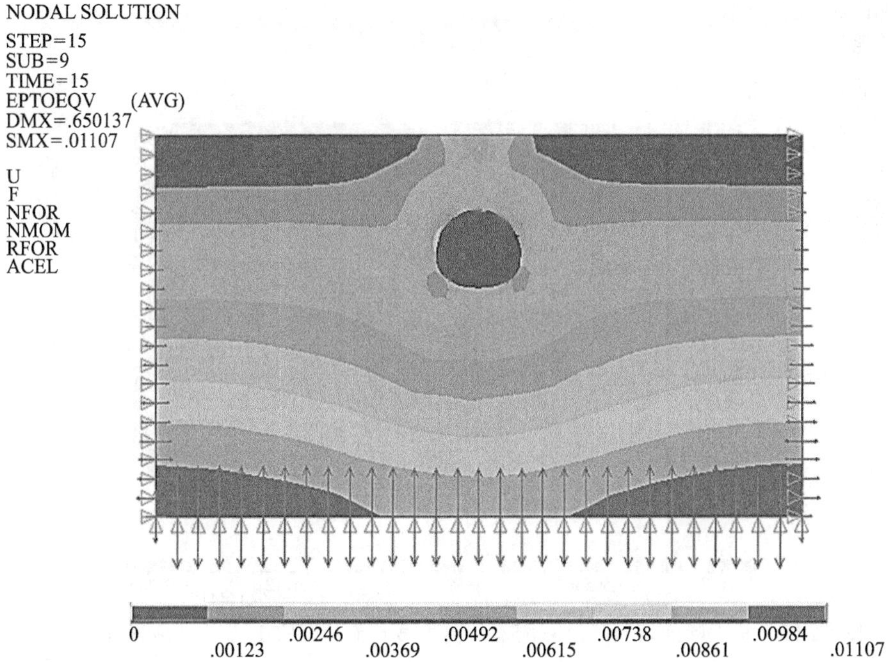
NODAL SOLUTION
STEP=15
SUB=9
TIME=15
EPTOEQV (AVG)
DMX=.650137
SMX=.01107
U
F
NFOR
NMOM
RFOR
ACEL
0
.00123
.00246
.00369
.00492
.00615
.00738
.00861
.00984
.01107

图 5-110　特大断面黄土隧道双侧壁导坑法第七步开挖后总应变图

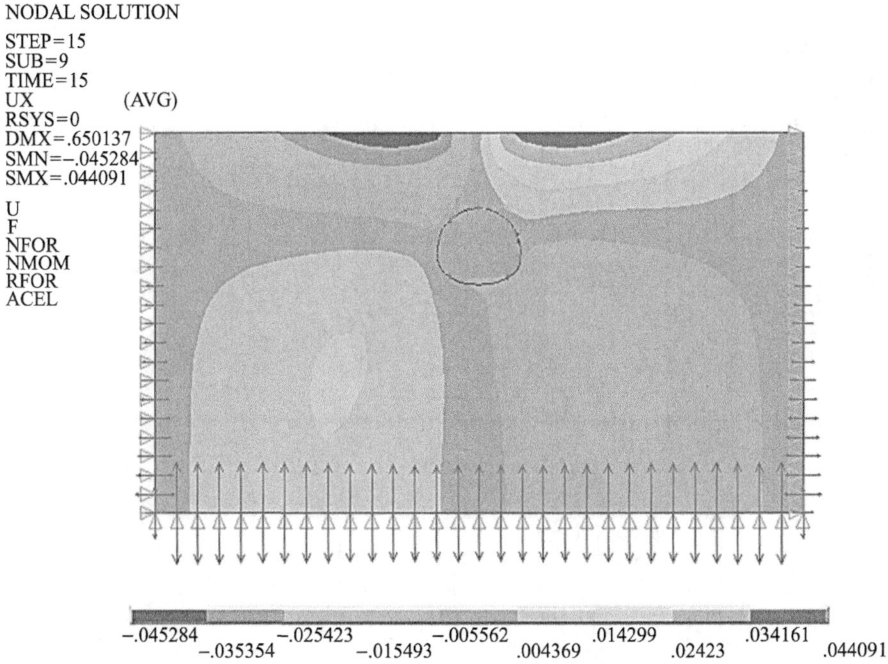
NODAL SOLUTION
STEP=15
SUB=9
TIME=15
UX (AVG)
RSYS=0
DMX=.650137
SMN=-.045284
SMX=.044091
U
F
NFOR
NMOM
RFOR
ACEL
-.045284
-.035354
-.025423
-.015493
-.005562
.004369
.014299
.02423
.034161
.044091

图 5-111　特大断面黄土隧道双侧壁导坑法第七步开挖后 X 方向位移等值线图

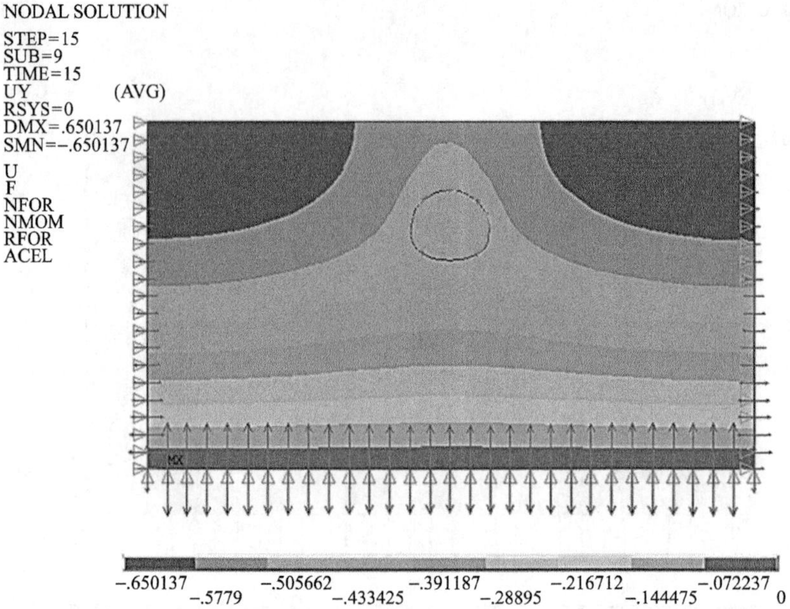
NODAL SOLUTION
STEP=15
SUB=9
TIME=15
UY (AVG)
RSYS=0
DMX=.650137
SMN=-.650137
U
F
NFOR
NMOM
RFOR
ACEL
MX
-.650137
-.5779
-.505662
-.433425
-.391187
-.28895
-.216712
-.144475
-.072237
0

图 5-112　特大断面黄土隧道双侧壁导坑法第七步开挖后 *Y* 方向位移等值线图

第八步开挖后塑性应变、总应变、*X* 方向位移等值线、*Y* 方向位移等值线图见图 5-113～图 5-116。

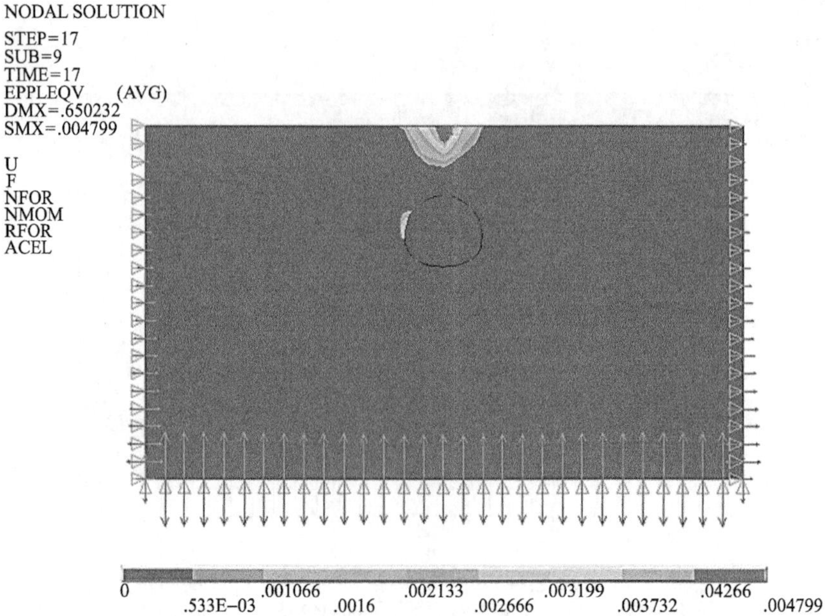
NODAL SOLUTION
STEP=17
SUB=9
TIME=17
EPPLEQV (AVG)
DMX=.650232
SMX=.004799
U
F
NFOR
NMOM
RFOR
ACEL
0
.533E-03
.001066
.0016
.002133
.002666
.003199
.003732
.04266
.004799

图 5-113　特大断面黄土隧道双侧壁导坑法第八步开挖后塑性应变图

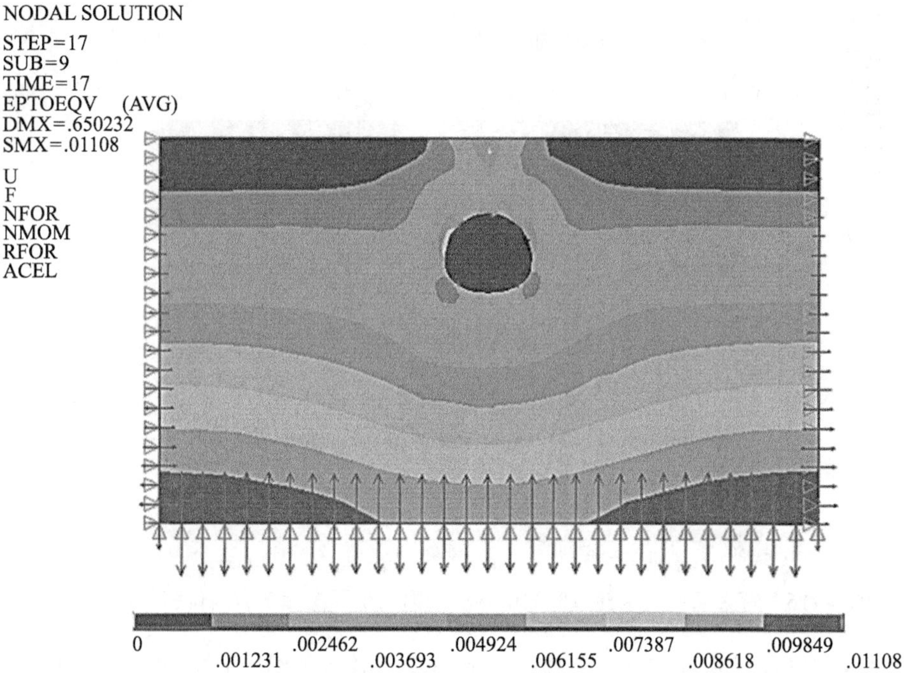
NODAL SOLUTION
STEP=17
SUB=9
TIME=17
EPTOEQV (AVG)
DMX=.650232
SMX=.01108
U
F
NFOR
NMOM
RFOR
ACEL
0
.001231
.002462
.003693
.004924
.006155
.007387
.008618
.009849
.01108

图 5-114　特大断面黄土隧道双侧壁导坑法第八步开挖后总应变图

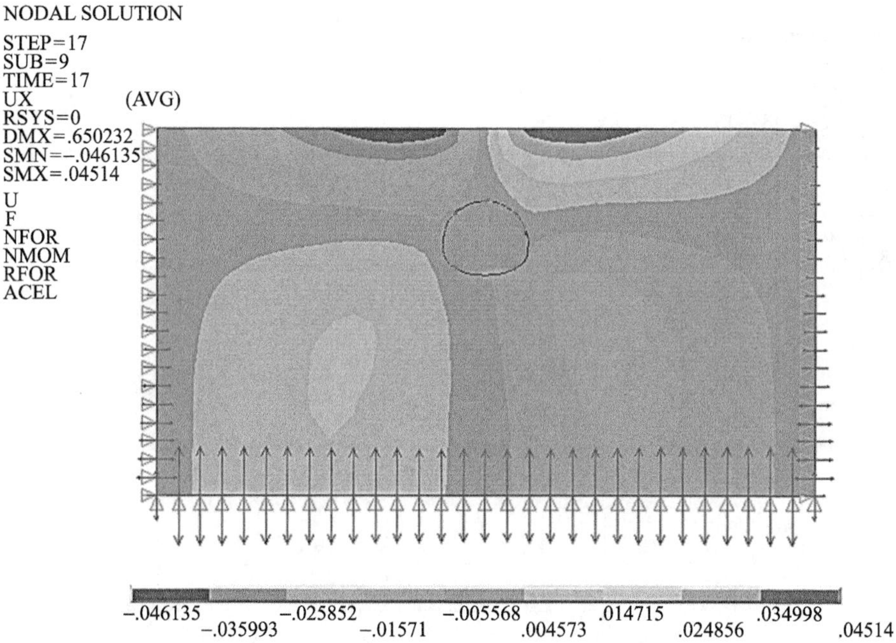
NODAL SOLUTION
STEP=17
SUB=9
TIME=17
UX (AVG)
RSYS=0
DMX=.650232
SMN=-.046135
SMX=.04514
U
F
NFOR
NMOM
RFOR
ACEL
-.046135
-.035993
-.025852
-.01571
-.005568
.004573
.014715
.024856
.034998
.04514

图 5-115　特大断面黄土隧道双侧壁导坑法第八步开挖后 X 方向位移等值线图

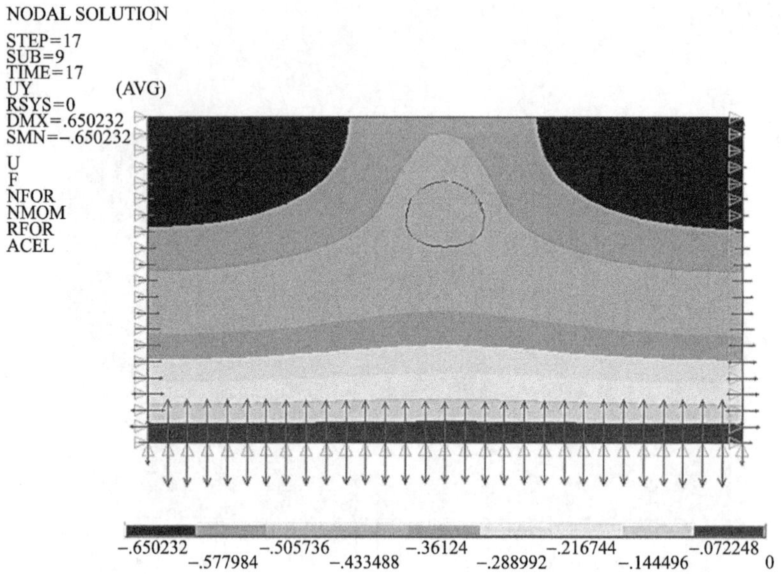

图 5-116　特大断面黄土隧道双侧壁导坑法第八步开挖后 *Y* 方向位移等值线图

第九步开挖后塑性应变、总应变、*X* 方向位移等值线、*Y* 方向位移等值线图见图 5-117～图 5-120。

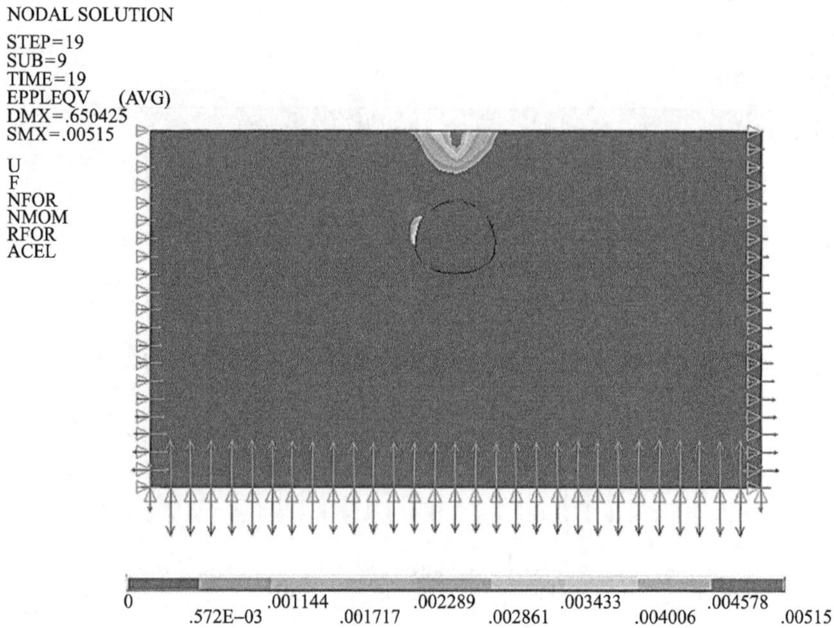

图 5-117　特大断面黄土隧道双侧壁导坑法第九步开挖后塑性应变图

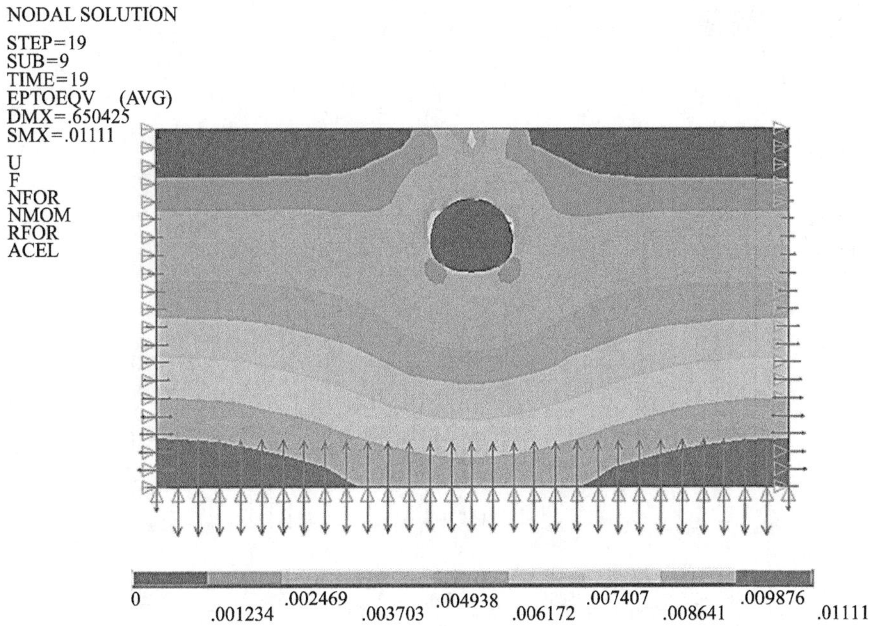
NODAL SOLUTION
STEP=19
SUB=9
TIME=19
EPTOEQV (AVG)
DMX=.650425
SMX=.01111
U
F
NFOR
NMOM
RFOR
ACEL
0
.001234
.002469
.003703
.004938
.006172
.007407
.008641
.009876
.01111

图 5-118　特大断面黄土隧道双侧壁导坑法第九步开挖后总应变图

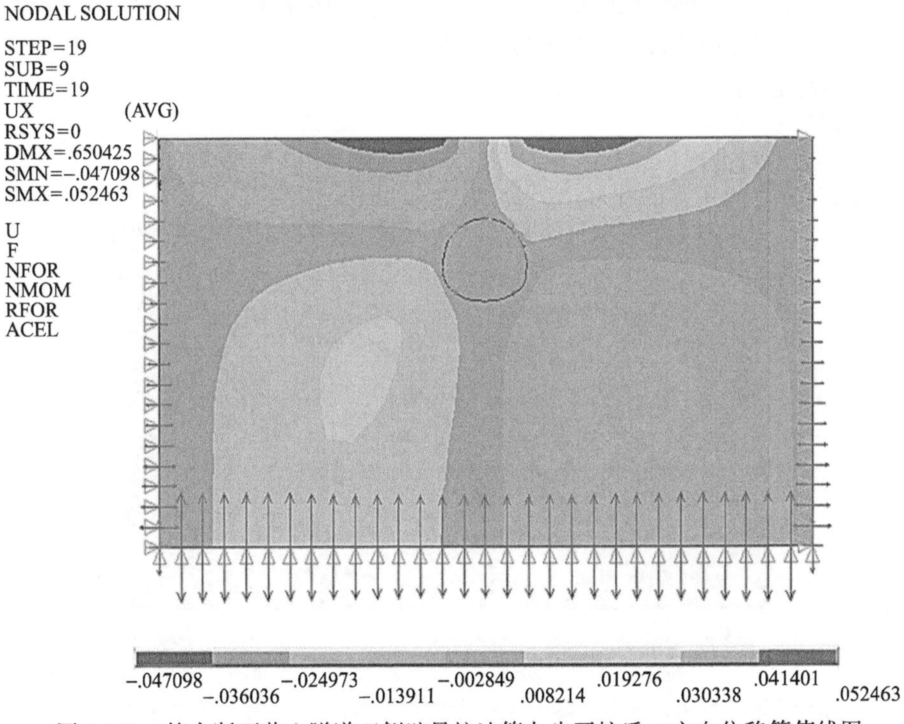
NODAL SOLUTION
STEP=19
SUB=9
TIME=19
UX (AVG)
RSYS=0
DMX=.650425
SMN=-.047098
SMX=.052463
U
F
NFOR
NMOM
RFOR
ACEL
-.047098
-.036036
-.024973
-.013911
-.002849
.008214
.019276
.030338
.041401
.052463

图 5-119　特大断面黄土隧道双侧壁导坑法第九步开挖后 X 方向位移等值线图

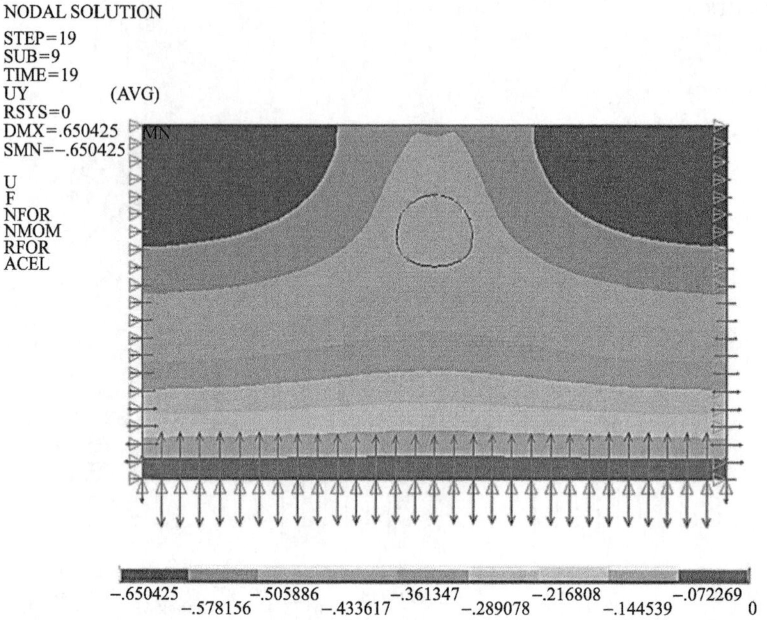
NODAL SOLUTION
STEP=19
SUB=9
TIME=19
UY (AVG)
RSYS=0
DMX=.650425
SMN=-.650425
MN
U
F
NFOR
NMOM
RFOR
ACEL
-.650425
-.578156
-.505886
-.433617
-.361347
-.289078
-.216808
-.144539
-.072269
0

图 5-120　特大断面黄土隧道双侧壁导坑法第九步开挖后 *Y* 方向位移等值线图

拆除临时支撑后的塑性应变、总应变、*X* 方向位移等值线、*Y* 方向位移等值线、总位移云图、节点位移云图见图 5-121～图 5-126。

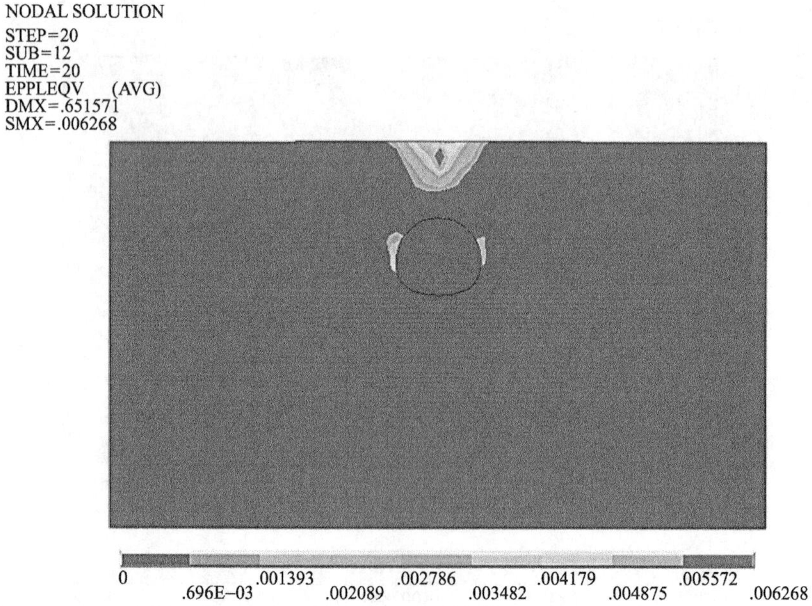
NODAL SOLUTION
STEP=20
SUB=12
TIME=20
EPPLEQV (AVG)
DMX=.651571
SMX=.006268
0
.696E-03
.001393
.002089
.002786
.003482
.004179
.004875
.005572
.006268

图 5-121　特大断面黄土隧道双侧壁导坑法拆除临时支撑后塑性应变图

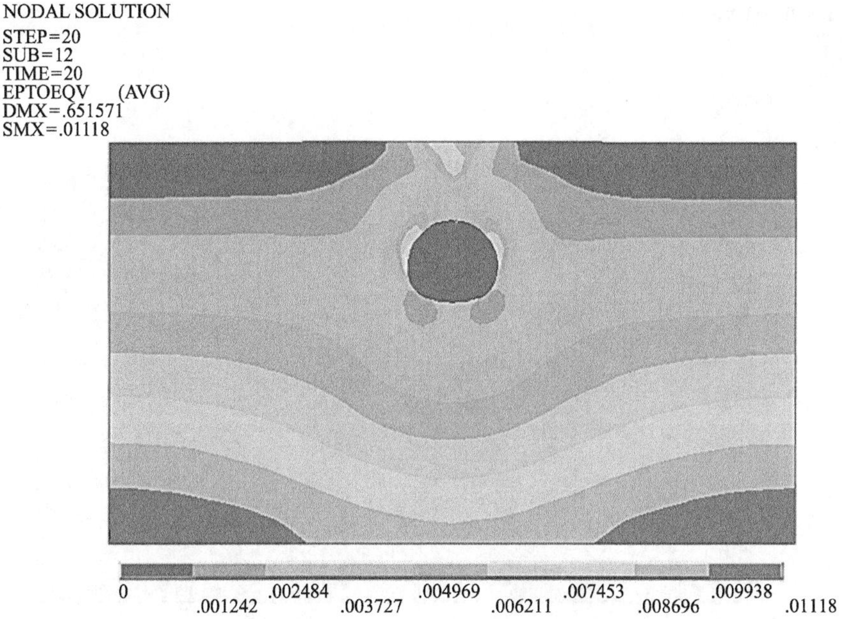
NODAL SOLUTION
STEP=20
SUB=12
TIME=20
EPTOEQV (AVG)
DMX=.651571
SMX=.01118
0
.001242
.002484
.003727
.004969
.006211
.007453
.008696
.009938
.01118

图 5-122　特大断面黄土隧道双侧壁导坑法拆除临时支撑后总应变图

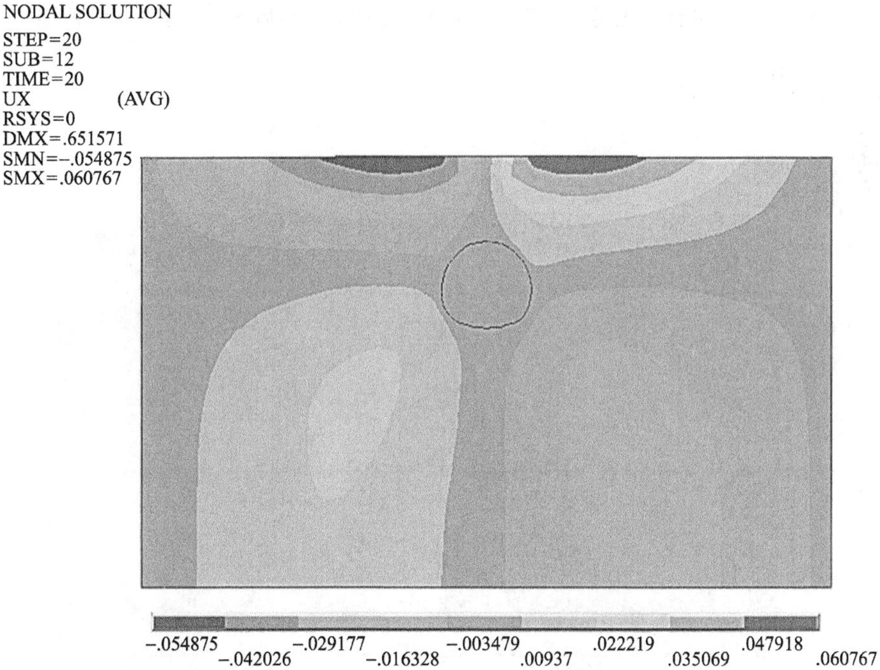
NODAL SOLUTION
STEP=20
SUB=12
TIME=20
UX (AVG)
RSYS=0
DMX=.651571
SMN=-.054875
SMX=.060767
-.054875
-.042026
-.029177
-.016328
-.003479
.00937
.022219
.035069
.047918
.060767

图 5-123　特大断面黄土隧道双侧壁导坑法拆除临时支撑后 X 方向位移等值线图

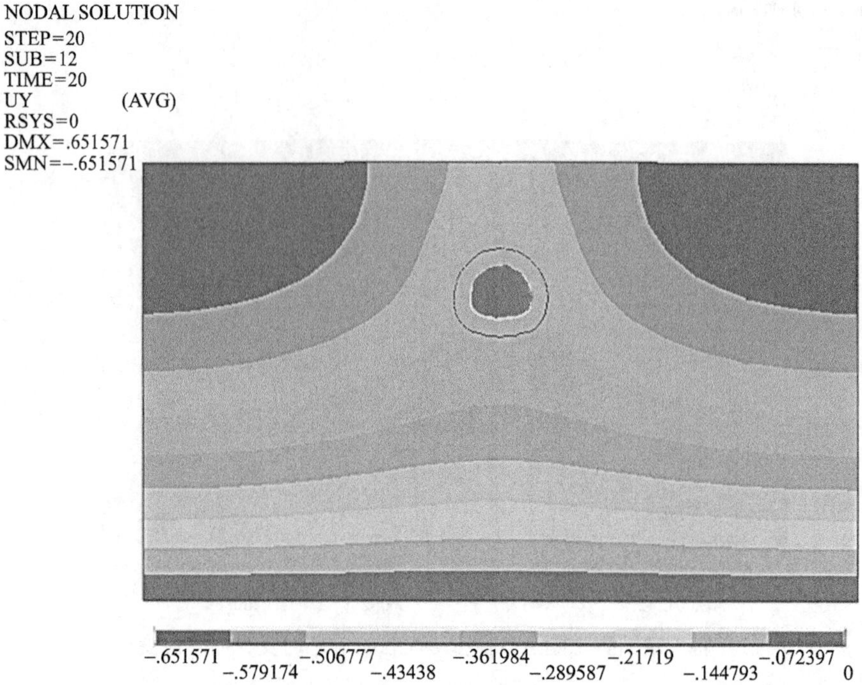
NODAL SOLUTION
STEP=20
SUB=12
TIME=20
UY (AVG)
RSYS=0
DMX=.651571
SMN=−.651571
−.651571
−.579174
−.506777
−.43438
−.361984
−.289587
−.21719
−.144793
−.072397
0

图 5-124　特大断面黄土隧道双侧壁导坑法拆除临时支撑后 Y 方向位移等值线图

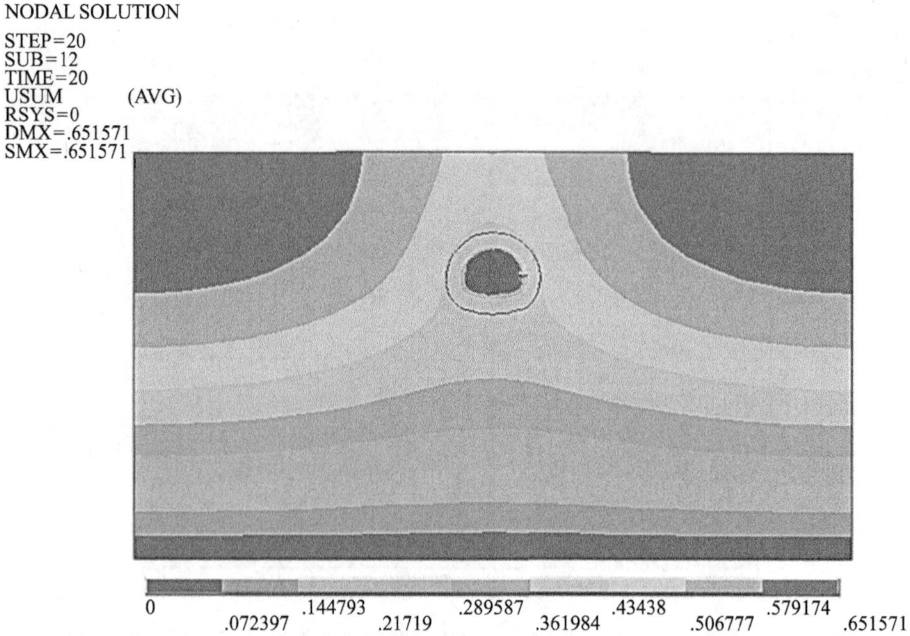
NODAL SOLUTION
STEP=20
SUB=12
TIME=20
USUM (AVG)
RSYS=0
DMX=.651571
SMX=.651571
0
.072397
.144793
.21719
.289587
.361984
.43438
.506777
.579174
.651571

图 5-125　特大断面黄土隧道双侧壁导坑法拆除临时支撑后总位移云图

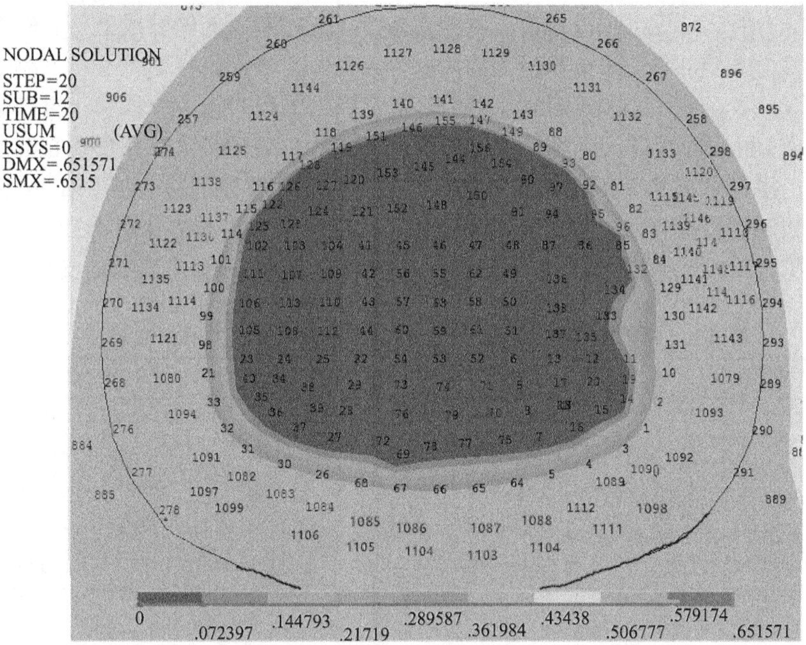

图 5-126　特大断面黄土隧道双侧壁导坑法拆除临时支撑后节点位移云图

左右导坑开挖完成后，隧道围岩塑性应变图、总应变图、*Y* 方向的位移等值线图近似对称分布，而 *X* 方向位移等值线图近似反号对称分布，对称轴为 *Y* 轴。第七、八、九步开挖完成后，上述各图中各相应区域在图中的分布基本不变，只是随着开挖的深入，表现出不同程度的扩展和延伸，数值也逐渐变大，见图 5-109～图 5-120。这说明中部开挖对于隧洞围岩应力应变的区域分布影响不大，但对应力应变数值大小的影响较为显著。

由图 5-121 可以看出，拆除临时支撑后，拱顶上方和左侧拱肩处的塑性应变区继续扩展延伸，并且右侧拱肩处也出现了塑性应变区，但是左侧先行开挖导坑拱肩处塑性应变区要比右侧后行导坑拱肩处的塑性应变区大，这表明先行导坑开挖一侧偏于危险，而后行导坑开挖一侧由于仍有岩体延时支撑，应变量较小，相较于左侧偏于安全。图 5-122 显示，亚应变区继续扩展，拱顶和左右侧拱肩均出现了高阶应变区，说明这些区域应变量继续增大，印证了塑性应变图表现出的结果。图 5-124 和图 5-125 中，高阶位移应变层继续向上突进，并向两侧扩展，可见 *Y* 方向位移继续增大。

3. 控制性节点位移

特大断面黄土隧道双壁导坑法开挖结束后，控制点位移见表 5-9。

由最终塑性应变图和总应变云图可知，最大塑性应变出现在隧道上方的地表围岩边缘，但开挖断面的轮廓线上的最大位移位于拱顶的 142、143 号节点为

0.44912m，由此可见拱顶处总应变量相对较大。开挖断面的轮廓线上节点的 Y 方向最大位移为 0.44895m，总位移最大值为 0.44898m，与最大位移的差值均不超过 5%，说明选取这 5 个参考点是合理的。整个模拟范围内的围岩最大位移和 Y 方向最大位移相吻合，也说明在隧洞开挖结束后隧洞四周围岩出现的最大位移出现在隧洞上方的整个土层，隧洞的开挖也导致隧洞下方应变区层的整体下移。与 CRD 法相同，在开挖断面周边围岩区拱肩位置出现了较大的塑性应变，总应变图 5-122 也清晰地表现出了这一点，因此隧道在开挖的过程中应该加强拱顶和拱肩处的支护。

表 5-9 特大断面黄土隧道双壁导坑法开挖结束后控制点位移 (单位：m)

控制点	水平位移	竖向位移	总位移
1	5.14×10^{-3}	−0.44895	0.44898
2	6.06×10^{-3}	−0.44803	0.44807
3	3.46×10^{-3}	−0.44600	0.44601
4	5.10×10^{-3}	−0.44637	0.44640
5	3.79×10^{-3}	−0.44468	0.44470

5.3.5 三台阶七步开挖(预留核心土)法

1. 上行导坑的开挖

第一步(上行导坑)开挖后塑性应变、总应变、X 方向位移等值线、Y 方向位移等值线图见图 5-127～图 5-130。

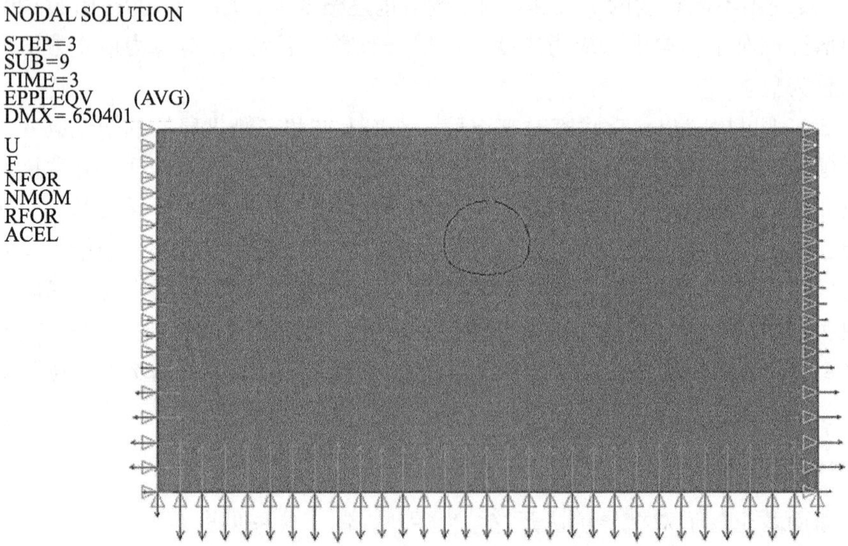

图 5-127 特大断面黄土隧道预留核心土法第一步开挖后塑性应变图

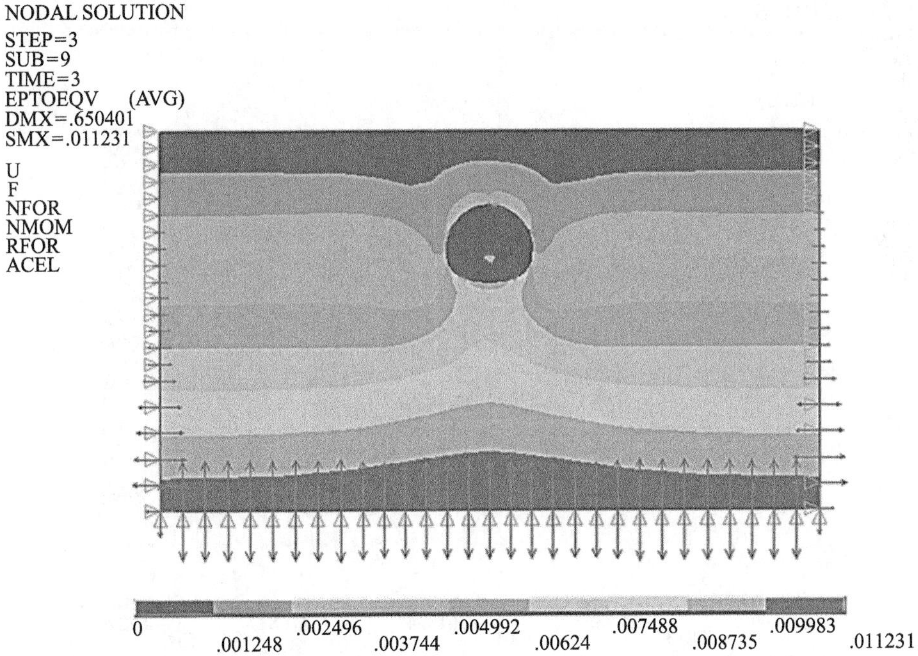
NODAL SOLUTION
STEP=3
SUB=9
TIME=3
EPTOEQV (AVG)
DMX=.650401
SMX=.011231
U
F
NFOR
NMOM
RFOR
ACEL
0
.001248
.002496
.003744
.004992
.00624
.007488
.008735
.009983
.011231

图 5-128　特大断面黄土隧道预留核心土法第一步开挖后总应变图

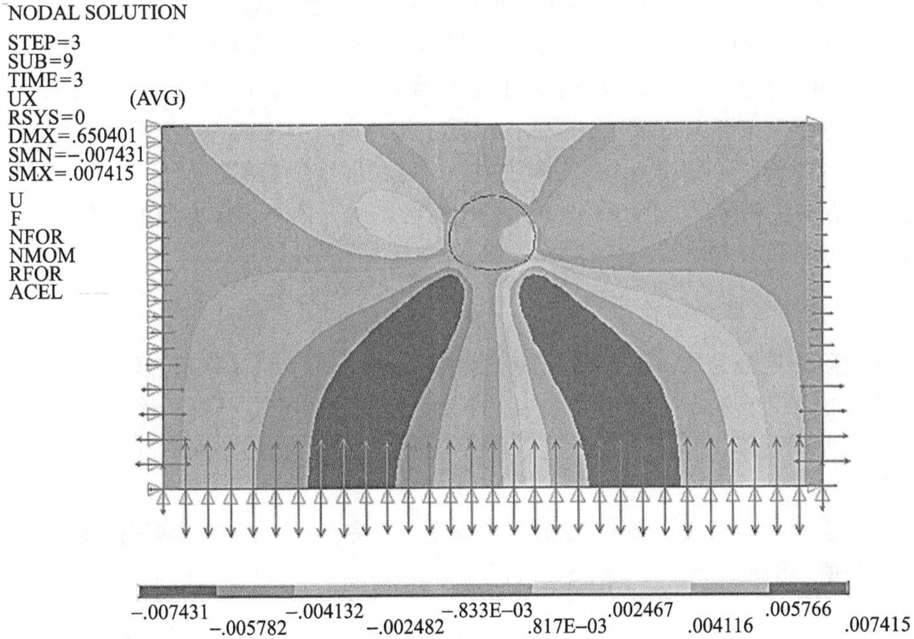
NODAL SOLUTION
STEP=3
SUB=9
TIME=3
UX (AVG)
RSYS=0
DMX=.650401
SMN=-.007431
SMX=.007415
U
F
NFOR
NMOM
RFOR
ACEL
-.007431
-.005782
-.004132
-.002482
-.833E-03
.817E-03
.002467
.004116
.005766
.007415

图 5-129　特大断面黄土隧道预留核心土法第一步开挖后 *X* 方向位移等值线图

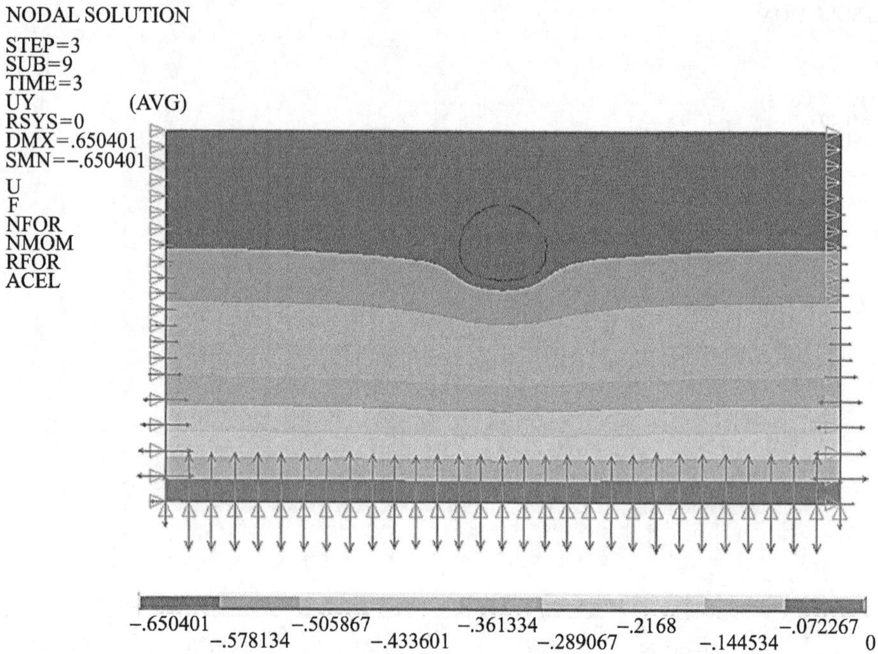
NODAL SOLUTION
STEP=3
SUB=9
TIME=3
UY (AVG)
RSYS=0
DMX=.650401
SMN=-.650401
U
F
NFOR
NMOM
RFOR
ACEL
-.650401
-.578134
-.505867
-.433601
-.361334
-.289067
-.2168
-.144534
-.072267
0

图 5-130　特大断面黄土隧道预留核心土法第一步开挖后 *Y* 方向位移等值线图

由开挖后的塑性应变图(图 5-127)可以看出，仅开挖轮廓线上有星点塑性分布区，这和前述各种方法中开挖断面较小时呈现的塑性分布规律相同。由总应变图(图 5-128)可以看出，拱顶低阶应变层下突至拱腰，拱底高阶应变层上突至拱脚，同时，在开挖断面正下方的预开挖断面内出现了相对高阶应变区，这说明上行导坑开挖后，拱腰位置应变量较小，拱脚和拱内未开挖断面出现局部较大变形，需要特别注意。*Y* 方向位移等值线图 5-130 显示，上行导坑的开挖对于 *Y* 方向的位移量的影响较小，几乎可以忽略。

2. 中台阶左右侧的开挖

中台阶开挖分为左、中、右三部分，中部为核心土。由于隧道开挖断面较大，中台阶开挖采用台阶法，将中台阶按上下台阶法进行开挖。开挖顺序为：先行开挖中台阶左侧上部，其后依次开挖中台阶右侧上部、中台阶左侧下部、中台阶右侧下部。

第二步(中台阶左侧上部)开挖后塑性应变、总应变、*X* 方向位移等值线、*Y* 方向位移等值线图见图 5-131～图 5-134。

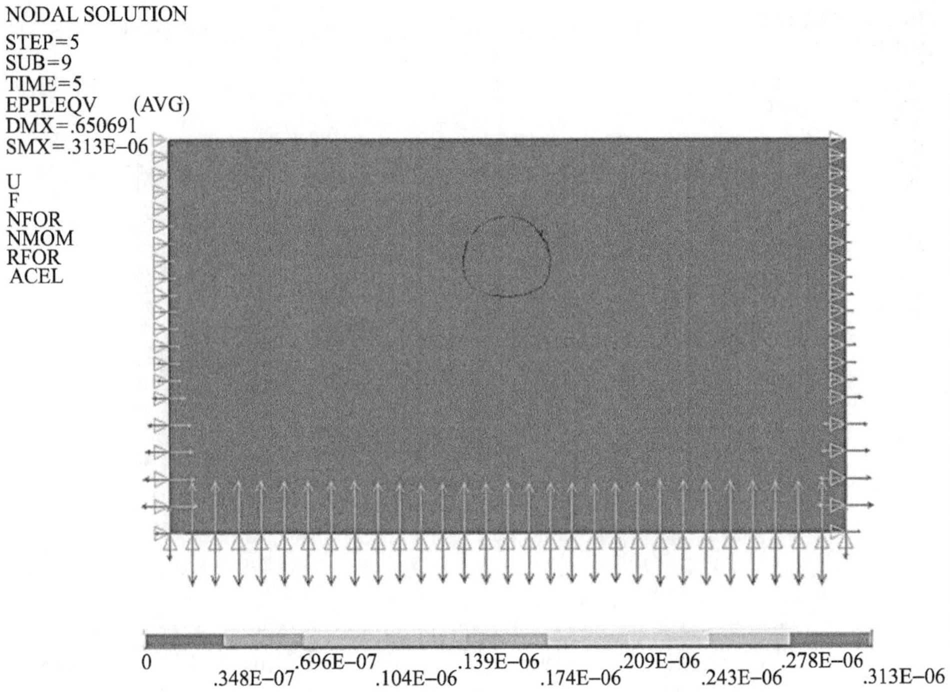
NODAL SOLUTION
STEP=5
SUB=9
TIME=5
EPPLEQV (AVG)
DMX=.650691
SMX=.313E-06
U
F
NFOR
NMOM
RFOR
ACEL
0
.348E-07
.696E-07
.104E-06
.139E-06
.174E-06
.209E-06
.243E-06
.278E-06
.313E-06

图 5-131　特大断面黄土隧道预留核心土法第二步开挖后塑性应变图

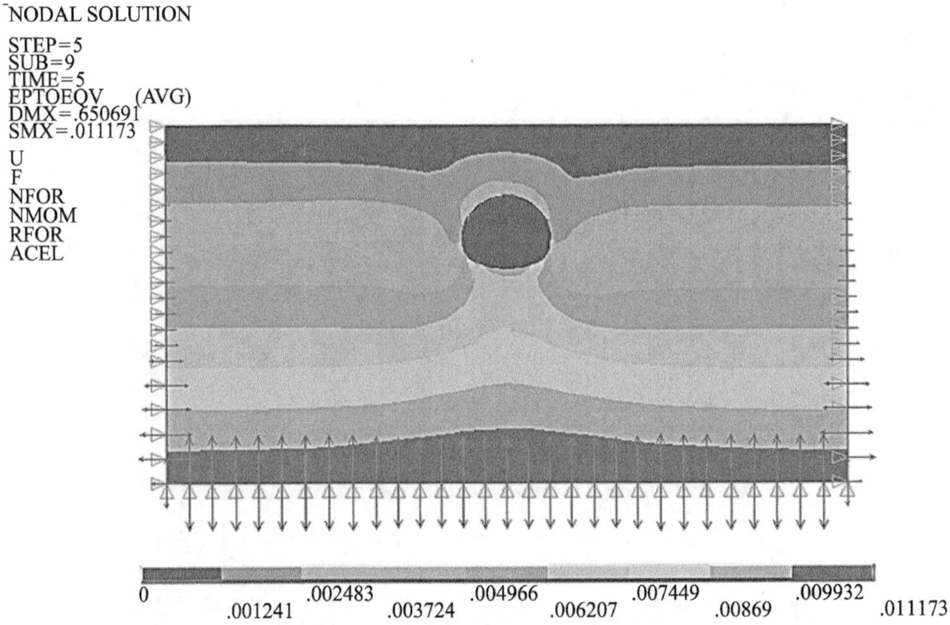
NODAL SOLUTION
STEP=5
SUB=9
TIME=5
EPTOEQV (AVG)
DMX=.650691
SMX=.011173
U
F
NFOR
NMOM
RFOR
ACEL
0
.001241
.002483
.003724
.004966
.006207
.007449
.00869
.009932
.011173

图 5-132　特大断面黄土隧道预留核心土法第二步开挖后总应变图

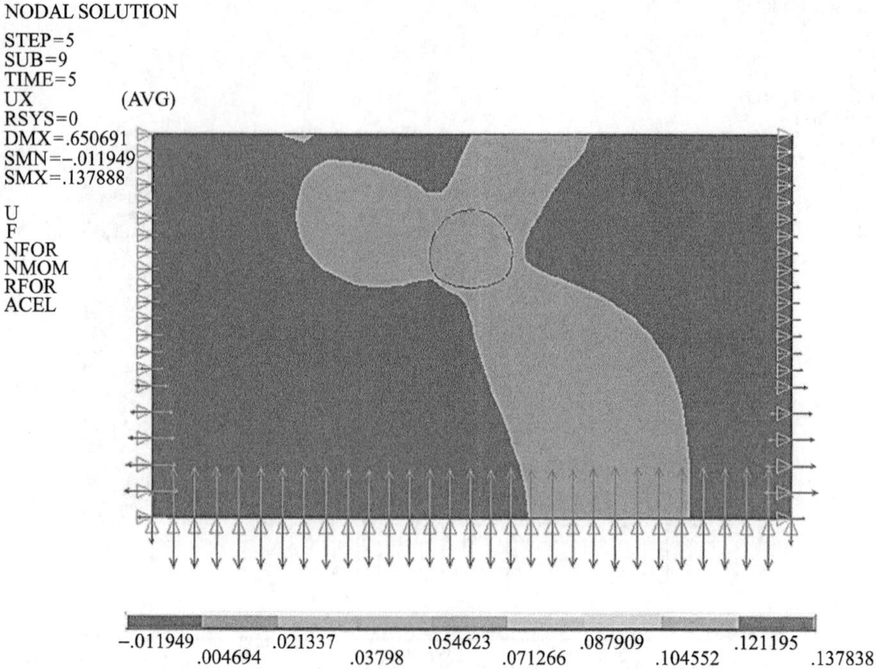
NODAL SOLUTION
STEP=5
SUB=9
TIME=5
UX (AVG)
RSYS=0
DMX=.650691
SMN=-.011949
SMX=.137888
U
F
NFOR
NMOM
RFOR
ACEL
-.011949
.004694
.021337
.03798
.054623
.071266
.087909
.104552
.121195
.137838

图 5-133　特大断面黄土隧道预留核心土法第二步开挖后 *X* 方向位移等值线图

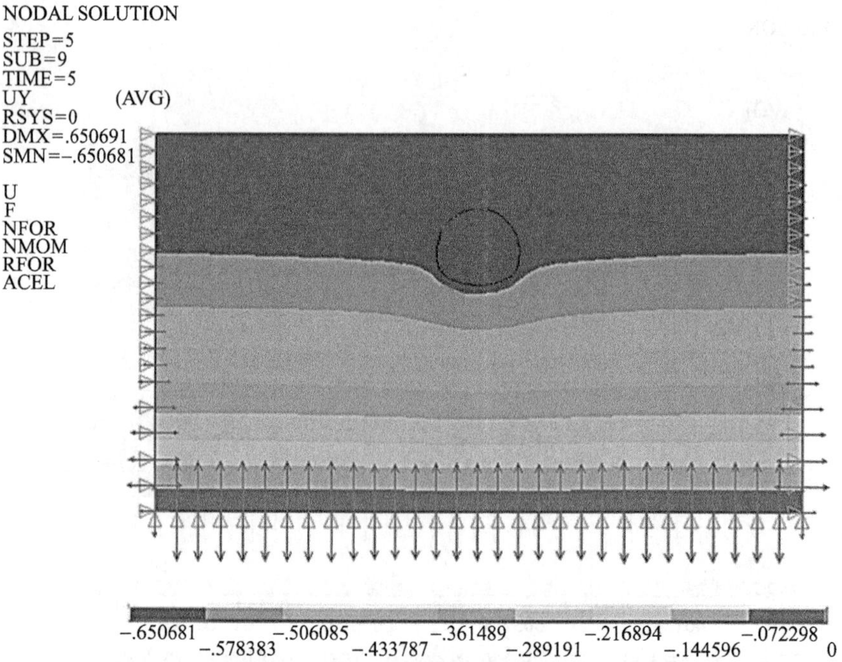
NODAL SOLUTION
STEP=5
SUB=9
TIME=5
UY (AVG)
RSYS=0
DMX=.650691
SMN=-.650681
U
F
NFOR
NMOM
RFOR
ACEL
-.650681
-.578383
-.506085
-.433787
-.361489
-.289191
-.216894
-.144596
-.072298
0

图 5-134　特大断面黄土隧道预留核心土法第二步开挖后 *Y* 方向位移等值线图

第三步(中台阶右侧上部)开挖后塑性应变、总应变、*X* 方向位移等值线、*Y* 方向位移等值线图见图 5-135～图 5-138。

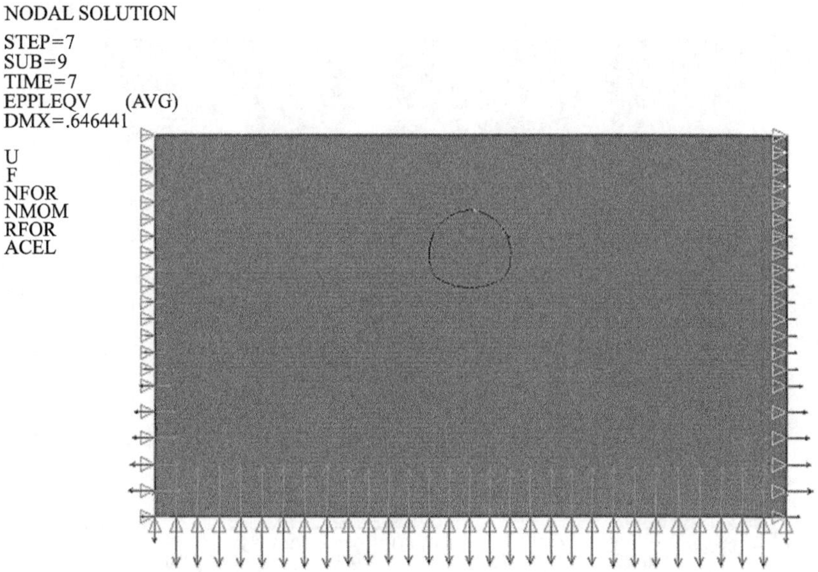
NODAL SOLUTION
STEP=7
SUB=9
TIME=7
EPPLEQV (AVG)
DMX=.646441
U
F
NFOR
NMOM
RFOR
ACEL

图 5-135　特大断面黄土隧道预留核心土法第三步开挖后塑性应变图

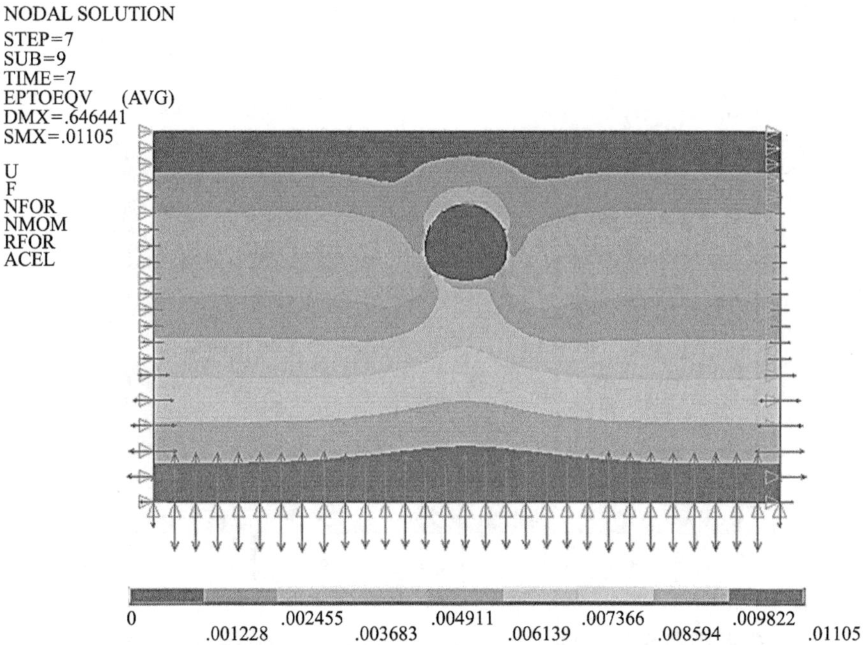
NODAL SOLUTION
STEP=7
SUB=9
TIME=7
EPTOEQV (AVG)
DMX=.646441
SMX=.01105
U
F
NFOR
NMOM
RFOR
ACEL
0
.001228
.002455
.003683
.004911
.006139
.007366
.008594
.009822
.01105

图 5-136　特大断面黄土隧道预留核心土法第三步开挖后总应变图

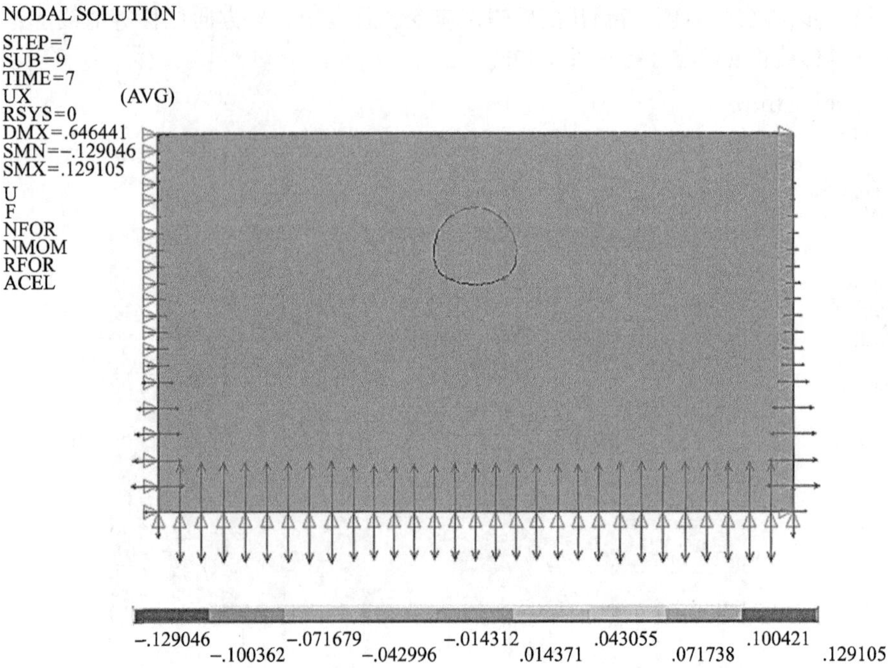
NODAL SOLUTION
STEP=7
SUB=9
TIME=7
UX (AVG)
RSYS=0
DMX=.646441
SMN=-.129046
SMX=.129105
U
F
NFOR
NMOM
RFOR
ACEL
-.129046
-.100362
-.071679
-.042996
-.014312
.014371
.043055
.071738
.100421
.129105

图 5-137　特大断面黄土隧道预留核心土法第三步开挖后 *X* 方向位移等值线图

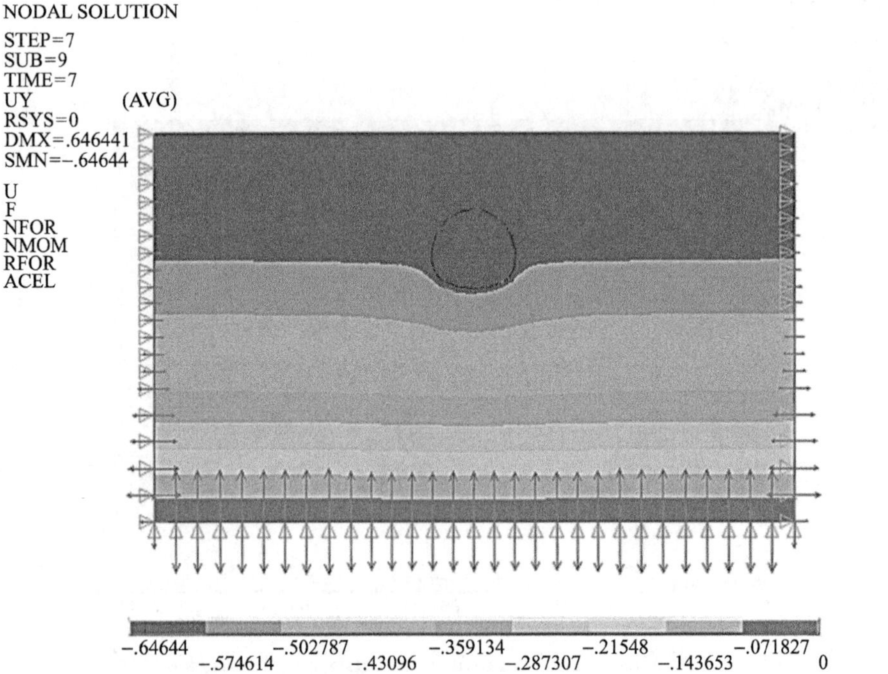
NODAL SOLUTION
STEP=7
SUB=9
TIME=7
UY (AVG)
RSYS=0
DMX=.646441
SMN=-.64644
U
F
NFOR
NMOM
RFOR
ACEL
-.64644
-.574614
-.502787
-.43096
-.359134
-.287307
-.21548
-.143653
-.071827
0

图 5-138　特大断面黄土隧道预留核心土法第三步开挖后 *Y* 方向位移等值线图

第四步(中台阶左侧下部)开挖后塑性应变、总应变、X 方向位移等值线、Y 方向位移等值线图见图 5-139～图 5-142。

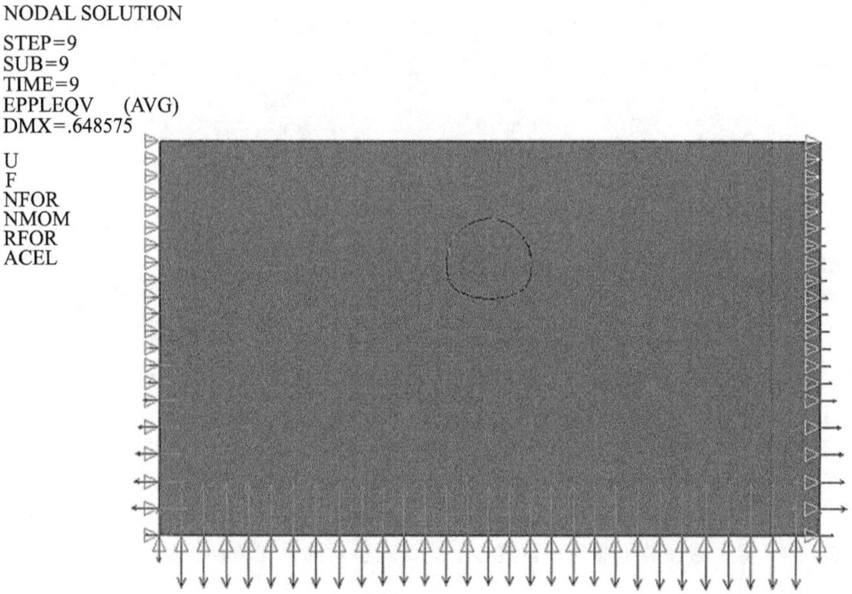
NODAL SOLUTION
STEP=9
SUB=9
TIME=9
EPPLEQV (AVG)
DMX=.648575
U
F
NFOR
NMOM
RFOR
ACEL

图 5-139　特大断面黄土隧道预留核心土法第四步开挖后塑性应变图

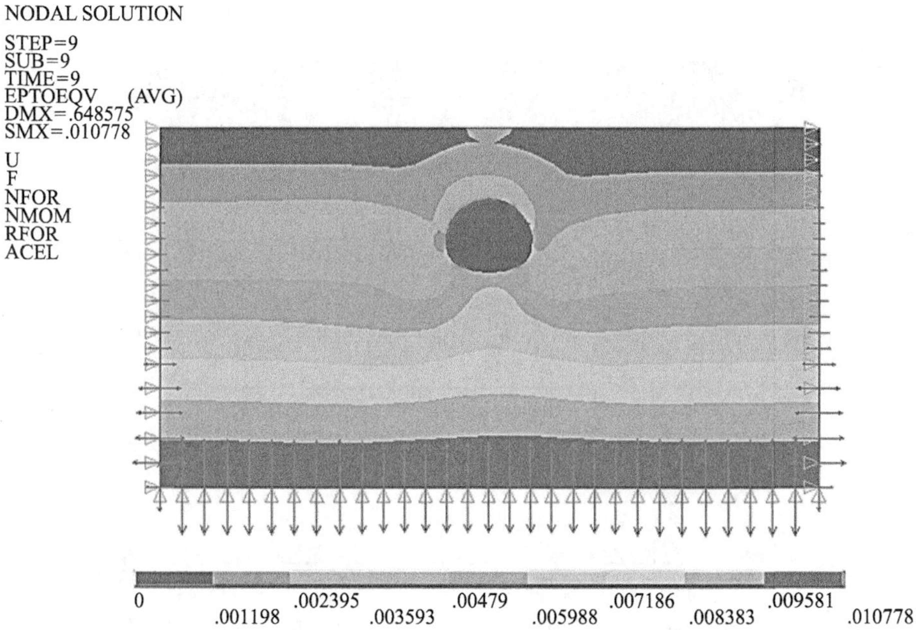
NODAL SOLUTION
STEP=9
SUB=9
TIME=9
EPTOEQV (AVG)
DMX=.648575
SMX=.010778
U
F
NFOR
NMOM
RFOR
ACEL
0
.001198
.002395
.003593
.00479
.005988
.007186
.008383
.009581
.010778

图 5-140　特大断面黄土隧道预留核心土法第四步开挖后总应变图

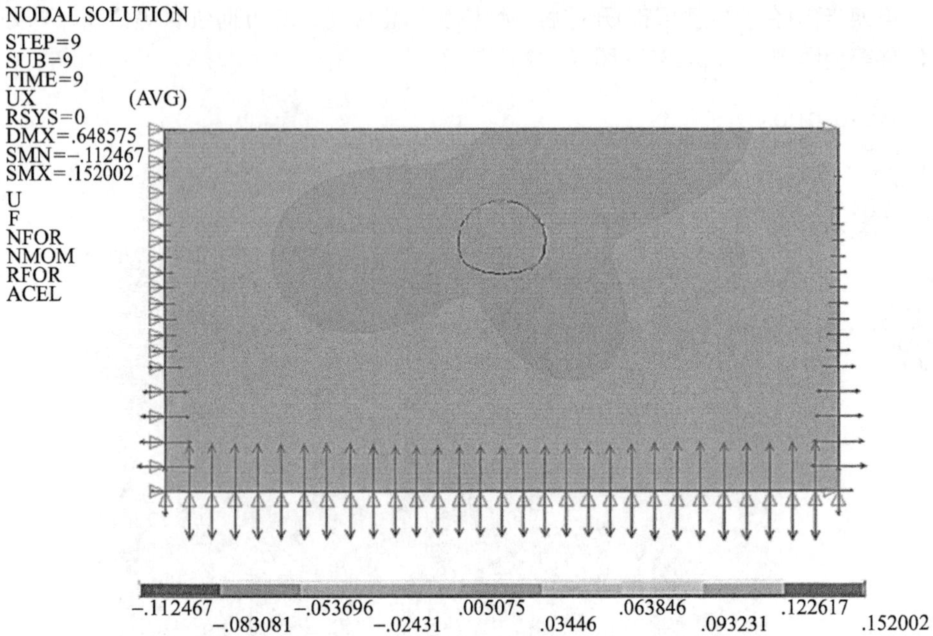
NODAL SOLUTION
STEP=9
SUB=9
TIME=9
UX (AVG)
RSYS=0
DMX=.648575
SMN=-.112467
SMX=.152002
U
F
NFOR
NMOM
RFOR
ACEL
-.112467
-.083081
-.053696
-.02431
.005075
.03446
.063846
.093231
.122617
.152002

图 5-141　特大断面黄土隧道预留核心土法第四步开挖后 *X* 方向位移等值线图

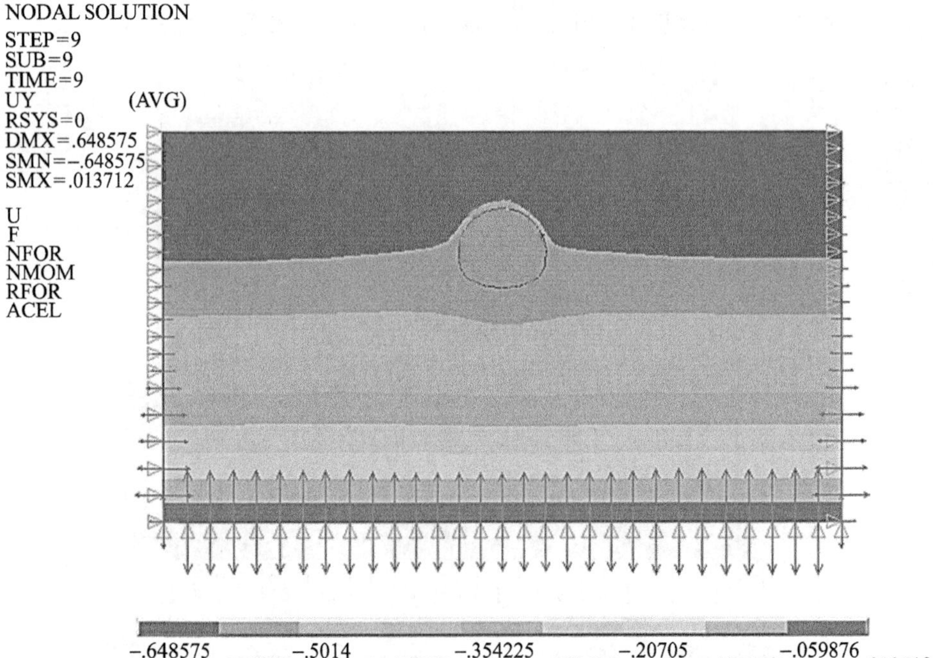
NODAL SOLUTION
STEP=9
SUB=9
TIME=9
UY (AVG)
RSYS=0
DMX=.648575
SMN=-.648575
SMX=.013712
U
F
NFOR
NMOM
RFOR
ACEL
-.648575
-.574987
-.5014
-.427812
-.354225
-.280638
-.20705
-.133463
-.059876
.013712

图 5-142　特大断面黄土隧道预留核心土法第四步开挖后 *Y* 方向位移等值线图

第五步(中台阶右侧下部)开挖后塑性应变、总应变、*X* 方向位移等值线、*Y* 方向位移等值线图见图 5-143～图 5-146。

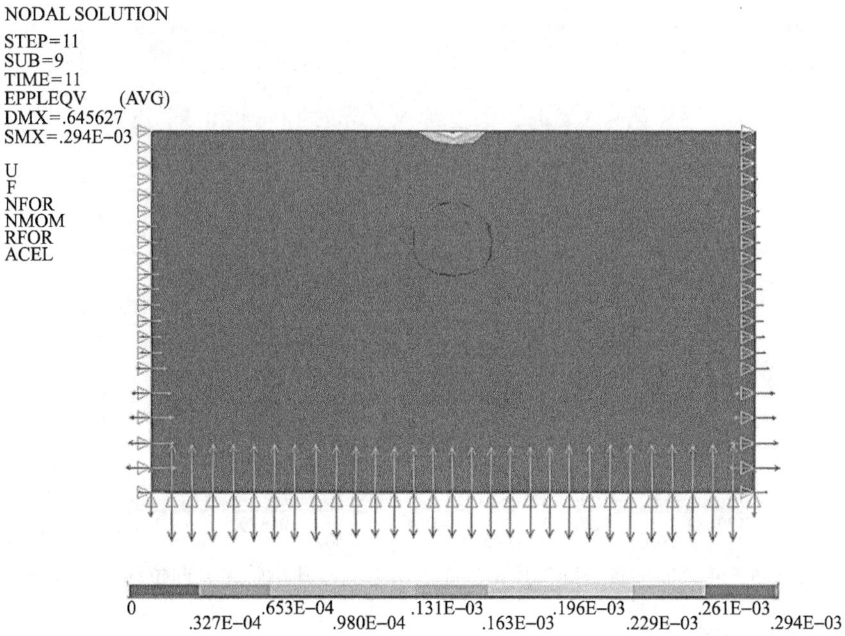

图 5-143　特大断面黄土隧道预留核心土法第五步开挖后塑性应变图

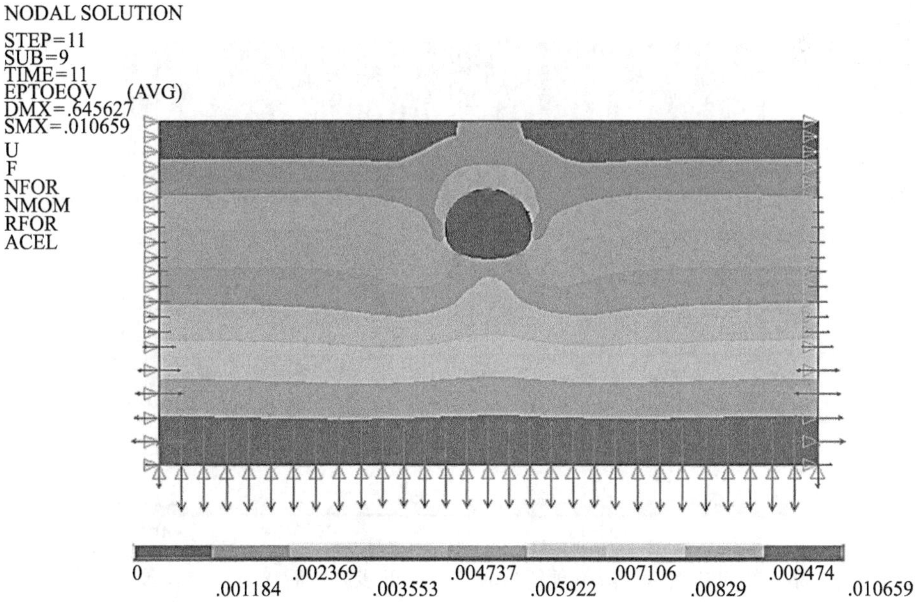

图 5-144　特大断面黄土隧道预留核心土法第五步开挖后总应变图

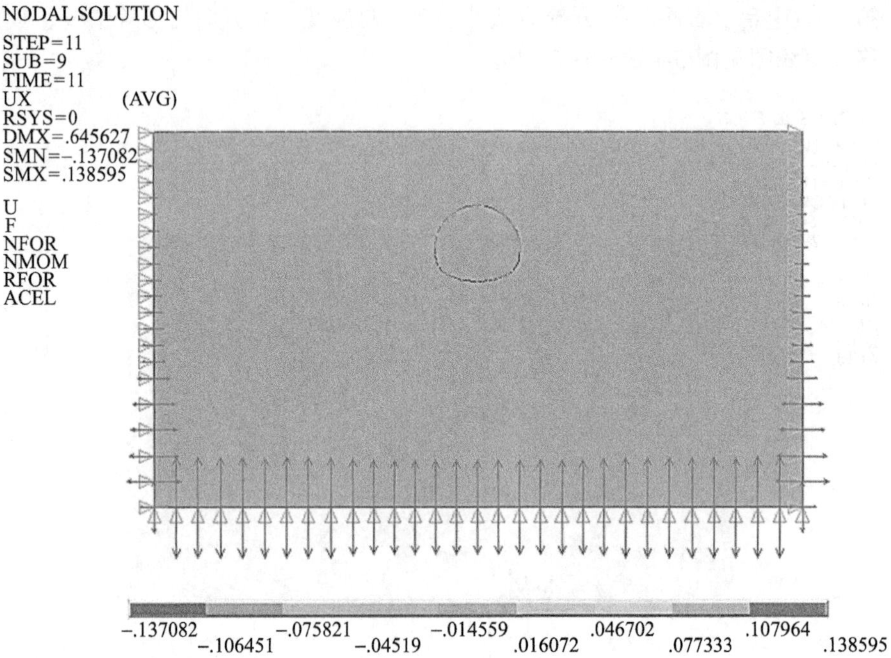
NODAL SOLUTION
STEP=11
SUB=9
TIME=11
UX (AVG)
RSYS=0
DMX=.645627
SMN=-.137082
SMX=.138595
U
F
NFOR
NMOM
RFOR
ACEL
-.137082
-.106451
-.075821
-.04519
-.014559
.016072
.046702
.077333
.107964
.138595

图 5-145　特大断面黄土隧道预留核心土法第五步开挖后 X 方向位移等值线图

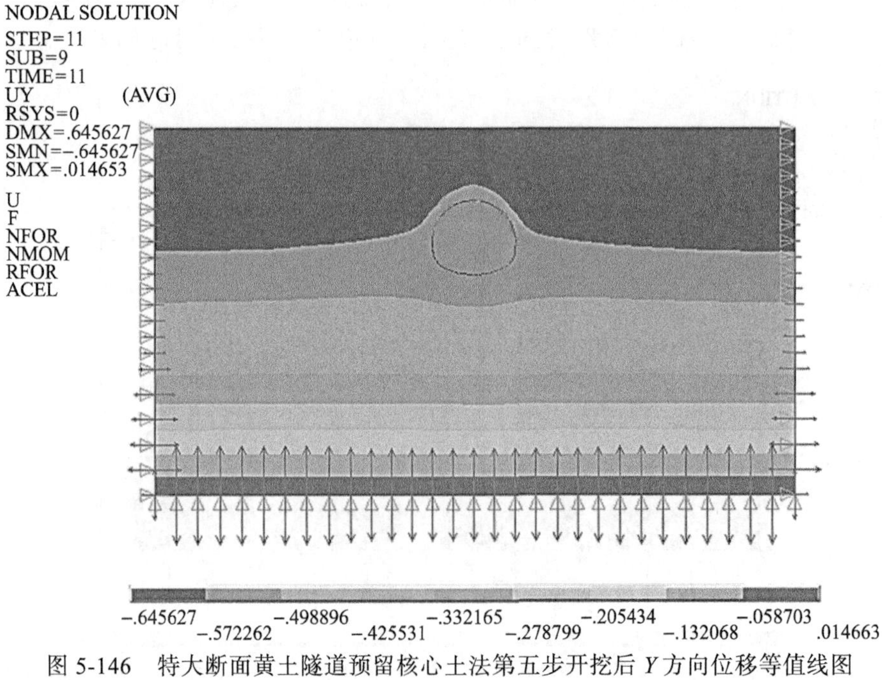
NODAL SOLUTION
STEP=11
SUB=9
TIME=11
UY (AVG)
RSYS=0
DMX=.645627
SMN=-.645627
SMX=.014653
U
F
NFOR
NMOM
RFOR
ACEL
-.645627
-.572262
-.498896
-.425531
-.332165
-.278799
-.205434
-.132068
-.058703
.014663

图 5-146　特大断面黄土隧道预留核心土法第五步开挖后 Y 方向位移等值线图

由塑性应变图(图 5-131、图 5-135、图 5-139 和图 5-143)可以观察出，在开挖轮廓线上，第二、第三、第四、第五步开挖时，其塑性应变区的分布变化并不明显，随着逐步开挖的进行，仅出现了星点塑性分布区的延伸拓展分布，但第五步开挖完成后，拱顶正上方的地表围岩边缘处开始出现大片塑性应变区，说明此时地表沉降量显著增加。由总应变图(图 5-132、图 5-136、图 5-140 和图 5-144)可以看出，开挖断面的增大使得总应变不断增大，但是拱内局部应变增大的情况却逐步缩减。第四步开挖完成后，左侧拱脚开始出现亚应变区，说明此处出现应力应变的拐点。同时，拱顶有相对高阶应变区向上突入，验证了由塑性应变图分析出的结果。通过 Y 方向位移等值线图(图 5-134、图 5-138、图 5-142 和图 5-146)可以观察出，一直到第三步开挖完成后，Y 方向位移受到开挖的影响都不大；从第四步开挖开始，高阶位移应变层开始突入低阶位移应变层，Y 方向位移开始显著增加。

3. 中部核心土及下步台阶的开挖与支护

中部核心土可一次性全部开挖也可以分台阶来开挖，下台阶开挖完成后要进行最后支护，完成后进行应力完全释放的计算。

第六步(中部核心土)开挖后塑性应变、总应变、X 方向位移等值线、Y 方向位移等值线图见图 5-147～图 5-150。

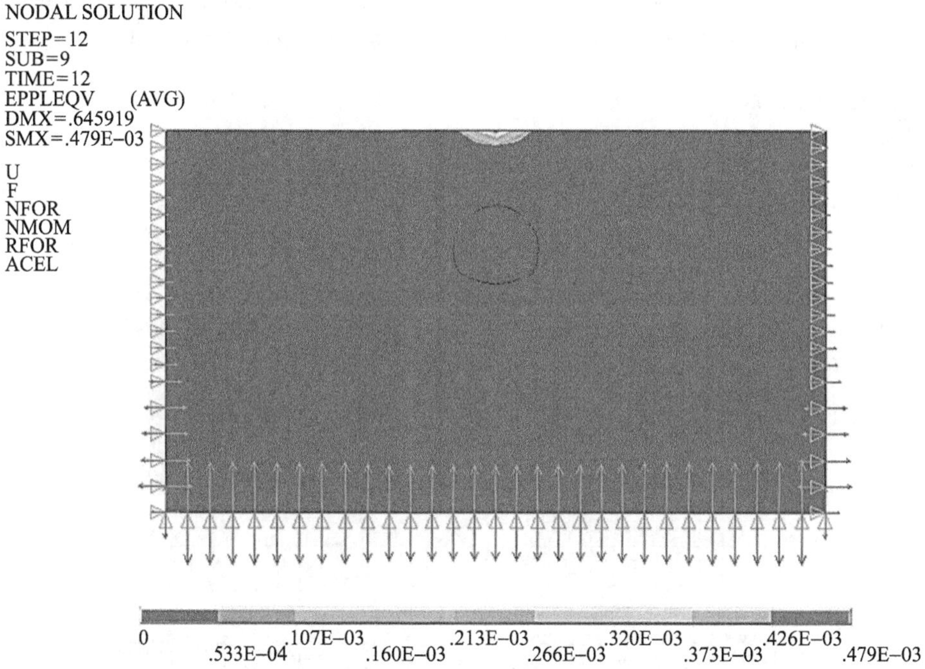

图 5-147　特大断面黄土隧道预留核心土法第六步开挖后塑性应变图

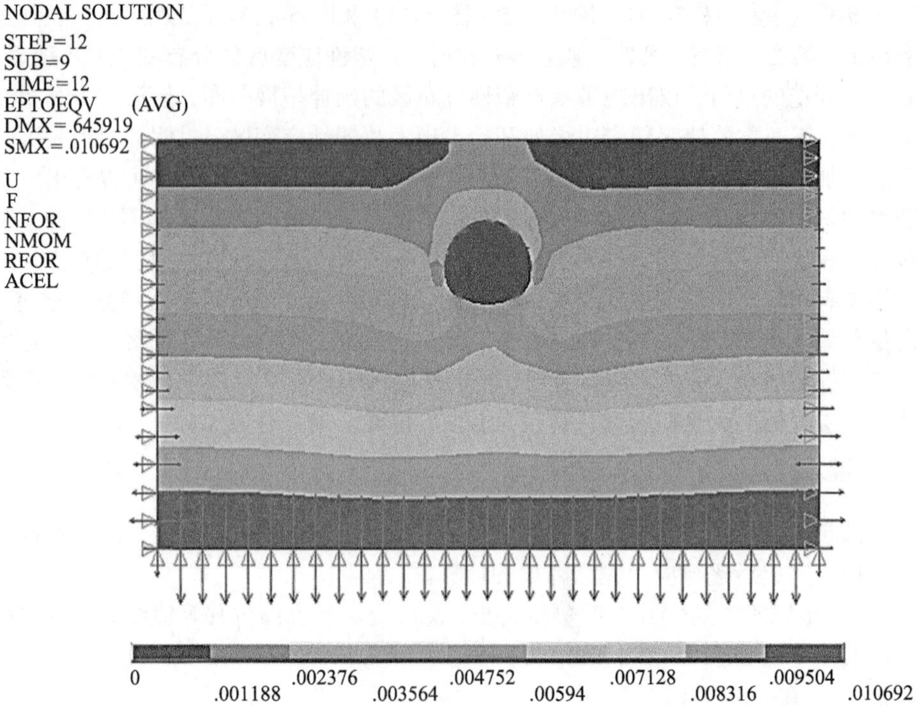
NODAL SOLUTION
STEP=12
SUB=9
TIME=12
EPTOEQV (AVG)
DMX=.645919
SMX=.010692
U
F
NFOR
NMOM
RFOR
ACEL
0
.001188
.002376
.003564
.004752
.00594
.007128
.008316
.009504
.010692

图 5-148　特大断面黄土隧道预留核心土法第六步开挖后总应变图

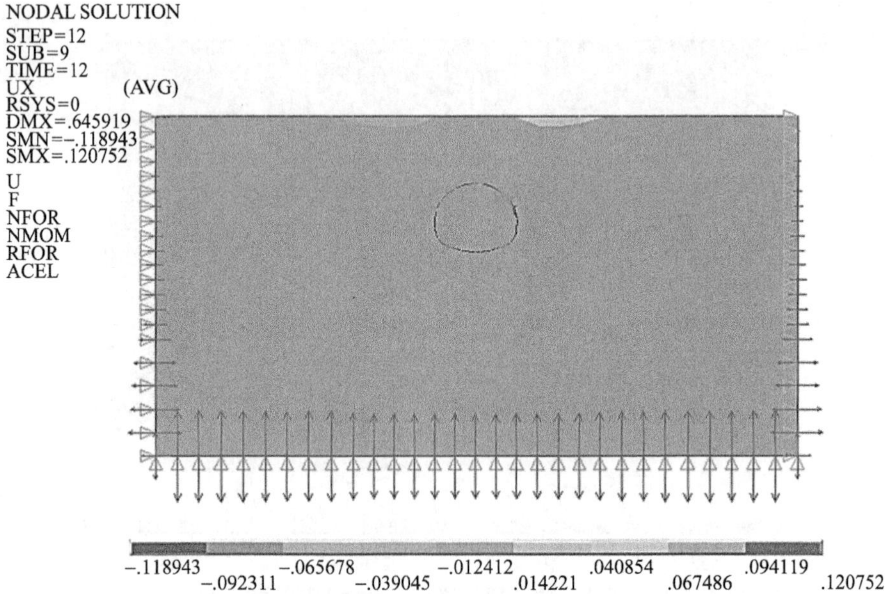
NODAL SOLUTION
STEP=12
SUB=9
TIME=12
UX (AVG)
RSYS=0
DMX=.645919
SMN=-.118943
SMX=.120752
U
F
NFOR
NMOM
RFOR
ACEL
-.118943
-.092311
-.065678
-.039045
-.012412
.014221
.040854
.067486
.094119
.120752

图 5-149　特大断面黄土隧道预留核心土法第六步开挖后 *X* 方向位移等值线图

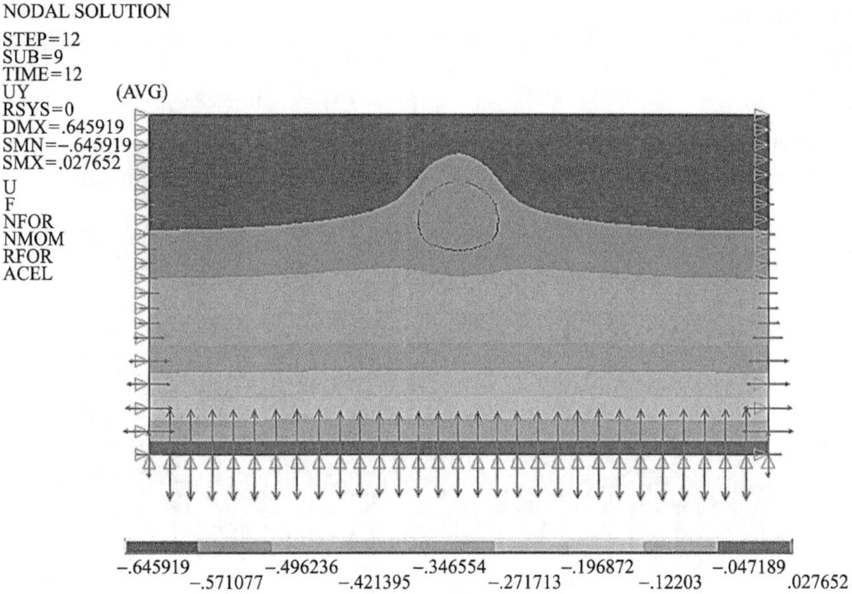
NODAL SOLUTION
STEP=12
SUB=9
TIME=12
UY (AVG)
RSYS=0
DMX=.645919
SMN=-.645919
SMX=.027652
U
F
NFOR
NMOM
RFOR
ACEL
-.645919
-.571077
-.496236
-.421395
-.346554
-.271713
-.196872
-.12203
-.047189
.027652

图 5-150　特大断面黄土隧道预留核心土法第六步开挖后 *Y* 方向位移等值线图

第七步(下部台阶)开挖后塑性应变、总应变、*X* 方向位移等值线、*Y* 方向位移等值线图见图 5-151～图 5-154。

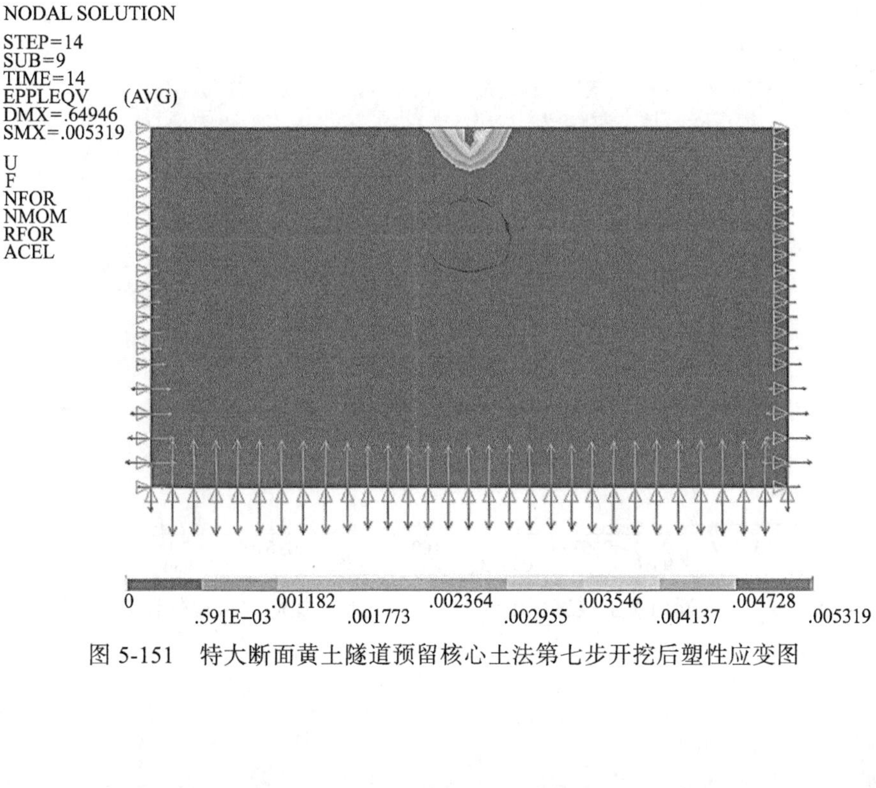
NODAL SOLUTION
STEP=14
SUB=9
TIME=14
EPPLEQV (AVG)
DMX=.64946
SMX=.005319
U
F
NFOR
NMOM
RFOR
ACEL
0
.591E-03
.001182
.001773
.002364
.002955
.003546
.004137
.004728
.005319

图 5-151　特大断面黄土隧道预留核心土法第七步开挖后塑性应变图

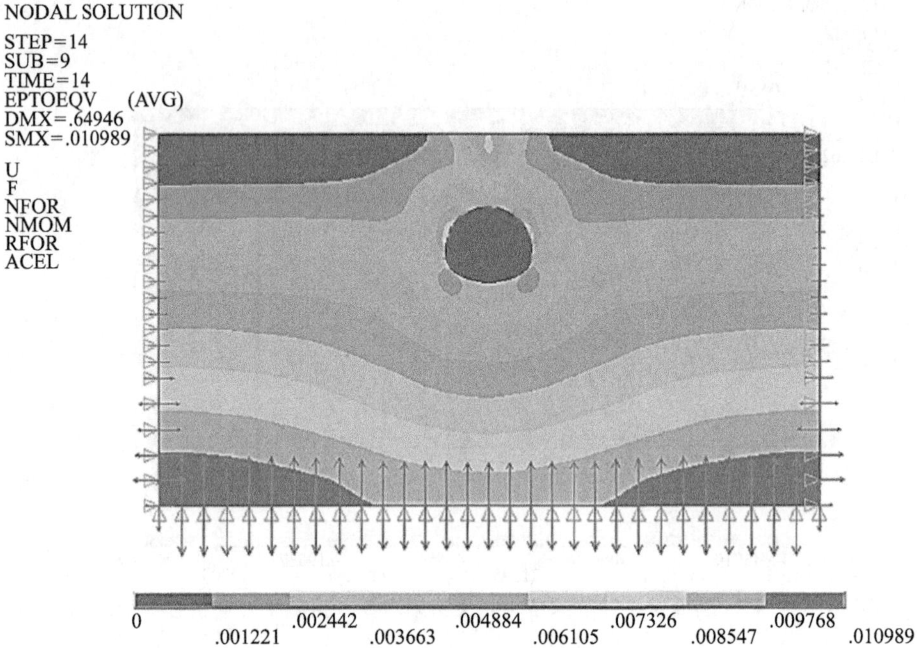
NODAL SOLUTION
STEP=14
SUB=9
TIME=14
EPTOEQV (AVG)
DMX=.64946
SMX=.010989
U
F
NFOR
NMOM
RFOR
ACEL
0
.001221
.002442
.003663
.004884
.006105
.007326
.008547
.009768
.010989

图 5-152　特大断面黄土隧道预留核心土法第七步开挖后总应变图

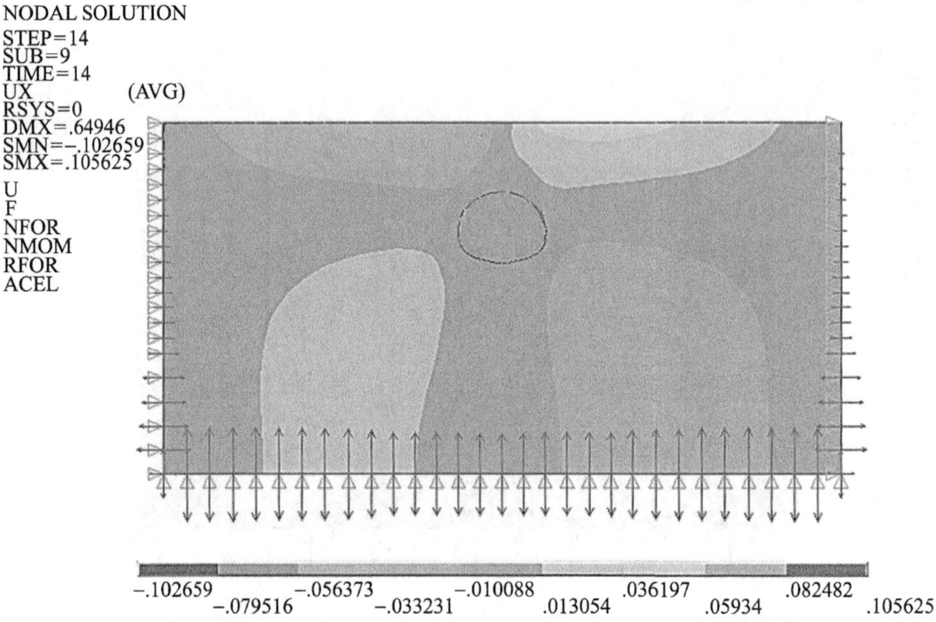
NODAL SOLUTION
STEP=14
SUB=9
TIME=14
UX (AVG)
RSYS=0
DMX=.64946
SMN=-.102659
SMX=.105625
U
F
NFOR
NMOM
RFOR
ACEL
-.102659
-.079516
-.056373
-.033231
-.010088
.013054
.036197
.05934
.082482
.105625

图 5-153　特大断面黄土隧道预留核心土法第七步开挖后 X 方向位移等值线图

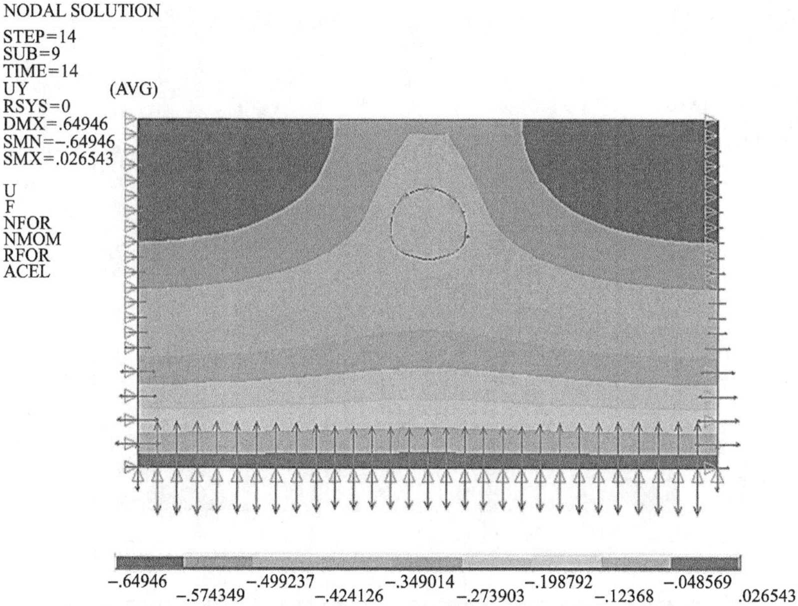

图 5-154　特大断面黄土隧道预留核心土法第七步开挖后 *Y* 方向位移等值线图

开挖支护完成后塑性应变、总应变、*X* 方向位移等值线、*Y* 方向位移等值线、总位移云图、节点位移云图见图 5-155～图 5-160 所示。

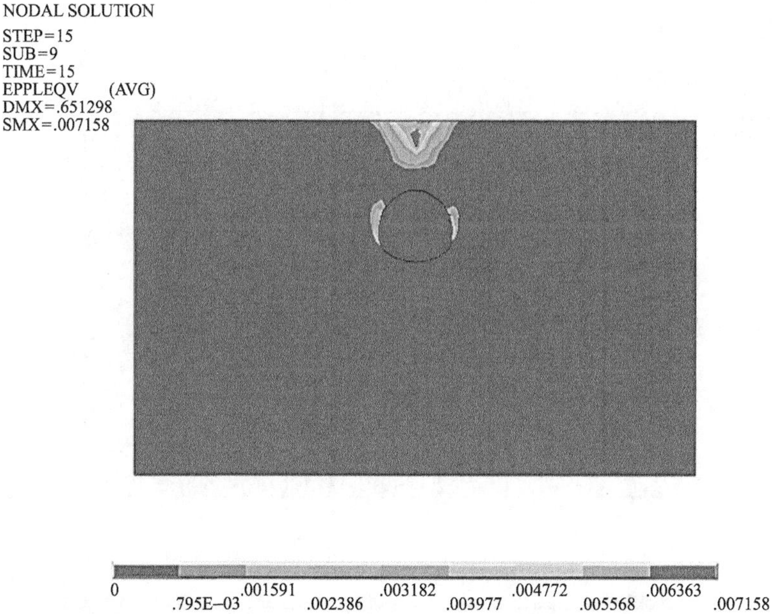

图 5-155　特大断面黄土隧道预留核心土法开挖支护完成后塑性应变图

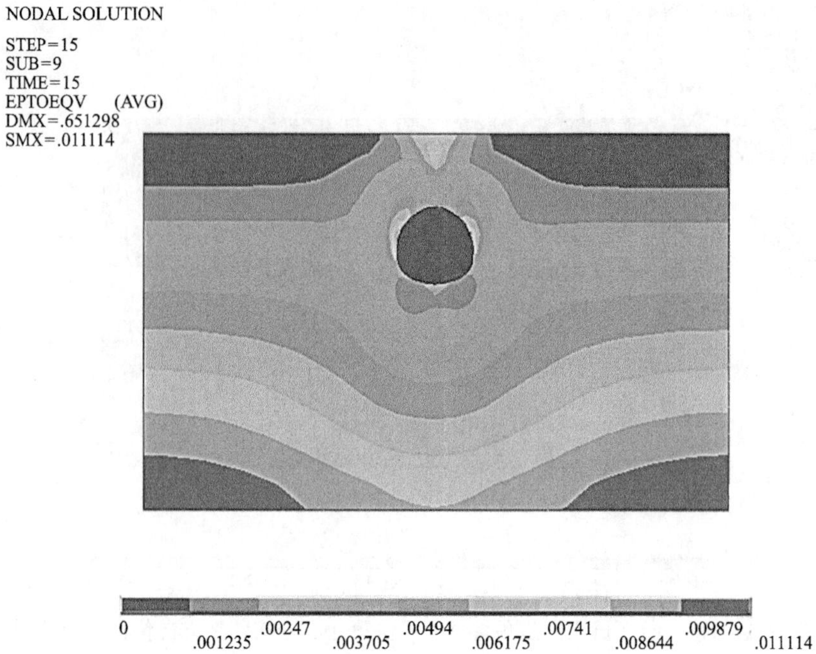
NODAL SOLUTION
STEP=15
SUB=9
TIME=15
EPTOEQV (AVG)
DMX=.651298
SMX=.011114
0
.001235
.00247
.003705
.00494
.006175
.00741
.008644
.009879
.011114

图 5-156　特大断面黄土隧道预留核心土法开挖支护完成后总应变图

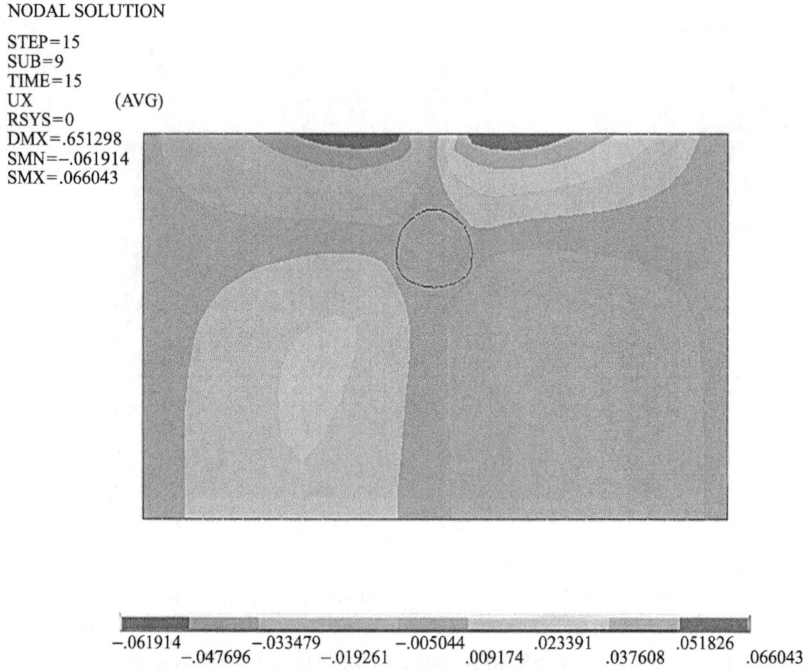
NODAL SOLUTION
STEP=15
SUB=9
TIME=15
UX (AVG)
RSYS=0
DMX=.651298
SMN=-.061914
SMX=.066043
-.061914
-.047696
-.033479
-.019261
-.005044
.009174
.023391
.037608
.051826
.066043

图 5-157　特大断面黄土隧道预留核心土法开挖支护完成后 X 方向位移等值线图

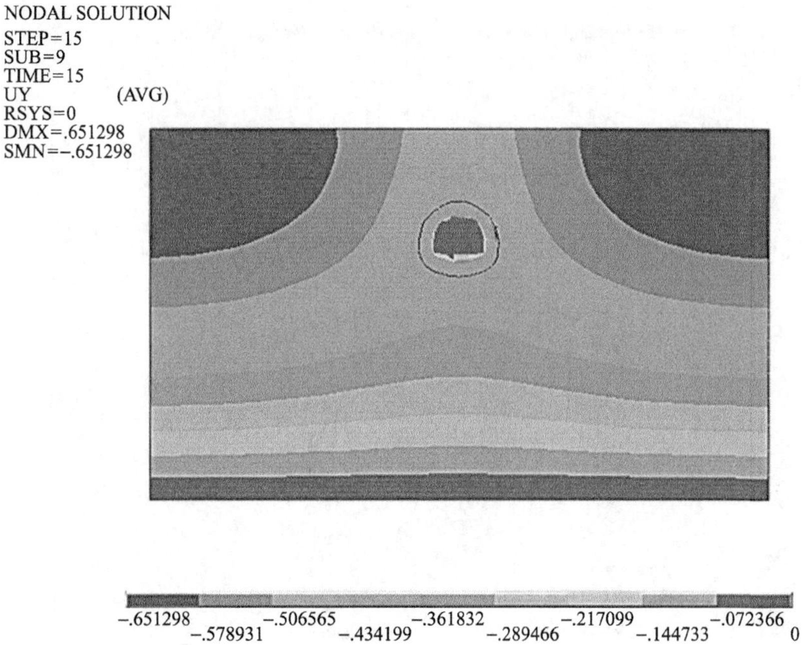
NODAL SOLUTION
STEP=15
SUB=9
TIME=15
UY (AVG)
RSYS=0
DMX=.651298
SMN=-.651298
-.651298
-.578931
-.506565
-.434199
-.361832
-.289466
-.217099
-.144733
-.072366
0

图 5-158　特大断面黄土隧道预留核心土法开挖支护完成后 Y 方向位移等值线图

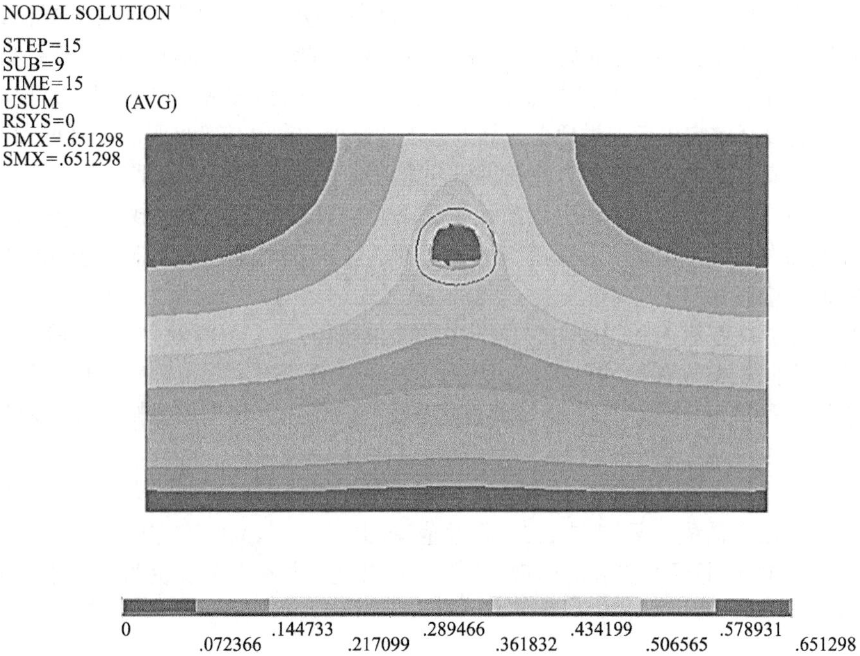
NODAL SOLUTION
STEP=15
SUB=9
TIME=15
USUM (AVG)
RSYS=0
DMX=.651298
SMX=.651298
0
.072366
.144733
.217099
.289466
.361832
.434199
.506565
.578931
.651298

图 5-159　特大断面黄土隧道预留核心土法开挖支护完成后总位移云图

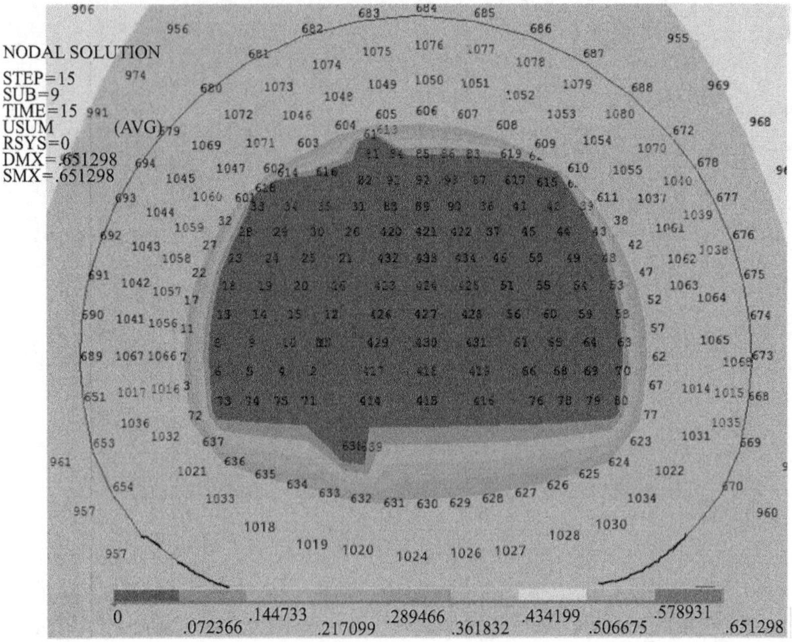

图 5-160　特大断面黄土隧道预留核心土法开挖支护完成后节点位移云图

第六步开挖完成后，拱顶上方塑性应变区和星点塑性分布区继续延伸拓展，其他应变和位移与第五步开挖完成后的结果相比只有数值的增加，分布状况基本没有变化，见图 5-147～图 5-150。这说明中部核心土的开挖对于隧洞的影响并不明显，是相对安全的。第七步开挖完成后，拱顶上方靠近地表边缘处的塑性应变区显著扩展增大，最大塑性应变值也随之显著增加，左侧拱肩开始出现大片塑性区，见图 5-151。

由总应变图(图 5-152)可以看出，拱顶高阶应变层显著上突，拱顶上方靠近地表边缘处和左右拱肩处均出现高阶应变区，而左右拱脚处亚应变区显著显现，拱底处相对低阶应变层平行下移，这与塑性应变图表达出的结果是相对应的。

Y 方向位移等值线图(图 5-154)显示出开挖断面内及上下两侧，相对高阶位移应变层进一步向上突进并向两侧扩展。以上所表现出的情况说明工程安全性不利位置出现于拱顶和拱肩位置，而拱脚和拱底相对安全，因此应着重加强拱顶和拱肩处的跟进支护，以确保工程安全。

在最终开挖支护完成后，拱顶上方和拱肩处的塑性应变区进一步增大，但星点塑性分布区随之消失，见图 5-155。在总应变图(图 5-156)和 *Y* 方向位移等值线图(图 5-158)中得到了更加明显的体现，在此不再赘述，由此进一步说明了上述结论的正确性。

4. 控制性节点位移

特大断面黄土隧道预留核心土法开挖结束后 5 个控制点位移见表 5-10。

表 5-10　特大断面黄土隧道预留核心土法开挖结束后控制点位移　(单位：m)

控制点	水平位移	竖向位移	总位移
1	1.72×10^{-3}	−0.44795	0.44795
2	3.15×10^{-4}	−0.44559	0.44559
3	2.07×10^{-3}	−0.4473	0.44731
4	1.01×10^{-3}	−0.44561	0.44562
5	2.08×10^{-4}	−0.44436	0.44436

最终开挖支护后的总位移云图(图5-159)显示，开挖断面的轮廓线上的最大位移位于拱顶偏右的 608 号节点，为 0.44807m，由此可见拱顶处总应变量相对较大。从表 5-10 可以看出，开挖断面的轮廓线上节点的 Y 方向最大位移为−0.44795m，总位移最大值为 0.44795m，与最大位移的差值均不超过 5%，说明选取这 5 个参考点是合理的。整个模拟范围内的围岩最大位移和 Y 方向最大位移相吻合，说明隧洞的开挖导致了隧洞下方应变区层的整体沉降。因此上述分析后做出加强拱顶和拱肩的跟进支护的结论是合理并且正确的。

5.3.6　三台阶七步开挖(预挖核心土)法

1. 上行导坑的开挖

第一步(上行导坑)开挖后塑性应变、总应变、X 方向位移等值线、Y 方向位移等值线图见图 5-161～图 5-164。

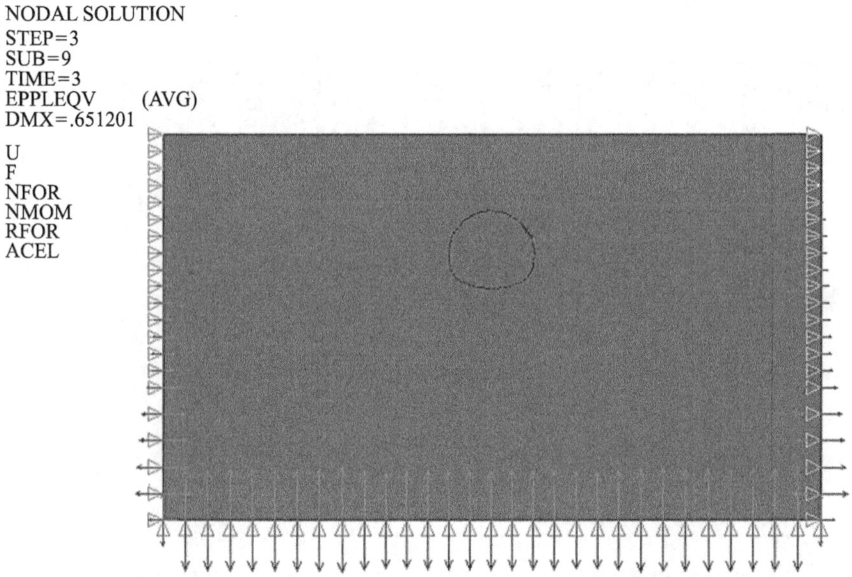

图 5-161　特大断面黄土隧道预挖核心土法第一步开挖后塑性应变图

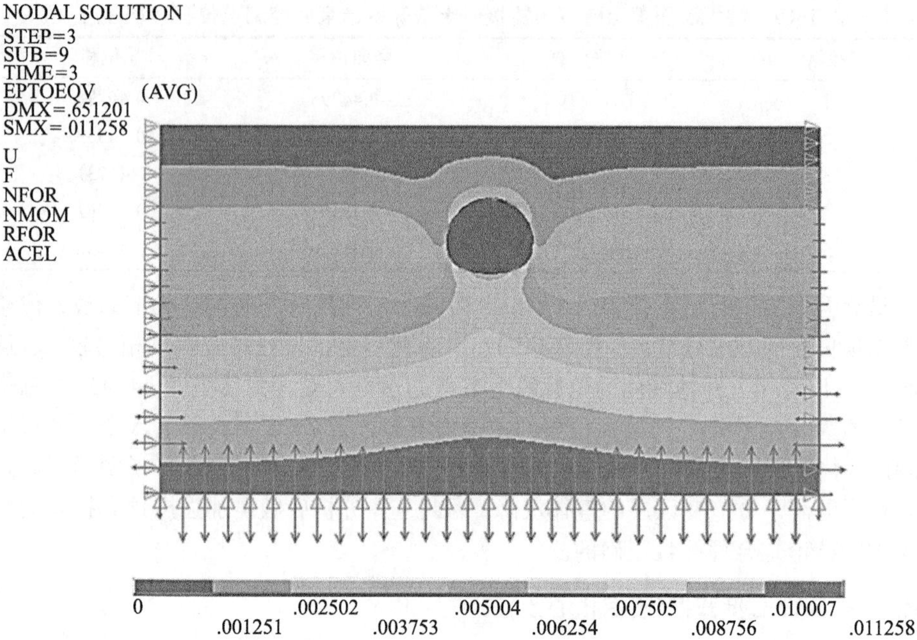
NODAL SOLUTION
STEP=3
SUB=9
TIME=3
EPTOEQV (AVG)
DMX=.651201
SMX=.011258
U
F
NFOR
NMOM
RFOR
ACEL
0
.001251
.002502
.003753
.005004
.006254
.007505
.008756
.010007
.011258

图 5-162　特大断面黄土隧道预挖核心土法第一步开挖后总应变图

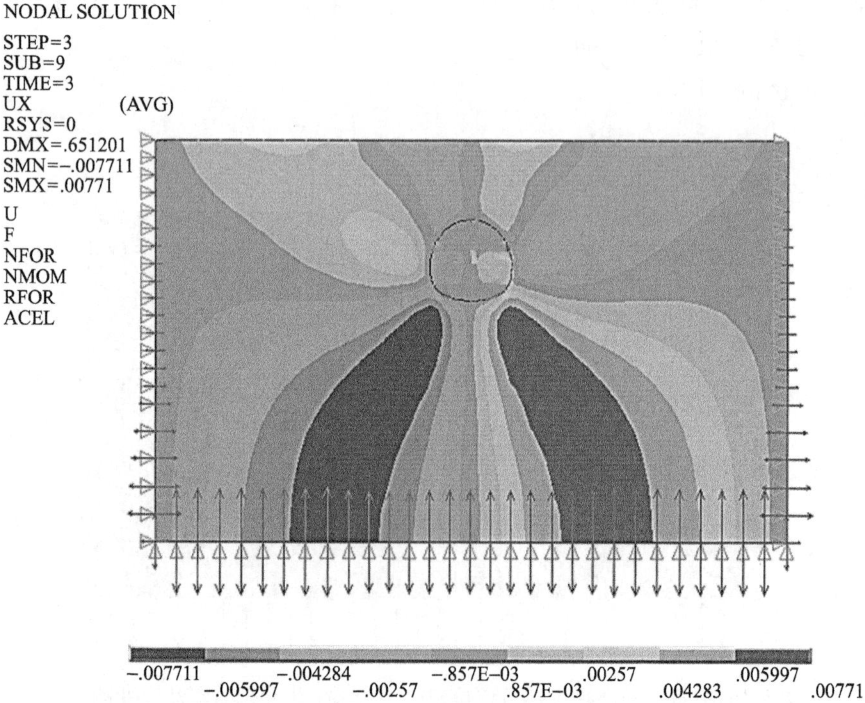
NODAL SOLUTION
STEP=3
SUB=9
TIME=3
UX (AVG)
RSYS=0
DMX=.651201
SMN=-.007711
SMX=.00771
U
F
NFOR
NMOM
RFOR
ACEL
-.007711
-.005997
-.004284
-.00257
-.857E-03
.857E-03
.00257
.004283
.005997
.00771

图 5-163　特大断面黄土隧道预挖核心土法第一步开挖后 X 方向位移等值线图

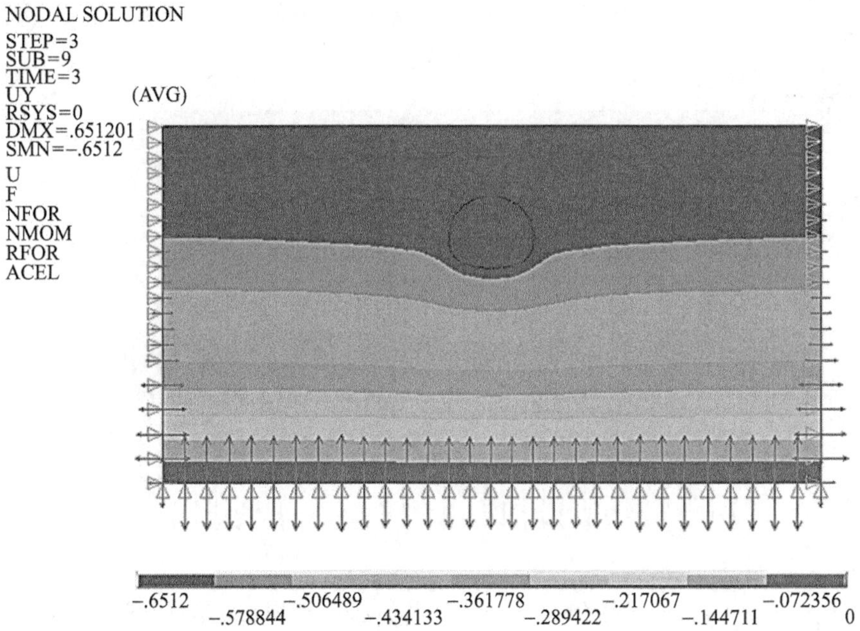

图 5-164　特大断面黄土隧道预挖核心土法第一步开挖后 Y 方向位移等值线图

同三台阶七步开挖(预留核心土)法相同，由开挖后的塑性应变图(图 5-161)可以看出，仅开挖轮廓线上有星点塑性分布区，这与前述几种方法中开挖断面较小时呈现的塑性分布规律相同。由总应变图(图 5-162)可以看出，拱顶低阶应变层下突至拱腰，拱底高阶应变层上突至拱脚，同时，在开挖断面正下方的预开挖断面内出现了相对高阶应变区，这说明上行导坑开挖后，拱腰位置应变量较小，拱脚和拱内未开挖断面出现局部较大变形，需要特别注意。Y 方向位移等值线图(图 5-164)显示，上行导坑的开挖对于 Y 方向的位移量的影响较小，几乎可以忽略。

2. 中台阶开挖

不同于三台阶七步(预留核心土)法，中台阶的开挖顺序为先挖核心土，再开挖左右两侧，开挖核心土后不用支护，左右两侧岩体每一侧开挖完成后应及时支护。

第二步(中部核心土)开挖后塑性应变、总应变、X 方向位移等值线、Y 方向位移等值线见图 5-165～图 5-168。

第三步(中台阶左侧)开挖后塑性应变、总应变、X 方向位移等值线、Y 方向位移等值线见图 5-169～图 5-172。

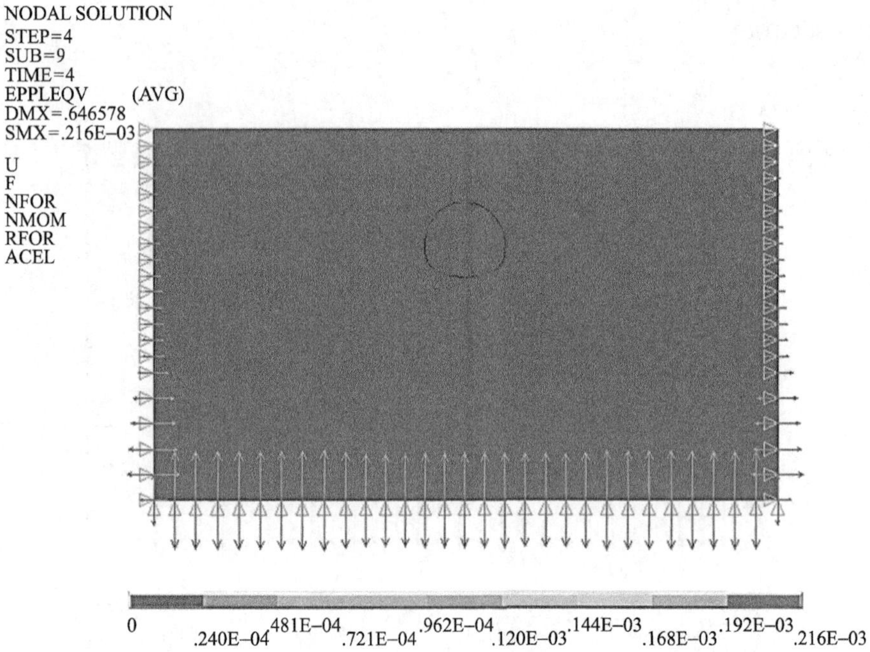
NODAL SOLUTION
STEP=4
SUB=9
TIME=4
EPPLEQV (AVG)
DMX=.646578
SMX=.216E-03
U
F
NFOR
NMOM
RFOR
ACEL
0
.240E-04
.481E-04
.721E-04
.962E-04
.120E-03
.144E-03
.168E-03
.192E-03
.216E-03

图 5-165　特大断面黄土隧道预挖核心土法第二步开挖后塑性应变图

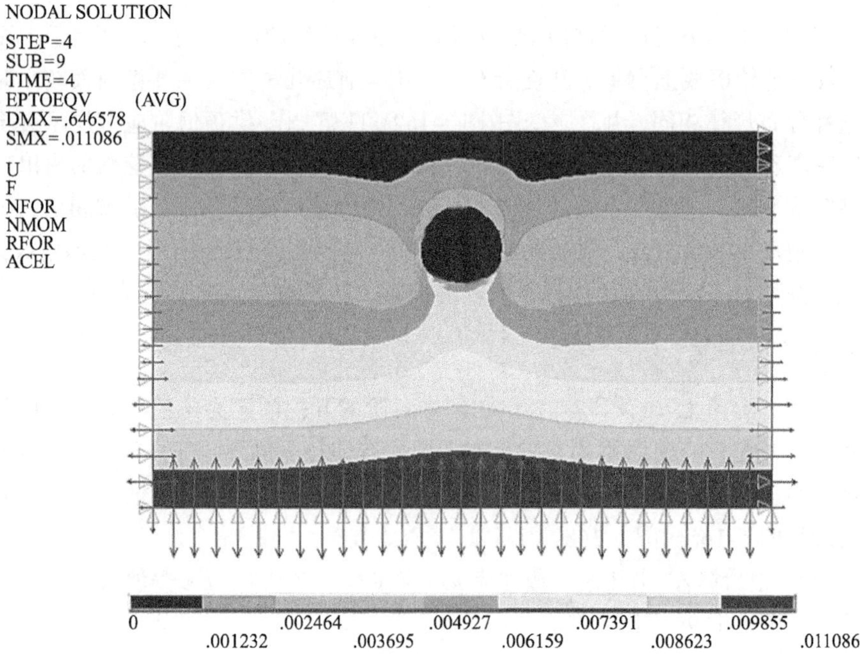
NODAL SOLUTION
STEP=4
SUB=9
TIME=4
EPTOEQV (AVG)
DMX=.646578
SMX=.011086
U
F
NFOR
NMOM
RFOR
ACEL
0
.001232
.002464
.003695
.004927
.006159
.007391
.008623
.009855
.011086

图 5-166　特大断面黄土隧道预挖核心土法第二步开挖后总应变图

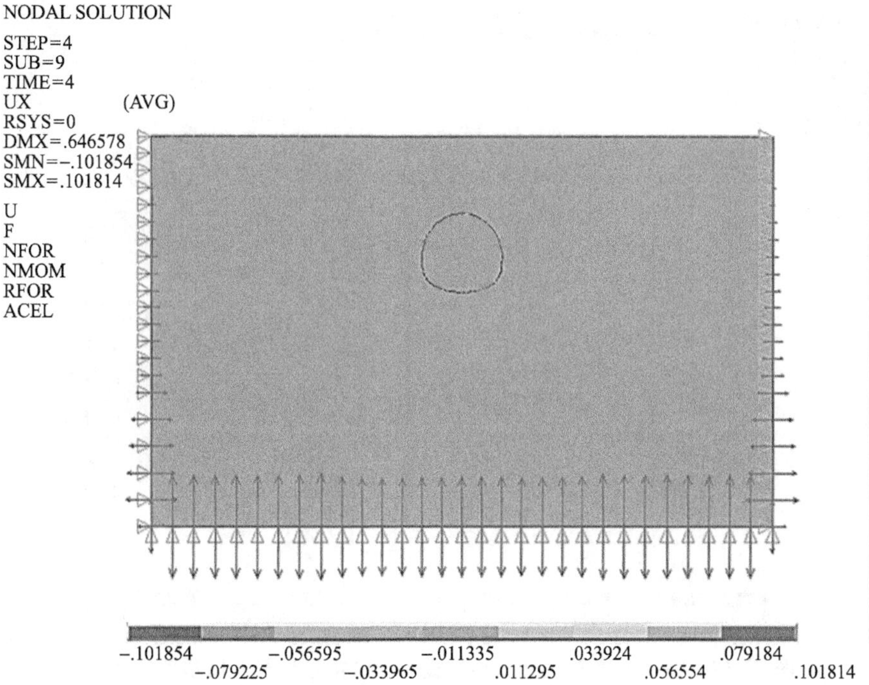
NODAL SOLUTION
STEP=4
SUB=9
TIME=4
UX (AVG)
RSYS=0
DMX=.646578
SMN=-.101854
SMX=.101814
U
F
NFOR
NMOM
RFOR
ACEL
-.101854
-.079225
-.056595
-.033965
-.011335
.011295
.033924
.056554
.079184
.101814

图 5-167　特大断面黄土隧道预挖核心土法第二步开挖后 X 方向位移等值线图

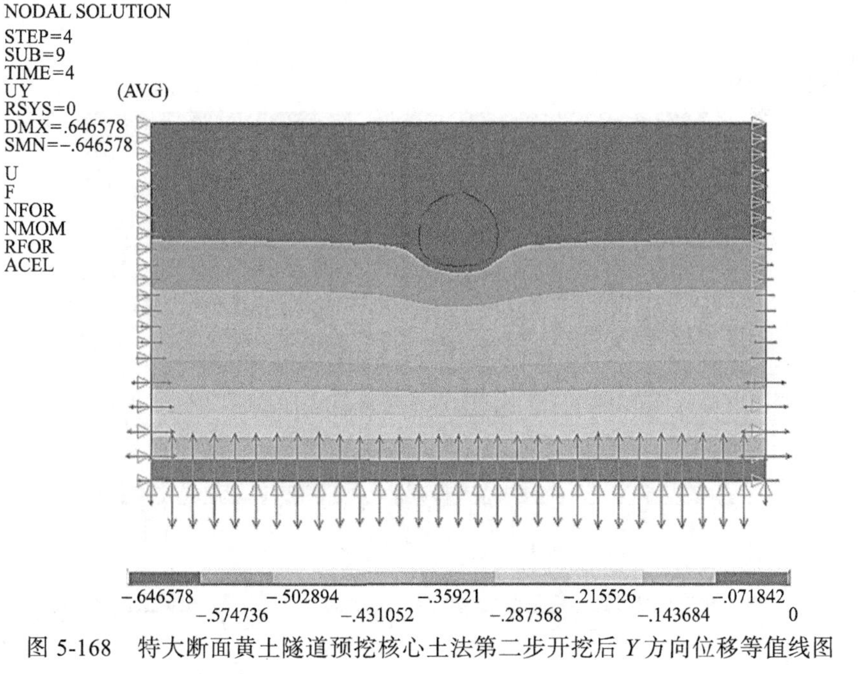
NODAL SOLUTION
STEP=4
SUB=9
TIME=4
UY (AVG)
RSYS=0
DMX=.646578
SMN=-.646578
U
F
NFOR
NMOM
RFOR
ACEL
-.646578
-.574736
-.502894
-.431052
-.35921
-.287368
-.215526
-.143684
-.071842
0

图 5-168　特大断面黄土隧道预挖核心土法第二步开挖后 Y 方向位移等值线图

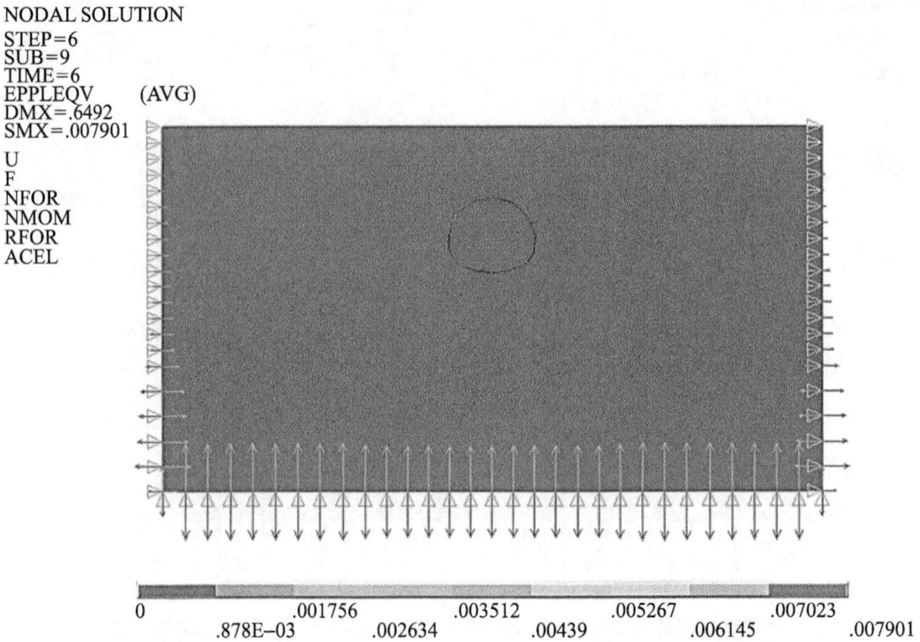
NODAL SOLUTION
STEP=6
SUB=9
TIME=6
EPPLEQV (AVG)
DMX=.6492
SMX=.007901
U
F
NFOR
NMOM
RFOR
ACEL
0
.878E-03
.001756
.002634
.003512
.00439
.005267
.006145
.007023
.007901

图 5-169　特大断面黄土隧道预挖核心土法第三步开挖后塑性应变图

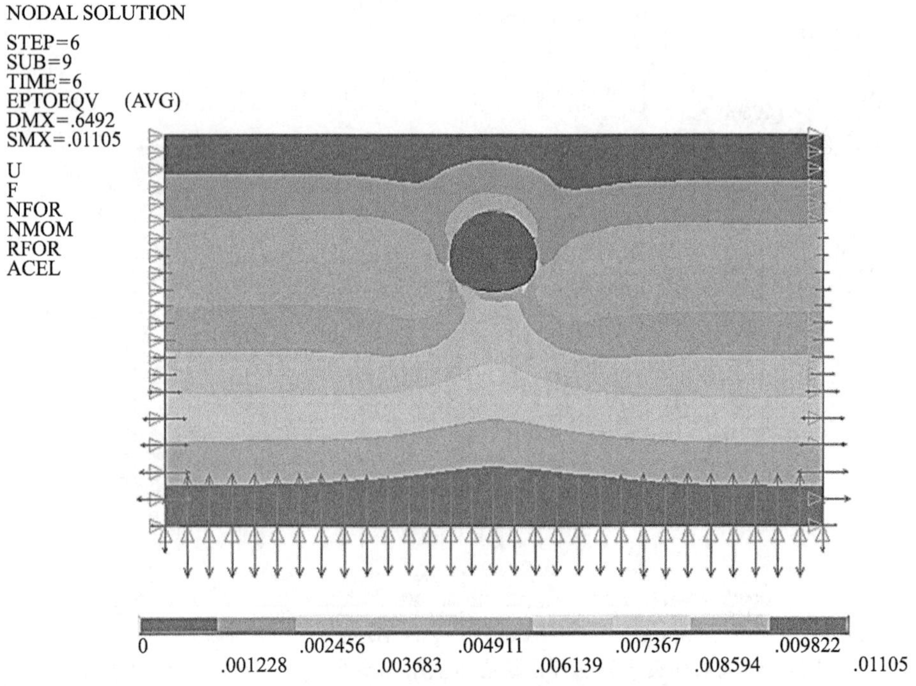
NODAL SOLUTION
STEP=6
SUB=9
TIME=6
EPTOEQV (AVG)
DMX=.6492
SMX=.01105
U
F
NFOR
NMOM
RFOR
ACEL
0
.001228
.002456
.003683
.004911
.006139
.007367
.008594
.009822
.01105

图 5-170　特大断面黄土隧道预挖核心土法第三步开挖后总应变图

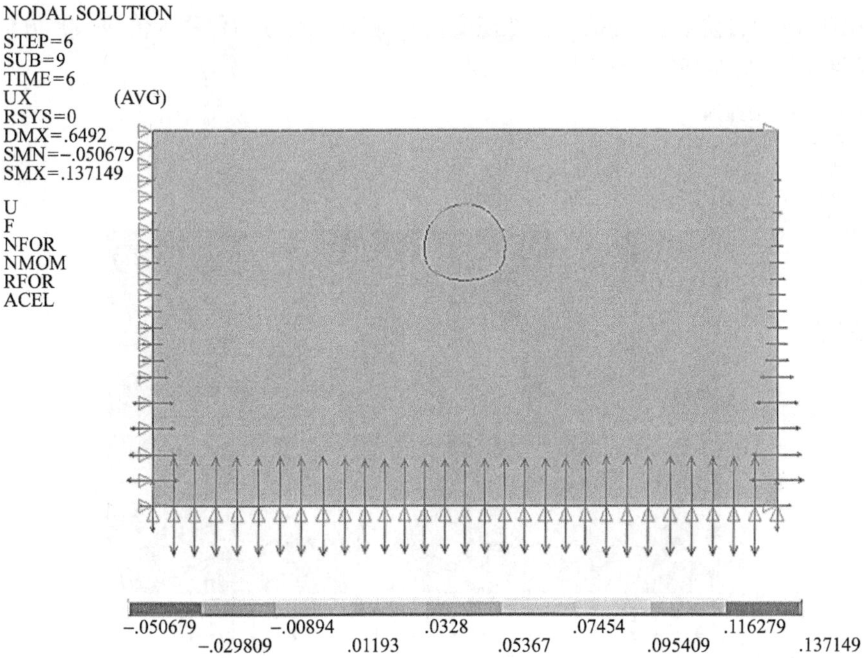
NODAL SOLUTION
STEP=6
SUB=9
TIME=6
UX (AVG)
RSYS=0
DMX=.6492
SMN=-.050679
SMX=.137149
U
F
NFOR
NMOM
RFOR
ACEL
-.050679
-.029809
-.00894
.01193
.0328
.05367
.07454
.095409
.116279
.137149

图 5-171　特大断面黄土隧道预挖核心土法第三步开挖后 X 方向位移等值线图

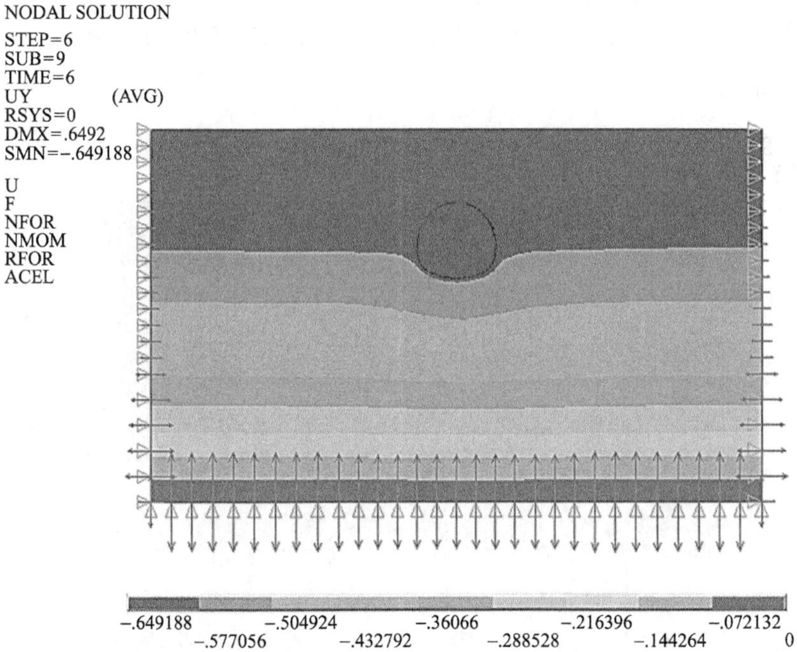
NODAL SOLUTION
STEP=6
SUB=9
TIME=6
UY (AVG)
RSYS=0
DMX=.6492
SMN=-.649188
U
F
NFOR
NMOM
RFOR
ACEL
-.649188
-.577056
-.504924
-.432792
-.36066
-.288528
-.216396
-.144264
-.072132
0

图 5-172　特大断面黄土隧道预挖核心土法第三步开挖后 Y 方向位移等值线图

第四步(中台阶右侧)开挖后塑性应变、总应变、*X* 方向位移等值线、*Y* 方向位移等值线图见图 5-173～图 5-176。

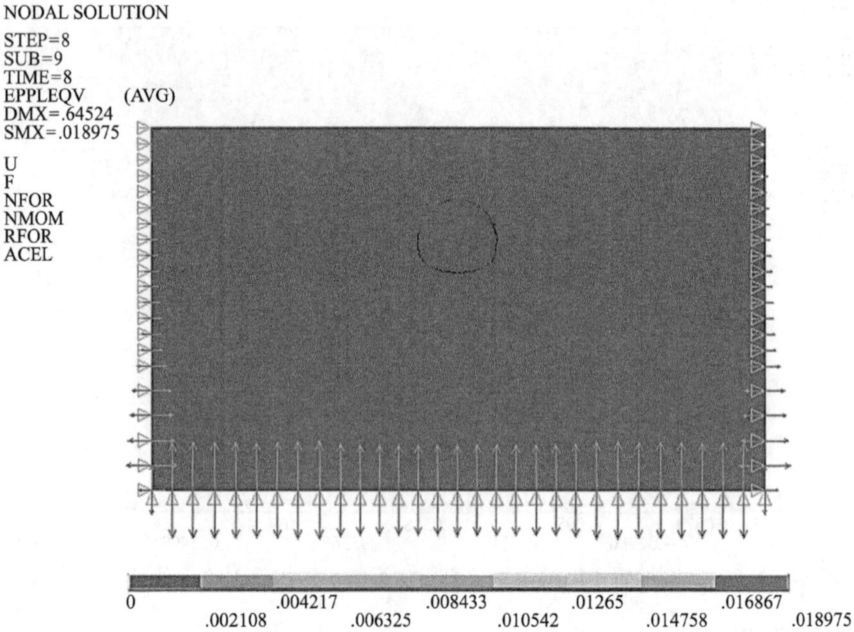

图 5-173　特大断面黄土隧道预挖核心土法第四步开挖后塑性应变图

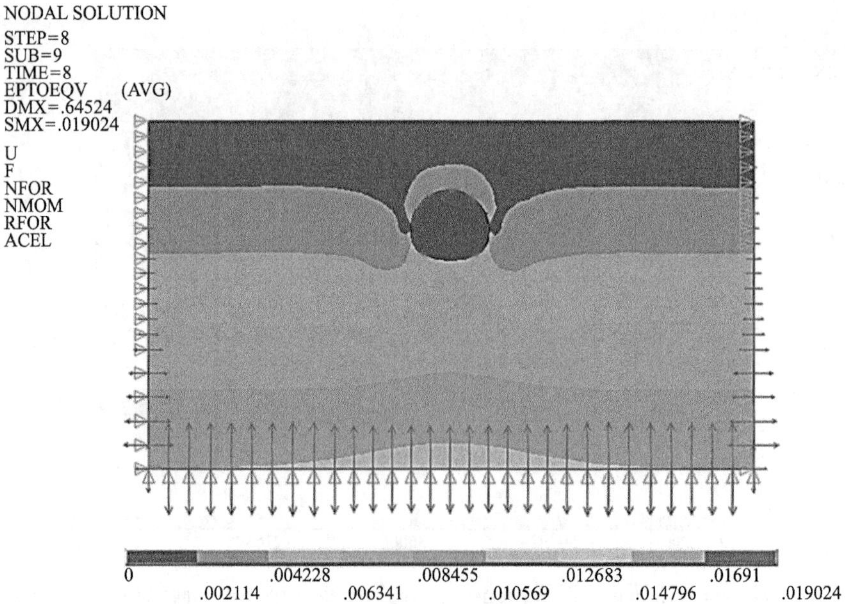

图 5-174　特大断面黄土隧道预挖核心土法第四步开挖后总应变图

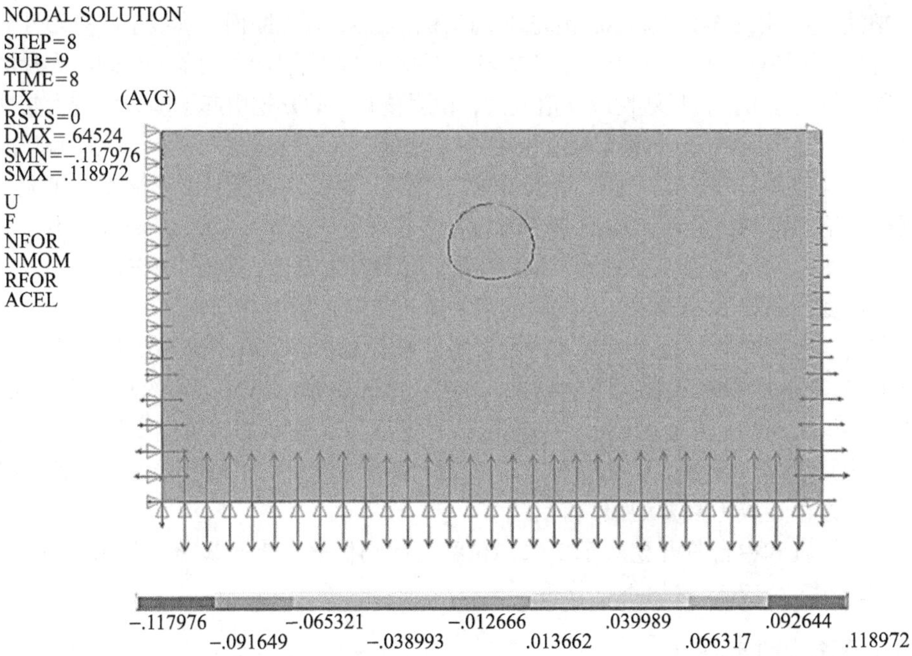
NODAL SOLUTION
STEP=8
SUB=9
TIME=8
UX (AVG)
RSYS=0
DMX=.64524
SMN=-.117976
SMX=.118972
U
F
NFOR
NMOM
RFOR
ACEL
-.117976
-.091649
-.065321
-.038993
-.012666
.013662
.039989
.066317
.092644
.118972

图 5-175　特大断面黄土隧道预挖核心土法第四步开挖后 *X* 方向位移等值线图

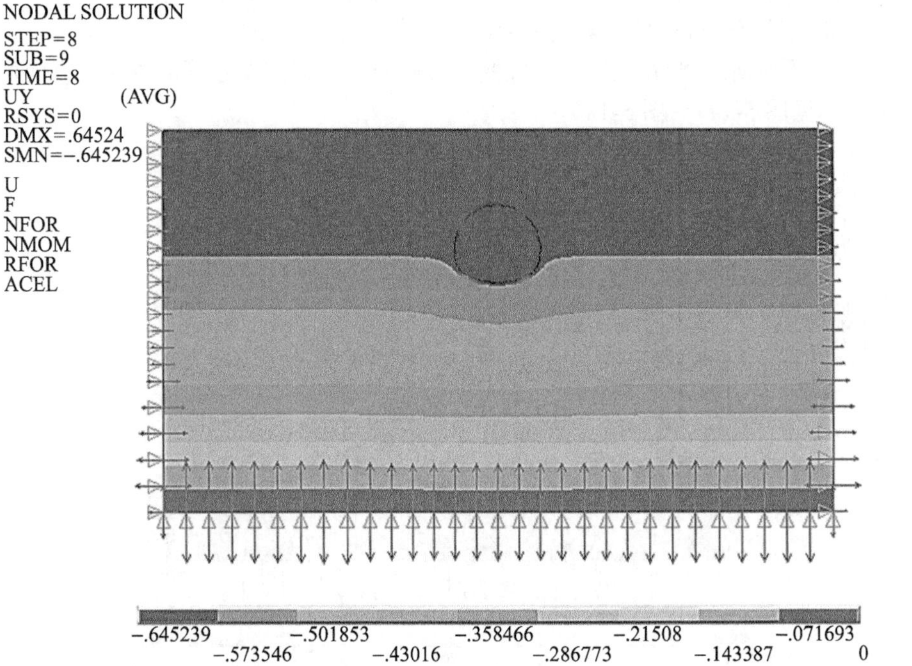
NODAL SOLUTION
STEP=8
SUB=9
TIME=8
UY (AVG)
RSYS=0
DMX=.64524
SMN=-.645239
U
F
NFOR
NMOM
RFOR
ACEL
-.645239
-.573546
-.501853
-.43016
-.358466
-.286773
-.21508
-.143387
-.071693
0

图 5-176　特大断面黄土隧道预挖核心土法第四步开挖后 *Y* 方向位移等值线图

塑性应变图(图 5-165)显示，预先开挖掉核心土后，开挖断面轮廓线上星点塑性分布区继续延伸拓展分布，开挖断面正下方延后开挖区(即下台阶)内的围岩出现了大片的高阶塑性应变分布区，且塑性应变值较大，说明核心土的开挖引起了围岩的较大塑性变形，这与三台阶七步开挖(预留核心土)法中开挖核心土对隧洞基本没有太大影响形成对比，应引起重视。中台阶左右两侧岩体被开挖掉以后，星点塑性分布区继续扩大，而延后开挖区内的大片高阶塑性应变区均有不同程度的缩减，塑性应变量减小，见图 5-169 和图 5-173，说明左右侧开挖后，围岩塑性变形减弱，利于工程安全。

总应变图(图5-166)显示，开挖完成后，第一步开挖后开挖断面下出现的高阶应变分布区消失，这是因为这一区域内的岩土已被开挖掉。拱底下部高阶位移应变层密集上移，反映了较大塑性变形的结果，但在开挖区边缘也出现了新的高阶应变区。图 5-170 和图 5-174 清楚地显示左右侧岩体开挖后，这些新的高阶应变区才逐渐消失，可见虽然中部核心土开挖后不做支护，但也要注意开挖两侧围岩的稳定性，以免出现塌方，造成不必要的损失。

上部导坑和中台阶开挖对于 *Y* 方向位移的影响仍然不十分显著，如图 5-168、图 5-172 和图 5-176，这里不再分析。

3. 下台阶开挖及支护

下台阶分为左、中、右三部分，开挖顺序为先左后右，最后开挖中部岩体，下台阶开挖完成后要进行最后支护完成后的应力完全释放的计算。

第五步(下台阶左侧)开挖后塑性应变、总应变、*X* 方向位移等值线、*Y* 方向位移等值线图见图 5-177～图 5-180。

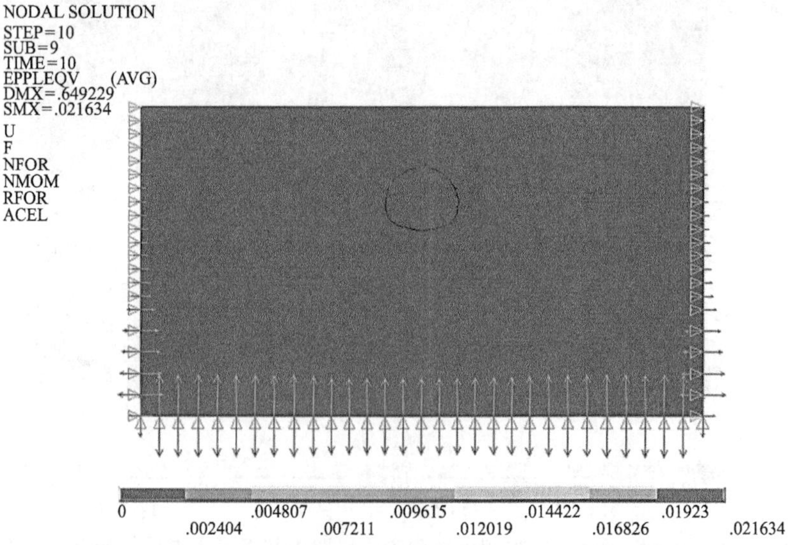

图 5-177　特大断面黄土隧道预挖核心土法第五步开挖后塑性应变图

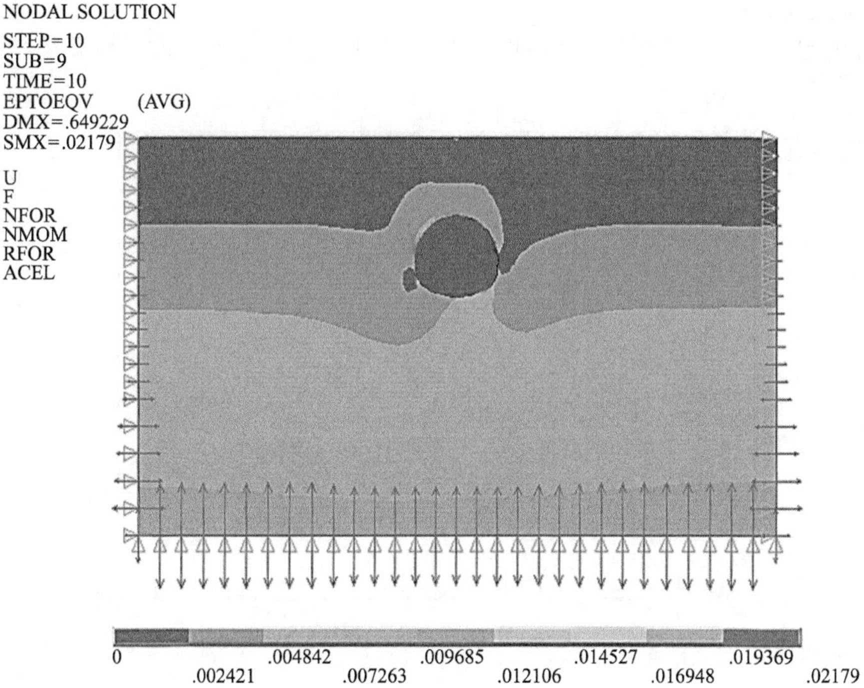
NODAL SOLUTION
STEP=10
SUB=9
TIME=10
EPTOEQV (AVG)
DMX=.649229
SMX=.02179
U
F
NFOR
NMOM
RFOR
ACEL
0
.002421
.004842
.007263
.009685
.012106
.014527
.016948
.019369
.02179

图 5-178　特大断面黄土隧道预挖核心土法第五步开挖后总应变图

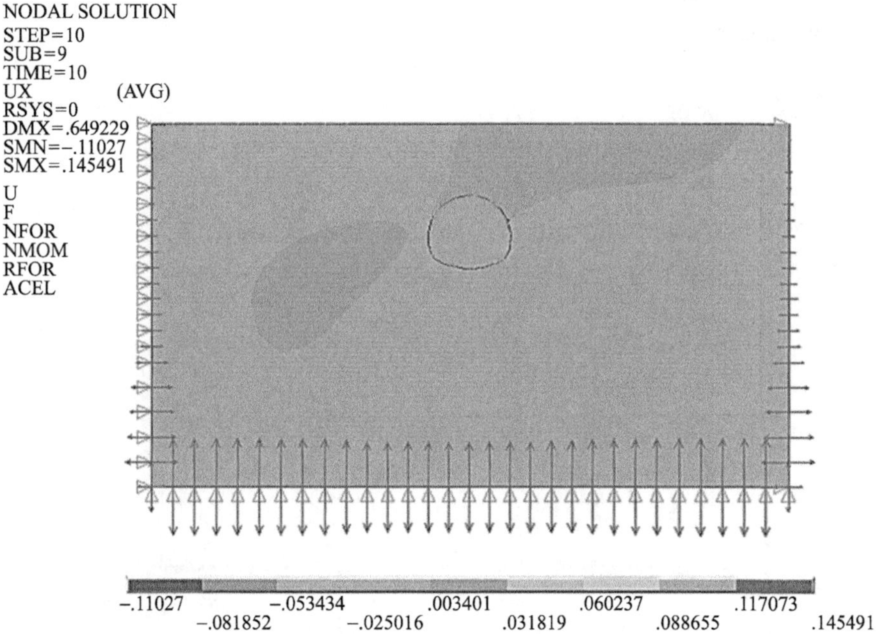
NODAL SOLUTION
STEP=10
SUB=9
TIME=10
UX (AVG)
RSYS=0
DMX=.649229
SMN=-.11027
SMX=.145491
U
F
NFOR
NMOM
RFOR
ACEL
-.11027
-.081852
-.053434
-.025016
.003401
.031819
.060237
.088655
.117073
.145491

图 5-179　特大断面黄土隧道预挖核心土法第五步开挖后 X 方向位移等值线图

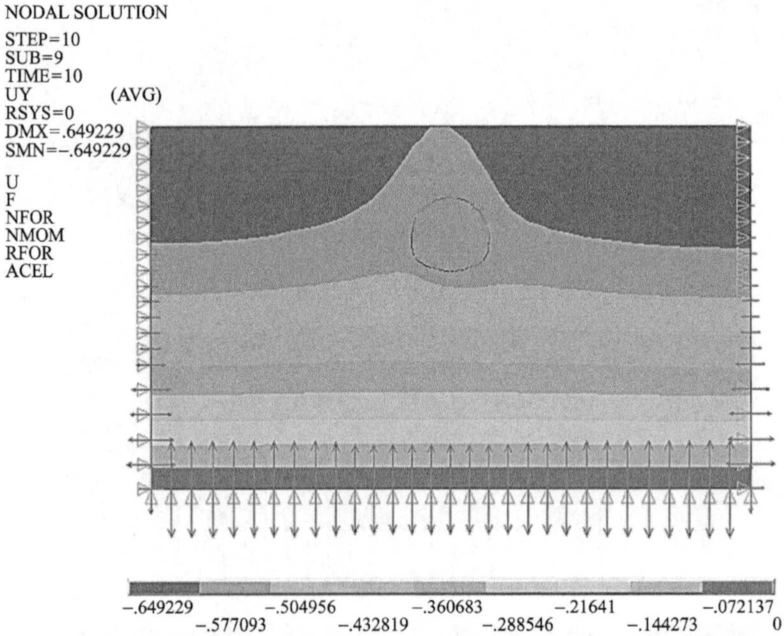

图 5-180　特大断面黄土隧道预挖核心土法第五步开挖后 *Y* 方向位移等值线图

第六步(下台阶右侧)开挖后塑性应变、总应变、*X* 方向位移等值线、*Y* 方向位移等值线图见图 5-181～图 5-184。

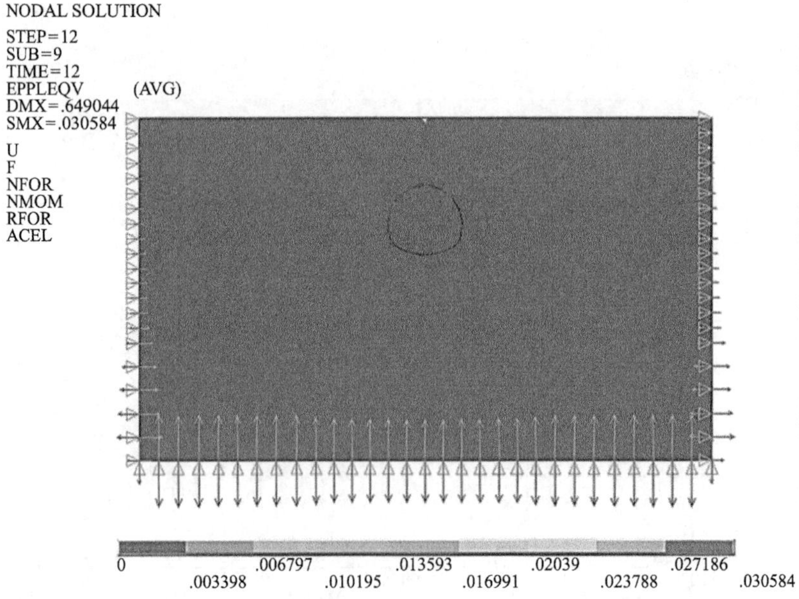

图 5-181　特大断面黄土隧道预挖核心土法第六步开挖后塑性应变图

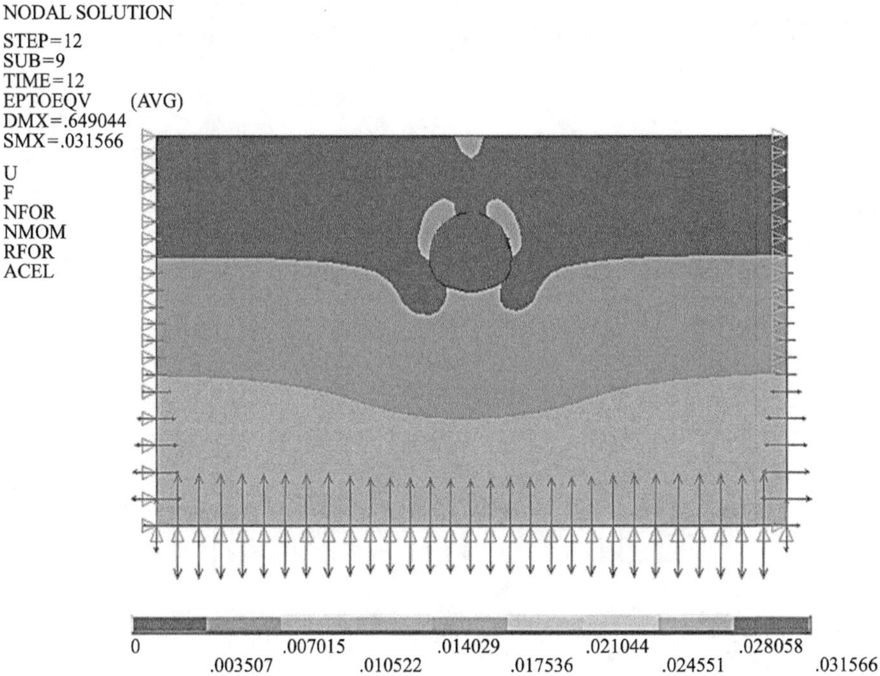
NODAL SOLUTION
STEP=12
SUB=9
TIME=12
EPTOEQV (AVG)
DMX=.649044
SMX=.031566
U
F
NFOR
NMOM
RFOR
ACEL
0
.003507
.007015
.010522
.014029
.017536
.021044
.024551
.028058
.031566

图 5-182　特大断面黄土隧道预挖核心土法第六步开挖后总应变图

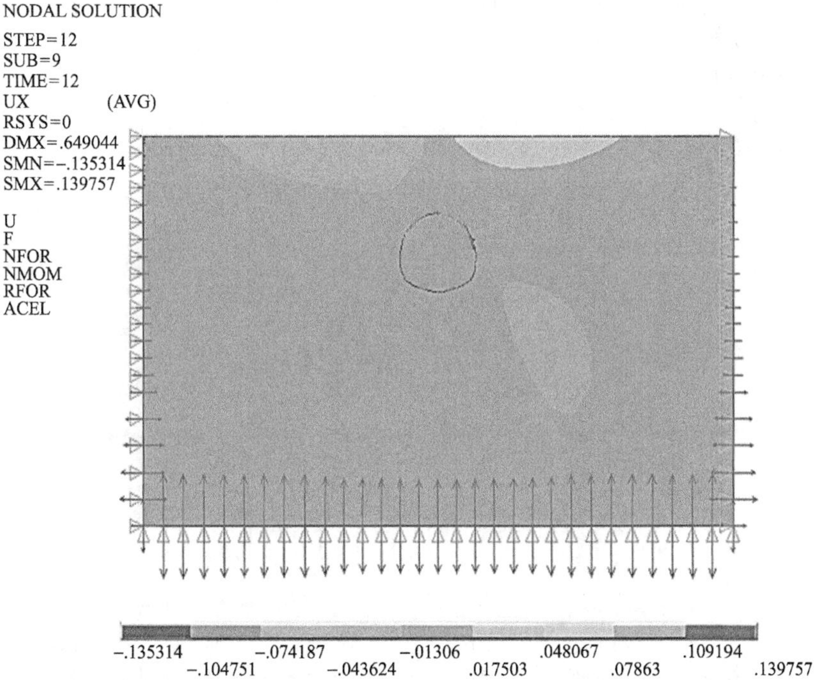
NODAL SOLUTION
STEP=12
SUB=9
TIME=12
UX (AVG)
RSYS=0
DMX=.649044
SMN=-.135314
SMX=.139757
U
F
NFOR
NMOM
RFOR
ACEL
-.135314
-.104751
-.074187
-.043624
-.01306
.017503
.048067
.07863
.109194
.139757

图 5-183　特大断面黄土隧道预挖核心土法第六步开挖后 X 方向位移等值线图

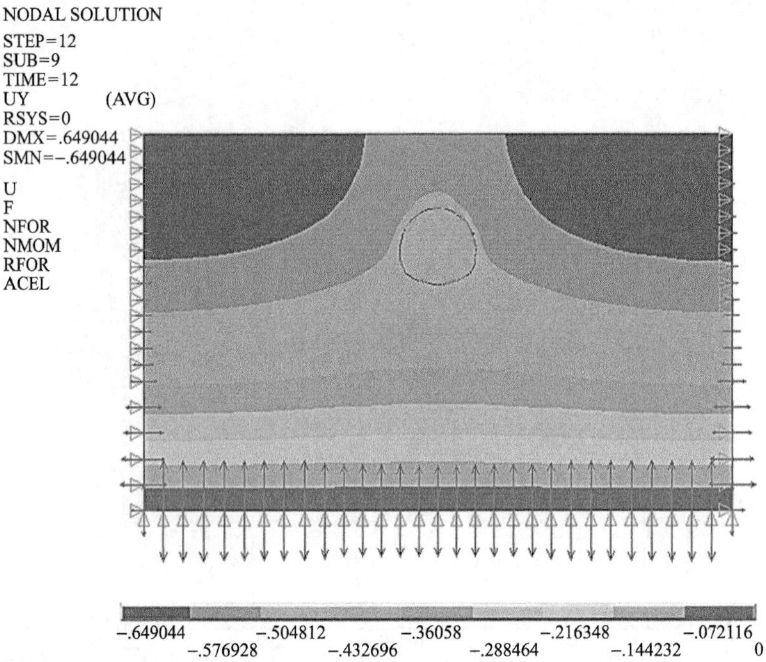
NODAL SOLUTION
STEP=12
SUB=9
TIME=12
UY (AVG)
RSYS=0
DMX=.649044
SMN=−.649044
U
F
NFOR
NMOM
RFOR
ACEL
−.649044
−.576928
−.504812
−.432696
−.36058
−.288464
−.216348
−.144232
−.072116
0

图 5-184　特大断面黄土隧道预挖核心土法第六步开挖后 Y 方向位移等值线图

第七步(下台阶中部)开挖后塑性应变、总应变、X 方向位移等值线、Y 方向位移等值线图见图 5-185～图 5-188。

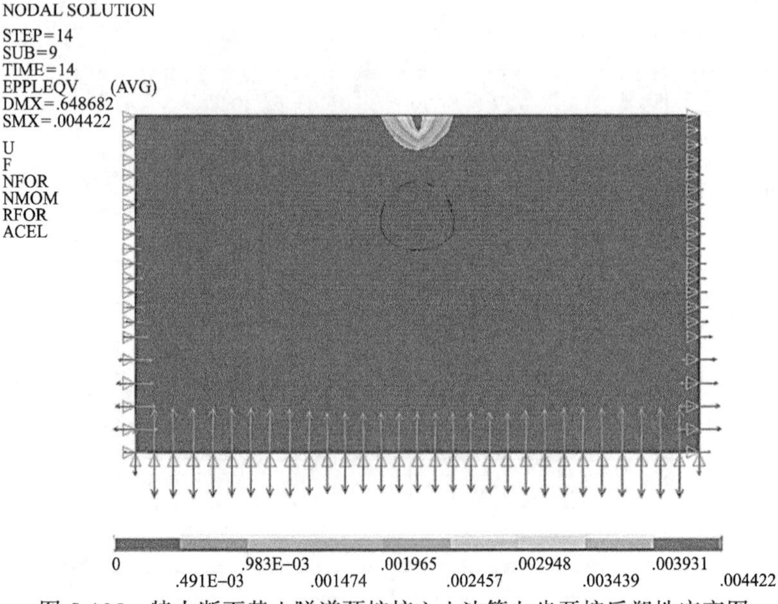
NODAL SOLUTION
STEP=14
SUB=9
TIME=14
EPPLEQV (AVG)
DMX=.648682
SMX=.004422
U
F
NFOR
NMOM
RFOR
ACEL
0
.491E−03
.983E−03
.001474
.001965
.002457
.002948
.003439
.003931
.004422

图 5-185　特大断面黄土隧道预挖核心土法第七步开挖后塑性应变图

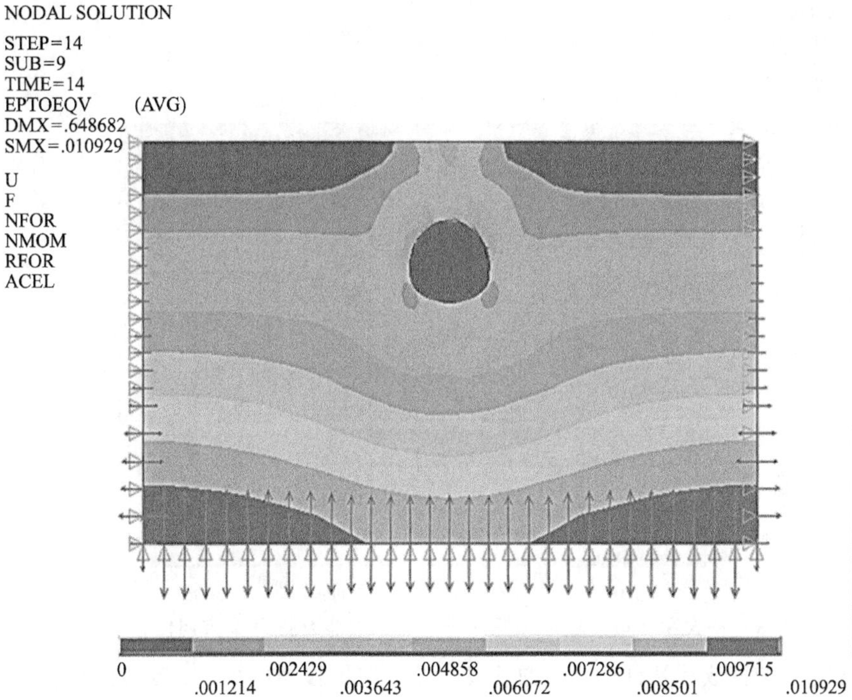
NODAL SOLUTION
STEP=14
SUB=9
TIME=14
EPTOEQV (AVG)
DMX=.648682
SMX=.010929
U
F
NFOR
NMOM
RFOR
ACEL
0
.001214
.002429
.003643
.004858
.006072
.007286
.008501
.009715
.010929

图 5-186　特大断面黄土隧道预挖核心土法第七步开挖后总应变图

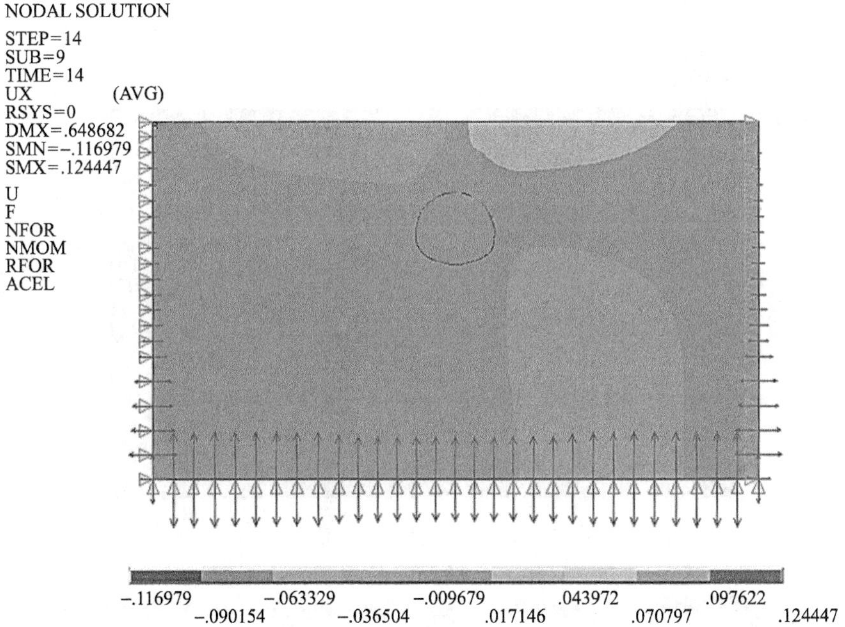
NODAL SOLUTION
STEP=14
SUB=9
TIME=14
UX (AVG)
RSYS=0
DMX=.648682
SMN=-.116979
SMX=.124447
U
F
NFOR
NMOM
RFOR
ACEL
-.116979
-.090154
-.063329
-.036504
-.009679
.017146
.043972
.070797
.097622
.124447

图 5-187　特大断面黄土隧道预挖核心土法第七步开挖后 X 方向位移等值线图

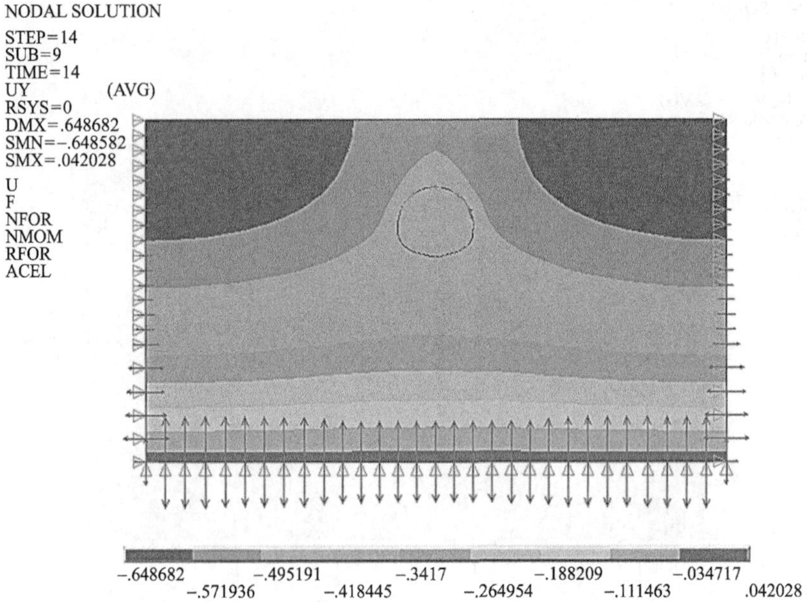
NODAL SOLUTION
STEP=14
SUB=9
TIME=14
UY (AVG)
RSYS=0
DMX=.648682
SMN=-.648582
SMX=.042028
U
F
NFOR
NMOM
RFOR
ACEL
-.648682
-.571936
-.495191
-.418445
-.3417
-.264954
-.188209
-.111463
-.034717
.042028

图 5-188　特大断面黄土隧道预挖核心土法第七步开挖后 *Y* 方向位移等值线图

开挖支护完成后塑性应变、总应变、*X* 方向位移等值线、*Y* 方向位移等值线、总位移云图、节点位移云图见图 5-189～图 5-194 所示。

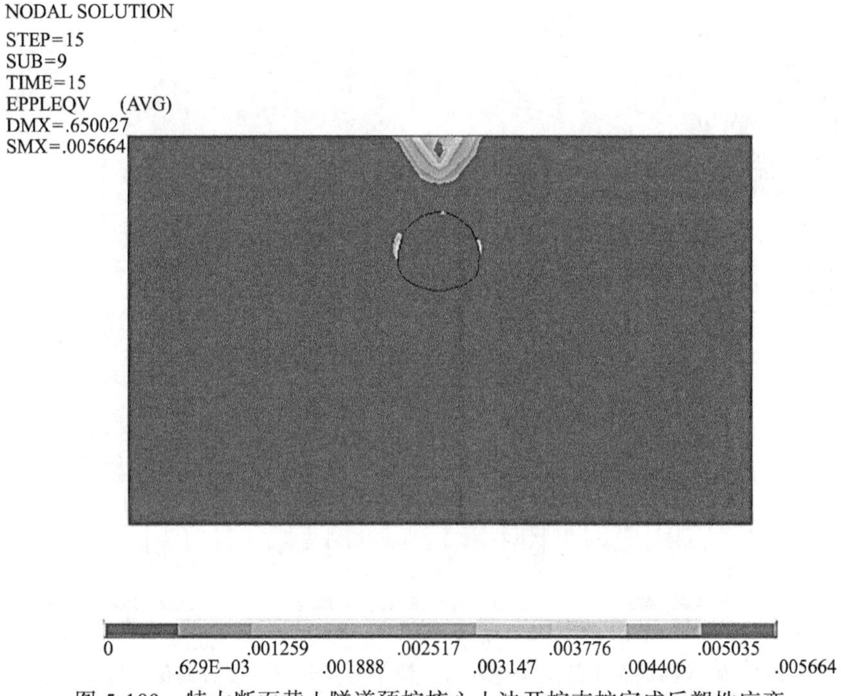
NODAL SOLUTION
STEP=15
SUB=9
TIME=15
EPPLEQV (AVG)
DMX=.650027
SMX=.005664
0
.629E-03
.001259
.001888
.002517
.003147
.003776
.004406
.005035
.005664

图 5-189　特大断面黄土隧道预挖核心土法开挖支护完成后塑性应变

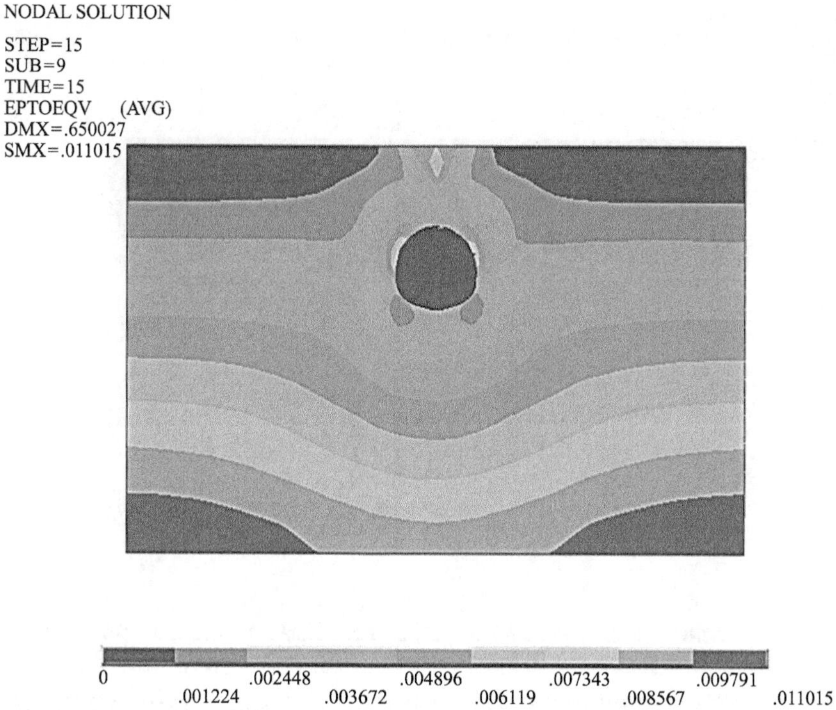
NODAL SOLUTION
STEP=15
SUB=9
TIME=15
EPTOEQV (AVG)
DMX=.650027
SMX=.011015
0
.001224
.002448
.003672
.004896
.006119
.007343
.008567
.009791
.011015

图 5-190　特大断面黄土隧道预挖核心土法开挖支护完成后总应变图

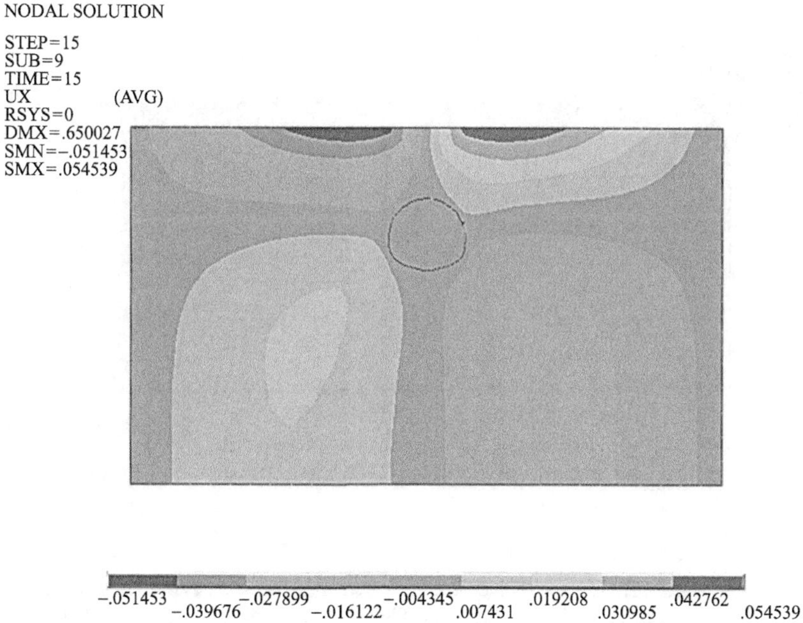
NODAL SOLUTION
STEP=15
SUB=9
TIME=15
UX (AVG)
RSYS=0
DMX=.650027
SMN=-.051453
SMX=.054539
-.051453
-.039676
-.027899
-.016122
-.004345
.007431
.019208
.030985
.042762
.054539

图 5-191　特大断面黄土隧道预挖核心土法开挖支护完成后 X 方向位移等值线图

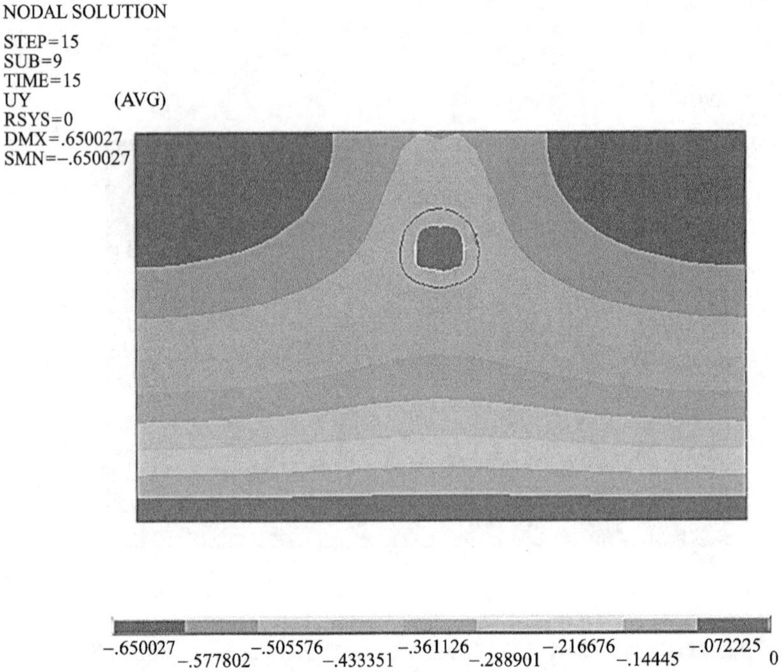
NODAL SOLUTION
STEP=15
SUB=9
TIME=15
UY (AVG)
RSYS=0
DMX=.650027
SMN=-.650027
-.650027
-.577802
-.505576
-.433351
-.361126
-.288901
-.216676
-.14445
-.072225
0

图 5-192 特大断面黄土隧道预挖核心土法开挖支护完成后 *Y* 方向位移等值线图

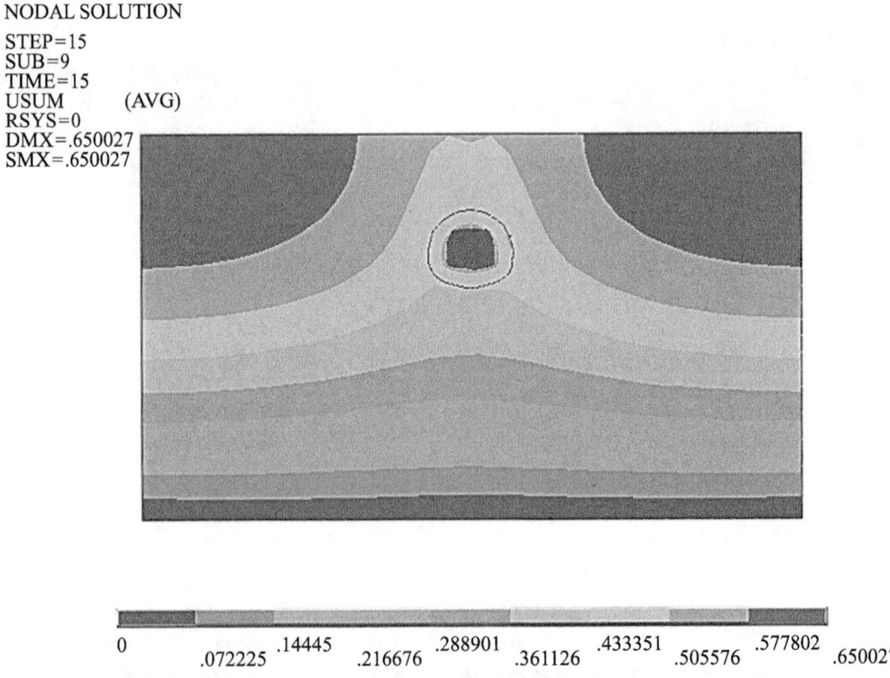
NODAL SOLUTION
STEP=15
SUB=9
TIME=15
USUM (AVG)
RSYS=0
DMX=.650027
SMX=.650027
0
.072225
.14445
.216676
.288901
.361126
.433351
.505576
.577802
.650027

图 5-193 特大断面黄土隧道预挖核心土法开挖支护完成后总位移云图

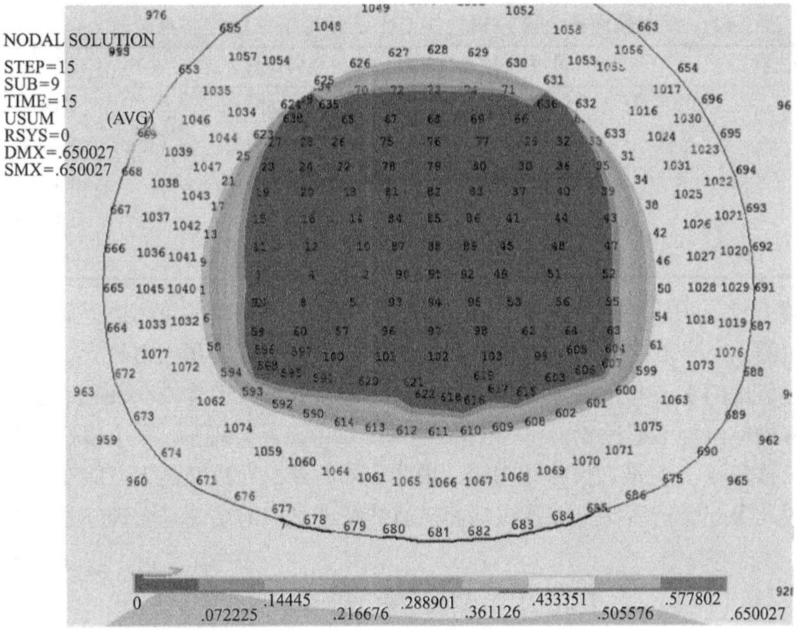

图 5-194　特大断面黄土隧道预挖核心土法开挖支护完成后节点位移云图

与三台阶七步开挖(预留核心土)法相似，随着预挖核心土法逐步开挖，星点塑性分布区继续延伸拓展，第六步开挖后，拱顶靠近地表边缘处开始出现较小的塑性应变区，第七步开挖完成后，拱顶上方靠近地表边缘处的塑性应变区显著扩展增大，最大塑性应变值也随之显著增加，直到最后开挖支护完成，围岩应力完全释放后，左右两侧拱肩才开始出现大片塑性区，见图 5-177、图 5-181、图 5-185 和图 5-189。

总应变图(图 5-178)显示，左侧拱脚处亚应变区开始显现，拱肩出现相对高阶应变区；图 5-182、图 5-186 和图 5-190 表明，拱肩处的高阶应变区和拱脚处的亚应变区继续显著拓展并趋于更高阶，而拱顶上方也出现相对高阶应变区，同时拱顶相对高阶应变层向低阶应变层突进，说明这些区域变形显著增加，这与塑性应变图表达出的结果是相对应的。

Y 方向位移等值线图(图 5-180、图 5-184 和图 5-188)显示开挖断面内及上下两侧，相对高阶位移应变层逐渐向上突进并向两侧扩展。在最终开挖支护完成后，拱顶上方和拱肩处的塑性应变区增大，但星点塑性分布区随之消失，见图 5-192，这在总应变图(图 5-190)中得到了更加明显的体现，在此不再赘述。与三台阶七步开挖(预留核心土)法相同，以上所表现出的情况说明，工程安全性不利位置出现于拱顶和拱肩位置，而拱脚和拱底相对安全，因此应着重加强拱顶和拱肩处得跟进支护，以确保工程安全。

4. 施工结束后控制点位移

特大断面黄土隧道预挖核心土法开挖结束后 5 个控制点位移见表 5-11。

表 5-11　特大断面黄土隧道预挖核心土法开挖结束后控制点位移　(单位：m)

控制点	水平位移	竖向位移	总位移
1	2.16×10^{-3}	−0.46683	0.46683
2	5.60×10^{-4}	−0.46437	0.46437
3	2.73×10^{-3}	−0.46595	0.46596
4	5.87×10^{-4}	−0.46275	0.46275
5	1.66×10^{-3}	−0.46394	0.46395

最终开挖支护后的总位移云图(图 5-193)显示，开挖断面的轮廓线上最大位移位于拱顶偏右的 629 号节点为 0.46692m，由此可见拱顶处总应变量相对较大。开挖断面的轮廓线上节点的 Y 方向最大位移为 0.46683m，总位移最大值为 0.46683m(表 5-11)，与最大位移的差值均不超过 5%，说明选取这 5 个参考点是合理的。整个模拟范围内的围岩最大位移和 Y 方向最大位移相吻合，说明隧洞的开挖导致隧洞下方应变区层的整体沉降。因此上述分析后做出加强拱顶和拱肩的跟进支护的结论是合理并且正确的。

5.4　安 全 系 数

5.4.1　CD 法

根据 CD 法计算得到的安全系数 3.836，获得塑性应变图和总位移云图，如图 5-195 和图 5-196 所示。

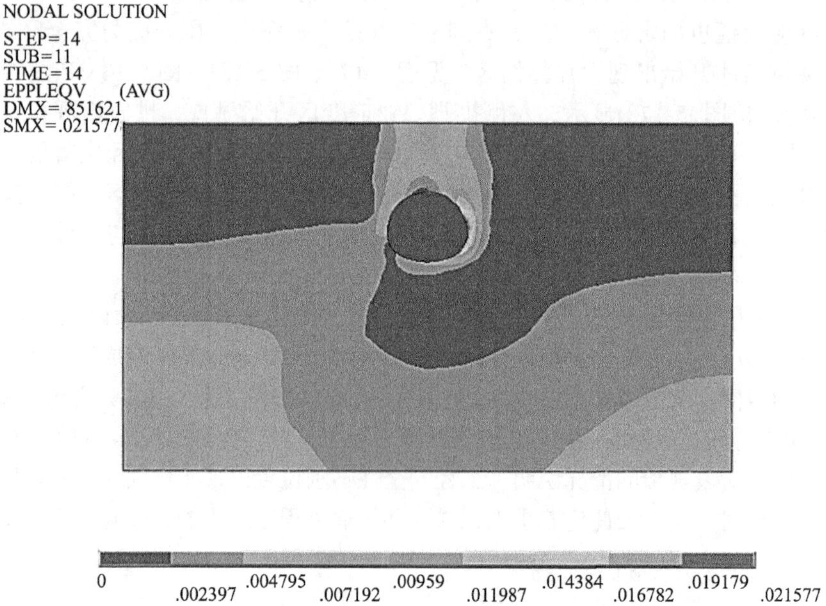
NODAL SOLUTION
STEP=14
SUB=11
TIME=14
EPPLEQV　(AVG)
DMX=.851621
SMX=.021577
0
.002397
.004795
.007192
.00959
.011987
.014384
.016782
.019179
.021577

图 5-195　特大断面黄土隧道塑性应变图($\eta=3.836$)

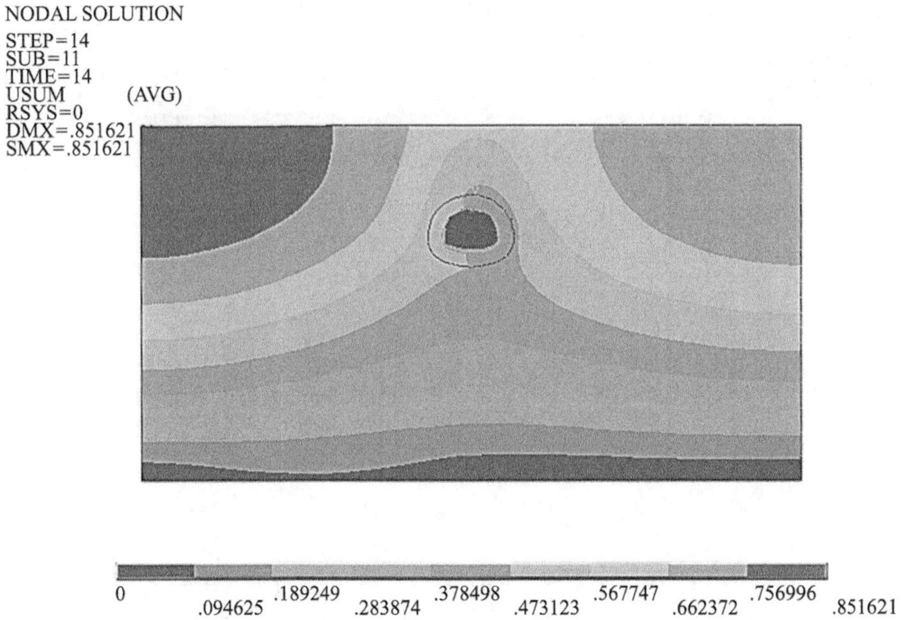
NODAL SOLUTION
STEP=14
SUB=11
TIME=14
USUM (AVG)
RSYS=0
DMX=.851621
SMX=.851621
0
.094625
.189249
.283874
.378498
.473123
.567747
.662372
.756996
.851621

图 5-196　特大断面黄土隧道总位移云图($\eta=3.836$)

隧洞处于临界破坏状态，安全系数为 3.836。由图 5-195 可以看出，隧洞四周几乎完全被塑性区包裹着，基本全部进入塑性应变，拱顶以上至地面以及右侧拱肩处应变量最大，但靠近拱顶边缘的小片区域并没有进入塑性应变区。总位移云图(图 5-196)也反映了同样的情况，高阶位移层显著上移至地表并向两侧展开，隧洞右侧位移层要比左侧高阶一级。以上分析说明拱顶以上至地表边缘处和左侧拱肩处应变和位移最大，最大位移量为 0.851621m，已接近破坏的临界状态。

5.4.2　CRD 法

根据 CRD 法计算得到的安全系数 5.279，获得塑性应变图和总位移云图，见图 5-197 和图 5-198。

隧洞处于临界破坏状态，安全系数为 5.279。由图 5-197 可以看出，与 CD 法基本相同，隧洞四周几乎完全被塑性区包裹着，基本全部进入塑性应变，尤其是拱顶以上至地面以及右侧拱肩处应变量最大，但是在靠近拱顶和拱底位置并没有塑性区的出现，说明拱顶和拱底的局部区域相对安全。总位移云图(图 5-198)也反映了同样的情况，高阶位移层显著上移至地表并向两侧展开，但基本仍分层分布。以上分析说明，拱顶以上至地表边缘处和两侧拱肩处应变和位移相对较大，已接近破坏的临界状态。

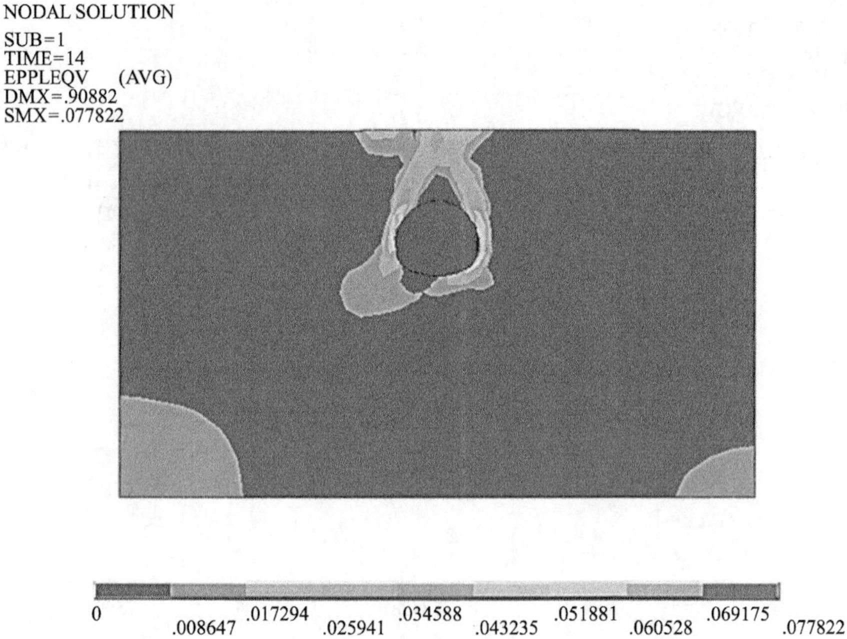
NODAL SOLUTION
SUB=1
TIME=14
EPPLEQV (AVG)
DMX=.90882
SMX=.077822
0
.008647
.017294
.025941
.034588
.043235
.051881
.060528
.069175
.077822

图 5-197 特大断面黄土隧道塑性应变图($\eta=5.279$)

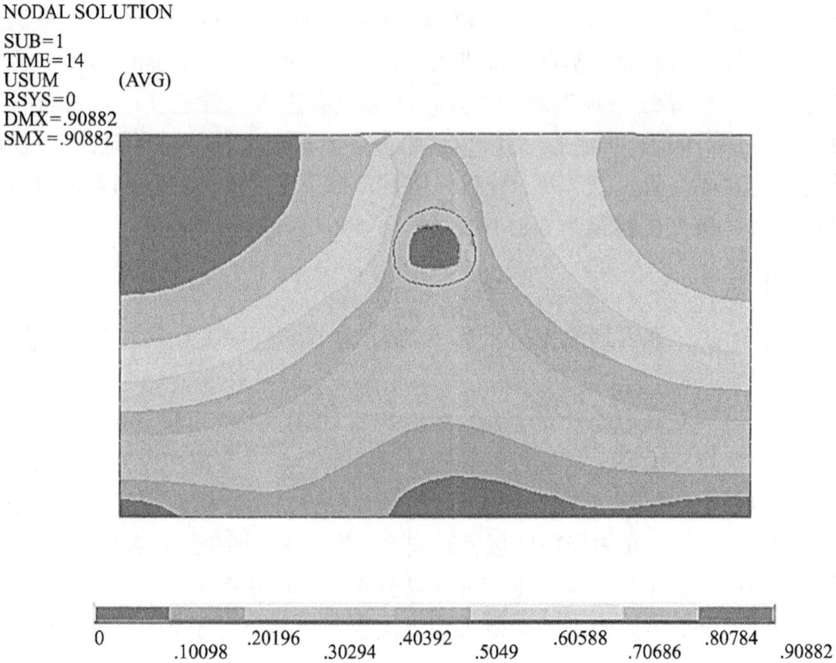
NODAL SOLUTION
SUB=1
TIME=14
USUM (AVG)
RSYS=0
DMX=.90882
SMX=.90882
0
.10098
.20196
.30294
.40392
.5049
.60588
.70686
.80784
.90882

图 5-198 特大断面黄土隧道总位移云图($\eta=5.279$)

5.4.3　单侧壁导坑法

根据单侧壁导坑法计算得到的安全系数 3.705，获得塑性应变图和总位移云图，见图 5-199 和图 5-200。

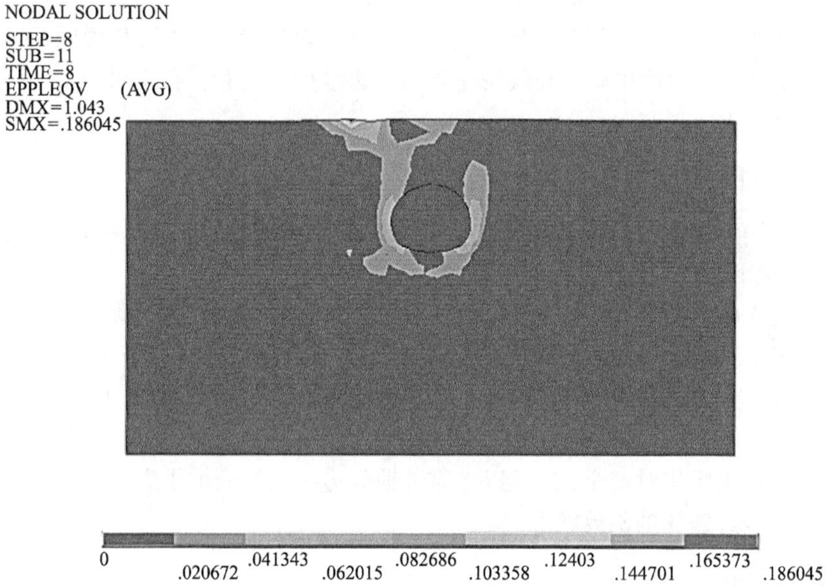

NODAL SOLUTION
STEP=8
SUB=11
TIME=8
EPPLEQV (AVG)
DMX=1.043
SMX=.186045
0
.020672
.041343
.062015
.082686
.103358
.12403
.144701
.165373
.186045

图 5-199　特大断面黄土隧道塑性应变图($\eta=3.705$)

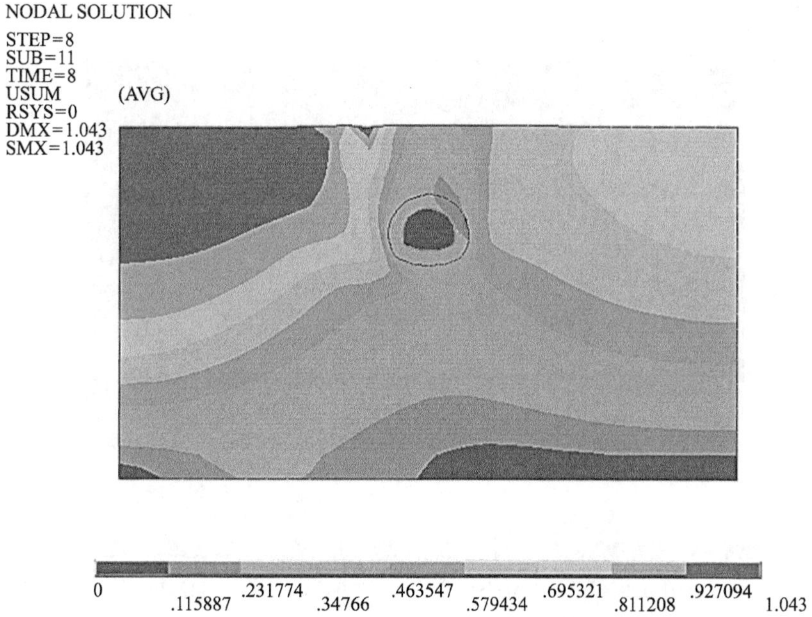

NODAL SOLUTION
STEP=8
SUB=11
TIME=8
USUM (AVG)
RSYS=0
DMX=1.043
SMX=1.043
0
.115887
.231774
.34766
.463547
.579434
.695321
.811208
.927094
1.043

图 5-200　特大断面黄土隧道总位移云图($\eta=3.705$)

隧洞处于临界破坏状态，安全系数为 3.705。由图 5-199 可以看出，与 CD 法和 CRD 法不同，隧洞两侧拱肩至拱脚处基本进入塑性应变，拱顶正上方和拱底并未进入塑性应变区，而在拱顶上方的左侧出现了大片的塑性应变区，且应变量较大。说明拱顶和拱底相对安全。总位移云图(图 5-200)也反映了同样的情况，高阶位移层显著上移至地表并向两侧展开，最大位移出现于地表边缘。以上分析说明，拱顶和拱底相对安全，但两侧拱肩处和隧洞左侧地表边缘处应变和位移相对较大，已接近破坏的临界状态。

5.4.4 双侧壁导坑法

根据双侧壁导坑法计算得到的安全系数 4.789，获得塑性应变图和总位移云图，见图 5-201 和图 5-202。

隧洞处于临界破坏状态，安全系数为 4.789。由图 5-201 可以看出，拱顶正上方靠近地表边缘处和拱肩，拱侧进入塑性应变区，拱底和拱顶没有进入塑性应变区，且在地表边缘处出现最大塑性应变区。总位移云图(图 5-202)也反映了同样的情况，高阶位移层分布于拱顶及拱侧，最大位移出现于地表边缘。以上分析说明，靠近拱顶边缘区域和拱底相对安全，拱顶以上靠近地表边缘处和两侧拱肩处应变和位移相对较大，已接近破坏的临界状态。

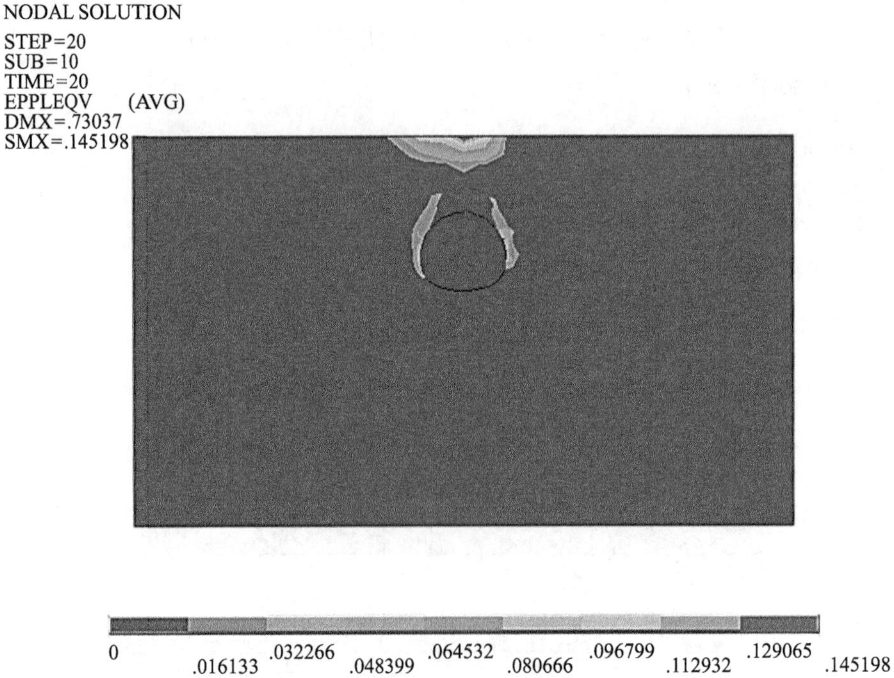
NODAL SOLUTION
STEP=20
SUB=10
TIME=20
EPPLEQV (AVG)
DMX=.73037
SMX=.145198
0
.016133
.032266
.048399
.064532
.080666
.096799
.112932
.129065
.145198

图 5-201　特大断面黄土隧道塑性应变图($\eta = 4.789$)

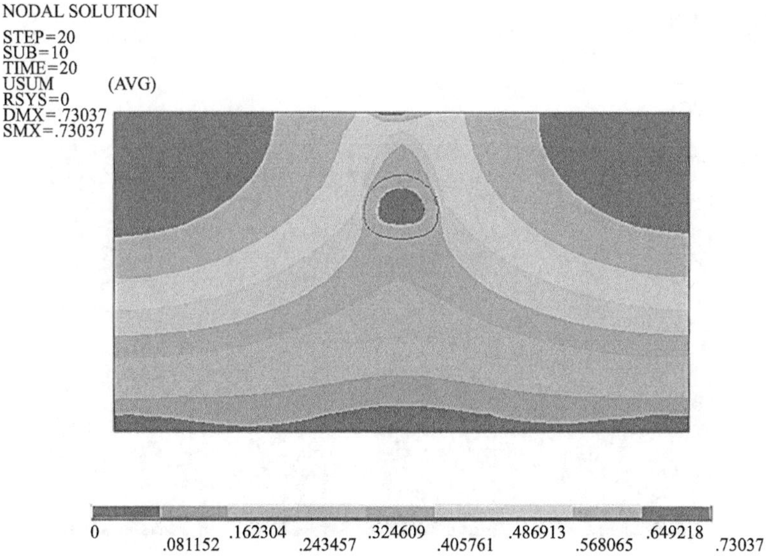
NODAL SOLUTION
STEP=20
SUB=10
TIME=20
USUM (AVG)
RSYS=0
DMX=.73037
SMX=.73037
0
.081152
.162304
.243457
.324609
.405761
.486913
.568065
.649218
.73037

图 5-202　特大断面黄土隧道总位移云图($\eta = 4.789$)

5.4.5　三台阶七步开挖(预留核心土)法

根据三台阶七步开挖(预留核心土)法计算得到的安全系数 4.214，获得塑性应变图和总位移云图，见图 5-203 和图 5-204。

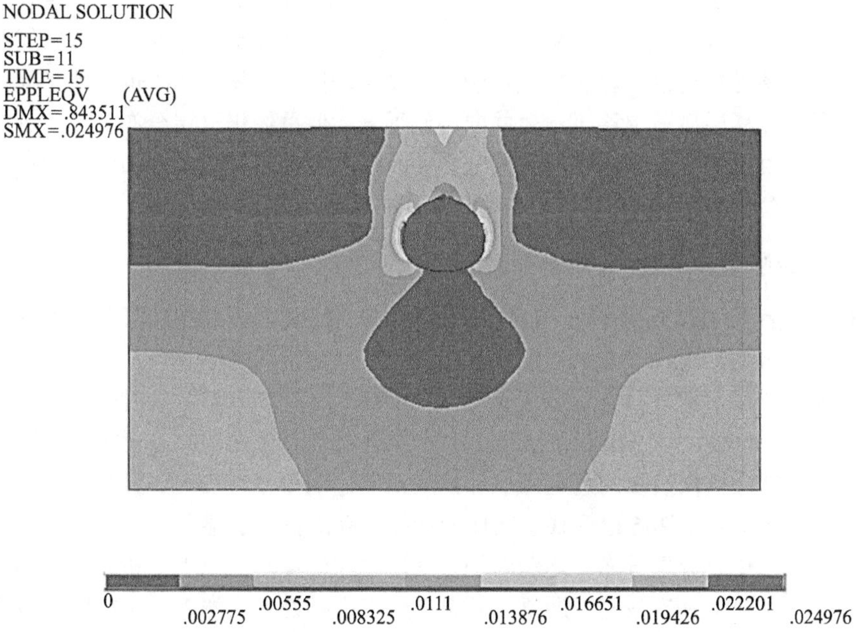
NODAL SOLUTION
STEP=15
SUB=11
TIME=15
EPPLEQV (AVG)
DMX=.843511
SMX=.024976
0
.002775
.00555
.008325
.0111
.013876
.016651
.019426
.022201
.024976

图 5-203　特大断面黄土隧道塑性应变图($\eta = 4.214$)

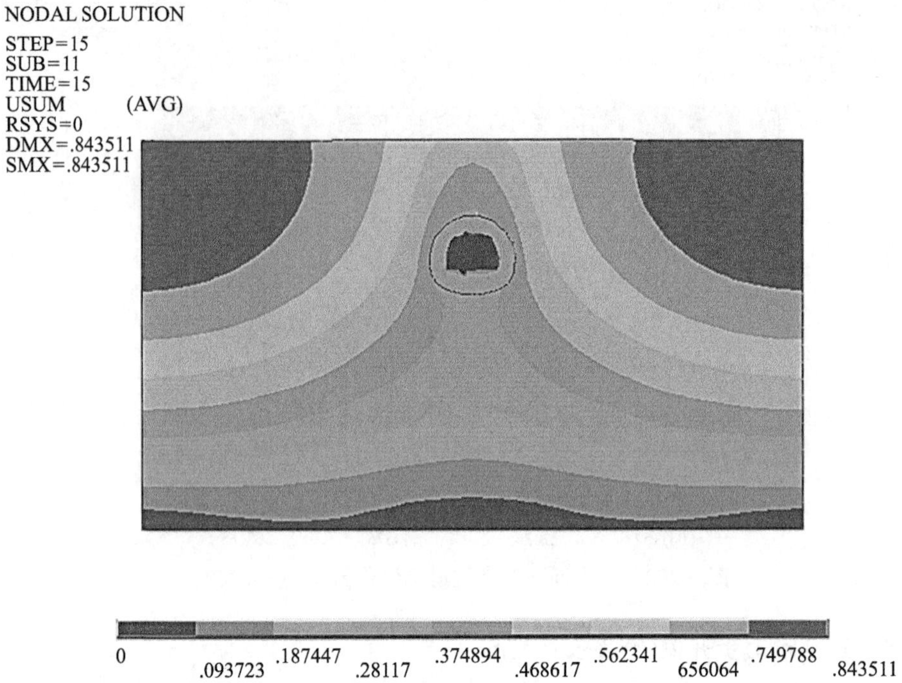
NODAL SOLUTION
STEP=15
SUB=11
TIME=15
USUM (AVG)
RSYS=0
DMX=.843511
SMX=.843511
0
.093723
.187447
.28117
.374894
.468617
.562341
656064
.749788
.843511

图 5-204　特大断面黄土隧道总位移云图($\eta=4.214$)

隧洞处于临界破坏状态，安全系数为 4.214。由图 5-203 可以看出，拱顶正上方靠近地表边缘处和拱肩至拱脚处进入塑性应变区，靠近拱顶边缘的局部区域和拱底没有进入塑性应变区，且在拱侧出现最大塑性应变区。图 5-204 也反映了同样的情况，高阶位移层显著上移至地表并向两侧展开，但总体仍分层分布。以上分析说明，靠近拱顶边缘区域和拱底相对安全，拱顶以上靠近地表边缘处和两侧拱肩至拱脚处应变和位移相对较大，已接近破坏的临界状态。

5.4.6　三台阶七步开挖(预挖核心土)法

根据三台阶七步开挖(预挖核心土)法计算得到的安全系数 3.508，获得塑性应变图和总位移云图，见图 5-205 和图 5-206。

隧洞处于临界破坏状态，安全系数为 3.508。由图 5-205 可以看出，与三台阶七步开挖(预留核心土)法相似，拱顶正上方靠近地表边缘处和拱肩至拱脚处进入塑性应变区，靠近拱顶边缘的局部区域和拱底没有进入塑性应变区，且在拱侧出现最大塑性应变区。图 5-206 也反映了同样的情况，高阶位移层显著上移至地表并向两侧展开，但总体仍分层分布，隧洞右侧位移层比左侧高阶。以上分析说明，靠近拱顶边缘区域和拱底相对安全，拱顶以上靠近地表边缘处和两侧拱肩至拱脚处应变和位移相对较大，已接近破坏的临界状态。

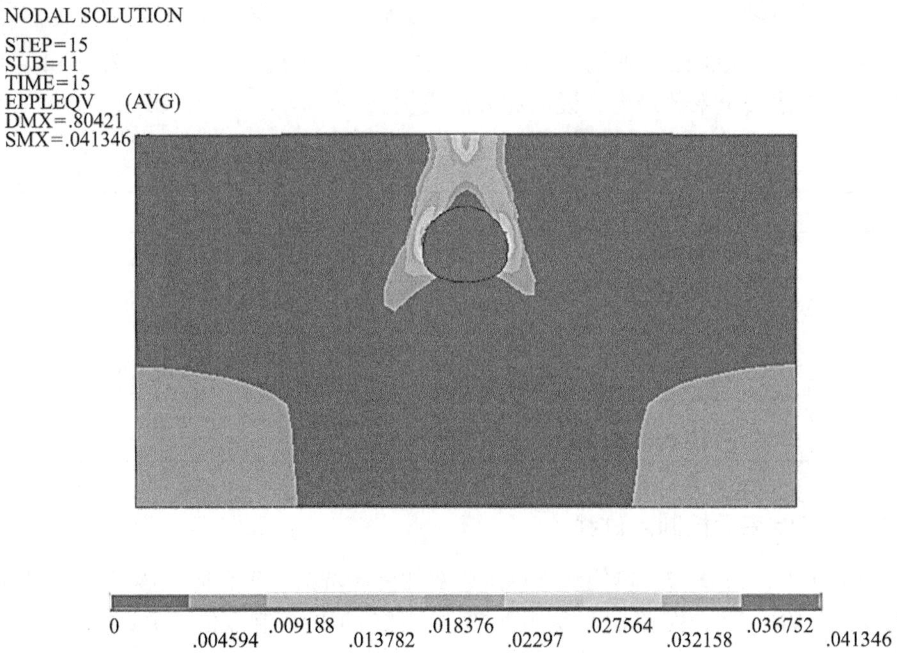
NODAL SOLUTION
STEP=15
SUB=11
TIME=15
EPPLEQV (AVG)
DMX=.80421
SMX=.041346
0
.004594
.009188
.013782
.018376
.02297
.027564
.032158
.036752
.041346

图 5-205　特大断面黄土隧道塑性应变图($\eta=3.508$)

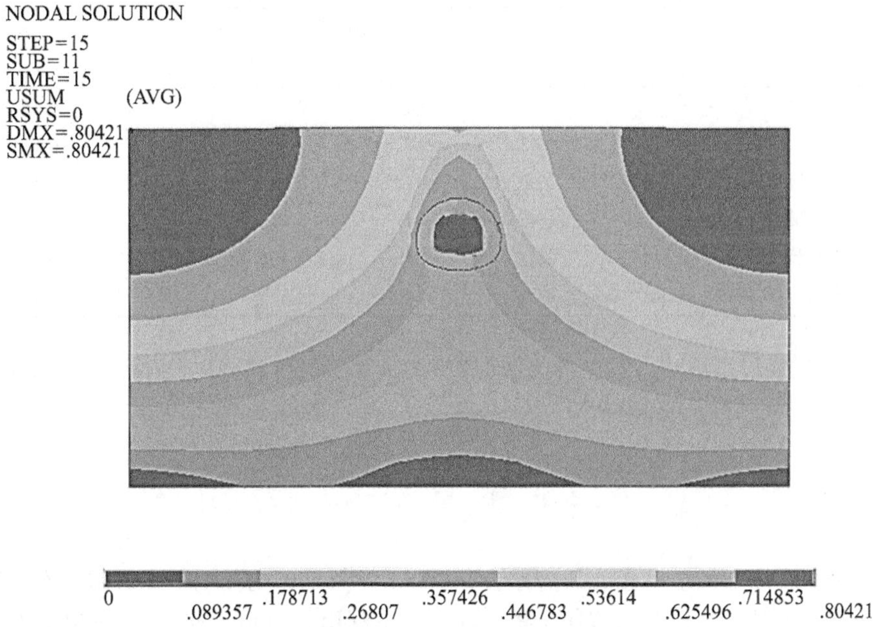
NODAL SOLUTION
STEP=15
SUB=11
TIME=15
USUM (AVG)
RSYS=0
DMX=.80421
SMX=.80421
0
.089357
.178713
.26807
.357426
.446783
.53614
.625496
.714853
.80421

图 5-206　特大断面黄土隧道总位移云图($\eta=3.508$)

5.4.7 安全系数

特大断面黄土隧道 6 种施工方法安全系数比较结果见表 5-12。由表 5-12 可以看出，CRD 法安全系数最大，说明此方法最优。

表 5-12 特大断面黄土隧道六种施工方法安全系数

开挖方法	安全系数
CD 法	3.836
CRD 法	5.279
单侧壁导坑法	3.705
双侧壁导坑法	4.789
三台阶七步(预留核心土)法	4.214
三台阶七步(预挖核心土)法	3.508

5.4.8 开挖结束后控制点位移

对 CD 法、CRD 法、单侧壁导坑法、双侧壁导坑法，三台阶七步(预留核心土)法以及三台阶七步(预挖核心土)法 6 种施工方法模拟的控制点位移值进行比较，结果见表 5-13。

表 5-13 特大断面黄土隧道 6 种开挖方法控制性节点位移比较 （单位：m）

开挖方法	不同节点对应位移				
	1	2	3	4	5
CD 法	0.48	0.49	0.47	0.49	0.48
CRD 法	0.43	0.42	0.42	0.42	0.42
单侧壁导坑法	0.49	0.48	0.49	0.49	0.49
双侧壁导坑法	0.43	0.43	0.42	0.42	0.42
三台阶七步(预留核心土)法	0.45	0.45	0.45	0.45	0.44
三台阶七步(预挖核心土)法	0.47	0.46	0.47	0.46	0.46

由表 5-13 可以看出，第二种方法即 CRD 法节点总位移相对最小，说明此方法最优。

5.5 本 章 小 结

对于特大断面黄土隧道，开挖方法有很多种，目前国内使用较多的即是本书所论述的上述 6 种方法。各种方法优劣有异，本书利用有限元分析软件 ANSYS 对特大断面黄土隧道各种施工方法进行了数值模拟分析，得到如下结论：

(1) 在进行 ANSYS 数值模拟分析时，综合考虑了围岩的弹塑性；鉴于 V 级黄土围岩的特殊力学性能，在选取收敛条件方面，只选取位移收敛条件，而对于力和力矩收敛条件则不予考虑。

(2) 分析结果主要考虑隧道开挖后的围岩位移和安全系数两个方面的因素，通过对比分析，最后以位移最小和安全系数最大的方法为最优方法。

(3) 围岩在开挖后的水平位移相对于竖向位移其值很小，因此在分析计算结果时可不予考虑。

(4) 从控制性节点总位移来看，CD 法与单侧壁导坑法计算结果比较接近，CRD 法和双侧壁导坑法计算结果非常接近，三台阶七步(预留核心土)法和三台阶七步(预挖核心土)法计算结果比较接近。6 种开挖方法的优劣顺序为：CRD 法 > 双侧壁导坑法 > 三台阶七步(预留核心土)法 > 三台阶七步(预挖核心土)法 > CD 法 > 单侧壁导坑法，因此 CRD 法最优。

(5) 从工程安全系数来看，CRD 法的安全系数为 5.279，比其他方法得出的安全系数都要大，因此 CRD 法更为安全，优于其各种方法，与依据控制位移得出的结论是一致的。

综合考虑控制位移大小，工程的安全性，开挖的易操作性和经济性，本书认为对于特大断面黄土隧道的开挖方法的选择，CRD 法最为合适。

参考文献

[1] 路军富，王明年，贾媛媛,等. 高速铁路大断面黄土隧道二次衬砌施作时机研究[J]. 岩土力学, 2011, 32(3):843-848.

[2] 杨建民. 大断面黄土隧道施工方法分析[J]. 铁道工程学报, 2015, 32(10):86-92.

[3] 李创军，柯以茂. 大断面黄土隧道弧形导坑三台阶七步开挖施工技术研究[J]. 公路交通科技(应用技术版), 2013, (11):126-129.

[4] 赵勇，李国良，喻渝. 黄土隧道工程[M]. 北京：中国铁道出版社, 2011.

[5] 尚晓江，苏建宇. ANSYS/LS-DYNA 动力分析方法与工程实例[M]. 北京：中国水利水电出版社, 2006.

[6] MOAVENI S . Finite Element Analysis Theory and Application with ANSYS: International Edition, 3/E[M]. Englewood: Prentice Hall, 1999.

第 6 章　黄土隧道动态施工实例

6.1　概　　述

隧道施工是一个动态的过程，分析隧道开挖过程中的受力和位移对隧道的安全开挖特别重要[1,2]，且现场监测量控不能提前预知隧道的受力和位移变化情况。为了能够进一步地了解和认识黄土区隧道开挖过程中的受力和变形特性[3-7]，以天平铁路实际工程为例建立黄土区隧道的计算模型，选用该工程的围岩参数，分别建立牛头山隧道和方家湾隧道动态施工数值仿真模型。对比分析围岩的受力和变形以及衬砌结构状态，得出隧道最优的施工方法，提前优选隧道的施工方法和支护结构。

天平铁路隧道施工中黄土隧道包括牛头山黄土隧道、郭家坪隧道以及方家湾黄土隧道。本书仅对牛头山隧道和方家湾隧道施工进行介绍，隧道概况如下所述。

(1) 牛头山黄土隧道概况。牛头山黄土隧道位于甘肃省天水市清水县境内，牛头河峡谷旁的低中山区最大埋深约 300m。地貌单元为低中山区，地形起伏大，地形发育，沟梁相间，进出口交通相对便利。隧道起讫里程为 DIK26+080～DIK28+540，全长 2460m。隧道洞身除进口 79m、出口 77m 位于半径为 800m 的缓和曲线上，其余均位于直线上；洞内线路纵坡为+14.5%的单面坡。该区地震动峰值加速度 0.20g(相当于地震基本烈度八度)，地震动反应谱特征周期为 0.40s。牛头山黄土隧道和郭家坪隧道的洞身断面面积小于 50m^2，为中断面黄土隧道，且牛头山黄土隧道情况最为不利，故选取牛头山黄土隧道进行数值仿真。

(2) 方家湾黄土隧道概况。方家湾黄土隧道位于甘肃省天水市清水县方家湾村后，樊河宽谷区，所处地貌为黄土墚峁区，地形起伏大，黄土墚峁地形发育，沟梁相间，进出口交通相对便利。隧道起讫里程为 IDK43+138～IDK43+640，全长 502m。全线唯一一座双线隧道位于方家湾车站内，隧道洞身均位于直线上，道内线路纵坡为+10‰、+1‰的单面坡。隧道经过范围地层主要有第四系全新统坡积砂质黄土、粗角砾土，上更新统风积砂质黄土。该区地震动峰值加速度 0.20g(相当于地震基本烈度八度)，地震动反应谱特征周期为 0.45s。方家湾黄土隧道为双线隧道，洞身断面较大，为特大断面黄土隧道。

6.2　牛头山黄土隧道动态施工数值仿真

6.2.1　分析模型

计算范围底部取 37.65m，左右两侧取 30m。向上取到地表，按平面应变问题来考虑。分析模型如图 6-1 所示。

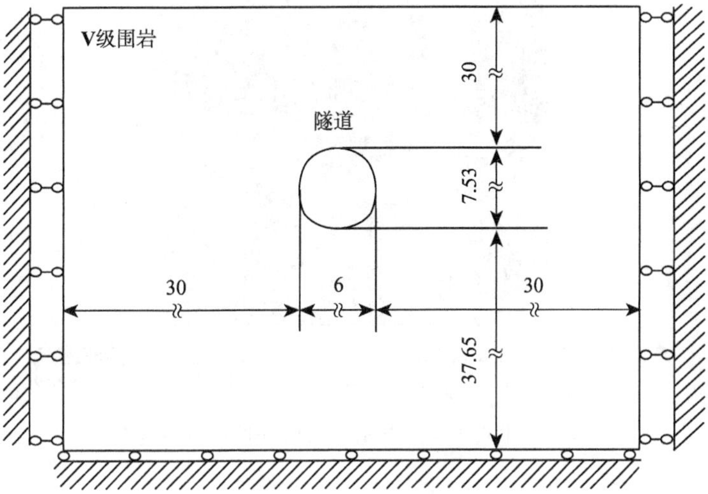

图 6-1　牛头山黄土隧道分析模型(单位：m)

6.2.2　计算参数

黄土围岩材料参数如表 6-1 所示。初期支护采用 C25 混凝土，厚 25cm，密度为 25.0kN/m^3。C25 混凝土材料参数如表 6-2 所示。

表 6-1　牛头山黄土隧道黄土围岩材料参数

弹性模量 E/MPa	泊松比 μ	容重 γ/(kN/m^3)	黏聚力 c/kPa	内摩擦角 φ/(°)
80.0	0.35	18.00	96.24	29.25

表 6-2　牛头山黄土隧道 C25 混凝土材料参数

弹性模量 E/GPa	泊松比 μ	容重 γ/(kN/m^3)	黏聚力 c/MPa	内摩擦角 φ/(°)
21	0.167	25.00	2.42	54

6.2.3　模拟过程及结果分析

根据第 3 章所述，采用台阶法对该工程进行数值模拟分析。上台阶开挖以及进行初期支护后的总应变图、塑性应变图、X 方向位移等值线、Y 方向位移等值线图如图 6-2～图 6-5 所示。

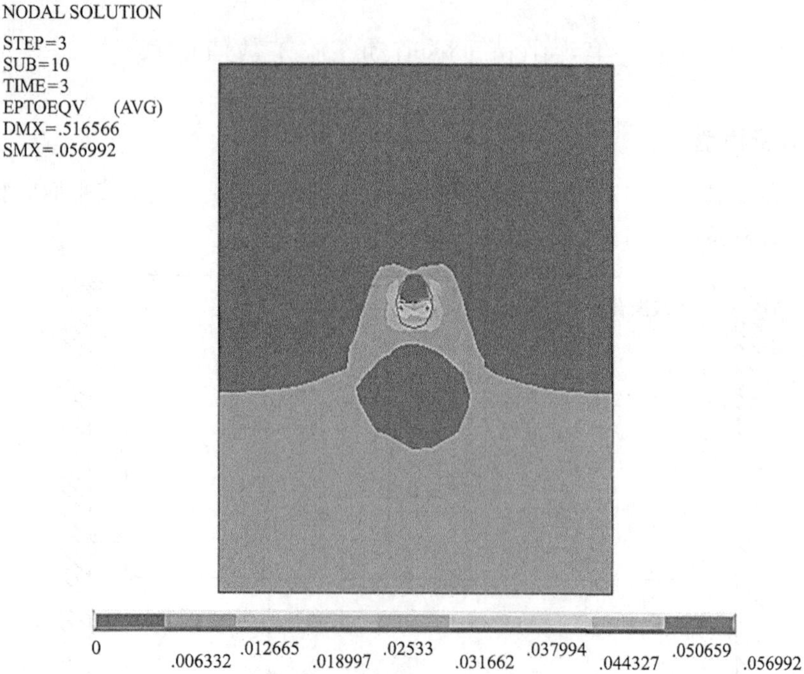
NODAL SOLUTION
STEP=3
SUB=10
TIME=3
EPTOEQV (AVG)
DMX=.516566
SMX=.056992
0
.006332
.012665
.018997
.02533
.031662
.037994
.044327
.050659
.056992

图 6-2　牛头山黄土隧道上台阶开挖后总应变图

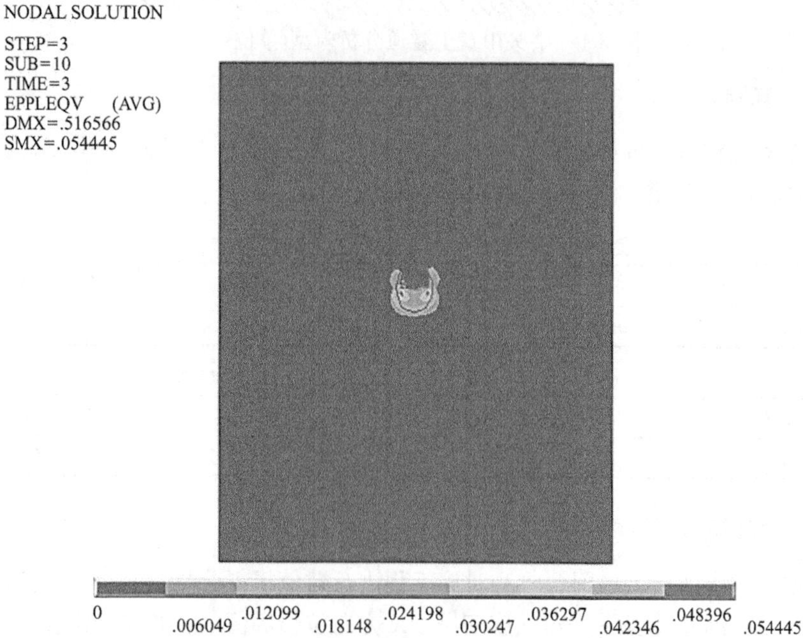
NODAL SOLUTION
STEP=3
SUB=10
TIME=3
EPPLEQV (AVG)
DMX=.516566
SMX=.054445
0
.006049
.012099
.018148
.024198
.030247
.036297
.042346
.048396
.054445

图 6-3　牛头山黄土隧道上台阶开挖后塑性应变图

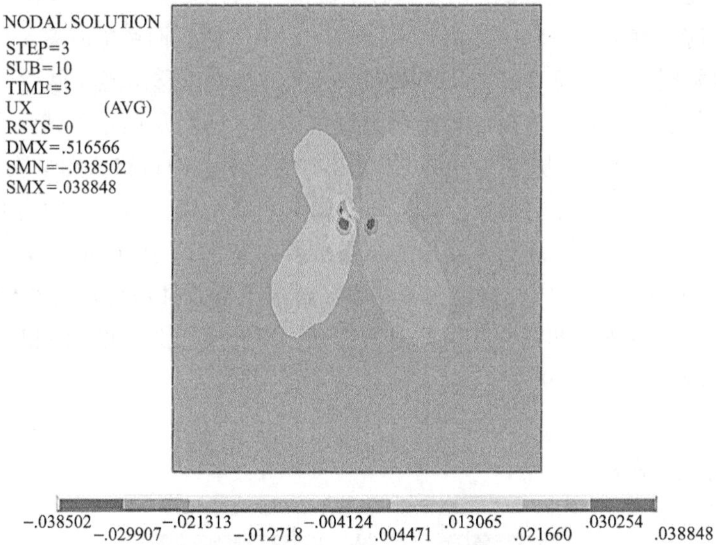
NODAL SOLUTION
STEP=3
SUB=10
TIME=3
UX (AVG)
RSYS=0
DMX=.516566
SMN=-.038502
SMX=.038848
-.038502
-.029907
-.021313
-.012718
-.004124
.004471
.013065
.021660
.030254
.038848

图 6-4　牛头山黄土隧道上台阶开挖后 *X* 方向位移等值线图

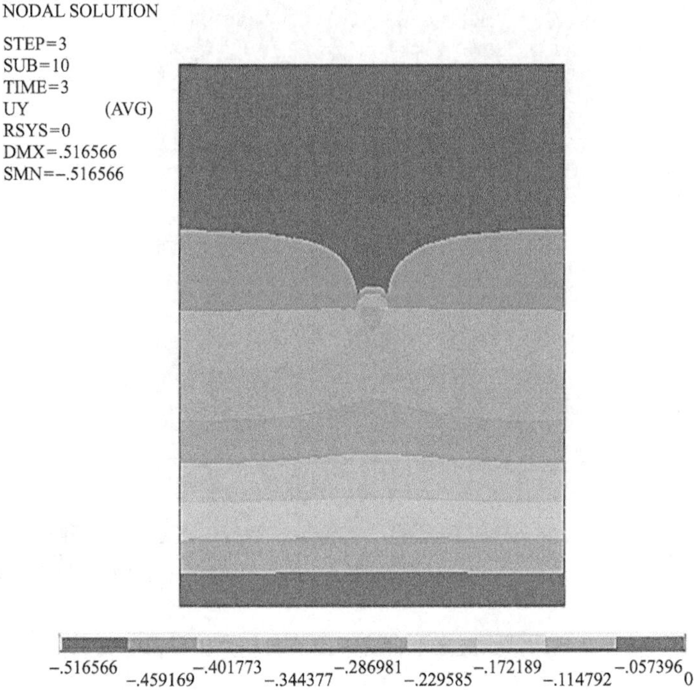
NODAL SOLUTION
STEP=3
SUB=10
TIME=3
UY (AVG)
RSYS=0
DMX=.516566
SMN=-.516566
-.516566
-.459169
-.401773
-.344377
-.286981
-.229585
-.172189
-.114792
-.057396
0

图 6-5　牛头山黄土隧道上台阶开挖后 *Y* 方向位移等值线图

上台阶开挖后应变主要出现在下部台阶，而隧洞之外的围岩应变较小，其中最大塑性区出现在靠近拱腰两侧。出现这种情况的原因在于上部台阶开挖后相当于对下部土体的应力释放，下部土体由于上面的应力突然释放而产生应变。从图 6-4 可以看出，隧洞周围围岩位移云图呈现蝴蝶状分布，最大位移出现在靠近拱腰两侧的下部台阶土体，这一点和应变图得出的结果相符合。同时从图中可以看出，*X* 方向位移最大值约为 0.04m。从图 6-5 中可以看出，围岩 *Y* 方向位移云图呈现分层分布，从上至下依次递减；*Y* 方向最大位移出现在隧洞上部土体，最大值约为 0.52m。上部土体开挖支护结束后，从隧道模拟的结果来看，整个范围内的最大位移值达到了 0.52m，可以看出和 *Y* 方向位移最大值一致。隧道上部土体沉降值为 0.52m。

下台阶开挖及进行初期支护后的总应变图、塑性应变图、*X* 方向和 *Y* 方向位移等值线图见图 6-6～图 6-9。

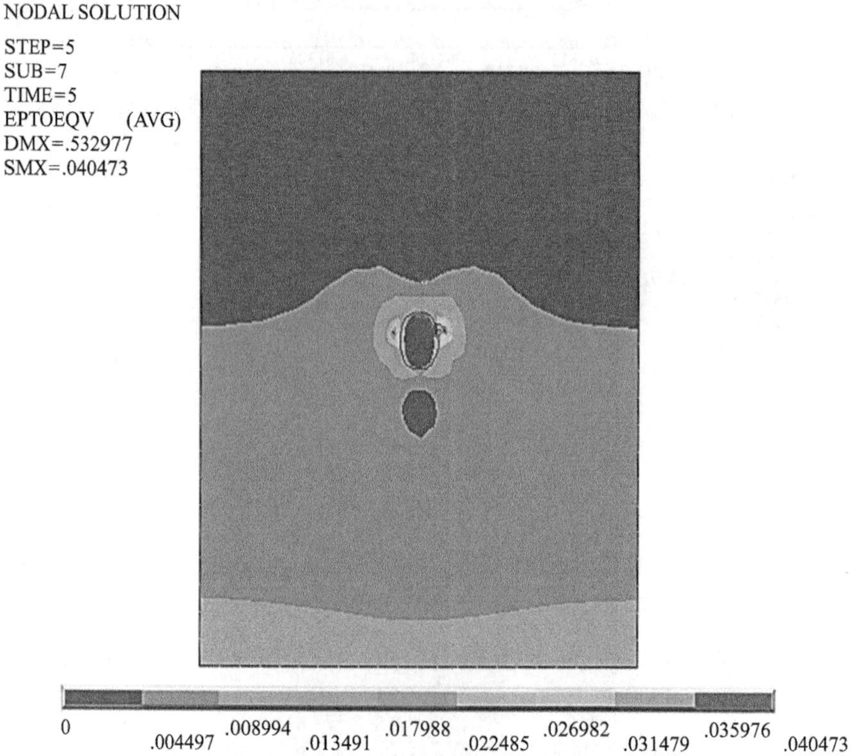
NODAL SOLUTION
STEP=5
SUB=7
TIME=5
EPTOEQV (AVG)
DMX=.532977
SMX=.040473
0
.004497
.008994
.013491
.017988
.022485
.026982
.031479
.035976
.040473

图 6-6　牛头山黄土隧道下台阶开挖及初期支护后总应变图

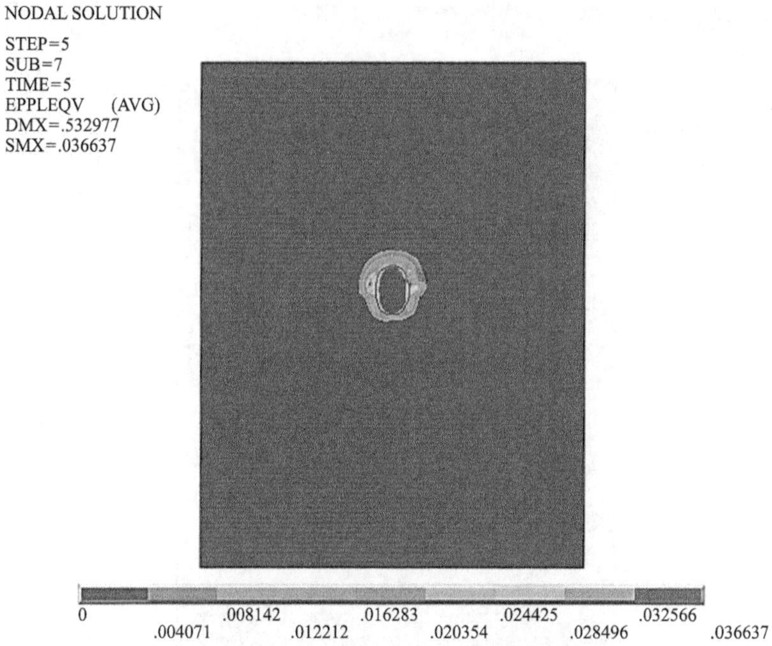
NODAL SOLUTION
STEP=5
SUB=7
TIME=5
EPPLEQV　(AVG)
DMX=.532977
SMX=.036637
0
.004071
.008142
.012212
.016283
.020354
.024425
.028496
.032566
.036637

图 6-7　牛头山黄土隧道下台阶开挖及初期支护后塑性应变图

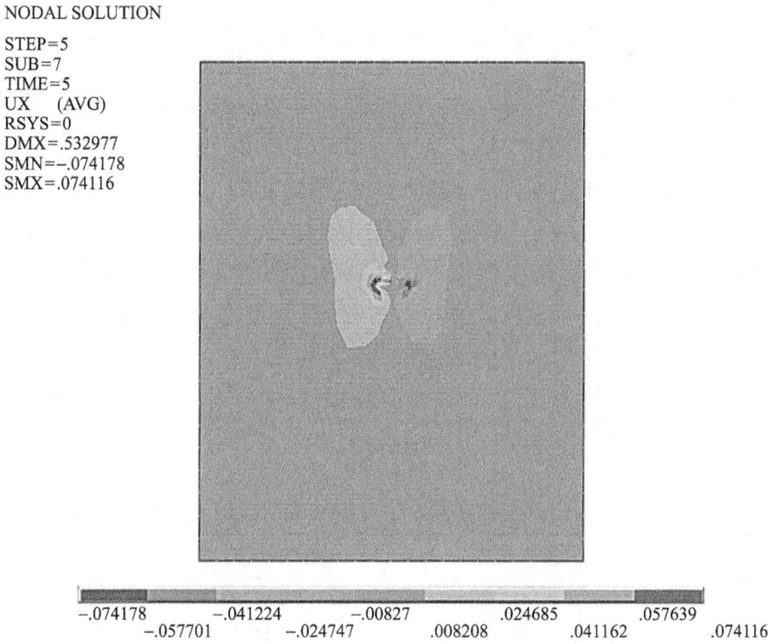
NODAL SOLUTION
STEP=5
SUB=7
TIME=5
UX　(AVG)
RSYS=0
DMX=.532977
SMN=-.074178
SMX=.074116
-.074178
-.057701
-.041224
-.024747
-.00827
.008208
.024685
.041162
.057639
.074116

图 6-8　牛头山黄土隧道下台阶开挖及初期支护后 X 方向位移等值线图

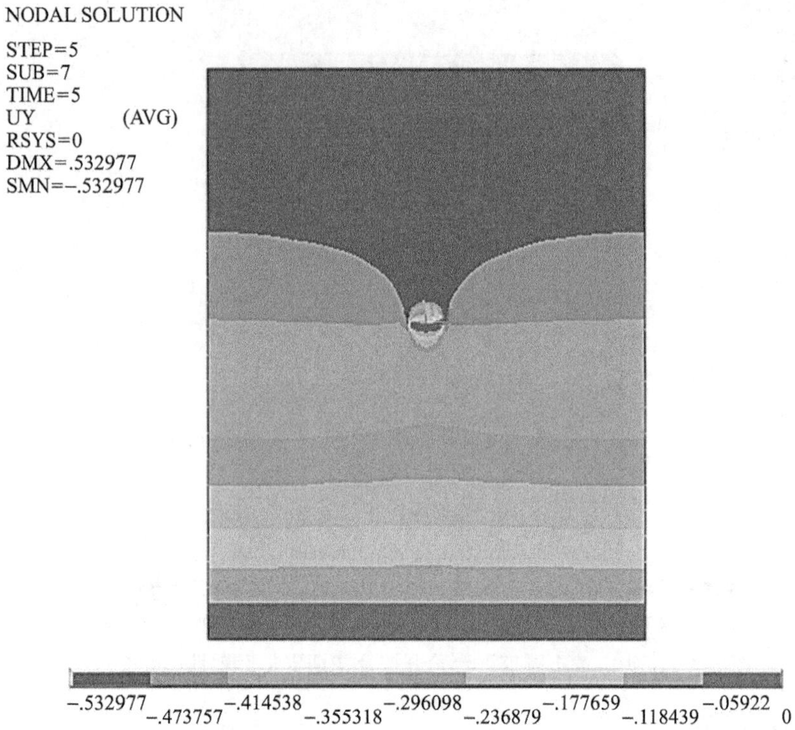
NODAL SOLUTION
STEP=5
SUB=7
TIME=5
UY (AVG)
RSYS=0
DMX=.532977
SMN=−.532977
−.532977
−.473757
−.414538
−.355318
−.296098
−.236879
−.177659
−.118439
−.05922
0

图 6-9　牛头山黄土隧道下台阶开挖及初期支护后 *Y* 方向位移等值线图

整个隧道开挖及支护后，最大塑性区和最大应变区均转移到拱腰两侧，鉴于这一点，应该加强这两个部位的支护。从图 6-8 可以看出，*X* 方向最大位移出现在曲墙靠上的位置，这一点和应变图中的最大应变位置相同，最大位移为 0.074m。从图 6-9 可以看出，围岩 *Y* 方向位移云图同样呈现分层分布，而且左右对称，位移值从上到下依次递减，*Y* 方向最大位移出现在拱顶上部土体，最大值约为 0.53m。整个隧道开挖支护结束后，围岩最大位移是 0.53m，和 *Y* 方向最大位移相同，说明开挖结束后洞室上部土体发生了 0.53m 的沉降。

牛头山黄土隧道台阶法开挖结束后的控制点位移如表 6-3 所示，控制点见第 3 章中断面黄土隧道控制点布置图（图 3-6）。

表 6-3　牛头山黄土隧道台阶法开挖结束后控制点位移　　(单位：m)

控制点	水平位移	竖向位移	总位移
1	0.54×10^{-3}	−0.53	0.53
2	0.74×10^{-1}	−0.47	0.48
3	0.25×10^{-1}	−0.34	0.34

续表

控制点	水平位移	竖向位移	总位移
4	-0.23×10^{-1}	−0.34	0.34
5	-0.74×10^{-1}	−0.47	0.48

6.2.4　安全系数

利用抗剪强度折减法得到台阶法施工的安全系数为 1.873，其总应变图、塑性应变图、*X* 方向和 *Y* 方向位移等值线图如图 6-10～图 6-13 所示。

从图 6-11 中可以看出，最大塑性区位置没有变仍旧出现在拱腰两侧，但是相比较折减之前拱腰两侧的塑性区均向外扩展。从图 6-12 可以看出，*X* 方向最大位移出现在拱腰位置，这一点和最大塑性区相对应。从位移云图中可以看出，*X* 方向最大位移从折减之前的 0.07m 扩大到 0.08m。从图 6-13 可以看出，相比较折减之前，*Y* 方向最大位移扩大到 0.54m。

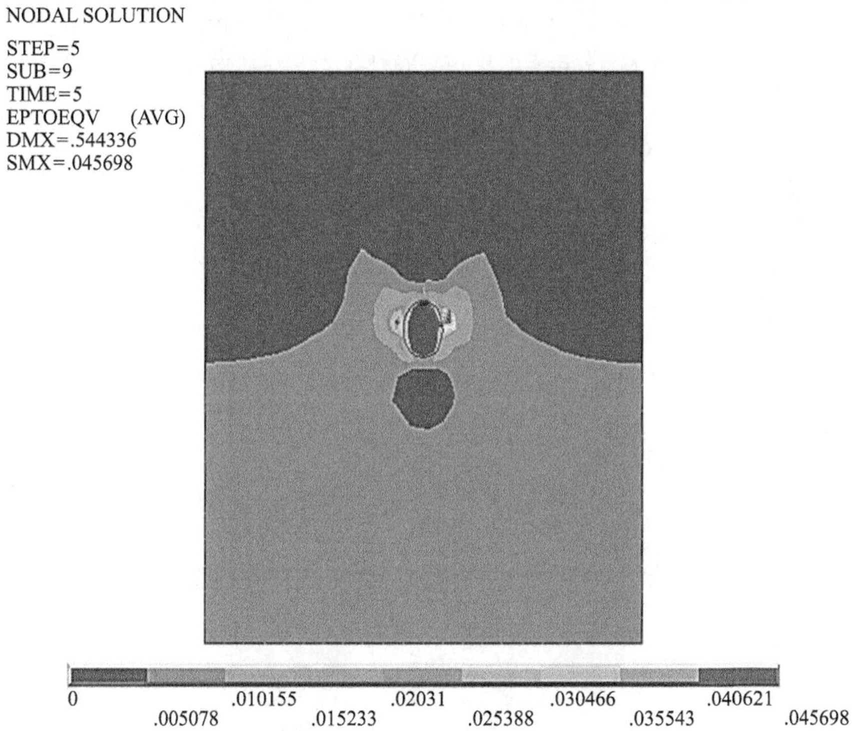

图 6-10　牛头山黄土隧道总应变图(η=1.873)

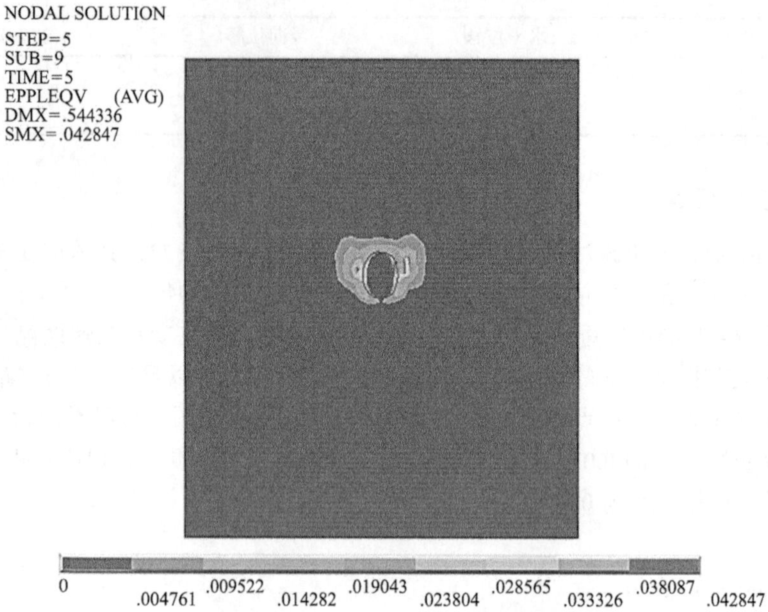
NODAL SOLUTION
STEP=5
SUB=9
TIME=5
EPPLEQV (AVG)
DMX=.544336
SMX=.042847
0
.004761
.009522
.014282
.019043
.023804
.028565
.033326
.038087
.042847

图 6-11　牛头山黄土隧道塑性应变图(η=1.873)

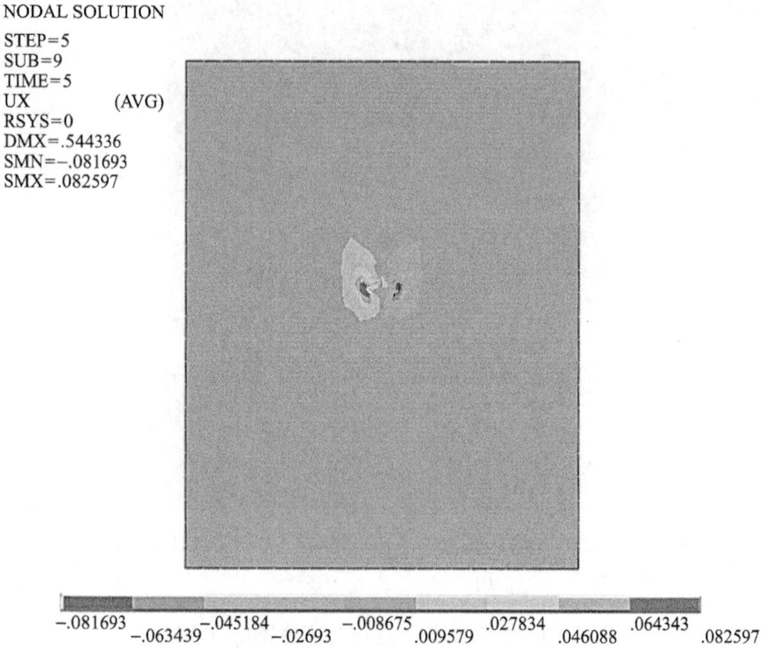
NODAL SOLUTION
STEP=5
SUB=9
TIME=5
UX (AVG)
RSYS=0
DMX=.544336
SMN=-.081693
SMX=.082597
-.081693
-.063439
-.045184
-.02693
-.008675
.009579
.027834
.046088
.064343
.082597

图 6-12　牛头山黄土隧道 X 方向位移等值线图(η=1.873)

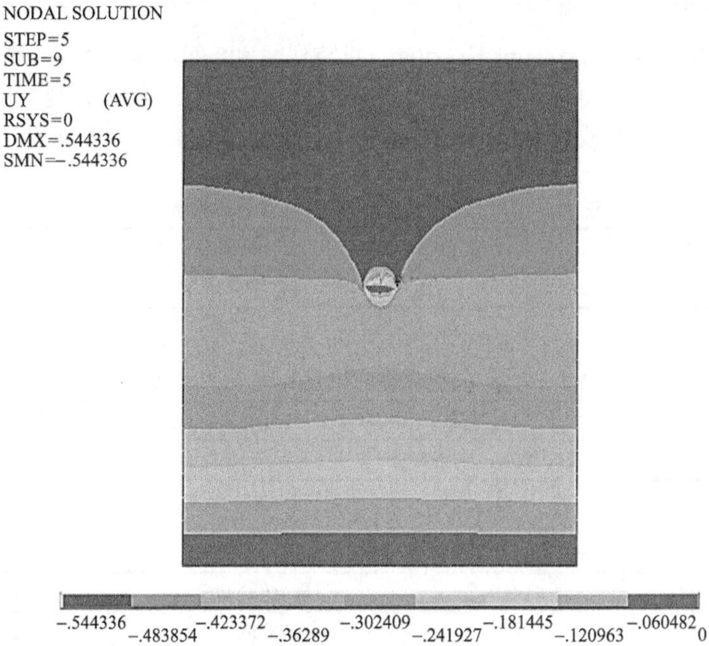
NODAL SOLUTION
STEP=5
SUB=9
TIME=5
UY (AVG)
RSYS=0
DMX=.544336
SMN=-.544336
-.544336
-.483854
-.423372
-.36289
-.302409
-.241927
-.181445
-.120963
-.060482
0

图 6-13　牛头山黄土隧道 Y 方向位移等值线图(η=1.873)

6.3　方家湾黄土隧道动态施工数值仿真

6.3.1　分析模型

计算范围底部取 56.35m，左右两侧取 70.9m。向上取到地表，按平面应变问题来考虑。分析模型如图 6-14 所示。

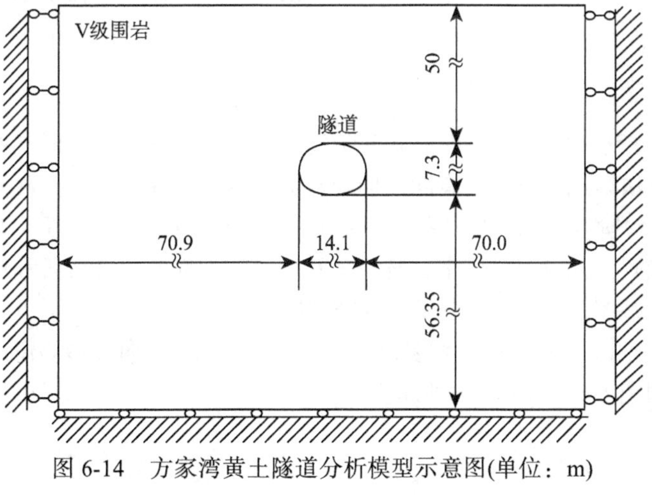

图 6-14　方家湾黄土隧道分析模型示意图(单位：m)

6.3.2 计算参数

黄土隧道的跨度为 L=14.1m，H_d=50m，设防烈度为 8 度。围岩材料参数如表 6-4 所示。衬砌厚度选取 400mm，采用 C25 混凝土，密度为 25.0kN/m^3。混凝土材料参数如表 6-5 所示。临时支撑和锚杆材料参数分别如表 6-6 和表 6-7 所示。

表 6-4 方家湾黄土隧道黄土围岩材料参数

弹性模量 E/MPa	泊松比 μ	容重 γ/(kN/m^3)	黏聚力 c/kPa	内摩擦角 φ/(°)
80.0	0.35	18.00	96.24	29.25

表 6-5 方家湾黄土隧道 C25 混凝土材料参数

弹性模量 E/GPa	泊松比 μ	容重 γ/(kN/m^3)	黏聚力 c/MPa	内摩擦角 φ/(°)
21.0	0.167	25.00	2.42	54

表 6-6 方家湾黄土隧道支撑材料参数

弹性模量 E/GPa	泊松比 μ	容重 γ/(kN/m^3)	规格
200.0	0.30	78.00	25a

表 6-7 方家湾黄土隧道锚杆材料参数

弹性模量 E/GPa	泊松比 μ	容重 γ/(kN/m^3)	直径/mm
200.0	0.30	78.00	25

6.3.3 模拟过程及结果分析

根据第 4 章所述，采用最优方法 CRD 法对该工程进行数值模拟分析，其结果如下。

1. 先行左、右侧上、中导坑开挖

由于 CRD 法在隧道断面内部分台阶设置了横向和纵向的临时支撑，先行导坑开挖选用台阶法开挖。由于隧道断面面积较大，这里为保证工程实际安全也采用分上、中、下三台阶开挖。这里选择的开挖顺序是先开挖左侧上台阶，其后依次是左侧中台阶、右侧上台阶、右侧中台阶。每开挖一步及时支护，台阶和中壁加临时支护后应力释放减缓，只施加实际荷载的 80%。

第一步(左侧上台阶)开挖后塑性应变、总应变、X 方向位移等值线、Y 方向位移等值线图如图 6-15～图 6-18 所示。

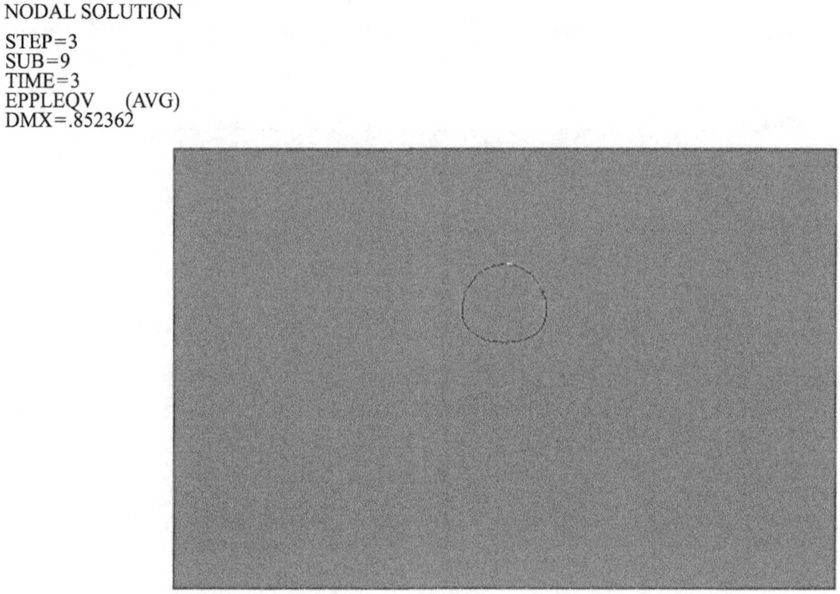
NODAL SOLUTION
STEP=3
SUB=9
TIME=3
EPPLEQV　(AVG)
DMX=.852362

图 6-15　方家湾黄土隧道第一步开挖后塑性应变图

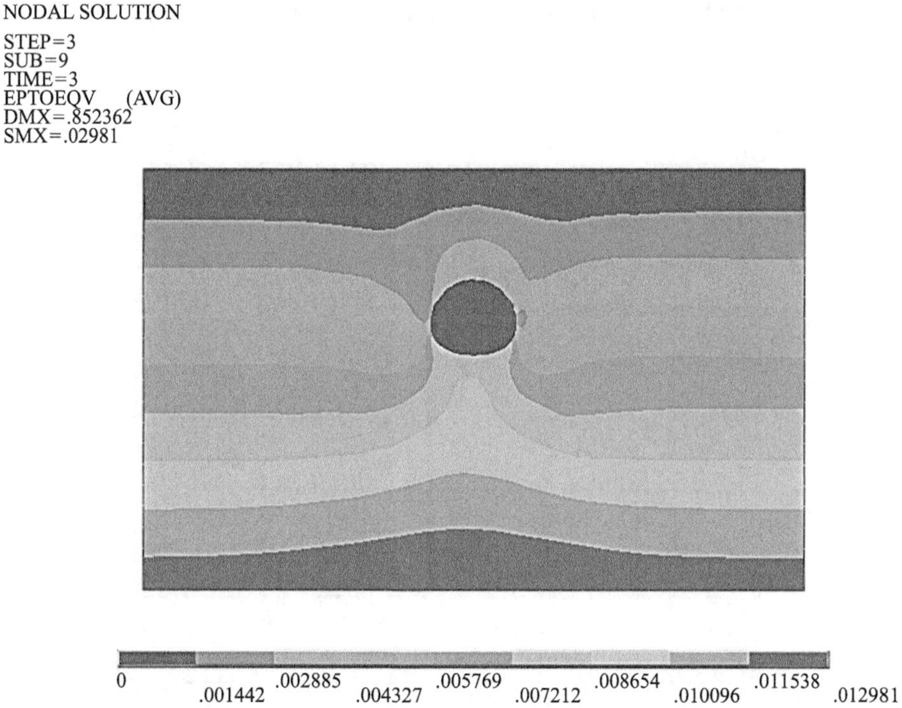
NODAL SOLUTION
STEP=3
SUB=9
TIME=3
EPTOEQV　(AVG)
DMX=.852362
SMX=.02981
0
.001442
.002885
.004327
.005769
.007212
.008654
.010096
.011538
.012981

图 6-16　方家湾黄土隧道第一步开挖后总应变图

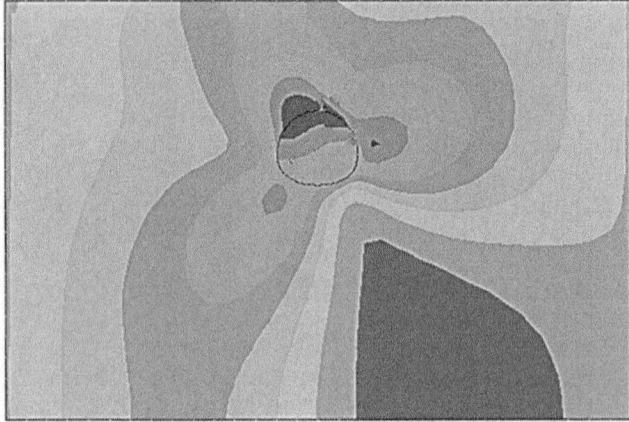

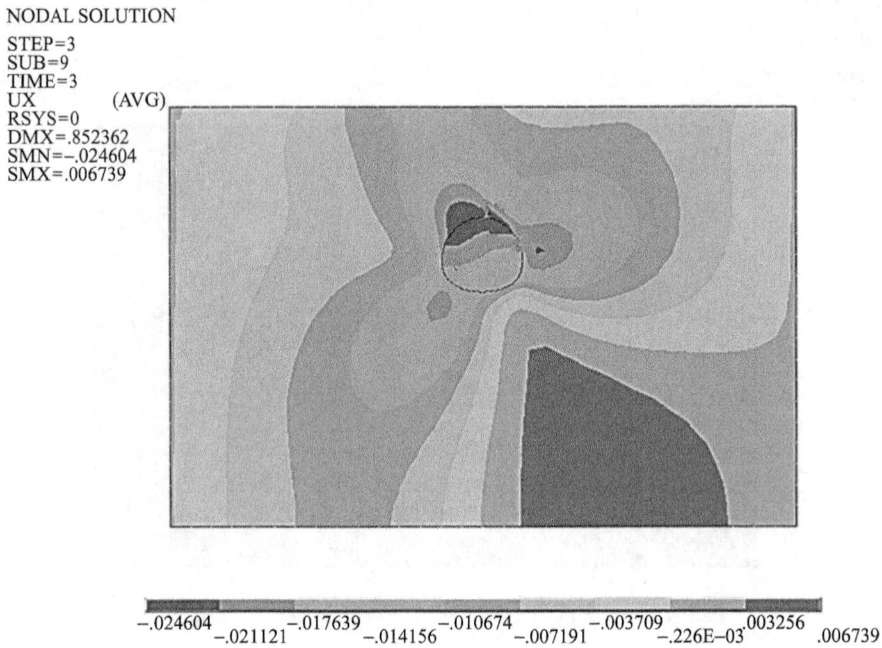
NODAL SOLUTION
STEP=3
SUB=9
TIME=3
UX (AVG)
RSYS=0
DMX=.852362
SMN=-.024604
SMX=.006739
-.024604
-.021121
-.017639
-.014156
-.010674
-.007191
-.003709
-.226E-03
.003256
.006739

图 6-17　方家湾黄土隧道第一步开挖后 *X* 方向位移等值线图

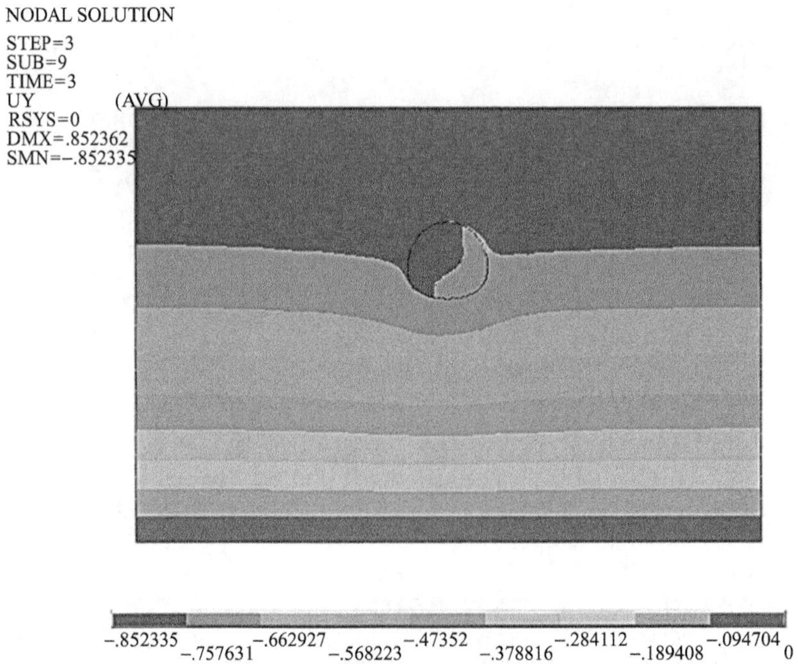
NODAL SOLUTION
STEP=3
SUB=9
TIME=3
UY (AVG)
RSYS=0
DMX=.852362
SMN=-.852335
-.852335
-.757631
-.662927
-.568223
-.47352
-.378816
-.284112
-.189408
-.094704
0

图 6-18　方家湾黄土隧道第一步开挖后 *Y* 方向位移等值线图

第二步(左侧中台阶)开挖后塑性应变、总应变、X 方向位移等值线、Y 方向位移等值线图见图 6-19～图 6-22。

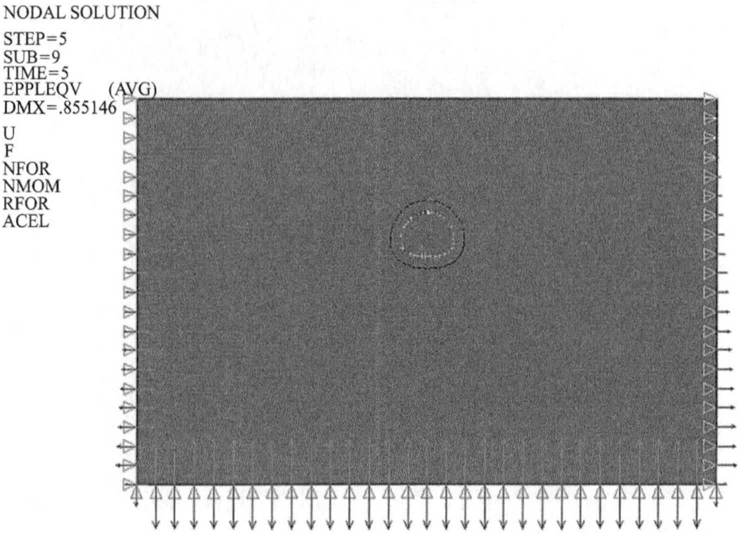

图 6-19　方家湾黄土隧道第二步开挖后塑性应变图

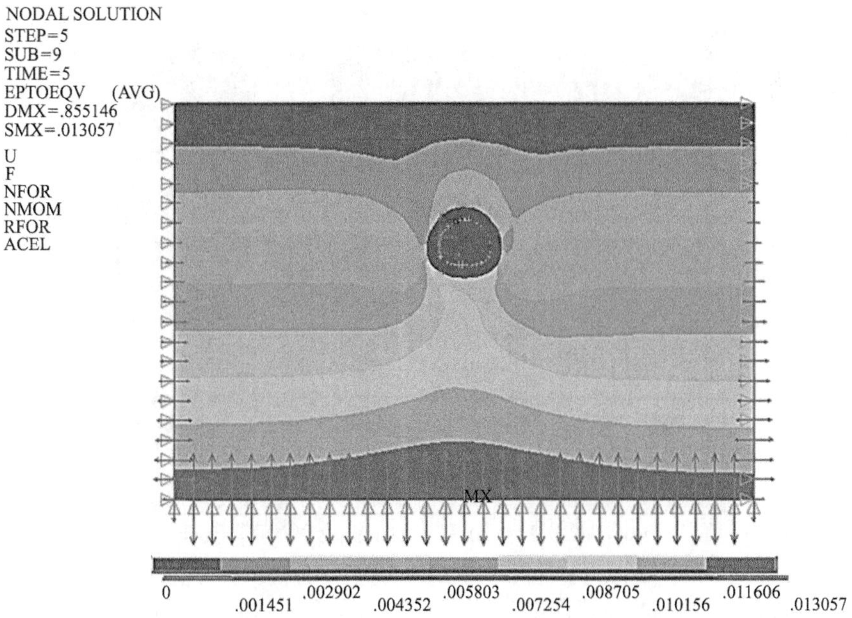

图 6-20　方家湾黄土隧道第二步开挖后总应变图

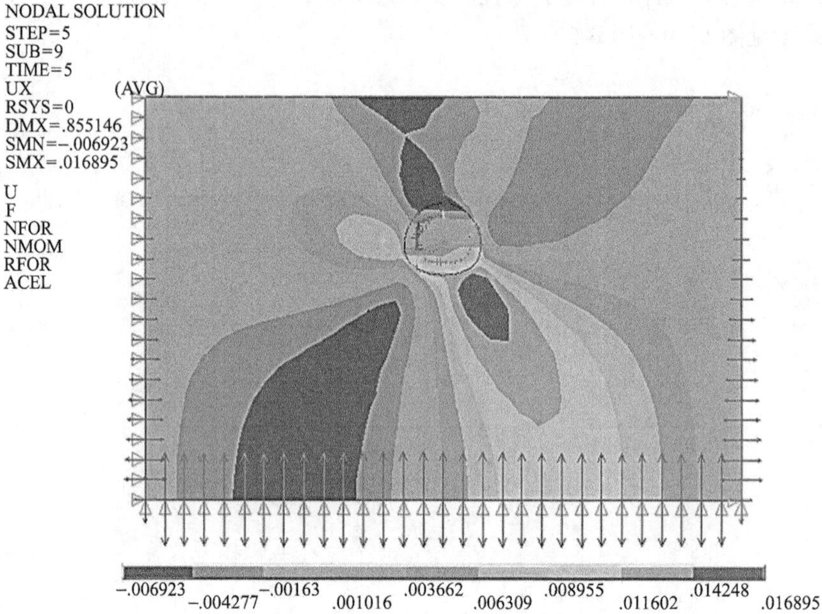
NODAL SOLUTION
STEP=5
SUB=9
TIME=5
UX (AVG)
RSYS=0
DMX=.855146
SMN=-.006923
SMX=.016895
U
F
NFOR
NMOM
RFOR
ACEL
-.006923
-.004277
-.00163
.001016
.003662
.006309
.008955
.011602
.014248
.016895

图 6-21　方家湾黄土隧道第二步开挖后 *X* 方向位移等值线图

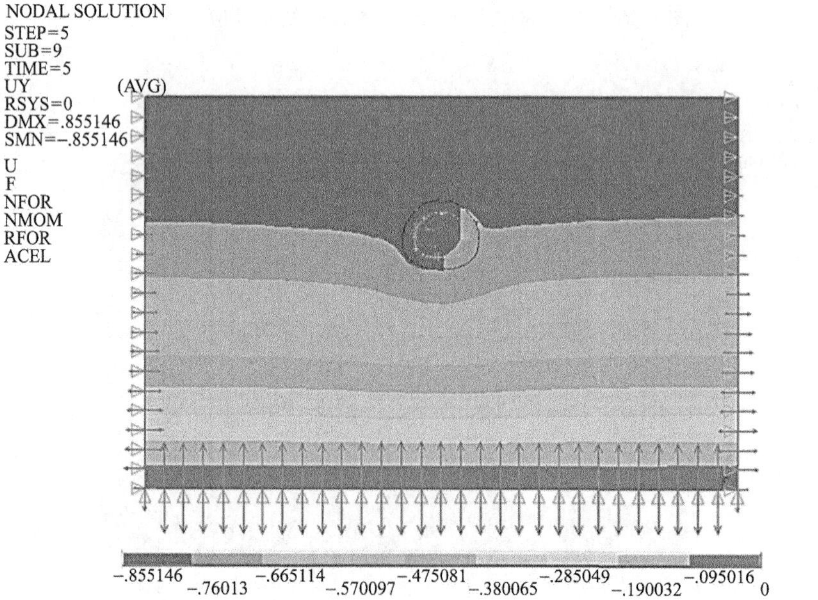
NODAL SOLUTION
STEP=5
SUB=9
TIME=5
UY (AVG)
RSYS=0
DMX=.855146
SMN=-.855146
U
F
NFOR
NMOM
RFOR
ACEL
-.855146
-.76013
-.665114
-.570097
-.475081
-.380065
-.285049
-.190032
-.095016
0

图 6-22　方家湾黄土隧道第二步开挖后 *Y* 方向位移等值线图

第三步(右侧上台阶)开挖后塑性应变、总应变、*X* 方向位移等值线、*Y* 方向位移等值线图见图 6-23～图 6-26。

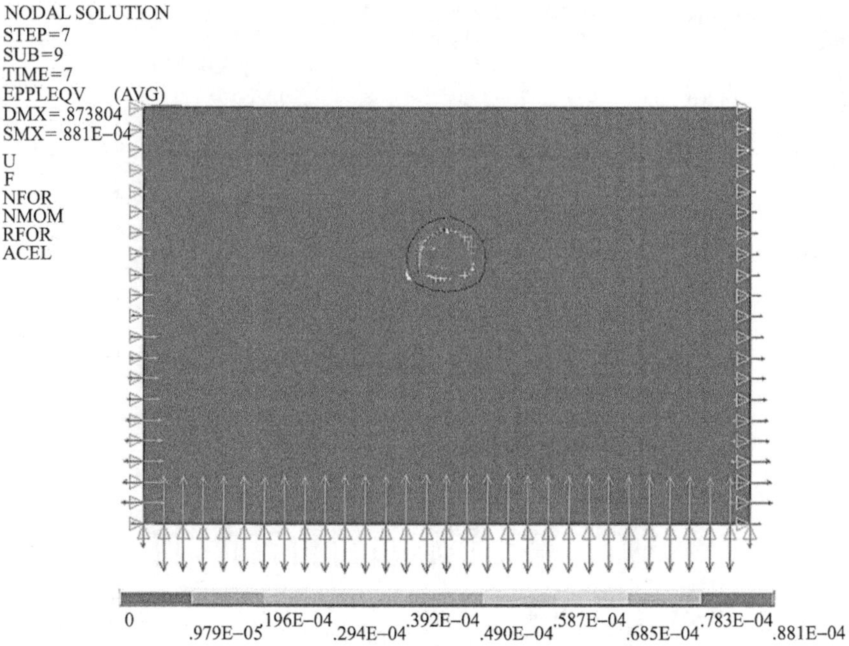
NODAL SOLUTION
STEP=7
SUB=9
TIME=7
EPPLEQV (AVG)
DMX=.873804
SMX=.881E-04
U
F
NFOR
NMOM
RFOR
ACEL
0
.979E-05
.196E-04
.294E-04
.392E-04
.490E-04
.587E-04
.685E-04
.783E-04
.881E-04

图 6-23　方家湾黄土隧道第三步开挖后塑性应变图

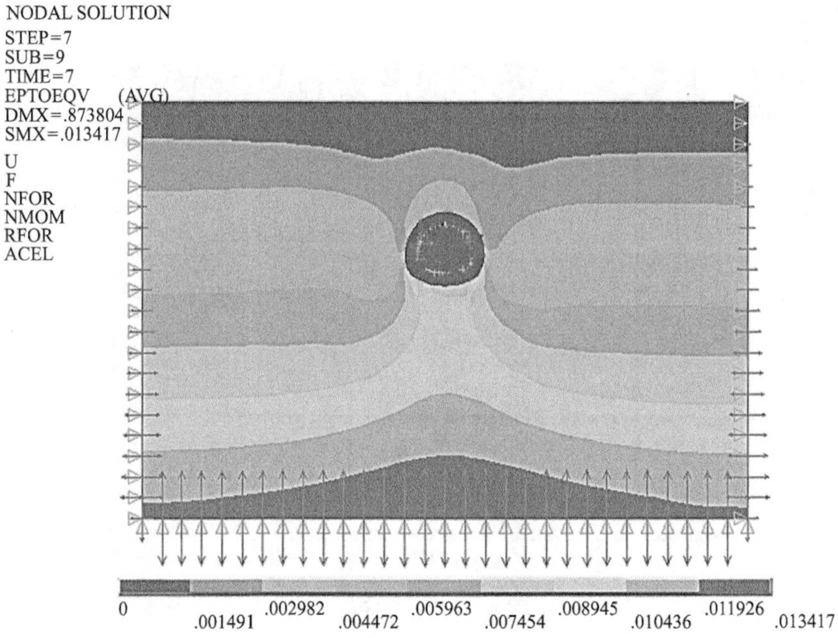
NODAL SOLUTION
STEP=7
SUB=9
TIME=7
EPTOEQV (AVG)
DMX=.873804
SMX=.013417
U
F
NFOR
NMOM
RFOR
ACEL
0
.001491
.002982
.004472
.005963
.007454
.008945
.010436
.011926
.013417

图 6-24　方家湾黄土隧道第三步开挖后总应变图

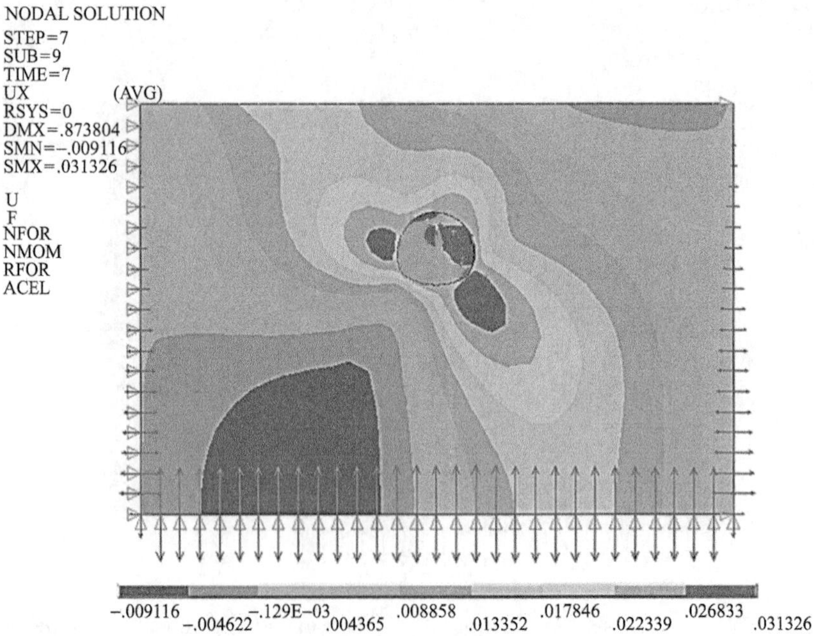

图 6-25　方家湾黄土隧道第三步开挖后 *X* 方向位移等值线图

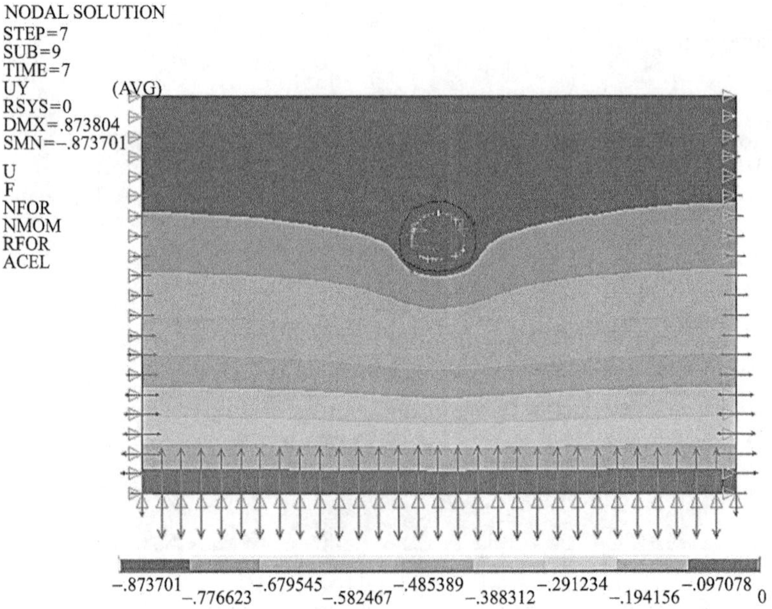

图 6-26　方家湾黄土隧道第三步开挖后 *Y* 方向位移等值线图

第四步(右侧中台阶)开挖后塑性应变、总应变、*X* 方向位移等值线、*Y* 方向位移等值线图见图 6-27～图 6-30 所示。

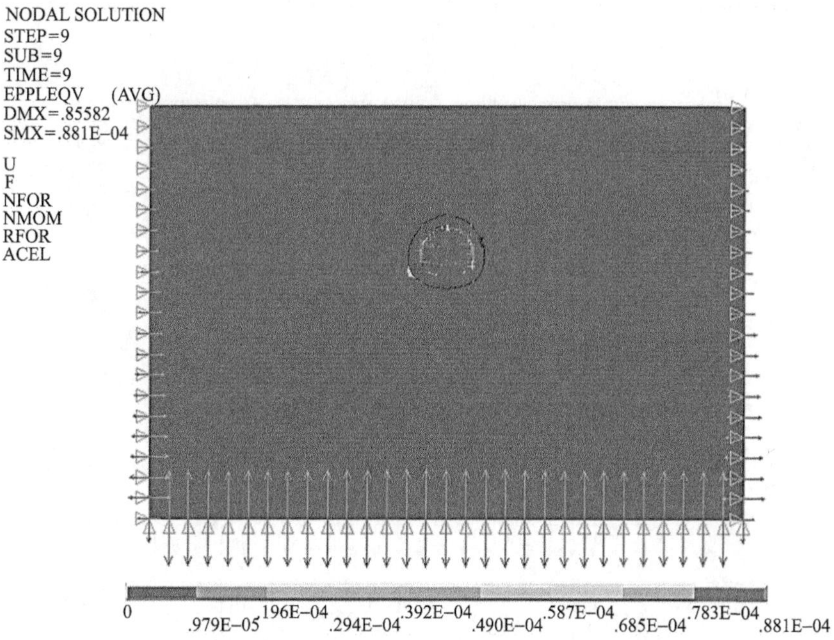

图 6-27　方家湾黄土隧道第四步开挖后塑性应变图

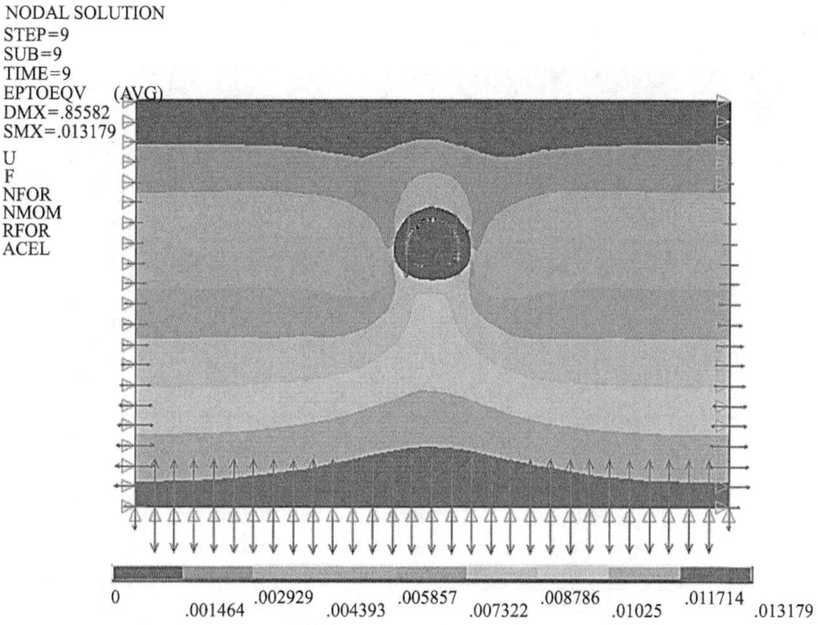

图 6-28　方家湾黄土隧道第四步开挖后总应变图

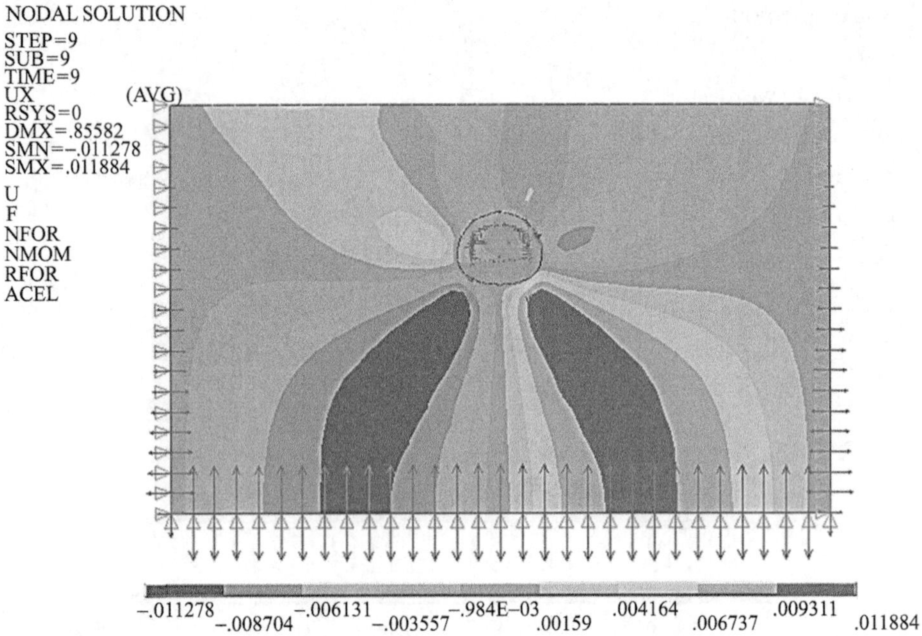
NODAL SOLUTION
STEP=9
SUB=9
TIME=9
UX (AVG)
RSYS=0
DMX=.85582
SMN=-.011278
SMX=.011884
U
F
NFOR
NMOM
RFOR
ACEL
-.011278
-.008704
-.006131
-.003557
-.984E-03
.00159
.004164
.006737
.009311
.011884

图 6-29　方家湾黄土隧道第四步开挖后 X 方向位移等值线图

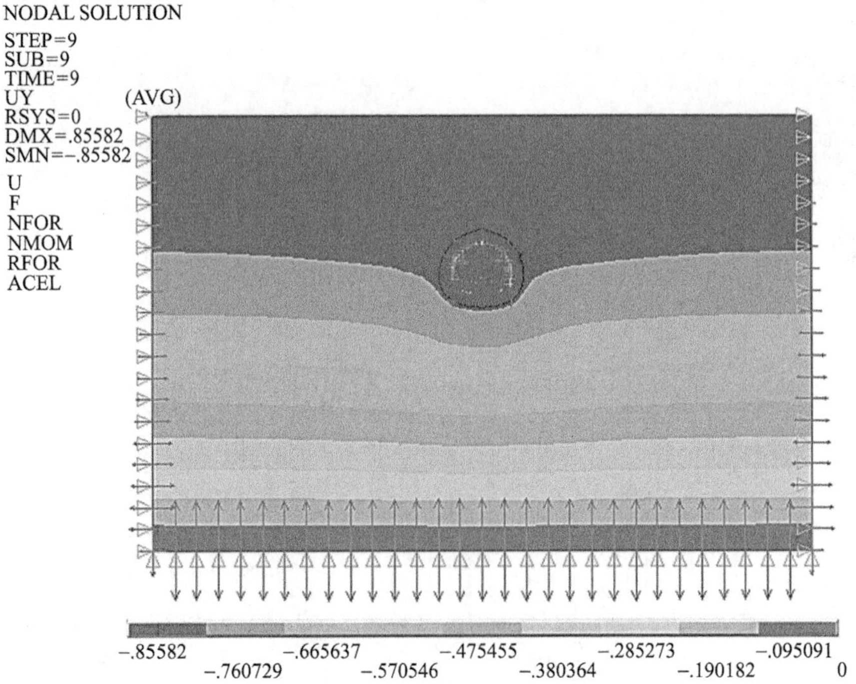
NODAL SOLUTION
STEP=9
SUB=9
TIME=9
UY (AVG)
RSYS=0
DMX=.85582
SMN=-.85582
U
F
NFOR
NMOM
RFOR
ACEL
-.85582
-.760729
-.665637
-.570546
-.475455
-.380364
-.285273
-.190182
-.095091
0

图 6-30　方家湾黄土隧道第四步开挖后 Y 方向位移等值线图

从第一、第二步开挖后的塑性应变图（图6-15和图6-19）可以看出，当开挖断面较小时，整个围岩区域基本不出现大的塑性区，第二步开挖完成后，在开挖轮廓线上出现了星点塑性分布，开挖对隧洞的影响开始显现。第三步开挖完成后，左侧开挖区与尚未开挖区交界的夹脚处出现了大片塑性区(图6-23)，这是随着开挖断面的扩大出现的应力集中现象，应该引起重视。第四步开挖后，塑性区有所扩大，但基本形状不变(图6-27)。

比较各步开挖后的总应变图（图6-16、图6-20、图6-24和图6-28），左侧上、中断面的开挖使得开挖断面的总应变量明显比右侧大，且增幅随着开挖的深入不断扩大，开挖还使得应变区分层被打乱。由图6-16和图6-20还可以看出，前两步开挖使得尚未开挖掉的左侧拱脚处的应变量比正常应变量高出1～2个等级，从第一步开挖开始右侧拱侧边缘便出现了亚应变区，且亚应变区不断扩大并延伸到拱肩，说明此时，在这些区域并不会出现较大的变形，但是在拱脚处得应变量相对较大，可能对工程安全产生不利影响。

由Y方向位移等值线图（图6-18和图6-22）可以看出，左侧上、中台阶开挖对于Y方向位移的影响较为显著。第一步开挖完成后，高阶应变层显著突入预开挖断面内部，这是预挖区挤压采空区的结果。随着预挖区的开挖展开，突入的高阶应变层逐渐退出，开挖断面两侧位移逐渐趋于平衡，见图6-26和图6-30。因此，应注意第一、第二步的开挖给工程带来的不利影响。当开挖断面较小时，Y方向位移仍呈层状分布，基本不受开挖扰动的影响，但第三步开挖完成后，高阶位移应变层明显突出进入开挖断面，而相对低阶位移应变层也同步上移，这说明左侧第三步开挖对Y方向位移的贡献较为显著，即拱顶处位移量显著增大。

综上所述，第一、第二步开挖对塑性应变、总应变、X及Y方向的位移的影响较小，而第三步开挖将显著影响以上各项指标，对工程影响较大。因此在实际施工中要特别注意第三步开挖后的支护，保证工程安全。

2. 下部台阶开挖

下部台阶开挖按照先左后右的顺序。

第五步(左侧下台阶)开挖后塑性应变、总应变、X方向位移等值线、Y方向位移等值线图见图6-31～图6-34。

第六步(右侧下台阶)开挖后塑性应变、总应变、X方向位移等值线、Y方向位移等值线图见图6-35～图6-38。

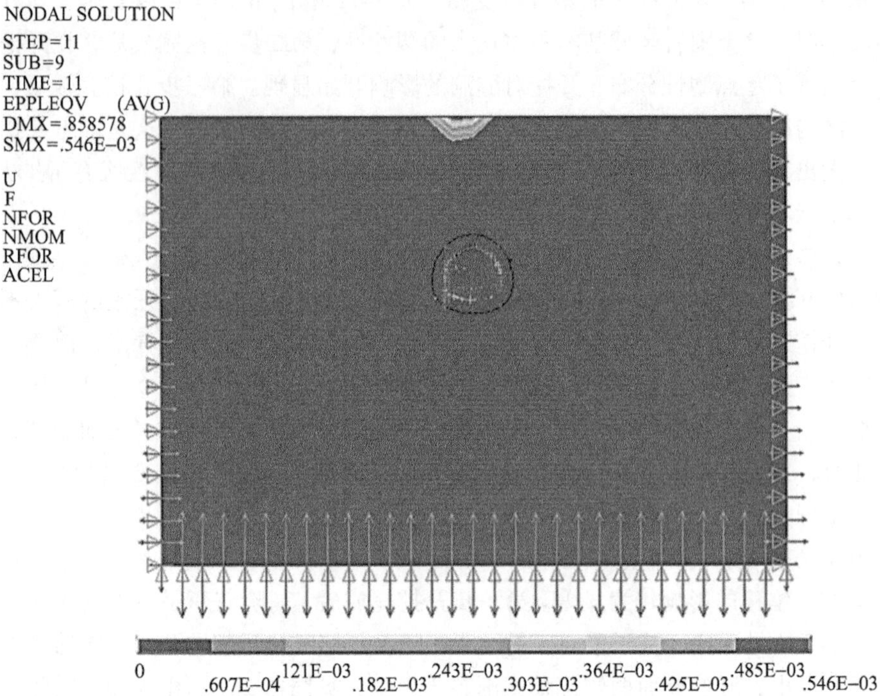
NODAL SOLUTION
STEP=11
SUB=9
TIME=11
EPPLEQV (AVG)
DMX=.858578
SMX=.546E−03
U
F
NFOR
NMOM
RFOR
ACEL
0
.607E−04
121E−03
.182E−03
.243E−03
.303E−03
.364E−03
.425E−03
.485E−03
.546E−03

图 6-31　方家湾黄土隧道第五步开挖后塑性应变图

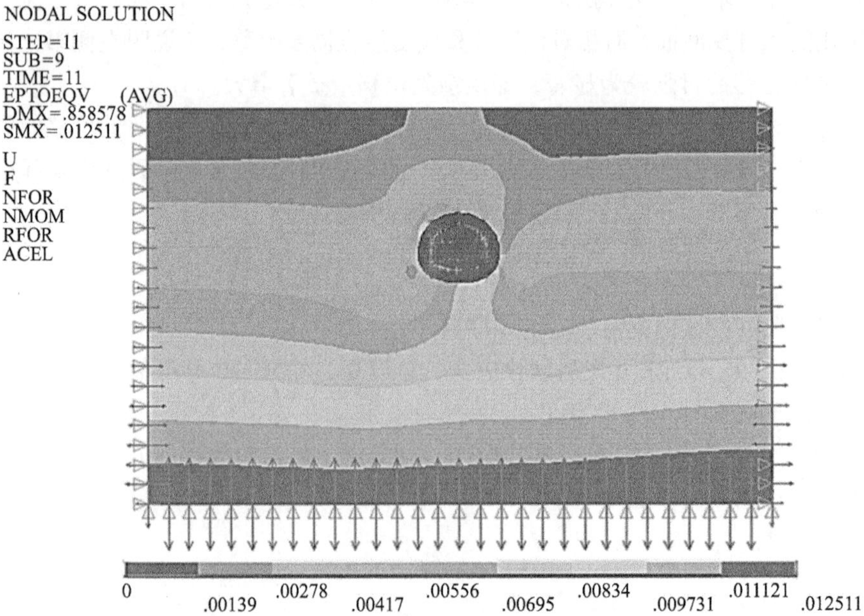
NODAL SOLUTION
STEP=11
SUB=9
TIME=11
EPTOEQV (AVG)
DMX=.858578
SMX=.012511
U
F
NFOR
NMOM
RFOR
ACEL
0
.00139
.00278
.00417
.00556
.00695
.00834
.009731
.011121
.012511

图 6-32　方家湾黄土隧道第五步开挖后总应变图

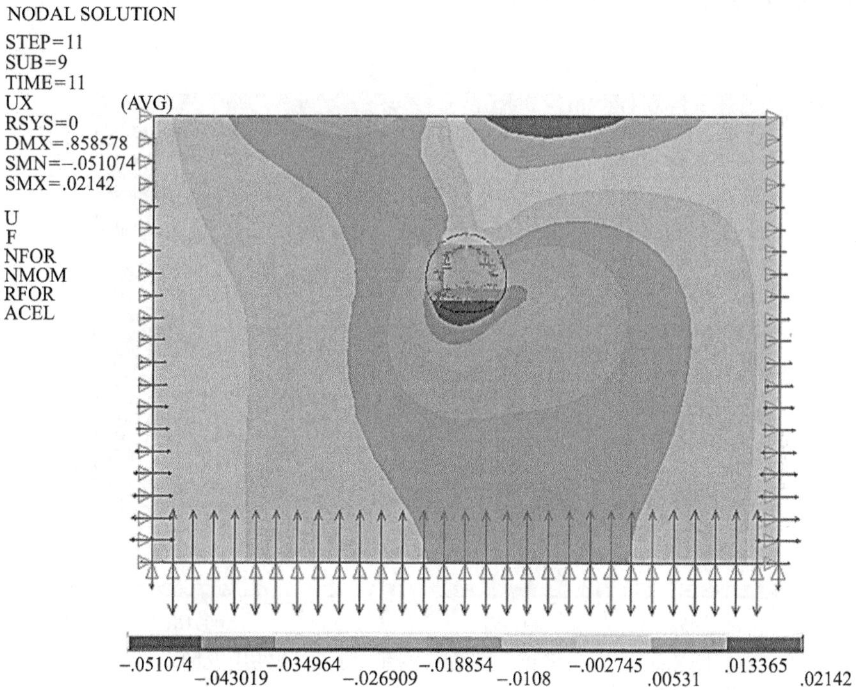
NODAL SOLUTION
STEP=11
SUB=9
TIME=11
UX　(AVG)
RSYS=0
DMX=.858578
SMN=-.051074
SMX=.02142
U
F
NFOR
NMOM
RFOR
ACEL
-.051074
-.043019
-.034964
-.026909
-.018854
-.0108
-.002745
.00531
.013365
.02142

图 6-33　方家湾黄土隧道第五步开挖后 *X* 方向位移等值线图

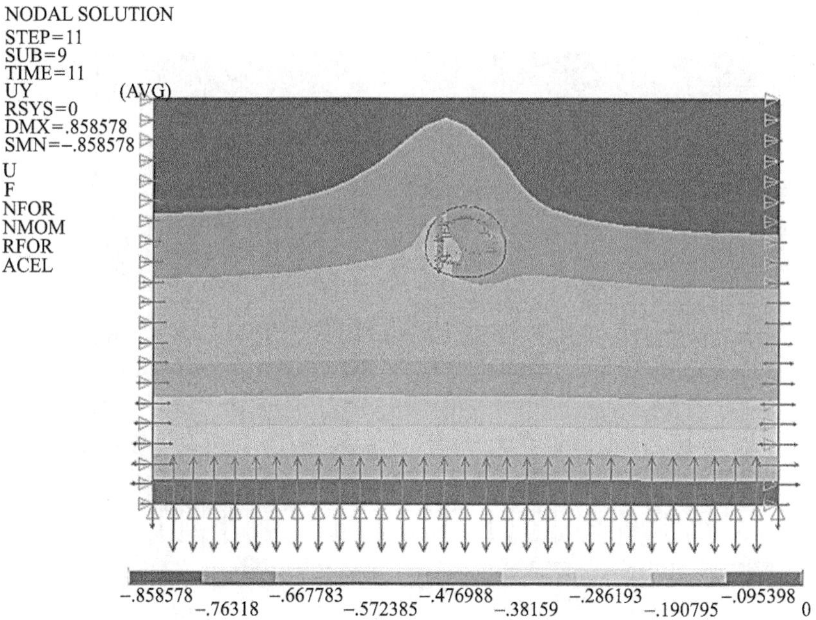
NODAL SOLUTION
STEP=11
SUB=9
TIME=11
UY　(AVG)
RSYS=0
DMX=.858578
SMN=-.858578
U
F
NFOR
NMOM
RFOR
ACEL
-.858578
-.76318
-.667783
-.572385
-.476988
-.38159
-.286193
-.190795
-.095398
0

图 6-34　方家湾黄土隧道第五步开挖后 *Y* 方向位移等值线图

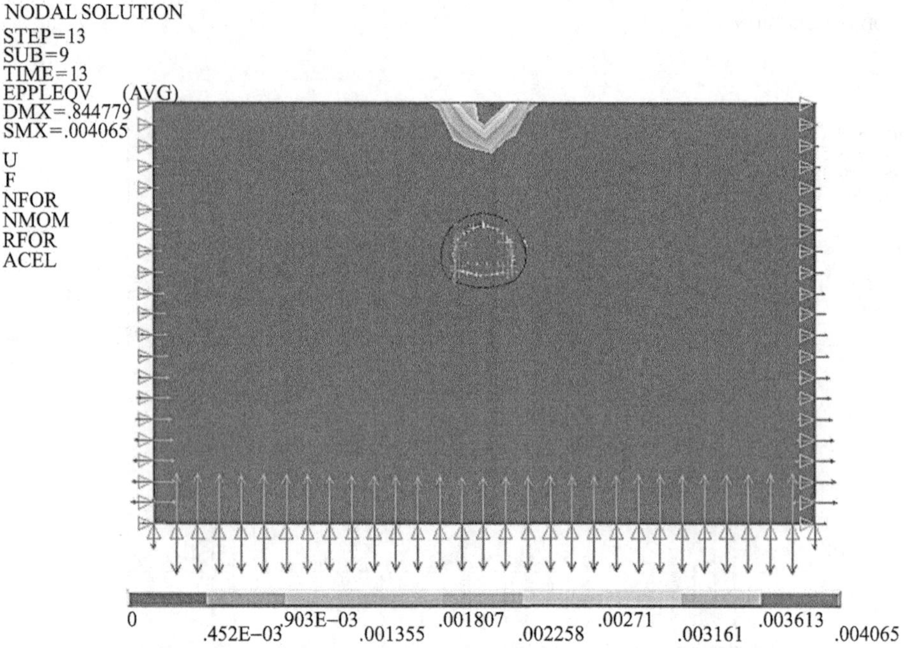
NODAL SOLUTION
STEP=13
SUB=9
TIME=13
EPPLEQV　(AVG)
DMX=.844779
SMX=.004065
U
F
NFOR
NMOM
RFOR
ACEL
0
.452E-03
903E-03
.001355
.001807
.002258
.00271
.003161
.003613
.004065

图 6-35　方家湾黄土隧道第六步开挖后塑性应变图

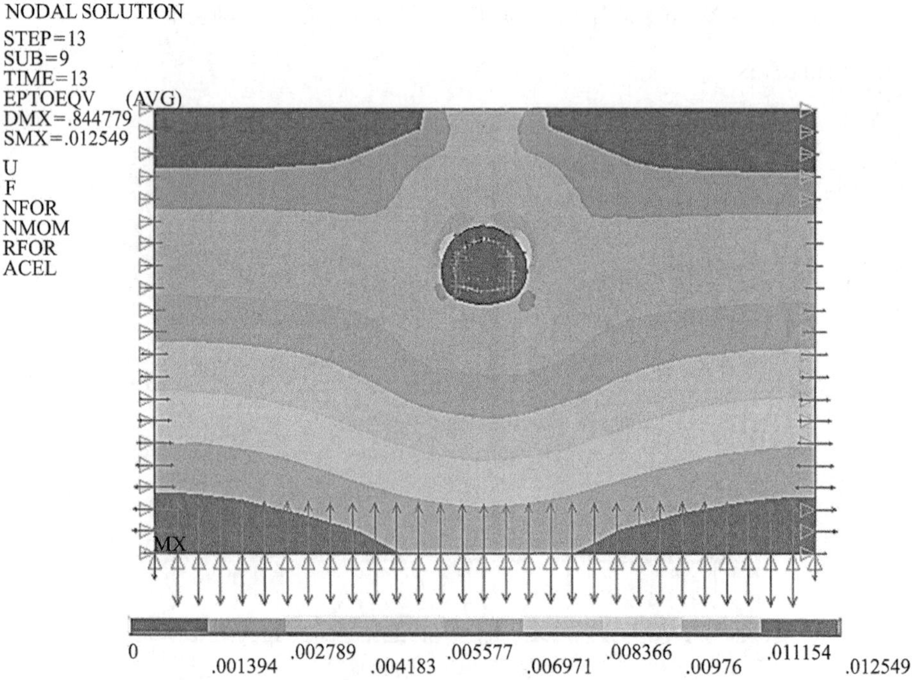
NODAL SOLUTION
STEP=13
SUB=9
TIME=13
EPTOEQV　(AVG)
DMX=.844779
SMX=.012549
U
F
NFOR
NMOM
RFOR
ACEL
MX
0
.001394
.002789
.004183
.005577
.006971
.008366
.00976
.011154
.012549

图 6-36　方家湾黄土隧道第六步开挖后总应变图

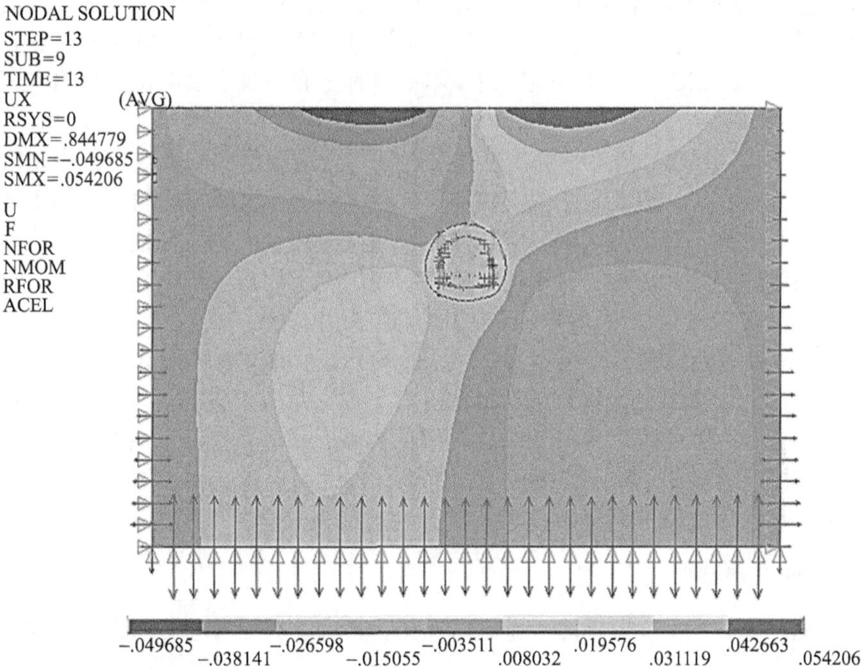

图 6-37　方家湾黄土隧道第六步开挖后 *X* 方向位移等值线图

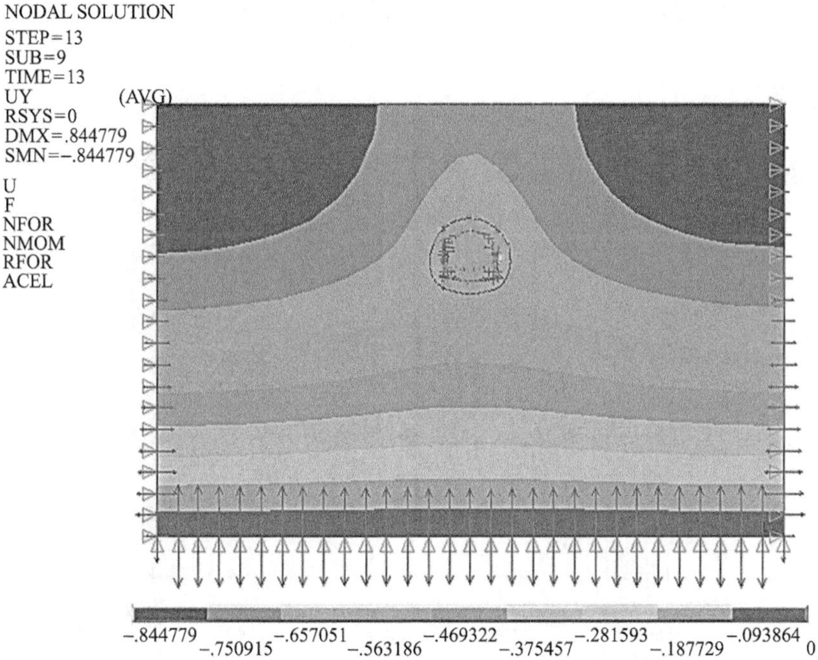

图 6-38　方家湾黄土隧道第六步开挖后 *Y* 方向位移等值线图

以上塑性应变图（图 6-31 和图 6-35）可以看出，在开挖断面的正上方围岩边缘区出现了较大片的塑性区，随着后续部分的开挖，这片塑性区将继续向右侧延伸扩大。第六步开挖完成后，其塑性区图基本呈对称分布，且在拱肩位置也出现了塑性区。

总应变图（图 6-32 和图 6-36）反映了超过正常应变层的较大应变区也出现在拱顶和拱肩位置，这与塑性应变图反映的情况基本吻合，说明在隧洞拱顶和拱肩位置位移和变形较大，是危险区域，应加强此区域及时跟进支护。开挖完成后，隧洞拱脚处出现亚应变区，说明在这一位置应力应变出现了拐点。高阶应变层显著上突至地表，这与 *Y* 方向位移等值线图反映出的状况基本一致。

Y 方向位移等值线图（图 6-34 和图 6-38）显示出，相对低阶位移应变层继续上移并扩展，其他位移层也上移跟进，由此得出 *Y* 方向总体位移显著。*Y* 方向位移远大于 *X* 方向位移，因此可以忽略 *X* 方向位移的影响，并且在进行偏侧开挖时，另一侧高阶位移层显著突进，这一点要注意。这进一步说明上述在加强拱顶和拱肩处支护是有必要和合理的，并且还要注意偏侧开挖对工程安全所带来的不利影响。

3. 拆除中部临时支护

左右侧开挖完成后，要拆除中壁临时支护，然后进行围岩应力的完全释放后的计算。

拆除临时支护后的最终塑性应变、总应变、*X* 方向位移等值线、*Y* 方向位移等值线、最终总位移云图，最终节点位移云图见图 6-39～图 6-44。

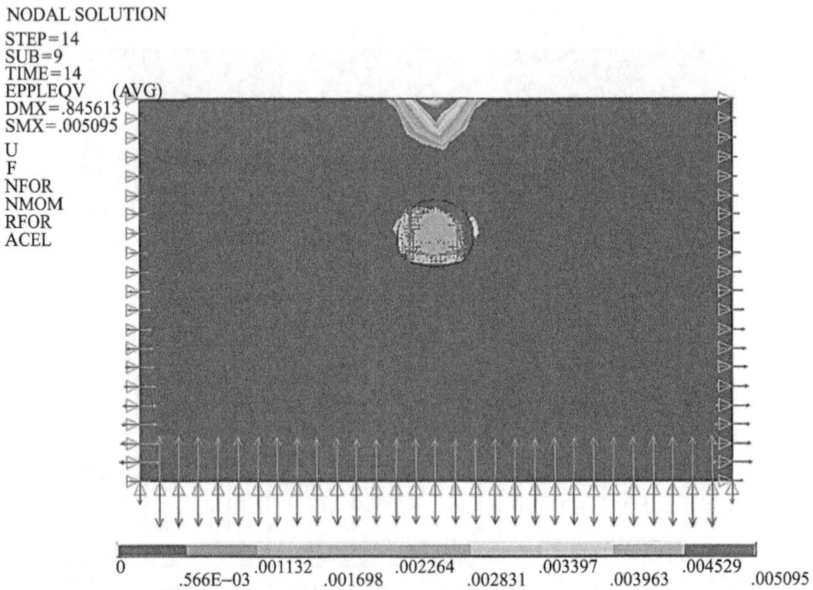

图 6-39　方家湾黄土隧道拆除临时支护后塑性应变图

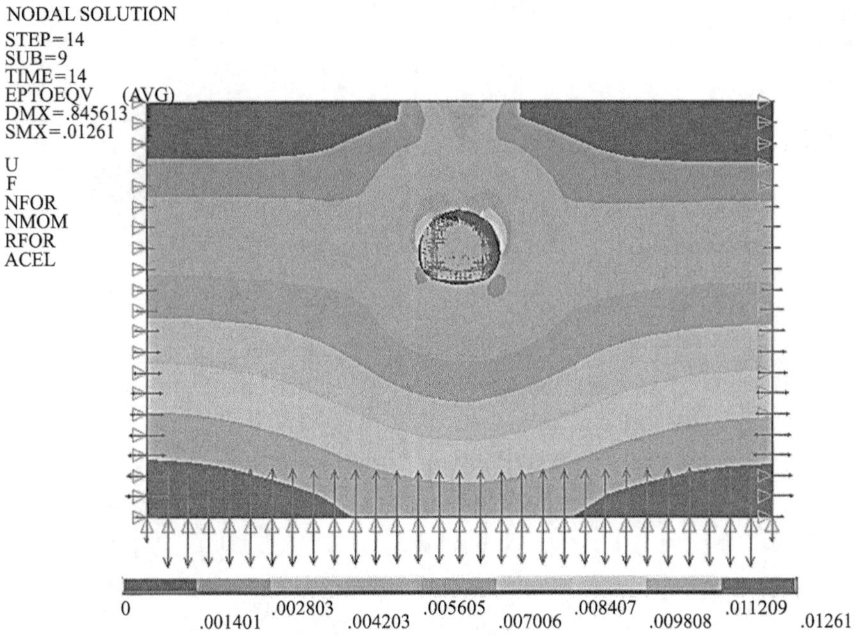
NODAL SOLUTION
STEP=14
SUB=9
TIME=14
EPTOEQV (AVG)
DMX=.845613
SMX=.01261
U
F
NFOR
NMOM
RFOR
ACEL
0
.001401
.002803
.004203
.005605
.007006
.008407
.009808
.011209
.01261

图 6-40　方家湾黄土隧道拆除临时支护后总应变图

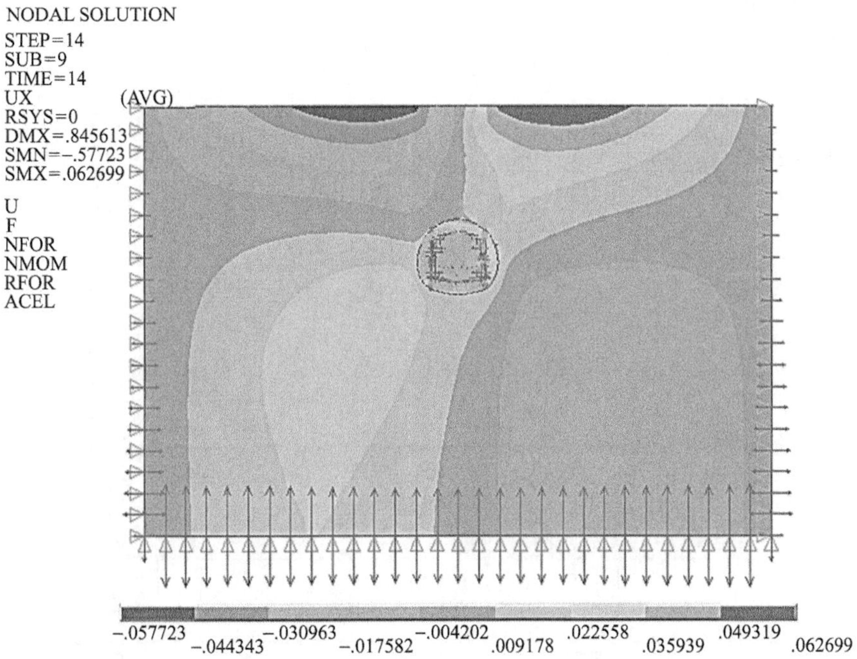
NODAL SOLUTION
STEP=14
SUB=9
TIME=14
UX (AVG)
RSYS=0
DMX=.845613
SMN=-.57723
SMX=.062699
U
F
NFOR
NMOM
RFOR
ACEL
-.057723
-.044343
-.030963
-.017582
-.004202
.009178
.022558
.035939
.049319
.062699

图 6-41　方家湾黄土隧道拆除临时支护后 X 方向位移等值线图

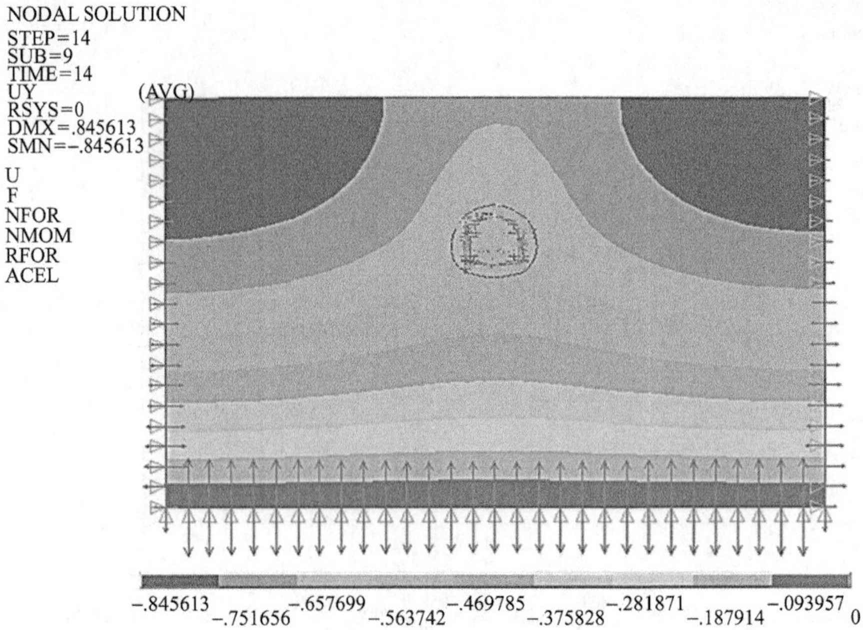
NODAL SOLUTION
STEP=14
SUB=9
TIME=14
UY (AVG)
RSYS=0
DMX=.845613
SMN=−.845613
U
F
NFOR
NMOM
RFOR
ACEL
−.845613
−.751656
−.657699
−.563742
−.469785
−.375828
−.281871
−.187914
−.093957
0

图 6-42　方家湾黄土隧道拆除临时支护后 *Y* 方向位移等值线图

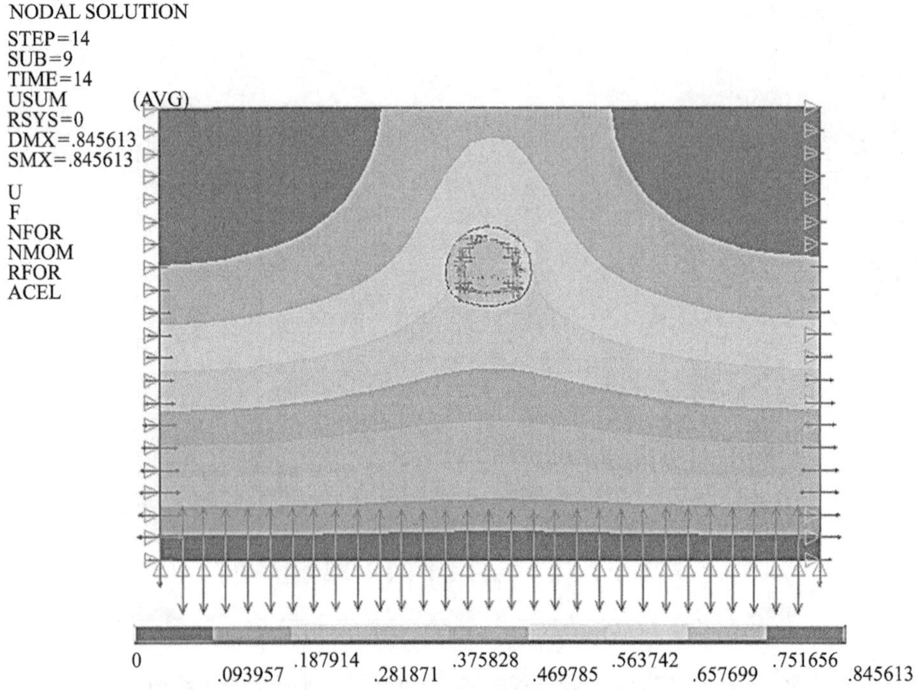
NODAL SOLUTION
STEP=14
SUB=9
TIME=14
USUM (AVG)
RSYS=0
DMX=.845613
SMX=.845613
U
F
NFOR
NMOM
RFOR
ACEL
0
.093957
.187914
.281871
.375828
.469785
.563742
.657699
.751656
.845613

图 6-43　方家湾黄土隧道拆除临时支护后总位移云图

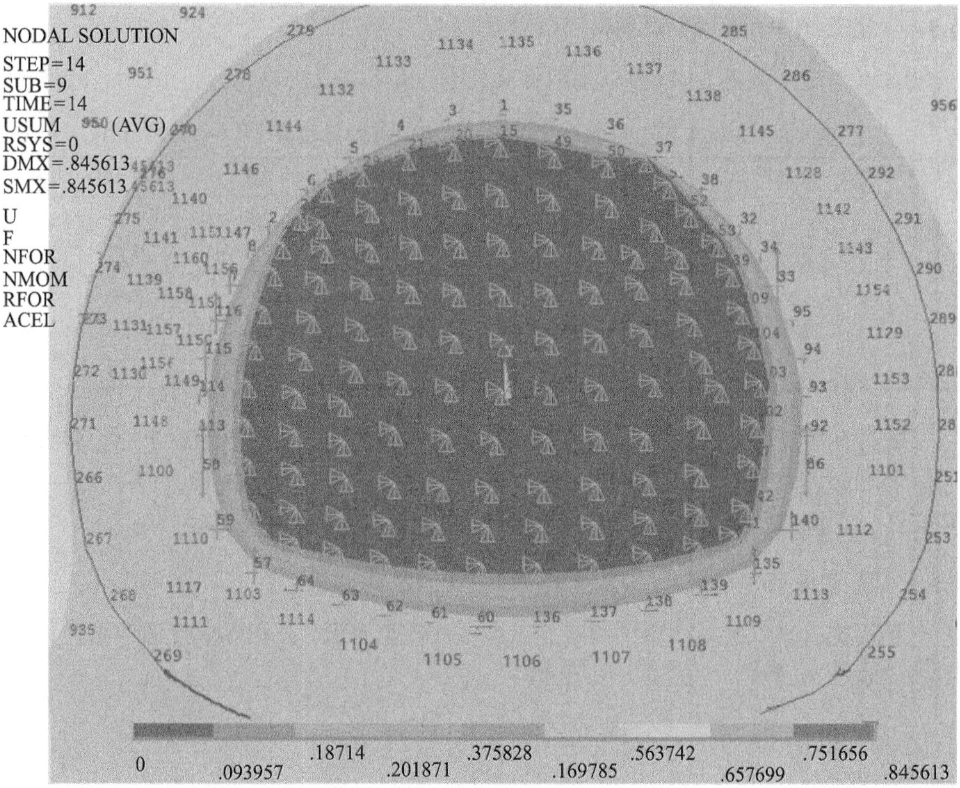

图 6-44　方家湾黄土隧道拆除临时支护后节点位移云图

从图 6-39 可以看出，临时支护拆除后应力完全释放，最大塑性应变出现在隧道上方的地表围岩边缘，并且两侧拱肩处显著出现塑性应变区，这与没拆除支护前是有区别的。

从图 6-42 可以看出，围岩 *Y* 方向位移仍呈现分层分布，从上到下依次递减，最大位移为 0.845613m，但这个最大位移并未出现在开挖断面的轮廓线上，而是在地表边缘变形最大处，由此可见拱顶处总应变量相对较大。还可以看出，整个模拟范围内围岩最大位移和 *Y* 方向最大位移相吻合，也说明在隧洞开挖结束后隧洞四周围岩出现的最大位移出现在隧洞上方的整个土层，隧洞的开挖导致隧洞下方应变区层的整体下移。

总应变图（图 6-40）清晰地表现出拆除临时支护后，隧洞拱顶靠近地表边缘和拱肩位置的高阶应变区变得较未拆除前更加高阶，其他应变区都有不同程度的扩展，以上分析说明临时支撑对于隧道的安全是很有帮助的，在拆除时也可能引起塌方、冒顶等工程危险问题，应特别注意，因此隧道在开挖的过程中应该及时加强拱顶和拱肩处的支护。

6.3.4 施工结束后控制点位移

方家湾黄土隧道 CRD 法施工结束后控制点位移如表 6-8 所示。

表 6-8 方家湾黄土隧道 CRD 法施工结束后控制点位移 (单位：m)

控制点	水平位移	竖向位移	总位移
1	1.06×10^{-2}	−0.56	0.56
2	1.53×10^{-2}	−0.55	0.55
3	1.23×10^{-2}	−0.56	0.56
4	1.70×10^{-2}	−0.56	0.56
5	1.85×10^{-2}	−0.55	0.55

隧道开挖后的位移和形变大小主要由竖向位移决定，水平位移对于总位移大小的影响不大。由表 6-7 可以看出，所取 5 个控制性节点总位移的最大值为 1、3、4 号节点，总位移均为 0.56m。

6.3.5 安全系数

利用抗剪强度折减法得到相应施工方法的安全系数，其塑性应变图和总位移云图如图 6-45 和图 6-46 所示。

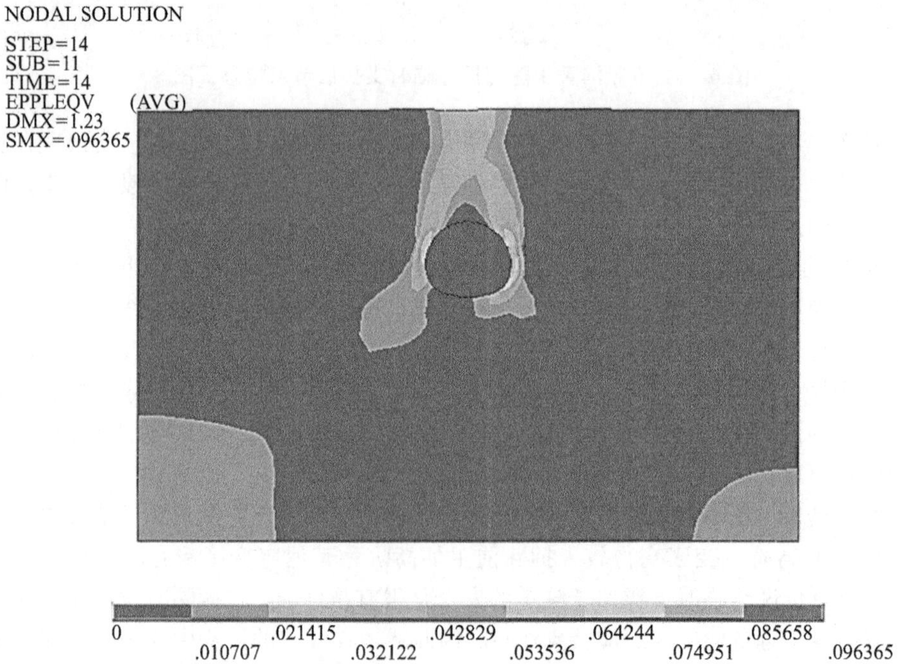
NODAL SOLUTION
STEP=14
SUB=11
TIME=14
EPPLEQV (AVG)
DMX=1.23
SMX=.096365
0
.010707
.021415
.032122
.042829
.053536
.064244
.074951
.085658
.096365

图 6-45 方家湾黄土隧道塑性应变图(η=5.204)

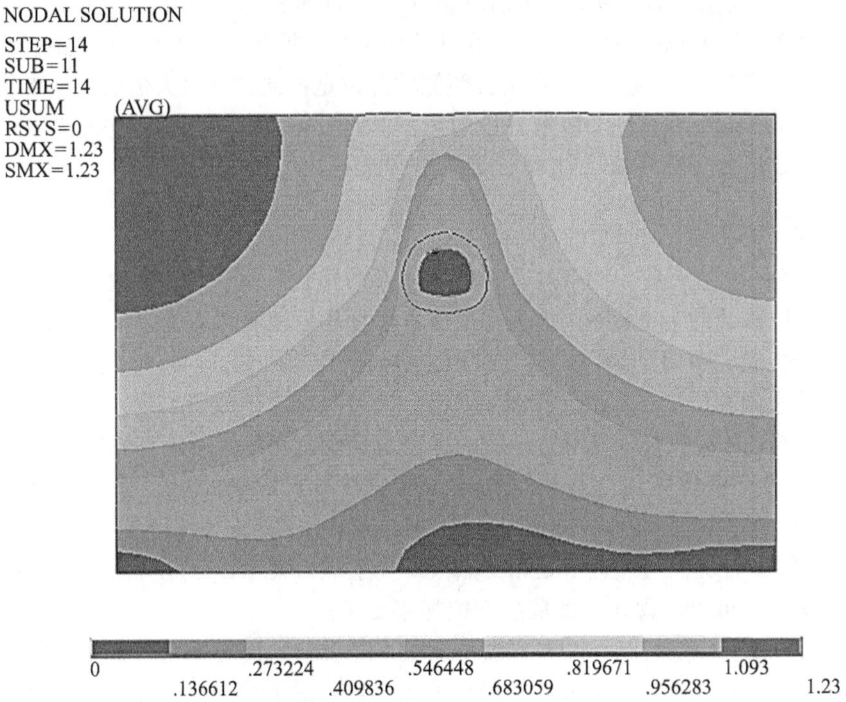
NODAL SOLUTION
STEP=14
SUB=11
TIME=14
USUM (AVG)
RSYS=0
DMX=1.23
SMX=1.23
0
.136612
.273224
.409836
.546448
.683059
.819671
.956283
1.093
1.23

图 6-46　方家湾黄土隧道总位移云图(η=5.204)

隧洞处于临界破坏状态，安全系数为 5.204。由图 6-45 和图 6-46 可以看出，与 CD 法基本相同，隧洞四周几乎完全被塑性区包裹着，基本全部进入塑性应变，尤其是拱顶以上至地面以及右侧拱肩处应变量最大，但是在靠近拱顶和拱底位置并没有塑性区的出现，说明拱顶和拱底的局部区域相对安全。总位移云图（图 6-46）也反映了同样的情况，高阶位移层显著上移至地表并向两侧展开，但基本仍分层分布。以上分析表明，拱顶以上至地表边缘处和两侧拱肩处应变和位移相对较大，已接近破坏的临界状态。

6.4　本章小结

1. 牛头山黄土隧道

(1) 上部台阶开挖结束及进行初期喷射混凝土支护后，在下部台阶的土体内产生较大的塑性区，塑性区靠近拱腰并且接近下部台阶土体表面，范围 0.06m 左右。塑性区呈现对称分布。同时在整个区域内的横向位移最大值也发生在这个位置，最大值约为 0.04m。在上部台阶开挖后，隧洞上方土体发生了 0.52m 的沉降。

(2) 整个隧道开挖及支护后，原来的最大塑性区转移到了靠近曲墙两侧，同时也是对称分布，最大范围 0.04m。因此在开挖结束后，要重点对这个部位进行支护，防止产生大变形甚至坍塌。同时在拱腰两侧的部位是横向位移最大值的产生部位，最大值约为 0.07m。截至整个隧洞开挖结束，上面土体总沉降值为 0.53m，相比上台阶开挖结束后的土体沉降，基本上没有发生变化。

2. 方家湾黄土隧道

(1) 隧道开挖结束后，拱顶处、拱肩处和仰拱处的变形较大，出现高阶塑性应变区，最大位移量约为 0.85m，出现在拱顶正上方靠近地表边缘处，而对于隧道围岩所取 5 个控制性节点的最大位移为拱顶、拱肩和拱脚处的 1、3 和 4 号节点，其总位移量亦达到 0.56m，因此应特别加强支护，严防塌方事故的出现。

(2) 中部临时支护对于隧道开挖后的围岩稳定性具有较大影响，临时支护拆除前隧道围岩的塑性等效应变量为 0.04m，拆除临时支护后的塑性等效应变量为 0.05m，增加了约 20%，因此在拆除临时支护时要特别注意工程安全。

(3) 中部临时支护与隧道壁处相交点极易产生应力集中，因此应重点加强对这些部位的支护，可以考虑在这些危险部位加密支护。

(4) 对于隧道开挖后对周围围岩以及地表沉降引起的地质环境的变化要加强监测，对可能引发地质灾害的区域可整理出处理意见，防止隧道开挖可能引起的次生灾害的发生。

参考文献

[1] 来弘鹏，杨晓华，林永贵. 黄土公路隧道病害分析与处治措施建议[J]. 公路, 2006(6):197-202.
[2] 李宁军. 隧道设计与施工百问[M]. 北京：人民交通出版社, 2004.
[3] 赵勇，李国良，喻渝. 黄土隧道工程[M]. 北京：中国铁道出版社, 2011.
[4] 曹宁全. 软弱黄土公路隧道支护体系受力特征分析[D]. 西安：长安大学, 2010.
[5] 康军. 黄土公路隧道设计与施工技术研究[D]. 西安：长安大学, 2006.
[6] 蔡美峰. 岩石力学与工程[M]. 北京：科学出版社, 2002.
[7] 彭立敏. 交通隧道工程[M]. 长沙：中南大学出版社, 2003.